管理信息系统

MANAGEMENT INFORMATION SYSTEMS

王北星　韩佳伶　主　编
沐光雨　王珊珊　副主编

电子工业出版社
Publishing House of Electronics Industry
北京·BEIJING

内 容 简 介

本书主要介绍了管理信息系统的基础理论、开发方法、技术基础和应用案例；详细阐述了系统结构化开发方法的全过程，包括开发的原理和步骤，方法的选择，工具的运用，文档的建立等内容。使学生具备信息时代利用信息技术支持企业的战略目标，创造企业的竞争力，合理利用和规划企业的信息资源方面的基础知识。

本书在编写过程中尽量做到深入浅出，通俗易懂，理论与实践相结合，既可作为高等院校计算机、信息管理及其相关专业和管理学各专业的教材，也可作为各专业了解和掌握管理信息系统及其有关方面的内容使用，还可用作管理信息系统开发人员与研究人员的参考书和工具书。

本书提供电子课件、案例及多媒体教学演示软件等。

未经许可，不得以任何方式复制或抄袭本书之部分或全部内容。
版权所有，侵权必究。

图书在版编目(CIP)数据

管理信息系统/王北星，韩佳伶主编．—北京：电子工业出版社，2013.9
（华信经管创优系列）
ISBN 978-7-121-21237-6

Ⅰ.①管… Ⅱ.①王… ②韩… Ⅲ.①管理信息系统－高等学校－教材 Ⅳ.①C931.6

中国版本图书馆 CIP 数据核字(2013)第 186656 号

责任编辑：竺南直
印　　刷：河北虎彩印刷有限公司
装　　订：河北虎彩印刷有限公司
出版发行：电子工业出版社
　　　　　北京市海淀区万寿路 173 信箱　邮编：100036
开　　本：787×1092　1/16　印张：18　字数：460 千字
版　　次：2013 年 9 月第 1 版
印　　次：2025 年 7 月第 9 次印刷
定　　价：35.00 元

凡所购买电子工业出版社图书有缺损问题，请向购买书店调换。若书店售缺，请与本社发行部联系，联系及邮购电话：(010) 88254888，88258888。
质量投诉请发邮件至 zlts@phei.com.cn，盗版侵权举报请发邮件至 dbqq@phei.com.cn。
本书咨询联系方式：davidzhu@phei.com.cn。

前　言

本书是吉林省高等学校精品课《管理信息系统》项目及吉林省教育科学"十二五"规划重点项目(ZC11136)的研究成果之一，是作者二十多年来从事 MIS 教学实践与教学改革和 MIS 开发实践经验的结晶。

本书主要介绍管理信息系统的基础理论、开发方法、技术基础和应用案例；详细阐述结构化系统开发方法的全过程，包括开发的原理和步骤，方法的选择，工具的运用，文档的建立等内容。使学生具备信息时代利用信息技术支持企业的战略目标，创造企业的竞争力，合理利用和规划企业的信息资源方面的基础知识。

本书共分为四个部分，第一部分是基本概念与技术篇，主要介绍了管理信息系统的基本理论和应用，让读者能够系统地了解管理信息系统的概念、作用、技术基础和基本方法。第二部分是系统开发篇，主要介绍了管理信息系统开发的过程和方法，包括开发方法、系统分析、系统设计、系统实施，培养分析企业和组织，并开发企业和组织的管理信息系统能力。第三部分是管理与维护篇，重点介绍管理信息系统的管理，帮助读者了解在系统开发整个过程中，人的因素、社会因素在发展管理信息系统中的重要作用。第四部分是系统应用与发展篇，主要介绍了决策支持系统、面向对象的开发方法以及管理信息系统的发展与影响，通过本篇可以使读者了解管理信息系统的发展趋势和发展方向。

本书在编写过程中尽量做到深入浅出，在论述方面力求通俗易懂；实用性强，理论与实践相结合，既可作为高等院校计算机、信息管理及其相关专业和管理学各专业的教材，也可作为各专业了解和掌握管理信息系统及其有关方面的内容使用，还可用作管理信息系统开发人员与研究人员的参考书和工具书。本书有关技术章节部分的内容可供以前没有这方面知识的学生选用。授课形式以多媒体教学为主，渐渐向网络教学方向发展。提供多媒体课件、习题解答、实验与课程设计指导等。

本书第 1 章由王北星编写，第 2 章和第 3 章由王珊珊编写，第 4 章由姜建华编写，第 5 章由庞丽艳编写，第 6 章由沐光雨编写，第 7 章由王北星编写，第 8 章由孙铁铮编写，第 9 章由韩佳伶编写，第 10 章由邱春艳编写，第 11 章由彭大威编写，第 12 章韩佳伶编写。全书由王北星、韩佳伶主编，由孙铁铮主审。

本书的编写过程中我们参考了许多国内外的文献资料，并引用了一些好的案例，在此对相关的作者表示深深的谢意。

本书的编写得到了吉林财经大学管理信息与信息工程学院王丽敏院长的帮助，电子出版社的编辑给予的大力帮助和支持，在此对他们表示真诚的谢意。

由于作者水平有限，书中难免存在错误和遗漏之处，敬请读者批评指正。

编　者

2013 年 7 月

目 录

第1章 信息系统和管理 ………………1
1.1 信息 ………………………………1
1.1.1 信息的本质 …………………1
1.1.2 信息的生命周期 ……………3
1.1.3 信息的作用 …………………6
1.1.4 信息的分类与特性 …………6
1.1.5 管理信息 ……………………9
1.1.6 信息的度量 …………………10
1.2 信息管理 ………………………12
1.2.1 信息管理的内容 …………12
1.2.2 信息管理的发展过程 ……13
1.2.3 信息资源管理 ……………14
1.3 信息系统与管理 ………………15
1.3.1 信息系统的基本概念 ……15
1.3.2 信息系统与管理决策 ……24
本章总结 …………………………………28

第2章 管理信息系统概述 ……………29
2.1 管理信息系统的概念 …………29
2.1.1 管理信息系统概述 ………29
2.1.2 管理信息系统与计算机 …30
2.1.3 管理信息系统的生命周期 …31
2.1.4 管理信息系统的功能、分类与特点 …………………………32
2.1.5 管理信息系统的结构 ……33
2.2 管理信息系统与环境 …………36
2.3 管理信息系统应用 ……………37
本章总结 …………………………………38

第3章 管理信息系统的技术基础 ……39
3.1 信息技术概述 …………………39
3.2 数据处理 ………………………39
3.2.1 数据处理的主要目的 ……40
3.2.2 数据处理过程 ………………40

3.2.3 数据处理的发展过程 ……40
3.2.4 数据组织 ……………………40
3.2.5 数据库 ………………………41
3.3 计算机网络 ……………………45
3.3.1 计算机网络概述 ……………45
3.3.2 计算机网络的拓扑结构 …45
3.3.3 计算机网络的发展 …………46
3.3.4 计算机网络的种类 …………48
3.3.5 计算机网络的一些重要概念 …48
3.3.6 网络体系结构(局域网) …49
3.3.7 国际互联网 …………………50
3.3.8 OSI 参考模型 ………………52
本章总结 …………………………………53

第4章 管理信息系统的开发方法 ……54
4.1 系统开发概述 …………………54
4.1.1 MIS 开发方法的经验教训与 MIS 开发特性 …………………54
4.1.2 研究开发方法的原因和目标 …56
4.1.3 诺兰信息系统发展的阶段模型 …………………………56
4.1.4 系统开发的基本原则 ……57
4.1.5 系统开发的策略 ……………58
4.2 系统开发方法 …………………60
4.2.1 结构化系统开发方法 ……60
4.2.2 原型法 ………………………62
4.2.3 面向对象方法 ………………63
4.2.4 基于构件方法 ………………65
4.2.5 开发方法的灵活应用 ……66
4.3 系统案例——酒店管理信息系统 ………………………………68
4.3.1 基本要求 ……………………68
4.3.2 系统开发思路 ………………69
本章总结 …………………………………69

第 5 章 管理信息系统总体规划和可行性分析 ……70

5.1 管理信息系统总体规划 ……70
5.1.1 总体规划的概念和意义 ……70
5.1.2 总体规划的特点 ……71
5.1.3 总体规划的内容 ……71
5.1.4 总体规划的步骤 ……72
5.1.5 总体规划的组织与阶段成果 ……73
5.1.6 管理信息系统总体规划方法 ……74

5.2 初步调查和可行性研究 ……76
5.2.1 现行系统的初步调查 ……76
5.2.2 新系统目标的确定 ……77
5.2.3 可行性研究 ……78
5.2.4 可行性分析报告 ……80
5.2.5 系统开发的原则 ……81
5.2.6 系统开发前的准备工作 ……81

5.3 系统案例——药品进销存管理信息系统 ……82
5.3.1 总体规划 ……82
5.3.2 系统开发的可行性研究 ……87

本章总结 ……88

第 6 章 管理信息系统的系统分析 ……89

6.1 系统分析概述 ……89
6.1.1 系统分析的任务 ……89
6.1.2 系统分析的基本步骤 ……89

6.2 详细调查 ……90
6.2.1 详细调查的原则 ……90
6.2.2 详细调查的范围及内容 ……90
6.2.3 详细调查的方法 ……91
6.2.4 详细调查中应注意的问题 ……91

6.3 组织结构与功能分析 ……92
6.3.1 组织结构分析 ……92
6.3.2 功能结构分析 ……93
6.3.3 组织/功能联系分析 ……93

6.4 业务流程分析 ……94
6.4.1 业务流程调查的任务及方法 ……94
6.4.2 业务流程图 ……94
6.4.3 表格分配图 ……96
6.4.4 业务流程分析 ……97

6.5 数据流程分析 ……98
6.5.1 数据的收集与分析 ……98
6.5.2 数据流程图 ……98
6.5.3 数据流程分析与目的 ……103

6.6 数据字典 ……103
6.6.1 数据字典中的数据 ……103
6.6.2 数据字典的内容 ……103

6.7 处理逻辑工具 ……106
6.7.1 判断树 ……106
6.7.2 判断表 ……107
6.7.3 结构化描述语言 ……108

6.8 建立新系统的逻辑模型 ……109

6.9 系统分析报告 ……110

6.10 系统案例 1——医疗保险系统 ……111
6.10.1 医疗管理中心组织结构分析 ……111
6.10.2 业务流程分析 ……111
6.10.3 数据流程分析 ……112
6.10.4 数据字典 ……114

6.11 系统案例 2——药品进销存管理信息系统 ……118
6.11.1 现行数据流程分析 ……118
6.11.2 新系统的逻辑结构 ……120

本章总结 ……129

第 7 章 管理信息系统的系统设计 ……130

7.1 系统设计概述 ……130
7.1.1 系统设计的目的 ……130
7.1.2 系统设计的概念 ……130
7.1.3 系统设计的任务 ……130
7.1.4 系统设计的原则 ……131

7.2 模块结构图设计 ……132
7.2.1 模块设计及子系统的划分 ……132
7.2.2 模块结构图使用的基本符号 ……133

7.3 系统设计的原则 ……135
7.3.1 子系统划分的任务与原理 ……135
7.3.2 模块聚合与模块耦合 ……136
7.3.3 模块设计的原则 ……137
7.3.4 数据流程图导出模块结构图 ……140

7.4 代码设计 ……145
7.4.1 代码设计的原则 ……145

  7.4.2 代码的设计方法……………146
  7.4.3 代码的种类………………147
  7.4.4 代码的作用………………148
  7.4.5 代码的校验………………149
 7.5 计算机处理流程设计……………151
 7.6 数据库设计………………………154
  7.6.1 需求分析…………………155
  7.6.2 数据库的概念结构设计…155
  7.6.3 数据库的逻辑结构设计…155
  7.6.4 数据库的物理结构设计…156
 7.7 用户界面设计……………………157
  7.7.1 输入、输出设计的意义…157
  7.7.2 输入设计………………157
  7.7.3 输出设计………………158
  7.7.4 菜单系统设计……………159
 7.8 系统设计说明书…………………159
  7.8.1 系统设计的成果…………159
  7.8.2 系统设计说明书的组成…160
 7.9 系统案例——药品进销存
   管理信息系统…………………161
  7.9.1 新系统功能设计…………161
  7.9.2 新系统运行环境设计……163
  7.9.3 系统总体方案设计………163
  7.9.4 代码设计方案……………187
  7.9.5 数据库设计………………187
  7.9.6 输入、输出及菜单设计…192
 本章总结……………………………193

第8章 管理信息系统的系统实施………195
 8.1 系统软件/硬件的购置及安装
   调试……………………………195
  8.1.1 管理信息系统软/硬件设备的
    购置…………………………195
  8.1.2 安装调试…………………196
 8.2 程序设计…………………………196
  8.2.1 程序设计的任务及质量要求…196
  8.2.2 结构化程序设计…………196
 8.3 人员组织与培训…………………197
  8.3.1 人员组织与培训的目的…197
  8.3.2 培训方式与内容…………198

 8.4 系统调试…………………………199
  8.4.1 系统调试的目的、作用与
    意义…………………………199
  8.4.2 系统调试的方法与步骤…199
 8.5 系统转换…………………………201
 8.6 系统维护与管理…………………203
  8.6.1 系统维护内容……………203
  8.6.2 系统维护的组织与管理…203
 本章总结……………………………206

第9章 管理信息系统的管理……………207
 9.1 管理信息系统管理的组织机构…207
  9.1.1 管理机构…………………207
  9.1.2 管理人员…………………208
 9.2 项目管理…………………………209
  9.2.1 项目管理的定义…………209
  9.2.2 项目管理的特点…………209
  9.2.3 项目管理的内容…………210
  9.2.4 开发的方式………………214
 9.3 管理信息系统的文档管理………215
  9.3.1 管理信息系统文档的类型…215
  9.3.2 管理信息系统文档的管理…216
 9.4 管理信息系统的安全管理………216
  9.4.1 管理信息系统安全的定义…216
  9.4.2 影响管理信息系统安全的
    因素…………………………217
  9.4.3 管理信息系统安全策略和
    措施…………………………217
  9.4.4 管理信息系统安全的设计…218
 9.5 管理信息系统的监理、审计与
   评价……………………………220
  9.5.1 管理信息系统的监理……220
  9.5.2 管理信息系统的审计……221
  9.5.3 管理信息系统的评价……222
 本章总结……………………………222

第10章 决策支持系统……………………224
 10.1 决策问题概述…………………224
  10.1.1 决策过程………………224
  10.1.2 决策问题的分类………225
  10.1.3 影响决策的因素………225

10.2 决策支持系统概述……………225
   10.2.1 决策支持系统的产生与
        发展……………………225
   10.2.2 决策支持系统定义………227
   10.2.3 决策支持系统与管理信息
        系统比较………………228
   10.2.4 决策支持系统的系统结构…228
   10.2.5 决策支持系统的技术层次…229
10.3 智能决策支持系统……………230
   10.3.1 IDSS 的基本结构………230
   10.3.2 IDSS 求解问题的一般过程…230
   10.3.3 专家系统与 IDSS 的区别……231
10.4 群体决策支持系统……………231
   10.4.1 群体智能决策支持系统的
        基本结构………………231
   10.4.2 群体智能决策支持系统的
        特点……………………232
本章总结…………………………232

第 11 章 基于面向对象的系统开发……233
11.1 面向对象的基本概念…………233
   11.1.1 面向对象的由来…………233
   11.1.2 面向对象的概念…………234
   11.1.3 对象………………………235
   11.1.4 类…………………………236
   11.1.5 继承………………………237
   11.1.6 重载和多态性……………239
   11.1.7 消息………………………240
11.2 面向对象的系统开发…………241
   11.2.1 面向对象的系统开发方法
        原理……………………241
   11.2.2 传统系统的开发方法与面向
        对象系统的开发方法比较…241

   11.2.3 面向对象系统的分析………242
   11.2.4 面向对象系统的设计过程…243
   11.2.5 面向对象系统的实施………245
11.3 UML 统一建模语言……………247
   11.3.1 UML 的内容………………247
   11.3.2 应用 UML 开发电子商务系统
        案例……………………257
本章总结…………………………262

第 12 章 管理信息系统的发展和影响…263
12.1 信息管理之未来………………263
   12.1.1 传统信息管理的不足………263
   12.1.2 信息管理若干新方法………264
   12.1.3 信息管理发展趋势…………265
12.2 信息系统对未来组织和社会的
     影响……………………………267
   12.2.1 管理信息系统对企业组织内部
        结构的影响……………267
   12.2.2 信息系统对社会的影响……267
12.3 企业资源计划…………………268
   12.3.1 企业资源计划的发展历程…269
   12.3.2 物料需求计划………………269
   12.3.3 制造资源计划………………270
   12.3.4 企业资源计划………………271
12.4 供应链管理……………………274
   12.4.1 供应链管理产生的背景……274
   12.4.2 供应链管理定义……………274
   12.4.3 供应链管理的作用…………276
   12.4.4 供应链管理的原则…………276
   12.4.5 供应链涉及的内容…………276
   12.4.6 供应链的竞争优势…………277
本章总结…………………………278

第1章 信息系统和管理

管理信息系统(Management Information System，MIS)是现代企业不可缺少的系统之一。它将传统的管理技术与计算机技术相融合，结合系统论的思想，最终呈现为一款计算机企业管理软件。管理信息系统渗透到企业的方方面面，从信息的获取到信息的加工，从信息的处理到决策分析等。现代企业的运作围绕着管理信息系统展开，我们可以视管理信息系统为企业的神经系统，因此管理信息系统课程是管理类本科生必须要掌握的一门课程。

信息、管理和系统这三个因素构成了管理信息系统。在学习本课程中，需要考虑管理信息系统中的信息、管理和系统这三个因素之间的关系，触摸这三者之间的平衡点，并能以管理者的角度去分析信息与系统这两个因素。同时，扮演好管理者这个角色，并体会现代管理技术的精髓。

本章主要介绍管理信息系统的一些基本概念和理论，以期对管理信息系统有一个大致的了解。本章内容包括信息的概念与数据、知识的关系；信息的作用及分类；信息量的定义等；信息系统的概念及特征；搞清为什么要对一个企业的信息进行管理；信息系统与环境的关系；企业信息系统按功能、目标、特点和服务对象的不同有多种不同的分类。

本章以概念为主，重点是信息系统的概念。要注意解释系统与环境、数据与信息、管理信息与信息管理等基本概念以及它们之间的联系与区别。任何组织的经营活动都会产生大量的数据，其不仅反映特定交易或事项的发生与结果，而且是营运管理决策的依据。从交易资料转化为适用于管理决策的信息需要经过特定方式的加工处理，这一过程包含资料输入、处理和信息输出，构成特定的信息系统。有效和运作良好的信息系统是各类企业经营活动顺利进行的必要保证。了解系统的类别特征、管理功能和信息的作用等，是学习管理信息系统所必备的基础知识。

1.1 信 息

1.1.1 信息的本质

1. 数据（Data）

如同物质、能量、空气、阳光一样，数据也是一种客观存在。它普遍地存在于自然界、人类社会和人的认识之中。

从宏观宇宙中的星体到微观世界的物质结构，都能发出数据。各种物质以其质量、能量的大小和运动的特征表明它存在的数据；蜜蜂以特殊的飞舞向伙伴们通报蜜源的数据；生物通过细胞染色体的脱氧核糖酸的不同编码给其后代发出遗传数据；人类通过语言文字发表、交换和存储数据。到处都是数据，数据是物质存在的形式之一，数据与物质、能量同在。

人类自古以来就不断地通过感官从周围环境取得数据，并通过语言、文字等手段传递、交流和储存数据,人类正是通过获得和识别自然界、社会的不同数据,来区别不同的事物,从而认识世界、改造世界的。但人类对于数据本身却长期没有形成明确的概念。有意识地对数据进行研究与探索,也只是近几十年内的事情。但到底什么是数据?至今仍然是仁者见仁,智者见智,众说纷纭。有的认为数据是物质的范畴与属性;有的认为数据就是事件;有的把数据看成结构;有的把数据看作知识的代表;等等。

(1) 数据的定义

① ISO 的定义:数据是对事实、概念或指令的一种特殊表达形式。

② 人们用来反映客观世界而记录下来可以鉴别的物理符号。

③ 数据是用各种可以鉴别的物理符号记录下来的客观事实。

(2) 数据的特点

数据是未经任何加工的,数据是客观事物的属性、数量、位置及其相互关系等的抽象,是原始记载。

数据是粗糙的、杂乱的,但它真实、可靠、有积累的价值。

我们可以从下面两个方面来理解数据的含义:

一是客观性。数据是客观事实的描述,它反映了某一客观事实的属性。数据的表示需要使用属性名和属性值,两者缺一不可。例如,年龄20岁,年龄是属性名,20岁是属性值。

二是鉴别性。数据是对客观事实的记录,这种记录是通过一些特定的符号来表示的,而这些特定的符号是可以鉴别的,尤其是可以由计算机来识别。常用的特定符号有声、光、电、数字、文字等。

2. 信息(Information)

(1) 信息的定义

① ISO 的定义:信息是对人有用的,影响人们行为的数据。

② 信息是具有一定含义的数据,是加工(处理)后的数据,是对决策有价值的数据。

③ 在信息系统中,通常所指的信息是"数据经过加工处理后得到的另一种形式的数据,这种数据在某种程度上影响接收者的行为"。

我们可以从三方面来理解信息的含义:

一是客观性。信息来源于现实世界,它反映了某一事物的现实状态,体现了人们对事物的认识和理解程度,是人们决策或行为的依据。

二是主观性。信息是人们对数据有目的加工处理后的结果,它的表现形式根据人们的实际需要来决定,和人的行为密不可分。

三是有用性。信息是人们从事某项工作或行动所需要的依据,并通过信息接收者的决策或行动来体现它具有的价值。

(2) 信息的特性

信息的特性包括真实性、等级性、可压缩性、扩散性、滞后性、时效性、共享性、转化性、价值性、目的性、资源性、无形性等,详见1.1.4。

3. 数据与信息的关系

(1) 信息与数据不同

数据与信息可看成是原材料和产品的关系。信息是向人们提供关于现实世界新的事实的知识,数据则是载荷信息的物理符号,两者缺一不可,但又有一定的区别。

(2) 信息能更直接反映现实的概念，而数据则是信息的具体表现

信息不随载荷它的物理载体而改变，数据则不然，它在计算机化的信息系统中往往和计算机系统有关。

(3) 两者可不断转换(见图1.1)

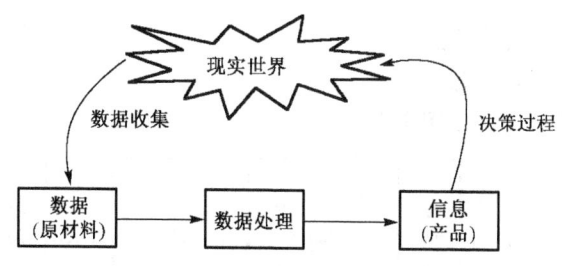

图1.1　数据与信息之间的转换过程

1.1.2　信息的生命周期

信息的生命周期是指从信息的产生到最终被使用发挥其价值的过程，包括需求、获取、存储、维护、使用、退出整个过程。其中需求是管理人员根据所发生的问题、要达到的目标以及设想可能采取的方法，提出所需要的信息种类。获取是得到信息的阶段，包括信息收集、信息传输、信息加工。下面从信息的收集、传输、加工、存储、维护和使用等阶段分别加以说明。

1. 信息的收集

人们根据自身的需要对信息进行收集，要想收集到有用的信息必然涉及到信息的识别方法、信息的收集方法、信息的表达方式。

1) 信息的识别方法

(1) 由管理者、决策者根据自身管理决策的需要及系统目标向信息咨询人员提出信息种类、信息内容范畴、信息结构。

(2) 信息咨询人员在系统开发过程中，通过调研、观察，在充分理解管理需求的基础上，对所需要的信息进行识别。

(3) 由管理者、信息咨询人员共同识别。步骤依次是管理人员提出需求，信息咨询人员进行识别，再将识别的信息交与管理人员讨论，进一步补充信息。

2) 信息收集方法

(1) 自底向上广泛收集，有固定的时间、周期、数据。例如：人口普查和生产统计。

(2) 有目的的专项收集，围绕决策的主题收集相关的信息而作出决定。

(3) 随机收集，没有明确目标，只是根据系统总体目标把一些将会对管理有用的、"新鲜"的信息收集起来。

3) 信息表达方式

信息可以用文字、数字、图形、表格等方式表示。

(1) 文字表达方式。要注意表达语义的简练性、准确性，避免使用双关语和具有二义性的语句。

(2) 数字表达形式。使用数字表达形式一般来说是比较准确的，注意数字信息对管理者和决策者的影响。

(3) 图形表达方式。图形表达方式的整体性、直观性、可塑性都比较强。

2. 信息的传输

(1) 信息传输的定义

信息传输即将信息从一地传输到另一地。信息传输也称为信息在空间上的传递。信息传输过程中必须注意以下问题：

① 如何快速、准确地传输信息；

② 如何确切地表达信息的意义。

(2) 信息传输的一般模式(见图1.2)

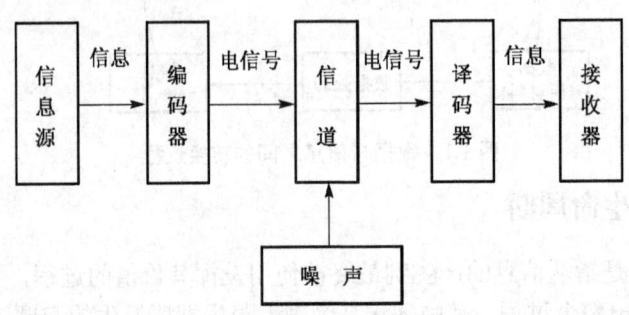

图1.2　信息传输的一般模式

(3) 信息传输的香农模型(见图1.3)

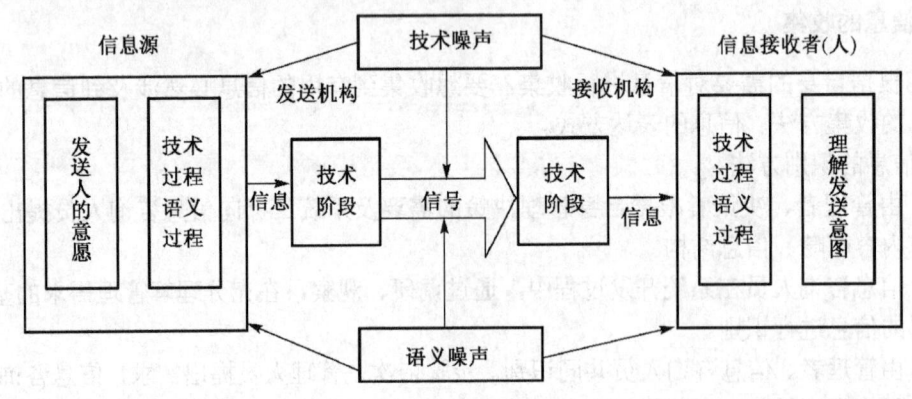

图1.3　信息传输的香农模型

信息发送人的意愿经过语言表达的语义过程和语言编码技术过程交互作用产生信息，这个信息经过发送机构的再次编码变成能够在信道中传输的电信号，电信号发送到接收机构，由接收机构将电信号转化成信息，再由接收者的语义过程和技术过程交互作用，最后使接收者能够充分理解信息发送人的意愿。

3. 信息的加工

(1) 信息加工定义

信息加工指把来自科学研究，生产实践和社会经济活动等领域中的原始数据，用一定的设备和手段，按一定的使用要求，加工成信息(有用的数据)的过程。

(2) 信息加工主要目的

① 把数据转换成便于观察分析、传送或进一步处理的形式；

② 从大量的原始数据中抽取、推导出对管理人员或决策人员有价值的信息以作为行动和决策的依据；

③ 科学地保存和管理已经处理的大量数据，以便管理人员或决策人员能方便而充分地利用。

信息加工显示了系统的处理能力。信息加工的范围很广，从简单的查询、排序、归并到复杂的模型调试及预测等。信息加工的一般模式如图 1.4 所示。

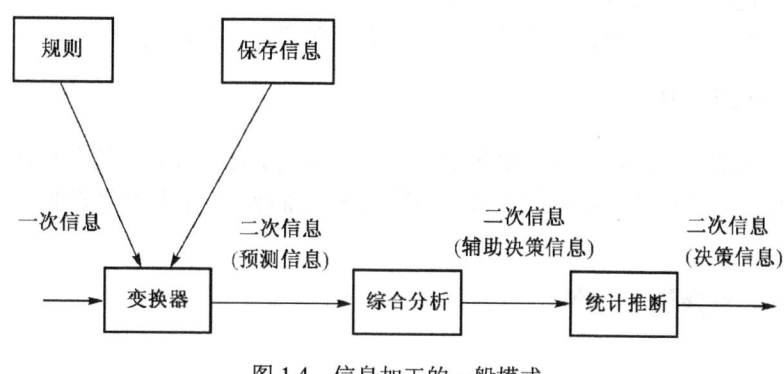

图 1.4　信息加工的一般模式

4. 信息的存储

信息存储是将有价值的信息保存在一定的存储媒介上。信息存储也称为信息在时间上的传递。要想存储好信息必须涉及到存储信息的内容、存储信息的时间、存储方式和存储介质几个方面。

（1）存储信息的内容。信息的存储应根据系统目标确定，系统目标确定后，根据支持系统目标的数学方法和各种报表的要求确定信息存储的内容。

（2）存储信息的时间。根据系统要求来确定存储时间的长短。

（3）存储方式。常见的两种方式如下：

一是集中存放：信息共享，信息的管理和维护容易，冗余减少。

二是分散存放：信息共享性、可维护性比集中式差，冗余增加，但使用起来方便。

（4）存储介质。纸、胶卷、胶片和计算机存储器等。

5. 信息的维护

信息维护是保证信息在仍具有价值时处于可用状态。狭义指不断更新数据，维护数据的安全性和完整性使数据保持可用状态；广义指在信息系统的开发和运行中的一切数据管理工作。

信息维护的目的是保证信息的安全性、完整性和一致性，及时、准确地为管理和决策提供所需要的信息。

（1）信息的安全性是指保护信息防止被非法使用。防止信息失窃的常用方法有设置口令；检查用户权限；对数据进行加密等。

（2）信息的完整性是指信息的正确性和相容性，也就是说信息系统应该具有完整性检查功能，以保证信息的精度和准确性。

保证完整性的常用手段有：经人机界面输入数据时，应按照规定的约束条件进行完整性检验；经网络传输的数据，采用加校验码的方式进行完整性检查；手工处理的数据，可采用简单、方便的报表格式保证数据的正确性。

（3）信息的一致性是指维护在不同地点的同一个信息的内容在任何时候都是一致的，例如飞机票订票系统。

6. 信息的使用

信息的使用是信息发挥其价值的阶段。

信息使用深度可分为：提高效率阶段；及时转化阶段；寻找机会阶段。

1.1.3 信息的作用

信息是一种战略资源，物流反映组织的主体，信息流是神经脉络，起主导作用；信息已逐步取代资本的作用；信息是自增值的积累，越用越多，而物质和能量是消耗性的；信息可以起到心理调节作用。

1.1.4 信息的分类与特性

1. 信息的分类

1）按信息的本质分类

（1）事实性信息。这类信息反映客观存在事物的活动状况及其属性，是人类社会中各种活动的基础。事实性信息按加工程度的不同又可分为描述型和加工型。描述型信息可通过简单登记得到，加工型信息可通过对描述型信息的进一步加工得到。

（2）预测性信息。这类信息是说明尚未发生（或尚不存在、尚未发现）事物的状况及其属性。

预测性信息是建立在事实性信息的基础上，只有掌握了足够的事实性信息，才有可能取得预测性信息。

（3）控制、决策性信息。用于指挥、控制事物发展的信息。例如：方针政策、计划方案、行动命令、施工图纸、加工流程等。

控制、决策性信息直接关系着人们改造客观世界时活动的成败，因此它是信息效益的集中点，取得控制、决策性信息是信息工作的最终目标（归结）。

各类信息与客观事物之间的关系如图 1.5 所示，它是一个循环关系。

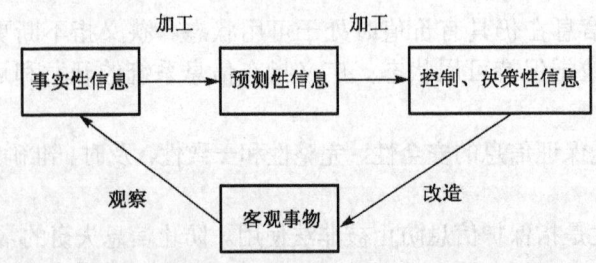

图 1.5　各类信息与客观事物之间的关系

2）按不同的属性对信息进行分类

按不同的属性还可以对信息进行多种分类，如图 1.6 和图 1.7 所示。

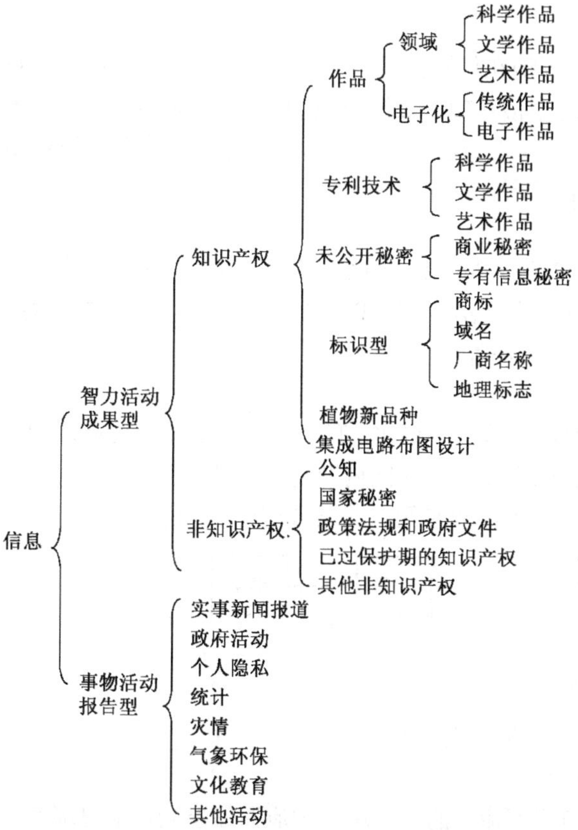

图 1.6　信息分类组成 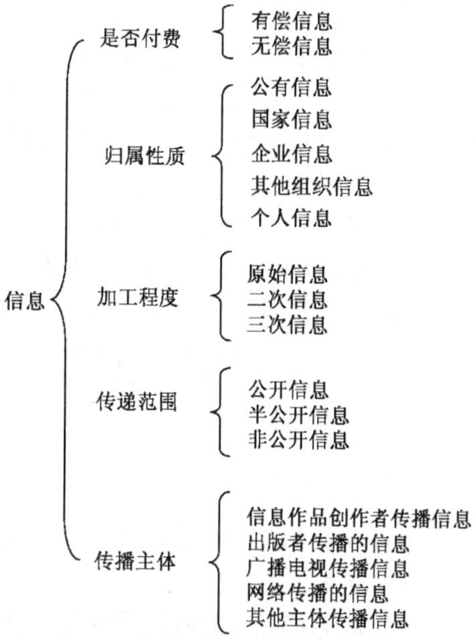　　　　　　　图 1.7　按不同属性的信息分类组成

2. 信息的特性

信息具有如下特性。

(1) 真(事)实性

信息是对现实世界事物的客观反映，但现实中的信息并不都是正确的。真实而准确的信息可以帮助人们做出正确的决策，从而实现信息的价值。谎言(虚假)信息，它会使决策活动偏离正确性。假账真算对实际工作起不到有用的作用。今天谁能及时、正确地获得信息，并依此快速地做出正确的决策，谁才能在竞争中求生存。

(2) 等级(层次)性

由于信息是为管理服务的，在现实世界中管理是分层次的，不同的管理层需要的信息不同，因此信息具有层次性，如表 1.1 所示。

表 1.1　不同管理层对信息要求上的区别

信息类型＼属性	信息来源	信息寿命	加工方法	使用频率	加工精度	保密要求
战略级	企业外部	长	灵活	低	低	高
策略级	企业内外部	较长	较灵活	较高	较高	较高
执行级	企业内部	短	固定	高	高	低

(3) 可压缩性

信息可以经综合概括浓缩而不失其本质。压缩在信息处理中非常必要，但要注意的是保证压缩的不失真性。例如：1820131708650825 这个信息中，1820 表示职工号，18 为管理科学与信息工程学院，20 是第 20 位职工，1 表示男职工，3 表示讲师，2708 表示基本工资为 2708 元，650825 表示该职工的出生日期是 1965 年 8 月 25 日。

(4) 扩散性

信息可以通过各种传播媒介传播和扩散。系统人员在信息的利用上一方面要善于利用信息的扩散性，另一方面要重视信息的保密性。并非所有信息都可以对外开放，例如：军事信息、新产品开发策略信息，通常在一定的范围和一定时间内是保密的。

(5) 滞后性

信息是经过加工的数据，经过加工的数据总是落后于事实。我们的目标是要尽可能加快信息处理速度，尽可能减少延时，以保证决策者能在最短的时间内获得实时的信息。

从信息到决策需要时间，由决策到产生结果也需要时间。其结果如图 1.8 所示。

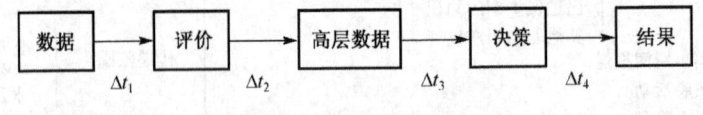

图 1.8 信息的滞后性

Δt_i (i=1，2，3，4) 值越大，由数据到结果的时间就越长，越滞后。

(6) 时效性

一切活的信息都随时间而变化。信息是有"寿命"的。信息与物质商品不同，信息通常只在某一时刻或某一段时间内有用。例如：天气预报信息与商品市场信息。

(7) 共享性

信息可以由大家共享而不至于使所分享的部分减少。与物质不同，建立数据库大家共享，节省人力、物力，保证信息的一致性等。正是信息的共享性，才使得信息成为系统的重要资源。

(8) 转化性

对企业来说，有了能源才能使机器运转，有了原材料才能进行产品生产，有了信息，有了关于能源、生产方面的各种知识和技术，才能使得能源得到合理的利用，才能保证产品的数量和质量。企业依靠各种信息技术来节省能源，开发新产品，加快生产进度。企业依靠各种产品市场信息、生产信息、各种管理信息对企业实施管理和决策，信息可以转化为能源、材料，是社会发展的生产力。

(9) 相对性

对同一事物，不同的观察者获得的信息量可能不同。

(10) 价值性

管理信息可对生产经营活动产生影响，因而有价值。信息的价值主要体现在信息的内容方面，它具有知识的内涵。信息的价值具有不确定性，同一内容的信息在不同的时间和不同的地点，其价值可能不同；不同的信息利用者对该信息内容的理解和吸收、利用信息的能力不同，也会影响信息的价值。

(11) 目的性

对任何信息的收集和整理工作，都是为了某项具体的管理工作服务的，都有明确的目的性。最终目的就是帮助人们认识和了解生产经营过程中出现的问题，为决策提供各种科学准确的信息依据。

(12) 资源性

信息不仅可以不断开发、利用，而且可以再生，它是无限的，还可以在原有信息并不减少或丢失的情况下实现继承、转让；信息可以在一定范围内对物质和能源进行替代，当信息替代物质和能源发挥作用时，可以降低成本，节约物质和能源，提高经济效益；信息作为一种资源，不仅能让人们了解事物，满足精神上的需求，而且可以从中获得知识，它是发明创造和创新思维的源泉。信息作为一种资源，已经成为国家之间、企业之间争夺的重要对象。

(13) 无形性

信息作为无形资源，只能依附于一定的载体或媒介而存在，如纸张、磁盘、光盘、网络等。现实生活中，无论是信息产品的生产、加工、处理、存储，还是信息的传播或信息商品的流通都极大地依赖于计算机、现代通信网络、信息载体技术和其他信息技术。

1.1.5 管理信息

管理信息(management information)是组织在管理活动过程中产生的，经过加工处理后，对组织的决策产生影响的各种数据的总称。

1. 管理信息作用

管理信息的作用如下：
(1) 管理信息是管理活动的基础和核心，有利于系统目标的设立。
(2) 管理信息是组织和控制管理活动的重要手段，是用来联系各个管理环节的纽带，对系统目标实现过程进行有效控制。
(3) 管理信息是提高管理效益的关键，对组织资源做出合理安排。

2. 管理信息表现形式

管理信息的形式多种多样，如报告、报表、表格、单据等。

3. 管理信息特征

管理信息除具有信息的特征外，还具有自身的特征。
(1) 目的性
与特定组织目标和管理过程相关联。
(2) 时间性
管理信息具有时间性，其价值随时间变化。
(3) 有效性
反映客观事物的状态及其变化规律，并为管理所用。
(4) 不完全性
认识无穷尽，需求有目的。
(5) 层次性
不同层次的管理信息具有不同特点。
管理信息一般分为战略级信息、策略级信息和执行级信息。在不同级别，信息的内容、来源、精度、加工方法、使用频率、保密程度等方面都不相同。

1.1.6 信息的度量

1. 信息量

由消除对事物认识的"不确定程度"来决定。

信息就好像是一个神奇的使者,人们只能看到它的种种化身,却看不见它的"真形"。这是因为,信息只有依赖于各种载体,才可以存在和交流。可能有人会问:这种看不见的东西是否有大小多少之分呢?如果有,那又怎样去衡量它的大小多少呢?这就是我们要谈的信息量。

度量信息大小的量就是信息量。研究信息量,首先要搞清信息和消息的关系。信息和消息并不是一回事。消息是为了传输信息而做成的载荷该信息的符号组合(包括状态、字母和数字等)。信息是消息的内容,消息是信息的形式。人们要从各种消息中获得信息。信息要经过编码才能成为消息,而接受消息后则要经过解码才能掌握信息。编码是将一定的信息用一定的符号表示出来的过程,而解码则是从消息中提取信息的过程。信息量的大小,取决于消息的不肯定程度。消息的不肯定程度大,则发出的信息量就大,消息的不肯定程度小,则发出的信息量就小。这是因为任何消息具有极大的随机性,即在获得消息之前并不知道发出的消息是什么。如果事先知道消息的内容,那么消息带来的信息量就等于零。

由于消息的不肯定程度是随机产生的。因而消息的不确定程度要依赖于它在整个消息集合中发生的概率 P(即发生可能性的百分比)。事件发生的概率大,事先容易猜到,消息中不肯定程度小。如果事件发生的概率很小,事前难以预料,消息的不确定程度就大。显然信息量的大小与概率的大小有着密切的关系。信息量 $I = -\log_2 P$,即概率越大,我们获得的信息量就越小。也可以用图1.9表示信息量 I 与概率 P 的相互关系。这和我们的常识是相符的。如果我们事先约了一位朋友来做客,而这位朋友又是很守信用的,那么当我们在约定的时间听到他熟悉的敲门声时获得的信息量并不大。相反,如果一位10年不见的老朋友出乎意料地走进来,由此带来的信息量就要大得多,因为这样的老朋友在我们生活中出现的概率并不大。越是意外的消息,带给我们的信息量也就越大。

在更一般的情况下,如果事先知道某个事件发生的概率是 P_1,在获得一定的信息后知道该事件发生的概率为 P_2($P_2 \geq P_1$),那么获得的信息量为:

$I = -\log_2 P_1/P_2$ 这样计算信息量的单位是比特,即二进制的基本单位。掷一个均匀的硬币,掷前知道正面向上的概率为0.5,掷后正面向上其概率为1,获得的信息

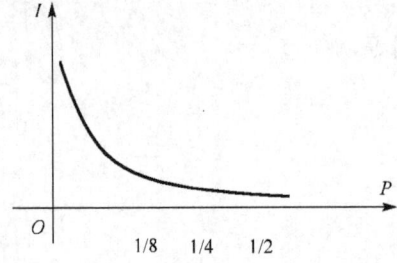

图1.9 信息量 I 与概率 P 的相互关系

量 $I = -\log_2 0.5/1 = 1$ 比特,就是信息量的单位(信息量的常用计量单位是比特,还有奈特、哈特等)。1比特的信息量就是指含有两个不确定性事件所具有的等概率能被消除所需要的消息。

如果我们在一个布袋里放入大小相等的不同颜色的 4 个球各一个,让你随意拿出一个来看,你获得的信息量是 2 比特(概率为1/4)。如果我们在一个布袋里放入大小相等的不同颜色的 8个球各一个。让你随意拿出一个来看,你获得的信息量是 3 比特。由此不难发现,一个等可能性事件是 2 的多少整数次方,它的信息量就是多少比特。

2. 信息的组合

有了信息量的明确定义,我们就可以作一些简单的计算。通过举例说明信息的组合。一个剧场有20排座椅,每排有30个座位。如果想知道一个人在什么座位上就需要获得一定的信息。

这里我们把一个人看成一个系统，而把他在什么座位上看成是该系统所处的状态。也就是说，这个系统有 600 种可能出现的状态。

按照这些约定，并不是有关他的任何消息都包含我们所需的信息。例如："他和妻子坐在一起"，如果只有这条消息就没有提供任何信息。但"他坐在妻子右边"就提供了一些信息，因为这条消息排除了他坐在最左边一列座位的可能性。也就是说，这个系统的可能状态从 600 种减少到 580 种。如果有一条消息告诉我们"他坐在单号"，那么系统的可能状态就减少到 300 种。显然第二条消息提供的信息量比第一条要多。第二条信息量 I 为（P_1=1/600，P_2=1/300）
$I = -\log_2 P_1/P_2 = -\log_2 300/600 = 1$ 比特。

若还有一条消息告诉我们"他坐在第 5 排"。于是他在某个位子上出现的概率为 1/30，因此：
$I = -\log_2 P_1/P_2 = -\log_2 30/60 = -\log_2 1/20 = 4.03$ 比特。

把这两条消息组合在一起就成为一条新的消息"他坐在第 5 排的单号"。那么他在某个位子上出现的概率为 1/15。因此新消息的信息量为 5.03 比特。这恰好是前两条消息的信息量之和。由此可见上述信息量定义的合理性，它为我们定量计算信息量提供了有效的方法。

不过特别要注意的是，并不是任何一条合成消息的信息量都可以表示成各条消息的信息量之和。例如有一条消息告诉我们"他坐在前排"；另一条消息告诉我们"他坐在第 5 排"。这两条消息合成的消息就不能按刚才的那种方法把两条消息的信息量相加。实质上，在"他坐在第 5 排"的消息中已经包括了这两条消息中的所有信息。也有这样的情形，在一条消息中只包含了另一条消息的部分信息。不过我们在这儿就不多说了。总之，只有完全独立的消息组合而成的信息，才能满足信息量相加的法则。所谓独立，就意味着我们从每一条消息中获得的信息量都是其他消息中没有的。

3. 熵和平均信息量

消息是一组符号的集合。每个符号可以以不同的概率出现。设它们出现的概率分别为 P_1、P_2，……，P_n，按照信息量的定义，我们不难知道每种符号携带的信息量分别为 $-\log_2 P_1$、$-\log_2 P_2$，……，$-\log_2 P_n$。

对这些信息量求算术平均就可以得到每个符号的平均信息量 I_i 为：

$$I_i = -P_1 \log_2 P_1 - P_2 \log_2 P_2 - \cdots P_n \log_2 P_n = -\sum_{i=1}^{n} P_i \log_2 P_i$$

这与物理学中熵的计算公式只差一个符号。因此也可以把平均信息量称为负熵。

消息的熵与每个符号的平均信息量相同并不是一种巧合。消息的熵描述了以一定统计规律出现的符号集合的不确定性。符号的出现则消除了这种不确定性。因此，符号携带的信息可以作为不确定性的量度。虽然由于每个符号出现的概率不同，因此携带的信息量也不相同，但是它们的平均值正好是消息的不确定性的量度。

现在我们来考虑有一段消息由大量的符号组成。符号数目为 M，那么各种符号的数目分别 MP_1，MP_2，……，MP_n。这段消息的总信息量则为：

$$MP_1(-\log_2 P_1) + MP_1(-\log_2 P_2) + \cdots + MP_n(-\log_2 P_n)$$
$$= M\left(-\sum_{i=1}^{n} P_i \log_2 P_i\right)$$
$$= MI_i$$

最后的 MI_i 就是前面刚刚提到的每个符号的平均信息量。

我们可以把十进制数与二进制数作比较。如果每个数字都以相同的概率出现，那么对十进制数来讲：

$$P_i = 1/10$$
$$I_i = -(10*(1/10)*\log_2(1/10)) = 3.32 \text{ 比特}$$

而对二进制数来讲：

$$P_i = 1/2$$
$$I_i = -(2*(1/2)*\log_2(1/2)) = 1 \text{ 比特}$$

由此可见十进制数的平均信息量是二进制数的 3.32 倍。

熵是信息大小的一种量度。

从熵的观点来衡量，大量存在的系统可分为两大类。一类是从有序到无序的系统；另一类是从无序到有序的系统。对于后一类的变化过程，系统信息量的增加，总是表明不确定性的减少，有序化程度的增加。恩·维纳讲："正如一个系统中的信息量是它的组织化程度的度量，一个系统的熵就是它的无组织程度的度量，这一个正好是那一个的负数。"信息量大，即负熵越大，而熵值越小，它反映了该系统的无序程度（混乱程度）越小，有序化程度越大。由此我们可以说："信息是任何一个系统的组织性、复杂性的度量，是有序化程度的标志。"

1.2 信 息 管 理

在管理活动中，所有的组织机构都要依靠信息进行沟通和协调，管理工作也就是以信息处理为中心的工作。从本质上说，管理就是通过所掌握的信息来协调内外资源与预定目标的关系，从而实现组织功能。信息管理是组织管理的核心。信息作为资源也只有对其进行有效的管理，才能实现其价值。

信息管理是在管理科学的一般原理的指导下，以现代信息技术为手段，对信息活动中的各要素（信息、人员、资金、设备、技术等）进行计划、组织、领导和控制的社会活动，其目的在于充分开发和有效利用信息资源，最大限度地满足社会或组织的信息需求。

1.2.1 信息管理的内容

（1）信息资源开发、调配与组织管理

这是最基本的信息管理工作，其内容包括：非文献信息和文献信息资源的开发，科技、经济、政治、军事、文化等专门领域信息资源的社会调配，各类信息资源的布局，信息资源的利用组织等。

（2）信息传递与交流组织

基本内容包括信息传递与社会秩序的建立与维持，各种信息传递与交流业务的开展，以及社会各有关部门信息传递与交流关系的确立等。

（3）信息研究、咨询与决策

这是一种高层次的信息管理，其目的是为管理工作提供决策方案，主要包括决策管理及信息识别、组织、分析、整理和加工，通过有针对性的研究，得出未知的结论，待确定其可靠性后应用于管理实践。

(4) 信息技术管理

这部分管理分为硬技术和软技术管理两个方面。硬技术管理主要是围绕计算机、通信和其他信息设施及产品的研究技术来进行的；软技术管理是围绕各种信息技术设施及产品的使用来进行的。

(5) 信息系统管理

信息系统是由信息工作人员、技术、设施、信息及其载体、用户以及系统环境等基本要素组成的。信息系统的管理除了对这些基本要素进行管理外，还要对系统的组织和运行进行管理和控制。

(6) 信息服务与用户管理

用于各种信息管理业务的开展，均以用户信息需求为依据，所以信息服务与用户管理的内容不仅包括服务和用户方面，还贯穿于信息管理业务工作的全过程。信息服务与用户管理的内容是综合性的，管理方法是系统的。

1.2.2 信息管理的发展过程

(1) 传统管理阶段（古代～20世纪40年代）

这个时期以图书馆文献管理为标志。管理对象是文献和纸张媒介，基本依靠人力和手工劳动，主要面向"存"和"理"的问题。管理活动也多以信息供给为导向，且大都是在微观层次上分散进行，属于一种社会公益性质的事业。

(2) 系统管理阶段（20世纪40年代～80年代）

该时期以信息系统为标志。管理活动以信息需求为导向，多从总体和系统的角度开展和把握。信息管理的对象是信息系统，从信息系统的角度解决信息"传"、"找"、"用"的问题，管理手段以技术因素占主导地位。开始形成商业性质的信息加工和服务业，市场机制被逐步引入信息管理中。其范围主要在企业管理、行政管理等密切相关的领域。

(3) 资源管理阶段（20世纪80年代～90年代中期）

信息资源的定义与信息的定义一样，目前众说纷纭。但国内外研究信息资源管理的大多数专家都认为，应该从狭义和广义两种角度来认识和理解信息资源的涵义。

狭义信息资源是指人类社会活动中经过加工处理的、有序化的并大量累积后的有用信息的集合。例如，科学技术信息、政策法规信息、金融信息等。广义信息资源是信息和它的生产者以及信息技术的集合。也就是说，广义信息资源一般由三部分构成：一是人类社会活动中经过加工处理有序化并大量累积后的有用信息的集合；二是为某种目的而生产有用信息的信息生产者的集合；三是加工、处理和传递有用信息的信息技术的集合。之所以把信息活动的各种要素都纳入信息资源的范畴，是因为信息资源的社会价值虽然主要体现在信息要素上，但信息要素价值的实现却离不开信息生产者、信息技术等信息活动要素的综合作用。

该时期是在手工管理时期和技术管理时期发展起来的，主要的特点是把信息作为一种资源进行管理，强调信息资源是重要的经济资源，是实现经济和社会发展的直接要素和直接生产力。强调信息资源也是重要的无形资源，在管理中具有决定性的作用，各种管理都离不开信息管理的支持。

在信息资源管理中，把信息资源作为一种战略性资源进行管理，提升信息资源在组织中的战略地位，最大限度地发挥信息资源的重要作用，实现信息资源的价值。

(4) 知识管理阶段（20世纪90年代中后期至今）

知识管理是指以企业知识为基础和核心的管理，是对企业生产和经营所依赖的知识及其收集、组织、创新、扩散、使用和开发等一系列过程的管理,也是对知识连续过程的管理,以满足企业现有和未来的需求,确认和利用已有的和获取的知识资产,开拓新的机会。

该阶段一方面深化了对信息技术的要求,促使人工智能、数据仓库、数据挖掘等的发展;另一方面在组织中更强调对人的管理,设置了CKO(Chief Knowledge Officer)首席知识官或知识主管的职位;同时,还重视对知识生产途径的研究。企业的管理方式从原来的以控制物流和资金流为主变为控制信息流和知识流为主。

综上所述,信息管理的发展是一个深化扩展的过程,每一阶段都是前一阶段的延续,新阶段形成只是意味着旧阶段地位的变化。

1.2.3 信息资源管理

1. 信息资源管理概念的产生

1979年,美国人迪博尔德(J.Diebold)以信息资源管理(Information Resources Management,IRM)为题发表论文"IRM:The New Challenge"。从那时起,信息资源管理(IRM)这一术语一直得到国内外学者们的广泛关注,他们试图从理论上对信息资源管理的内涵与外延进行界定。但是,东西方研究人员对信息资源管理的确切含义依然是仁者见仁,智者见智。

综合国内外专家的观点,我们认为信息资源管理既是一种管理思想,又是一种管理模式。就其管理对象而言,IRM是指对信息活动中的各种要素(包括信息、人员、设备、资源等)的管理;就其管理内容而言,IRM是对信息资源进行组织、控制、加工、协调等;就其目的而言,IRM是为了有效地满足社会的各种信息需求;就其手段而言,IRM借助现代信息技术以实现资源的最佳配置,从而达到有效管理的目的。从适用域来看,IRM包含有宏观和微观的两个层次。宏观信息资源管理指国际、国家和政府所开展的信息资源管理活动,主要是运用政策法规、管理条例等来指导、组织、协调信息资源的开发利用,以促进信息事业的发展;微观信息资源管理则指由组织机构(包括企业、事业部门等),所开展的信息资源管理活动,主要是以满足组织机构的信息需求目的,对其内外部信息资源实施的有效管理。

2. 信息资源管理(IRM)概念

在管理科学中,人、财、物等资源需要管理,主要目的是合理地配置和有效地控制这些资源,以满足和实现本组织的目标和任务。信息资源是由其他物资资源中逐渐游离出来的,同其他资源相似和有其共同的规律。而信息要成为真正资源的必要条件就是对其进行有效的管理。

信息资源管理的基本观点,是要将信息作为一种重要资源加以管理,这不仅是因为信息本身所具有的重要作用,而且是由于信息量的快速增长所决定的。如果对巨大的信息量不严加管理,将产生严重的信息污染,后果将不堪设想。信息资源管理的任务就是采用全新的思想,亦最有效的模式管理组织的信息资源,以支持组织正确地进行管理和决策。

一般说来,IRM是一种新型的信息管理理论,是在管理科学的一般原理指导下,对信息活动中的各种要素,包括信息、人员、建设、设备、机构等,进行科学地规划、组织、协调和控制,以充分开发和合理利用信息资源,从而有效地满足社会信息需求的过程。

IRM的特点如下:

① 确立了信息资源作为经济资源、管理资源和竞争资源的新观念——信息资源论;

② 追求将技术因素和人文因素结合起来解决问题,把信息管理的技术环境、数据环境、人文环境以及社会环境集成在一起以发挥信息资源的综合效益;

③ 强调组织机构层次的信息管理或面向组织的信息管理，关注组织机构信息资源的开放性与共享性；

④ 重视信息资源在组织管理决策与竞争战略规划中的作用，提出了信息管理战略的革新与组织结构变革的关系问题。

IRM 的产生和发展开拓了组织信息管理的思路，使组织形成了新的信息管理战略。这就是在信息技术快速发展和社会竞争日趋激烈的环境下，一个组织如何充分有效地开发利用信息资源以增强竞争实力、获得竞争优势的战略，即面向竞争的信息管理战略。

1.3 信息系统与管理

1.3.1 信息系统的基本概念

1. 系统的概念

1）系统(System)定义

所谓系统是指由一定的人员和资源组成的群体，以实现特定的目标或目的。例如，制造企业是员工、管理者和生产资源(原材料、配料、固定生产和资金等)的结合体，通过制造与销售活动，满足客户对其制成品的需求，实现利润最大化的营运目标；医院是由医护人员和各种医疗资源构成的系统，其营运目的在于为社会公众提供高品质和高效率的保健与医疗服务；学校为教师、学生和教学设备的组合，提供各种教育与培训服务等。

系统被认为是一个整体，是由若干个具有独立功能的元素组成，这些元素之间互相联系、互相制约，共同完成系统的总目标。电子商务企业的基本目的就在于通过为客户提供高质量的产品或劳务而达成销售与利润的最大化。

2）系统的组成

一般系统模型包括 6 个组成部分：输入(Input)、处理(Process)、输出(Output)、控制(Control)、反馈(Reaction)和边界(Boundary)，如图 1.10 所示。

(1) 输入。就企业系统而言，"输入"包括为制造产品或提供服务所需的各种资源要素，如原材料、资金、资料或信息等。

(2) 处理。表示将输入的资源要素转化为输出的作业流程或步骤。

(3) 输出。既包含有形制成品，同时还包括信息输出(如各种财务报表)。

(4) 控制。监控或管理是确保既定企业系统有效运作的手段，如制定营运计划或预算、衡量

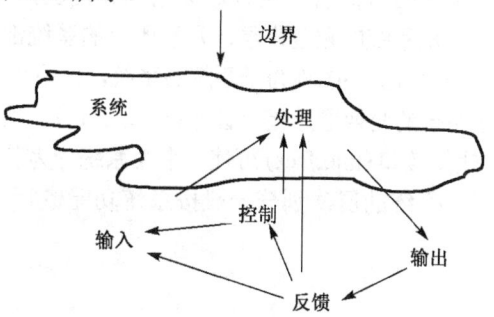

图 1.10 系统的组成

实际绩效与预算或标准成本的偏差，或通过反馈控制修正各种偏差等。控制有助于企业在特定环境和制约条件下最有效地完成预定的经营目标。通过账面盘存以及定期存货盘点核对存货记录，企业的管理者能随时了解存货的变动状况，制定适时与适量的存货再订购政策。存货控制可同时实现保证存货资料完整无损、存货记录真实可信、降低存货成本和增加企业盈利等多项目的。

(5) 反馈。反馈就是将输出信息的结果再返送回来的一种过程。

由于人们认识的局限性，企业或组织机构做出的决策或多或少总会存在着一些不妥当的地方。有了信息反馈，就可以及时发现这些不妥的地方，从而终止错误决策的实施，以便于进一步完善决策本身存在的不完善之处。同时，由于人们的理解水平等各种因素，任何决策在其实施过程中，又会与组织机构的总体目标之间存在着一定偏差，在决策过程结束以后，可以利用信息反馈，将决策实施后的效果以及存在的问题及时反馈回来，以便总结经验教训，有利于制定新的科学决策。因此，信息反馈在科学决策过程中起着非常重要的作用。

一般说来，信息输出又会被反馈再输入，借以加强对营运过程的控制。如把所收集的外部供应商名单或资料反馈给采购部门经理，以选择适当的供应商等。

(6) 边界。系统与环境分开的假想线。实现物质、能量、信息交换。系统的边界是由系统的组成部分确定的，边界之内为系统(System)，边界之外为环境(Environment)。

3) 系统的特性

(1) 目的性。系统为完成某一特定目标而构造。目的性是系统的最主要、最明显的特性，没有目标就不能构成系统。因此，任何系统都有其明确的目标。如一个工业企业系统的目标是生产产品，学校系统的目标是培养学生，银行系统的目标是提供各种金融服务。一个系统的目标性是相对固定的，且往往不是唯一的。一旦系统的目标有了改变，则组成系统的元素也相应起了变化，以适应新目标的要求。目的性是系统的主导，决定着系统要素(Element)的组成和结构。

(2) 整体性。一个系统由多个要素所组成，所有要素的集合构成一个有机整体，缺一不可。各要素之间存在着密切的联系，这种联系决定了整个系统的机制，它在一定时期相对稳定。在评价一个系统时不要只从系统的单独部分，即系统要素或子系统来评价，而要从整个系统出发，从总目标、总要求出发。只有当系统的各个组成部分和他们之间的联系服从系统的整体目标和要求、服从系统的整体功能并协调地活动时，这些活动的总和才能形成系统的有机整体。即以整体最优为原则，而不是局部最优。

(3) 层次性。一个系统可以划分为若干个子系统(subsystem)，而子系统还可以再划分为下一级子系统。任何一个子系统都具有其功能的相对完整性，系统的这种特点称为系统的层次性。子系统的最低层一般只定义输入和输出，不定义处理功能，称之为黑箱系统。

从系统的角度来看，几乎所有的系统都属于更大的称为超系统的一部分，几乎所有的系统都可分解为更小的称为子系统的系统，子系统是相对独立的，各子系统之间可能要进行数据的交换，子系统的交换通过接口进行(见图 1.11)。所谓接口是子系统之间的数据传送，它起着"桥梁"的作用。接口(Interface)可使一个大系统分为若干个子系统，也可以使很多子系统集合成一个大系统。

系统的层次划分一般按系统功能进行，也可按系统的组织结构进行，如图 1.12 所示。

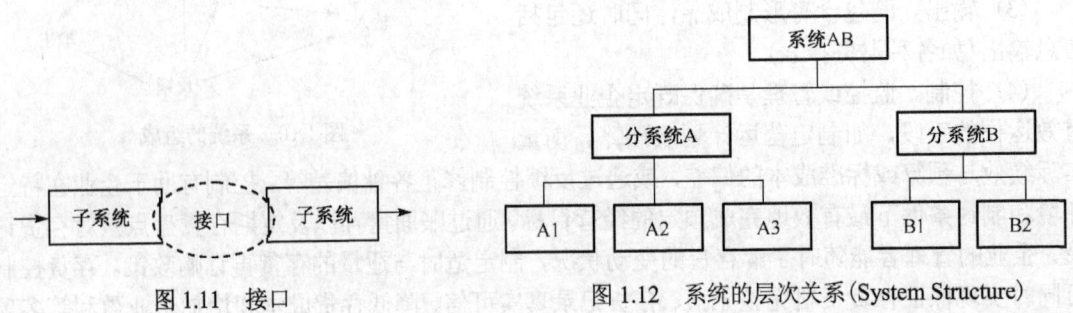

图 1.11 接口　　　　　　图 1.12 系统的层次关系(System Structure)

(4) 关联性。组成系统的各个元素之间存在着相互联系、相互依存、相互制约的关系。即具有关联性。这种关联决定了整个系统的特定性能和系统的机制。在实际应用中，不仅要指出系统中有哪些元素，还必须指出这些元素是怎么联系的。彼此相互依存相互制约。

（5）环境适用性。系统与环境之间有信息和物资的交流，系统从环境中获取的信息或物资称为系统的输入，向环境输出信息或物资称系统的输出。例：设想一个包括全中国的经济管理系统，那么该系统的外部环境就是国际社会了。系统与环境相互作用、相互影响，进行物质、能量、信息交换，不适应环境变化的系统没有生命力。企业的环境要素涉及客户、供应商、竞争对手、政府管理机构以及产品的市场状况等。环境要素对企业有着重大影响，不仅产生各种挑战或问题，而且可能为企业创造多种机遇。因此，系统要适应外部环境的变化。

4）系统的基本观点
（1）系统必须用于实现特定目标；
（2）系统与外界环境之间有明确的边界，并通过边界与外界环境进行物质或信息的交流；
（3）系统可划分为若干个相互联系的部分，并且分层次；
（4）在各个系统之间存在物质和信息的交换；
（5）系统是动态的、发展的。

5）分析研究系统的原则
（1）明确系统的目的，了解系统所要完成的任务；
（2）区分系统与环境；
（3）分析系统的目标是如何达到的，弄清系统运行经过的输入、处理、输出和流程；
（4）系统的分与合；
（5）系统自顶向下层次结构；
（6）注意系统与环境适用性。

6）系统的方法
（1）系统的方法概念。系统的方法也叫系统方法论，是研究系统工程的思考和处理问题的方法论。作为科学，它是以研究大规模复杂系统为对象、以系统概念为主线，引用其他学科的一些理论、概念和思想而形成的多元目的科学。作为工程，它具有和一般工程技术相同的特征，但又具有本身的特点。

（2）系统方法的要点。一是系统的思想，把研究对象作为一个系统，考虑系统的一般特性和被研究对象的个性；二是数学的方法，用定量技术即数学方法来研究系统，通过建立系统的数学模型和运行模型，将得到的结果进行分析，再用到原来的系统中；三是计算机技术。在计算机上用数学模型，对现实系统进行模拟，以实现系统的最优化。

2. 信息系统的概念

1）信息系统的定义

信息系统是指能够对数据进行收集、存储、加工处理、检索和传输，并能提供有用信息的系统。简单地说信息系统就是输入数据，通过加工处理产生信息的系统，如图1.13所示。

图1.13 信息系统的模型

2）信息系统的组成

信息系统除了具有一般系统的6个组成部分以外，另外还具有人员、过程和数据3个组成部分。人以某种方式与系统交互，有时提供输入，有时进行处理，有时提供输出，有时进行控制，有时提供反馈。人与系统的交互方式常以过程的形式书面记录下来。人与系统的交互通常导致向系统输入数据。

自动信息系统是指使用计算机硬件和软件作为系统一部分的信息系统。

3) 信息系统的功能

(1) 数据的收集

把分散在各个部门、各处和各点上的有关数据收集起来，然后采用某种形式将其输入到系统中，再转化成为信息系统所需要的形式。

数据收集是任何系统的第一个基本步骤。信息系统所处理数据均来自既定企业的经营事项和交易，如客户订购产品或向供应商采购存货。各项交易的诱发可能来自直接代理人(客户或采购部经理)或间接代理人(如银行或政府管理机构等)，也可能是由系统中的程序而产生的信息。例如，系统自动核对库存存货量和预先设定的存货再购点；倘若存货库存量降至再购点水平，系统自动产生存货请购，导致采购交易的开始。此外，系统所处理的某些数据不是来自经营交易，而是来自特定的事项，注入应计利息随时间推移而形成；期末存货盘点将产生存货溢缺等数据。

经营事项或交易可能发生于企业本部或是外地分支机构，其产生频率和方式也会有很大的区别。零售业每天将发生成百上千项商品销售交易，而库存存货盘点往往发生于一定间隔期末(如月，季或年)。一些交易需要伴随正式的书面文件或凭单(如购货契约、销货单、付款凭证或现金支票等)，而某些交易的数据可能来自口头表述(如客户电话订货)，或是经由电子通信网络传递。企业的外地分支机构也可能通过远程终端机和电话通信网络传递有关的交易数据。

在传统处理系统中，主要依赖人工处理获取或接收各种经营事项或交易所产生的数据，如人工辨识或填制交易原始凭单。在计算机化自动信息处理系统中，交易数据的收集可以采用非联机收集或联机输入的方式，或者是两者兼用。

① 信息的非联机收集

非联机收集又称为"脱机输入"(Off-line input)，是指先由一些未直接与计算机系统相连接的设备执行初始收集。

交易或事项所产生的数据先转化为各种原始凭证，同类型的交易原始凭证可能先予以积累成批，然后经由非联机设备把各项数据转化为计算机可读的输入。例如，由输入作业人员把逐日汇集的客户订单资料键入磁盘、磁带等非联机储存媒体，随后再由计算机系统读取输入。对输入计算机系统的数据必须查验是否存在输入差错和遗漏。在非联机输入方式下可作两种验证：其一，在键入数据时利用"重复键入验证"(Key-verification step)，检查各项输入数据正确与否。其二，由计算机系统的内置编辑程序执行多种"逻辑性验证"，所发现的资料输入差错或遗漏将被列入"差误报告"(Erro list)输出，供作业人员检查与更正之后重新输入。

② 交易数据的联机收集

联机收集是指通过与计算机系统直接连线的设备执行交易数据的收集。除了不同型号的终端机外，联机输入设备还包括光扫描/图像扫描器和联机磁盘等。在联机状态下，各项交易的数据在发生之时被立即收集计算机系统。例如，外地分支机构接收的客户订单经由远程终端直接收集到企业本部销售系统，再由计算机系统自动打印一份回执联寄送有关客户，确认其订单的接收。

③ 数据输入方式的比较

倘若交易是分批地发生与进行，非联机输入方式具有两个优点：

第一，单项交易资料的输入成本相对较低，而且整批交易处理的计算机硬件和软件成本相对较低，故可节省计算机资源的耗费。

第二，非联机整批输入的作业效率相对较高，因为由专门人员(资料输入员)执行整批输入作业。这些资料输入员的作业熟练程度与技能更高。整批输入还可以提供整批总和控制机制，增强计算机系统对资料输入与处理的准确性。

联机输入方法的优点则在于：具有更大的实效性、输入作业方式相对较为简单与灵活。特别是在交易发生之时即可输入计算机系统，更新有关的交易资料记录，为各项营运决策提供及时的资料和信息。此外，由交易执行者直接输入资料，可以在输入时立即发现交易原始凭证中的任何差错，毋需待整批输入和处理之后再发现交易原始凭证中的任何差错。而且，联机输入作业有可能接收语音、图像扫描、光扫描等资料输入，省去编制原始凭证的作业时间与费用。

联机输入和非联机输入方法各有优缺点。企业必须依据自己的经营特点、交易量及现有信息处理资料等因素，确定经济与有效的交易资料输入方法。

(2) 信息存储

信息存储可以保证已得到的信息能够不丢失、不走样、不外泄，整理得当，随时可以使用，实现信息共享。

在人工处理系统中，交易处理结果输出主要是产生各种交易凭证、账册和报表，并以书面的原始凭证(如验收单、销货发票、付款支票等)、会计账簿(日记帐、明细账薄和总账账薄)与报表等作为交易数据储存和信息输出的载体。在计算机处理系统中，虽然交易原始凭证仍然存在，但它们将主要由计算机系统编制和打印输出。此外，各项交易产生数据经由计算机系统读取及输入之后，并非由书面账薄登录与储存，而是以不可视形式储存于磁性媒体，随后转录于各种数据文件中。

在研究信息的存储问题时，还要考虑存储量、信息格式、使用方式、存储时间、安全保密等问题。

(3) 信息传输

信息传输包括计算机系统内和系统外的传输，实质是数据通信。传输是信息系统功能中不可缺少的一环。因为信息处理工作的各个环节并不一定是在同一个地点进行。数据采集工作可能是分散在一些不同的地方，信息处理工作是在某个确定的地方进行，而信息的使用有可能在另外一个地方。所以，信息需要经过传输，送到指定的地方去。传输工作的效果如何也将影响到信息的质量。这里所说的效果包括两方面的意思。一是准确性，即保证在传输过程中不至造成错误，使采集来的数据不受损失；二是实时性，就是说要保证信息能及时传输到。不能及时提供准确的数据也就不可能及时得到所需要的信息。加工后得到的信息应该及时提供给使用人员，否则可能失去它的意义。在信息传输过程中，信息系统的管理者和计划者必须充分考虑所需要传递的信息种类、数量、频率、可靠性要求等因素。

(4) 信息处理

系统需要对收集到的数据进行整理，以便得到某些更加符合需要或反映本质内容，或是更适用于用户使用的信息，这就是处理。信息处理的数学含义是：排序、分类、归并、查询、统计、预测、模拟以及进行各种数学运算。

信息处理方式一般分为批处理方式、实时处理方式和分布式处理方式三种。

① 批处理方式

这种方式是把所有的业务活动、任务都集中在某一段时间里处理，数据文件可以建立在磁盘上，也可以建立在磁带上。例如每天发生的各项会计凭证或入库单据、出库单据，积累到一定数量以后，一次输入到计算机里，修改相应的总分类帐或库存文件。批处理方式相对人工系统来说，速度快、费用低，程序具有比较强的可修改性。

② 实时处理方式

实时处理方式又称联机处理方式。数据可以用联机的方式录入，还可以用联机的方式对这些数据做及时处理。这意味着数据随时可以通过终端设备输入到计算机中，而不像批处理那样，要积累到某一时候成批地输入。例如接到一张顾客的订货单就立即用终端设备输入，并且立即调用相应的程序，以联机的方式进行编辑和校正，在验证无误之后，立即对有关的数据文件加以更新。因此联机处理是一种对数据库立即存取、联机询问的系统。联机处理系统的价格较贵，计算机硬件和软件维护费用比较高，对数据的安全性、完整性的要求也比较高，但是有些业务必须使用联机处理方式。例如银行客户的存款、取款业务，飞机订票业务，他们不能等到下班以后再修改客户的银行存款账目，或清点飞机订票座位，而是要随时发生业务随时处理，否则会发生一个客户在同一天里可能到银行里多次来取款而产生账目混乱，或是同一个飞机座位被两个以上的旅客所订，当然这种现象是绝对不允许发生的。

③ 分布式处理

在一个大型企业中，很可能各个部门分布在不同的地理区域，在这种情况下，宜采用分布式处理方式。在各个部门分别设置若干台小型或微型计算机，甚至是智能终端，在企业的总部有一台计算机，可以是小型或中型机，起着信息管理的作用，形成一个计算机网络。各个部门的数据在各自的小型、微型计算机或智能终端上录入，还可以在它上面做简单的处理工作，复杂的业务才通过网络去处理。各地计算机每隔一定时间或是随时向中心计算机发送数据，中心计算机接到数据后加以处理，并及时对数据库进行修正，再将处理结果发回给各地计算机，地方计算机接到数据后，可以相应地对地方数据库进行修正，产生所需要的报表。分布式处理具有联机处理的优点，但费用低廉，处理能力比联机处理强，其最大的优点是可以共享数据库中的数据，可靠性高，成本低，灵活性大。目前的客户/服务器模式就是一种典型的分布式处理方式。

例如工资计算可以采用批处理方式，而库存管理可以用联机处理或分布处理方式。又例如对顾客的订货单，其录入与编辑可以采用联机处理方式，而用于制定生产计划时可以采用批处理方式等。因此在企业的计算机信息系统中，很可能同时具有三种处理方式的某些特点，应以一种经济、有效的方式将它们组合起来。

(5) 信息维护

使信息始终处于最新状态，信息维护是延长信息生命周期的重要手段。

(6) 信息的提供

信息提供给管理者，为管理者决策服务。提供信息的手段是信息系统与管理者的接口或界面。信息的提供即信息输出。

经过既定应用程序的处理，信息系统将根据使用者的不同需要产生多样化的输出，如打印交易原始凭证(销货单、请购单、发运单、付款凭单等)和各种表格(应收账款账目表、销货汇总和各种财务报表)。这些输出文件或报表中，有些是针对特定个体(如客户)或事项(如采购交易)的详细报告，旨在反映既定交易或事项的现状或执行结果。然而，大部分的输出属于汇总性文件或交易报表，如本期销售汇总、现金收入或支出汇总、购入存货验收清单及财务报表等。

自动信息系统可能产生多种形式的输出,如文字描述、表格或图表等。输出的载体包括书面报表、屏幕显示。各种文件或报表的格式可以依据使用者的用途预先设定,内置于计算机系统的应用程序。企业管理者和其他使用者可以根据自己的特定需要,随时选择调取机器产生相关的输出。

系统的另外一个特征是输出分派与自动传送。交易处理结果的文件和报表经由信息处理部门主机系统直接分送至不同职能部门及其管理者。不同的使用者还可以通过终端机直接调阅与列出有关报表和文件。而且,经由通信网络,计算机系统可以把交易处理结果传送至其他地点的计算机系统(如远程终端或工作站),供异地使用者接收显示或打印输出。

4) 信息系统的类型

信息系统可分为战略层、管理层、知识层和作业层等几个层次(见图1.14),其中常见的信息系统类型有高级经理支持系统(Executive Support Systems, ESS)、管理信息系统(Management Information Systems, MIS)、决策支持系统(Decision Support Systems, DSS)、知识工作系统(Knowledge Work Systems, KWS)、办公自动化系统(Office Automation Systems, OAS)、事务处理系统(Transaction Processing Systems, TPS)等。

层次	系统	战略层系统				
战略层	ESS	五年销售趋势预测	五年经营计划	五年预算计划	利润计划	人力计划
		管理层系统				
管理层	DSS MIS	销售管理 销售区域分析	库存控制 生产安排	年度预算 成本分析	资本投资分析 定价/盈利分析	人员安置分析 合同成本分析
		知识层系统				
知识层	KWS OAS	工程工作站 文字处理		图形工作站 图像存储	管理工作站 电子日历	
		作业层系统				
作业层	TPS	定单跟踪 定单处理 销售/市场	机器控制 车间调度 后勤控制 制造	证券交易 现金处理 财务	工资表 应付账 应收账 会计	福利培训发展 人力资源

图1.14 信息系统的类型

(1) 事务处理系统(TPS)

20世纪50年代中期到60年代初期发达国家生产发展迅速,企业竞争激烈,管理所需的信息量剧增,人工处理已不能满足管理对信息的需求。计算机技术已发展到第二代,具备了进行组织内部信息处理的可能性,最先用于处理数据量较大的财务部门,主要是对工资、账单、财务报表等进行处理。信息管理性质、方法和工作流程完全模仿原来的手工方式。

TPS又称为电子数据处理系统(Electronic Data Processing System, EDPS)。

TPS充分利用了计算机对数据进行快速运算和大量存储的能力,因此它是基层管理者的得力助手。

TPS的特点是数据处理的计算机化。

TPS的目的是提高数据处理的效率。

TPS的目标是获取、处理和存储事务以及产生与企业活动相关的不同文档。

TPS的要求是能够实现降低成本;提高生产率、质量、顾客满意度;提高企业的效率和效益,完成企业目标。

TPS 的基本功能是数据采集，输入编辑，加工处理和报表输出。

TPS 主要是为组织作业层服务，是执行和记录从事经营活动所必须的日常交易的计算机化系统。例如，订单输入系统，旅馆预订系统，工资系统和人事系统等。输入的是交易和事件资料，加工处理主要包括排序、列表、合并、更新功能，输出是各种详细报表信息，使用者为操作人员。

① 典型的 TPS——销售与市场系统

主要功能：销售管理、市场研究、促销、定价和新产品。

主要应用系统：销售订单信息系统、市场研究系统、定价系统。

② 典型的 TPS——生产与制造系统

主要功能：生产调度、采购、收/发货、工艺、生产。

主要应用系统：物料管理系统、采购定单控制、工艺系统、质量控制系统。

③ 典型的 TPS——财务/会计系统

主要功能：编制预算、总账、分类账、账单、成本会计。

主要应用系统：总账、应收/应付账、预算编制、资金管理系统。

④ 典型的 TPS——人力资源系统

主要功能：职工记录、劳保、职工福利、劳工关系、教育培训。

主要应用系统：工资系统、职工人事管理系统、福利系统、教育培训系统。

⑤ 典型的 TPS——其他类(如大学)

主要功能：入学许可、成绩管理、选课管理、分配、校友等。

主要应用系统：注册系统、学生成绩管理系统、教学管理系统、选课管理系统、校友资助系统。

(2) 知识工作系统(KWS)

KWS 主要是辅助知识工作者输入资料，设计规格的知识库。处理内容是模式的建立、模拟。输出信息是模式、图表。使用者是专业技术人员。

(3) 办公自动化系统(OAS)

OAS 主要是辅助数据工人(知识工作者也大量使用)转向"无纸"的办公环境，重新设计工作流程，整合相关的应用软件(如 office、文字处理系统和桌面出版系统)。数据工人一般具有不太正规的、较低的学历或学位，通常处理信息而不是创造信息。OAS 作用是通过支持办公室的协调与交流来提高办公室数据工人的生产率，协调各类信息人员、各个部门和各种职能领域。

(4) 管理信息系统(MIS)

20 世纪 60 年代，计算机开始用于事务处理，使得很多事务处理(如工资计算，库存管理)自动化，企业内部积累了许多资料。人们将这些经验用于管理方面，即产生了 MIS。第三、四代计算机的出现，为 MIS 的发展提供了坚实的物质基础，在 TPS 的基础上产生的，它的数据来源依赖于低层的 TPS、OAS 和 KWS。MIS 把提高信息处理速度和质量扩大到组织的各部门，可以减少管理费用，增强组织各职能部门的管理能力。强调数据的深层次开发利用，强调系统对生产经营过程的预测和控制作用。

70 年代初期到中期，是 MIS 的完善时期，在理论和方法上都取得了重大的发展，主要内容有：建立了 MIS 的规划方法，强调系统化、工程化以及系统开发思想在软件中的应用。主张企业把系统的筹建、组织、设计、开发直至运行均列入计划；建立 MIS 分析和设计理论，强调对系统进行结构化分析、设计。建立 MIS 的组织理论，企业的组织结构会影响信息系统的建立，反之亦然。MIS 是对一个组织进行全面管理的信息系统。它利用定量化的科学管理方法，通过预测、计划、优化、管理、调节和控制等手段来支持决策。MIS 在 TPS、OAS 和 KWS 基础上，对数据进行深加工，如利用各种管理模型定量/定性分析方法、程序化方法等，对组织的生产经营情况进行分析。

MIS 最大的特点是高度集中，能将组织中的数据和信息集中起来进行快速处理，统一使用。MIS 的重要标志是有一个中心数据库和计算机网络系统。MIS 的处理方式是在数据库和计算机网络基础上的分布式处理。随着计算机网络和通信技术的发展，不仅能把组织内部的各级管理联结起来，而且能够克服地理界限，把分散在不同地理区域的计算机网络互联起来，形成一个跨地区的 MIS。

典型的 MIS 只包含组织内部的数据，而不包含外部数据。大多数 MIS 使用简单程序，而不是复杂的数学模型或统计技术。支持作业和管理控制层的结构化和半结构化决策。对高级管理层的计划工作也是有用的，一般是面向报告和控制的，依赖于企业现有的数据和数据流，分析能力同决策支持系统相比较差，灵活性也不够，需要较长的分析和设计过程。

TSP 与 MIS 的联系如图 1.15 所示。

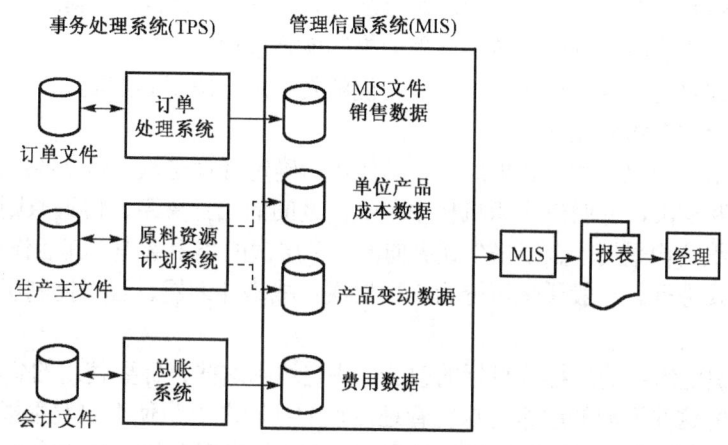

图 1.15　TPS 与 MIS 的联系

（5）决策支持系统(DSS)

DSS 为管理层服务，以独特的方式支持决策。它输入少量的数据（主要来自企业外部），以互动式方式模拟、分析处理内容，输出的信息为决策分析报告，使用者为决策人员。

DSS 是结合与利用计算机强大的信息处理能力和人的灵活判断能力，以交互方式支持决策者解决半结构化和非结构化决策问题的系统。DSS 的目标是要在人的分析与判断能力的基础上借助计算机与科学方法支持决策者对半结构化和非结构化问题进行有序的决策，以获得尽可能令人满意的客观解决方案。其特点是放在"支持"而不是决策工作的自动化上。DSS 允许决策者在问题求解过程中对数据进行检索并对一些可选方案进行检验。

DSS 特点：具有灵活性、适应性及快速回应；使用者可以控制输入输出的数据；使用时不需要专业人员的支持；辅助支持和辅助那些预先无法具体设计方案的决策过程或解决问题；使用复杂的资料分析和建模工具。

（6）高级经理支持系统（ESS）

ESS 用于采编关于外部事件的数据，但它们也从内部的 MIS 和 DSS 中导出数据。ESS 对关

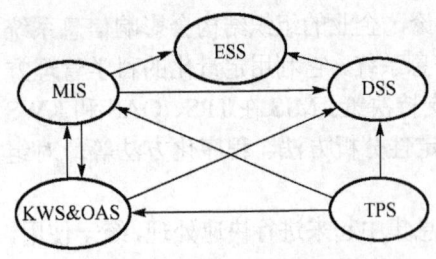

图1.16 各类信息系统之间的关系

键数据进行过滤、压缩和跟踪,它侧重于减少高级经理在获取所需信息时要付出的时间和精力。利用最先进的图形软件,从许多来源为高级经理的办公和董事局的会议及时提供图表和数据。

ESS为决策层服务,以独特的方式支持决策。它输入的数据为企业内、外综合性数据,以互动式的模拟方式处理内容,输出内容为明确的计划方案,使用者为高层主管。

(7) 各类信息系统之间的关系(见图1.16)

1.3.2 信息系统与管理决策

1. 信息系统中的管理概念

信息系统或管理信息系统是以组织的管理需要提出的,管理的概念是信息系统的一个重要概念。管理的概念较为广泛,我们有必要从信息系统的角度考察它的意义。任何一个组织的管理都有一定的目标,不同的组织其目标可能是不同的,但无论组织的目标怎样,他们都可以看作是通过一定的资源转换过程来实现的,即通过人力、资金、设备、材料和信息等方面的投入而获得产品和服务的输出。对这个转换过程的控制就是管理。

从信息系统的角度而言,最重要的管理功能就是计划、组织和控制。

(1) 信息系统对组织职能的支持

组织职能包括人的组织和工作的组织。具体包括确定管理层次、建立各级组织机构、配备人员、规定职责和权限,并明确组织机构中各部门之间的相互关系、协调原则和方法。

传统企业组织结构采用"金字塔"式纵向的、多层次的集中管理。其运作过程按照一种基本不变的标准模式进行。一般说来可分为三个层次:战略计划层、管理控制层和操作控制层,如图1.17所示。

战略计划:决定组织的目标或目标的改变,决定达到这些目标要使用的资源,确定获得这些资源和使用分配这些资源的政策,这些管理活动的共同之处是使组织发生根本性变动。

管理控制:管理者在实现组织的目标过程中,为确保资源有效并高效地获得和利用资源而进行的活动。

操作控制:确保具体任务有效并高效地完成。

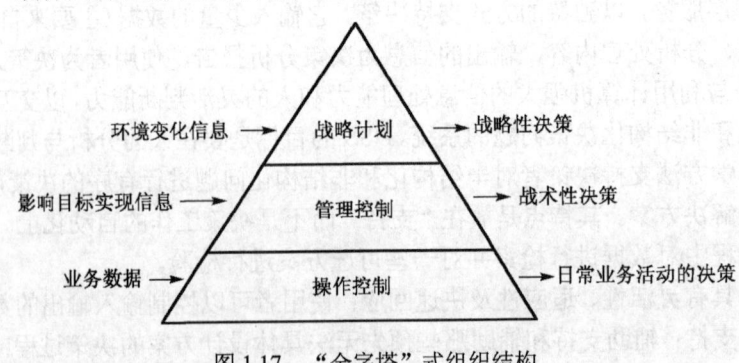

图1.17 "金字塔"式组织结构

各层管理的任务不同,所需的信息也不相同,详见表1.2。

沿图1.17中三角形从下往上看,可看出各层管理活动对于内部信息要求上的区别。

操作控制层各职能部门的信息来源主要是业务数据。管理控制层使用的信息主要来源于是对底层数据的汇总。战略计划层使用的是对管理控制层数据的汇总和其他加工。从这可以看出，管理级别愈高，则汇总和加工的级别也愈高，因而信息的浓缩程度愈高，而精度则愈差，时间周期也愈长。由三角形横向看，各层管理信息的输入和输出各有其特点。操作控制层各职能部门的信息来源主要是业务往来数据，如生产作业单、劳动考勤单、入库单等。其管理所需要的信息中最主要的是作业进度安排和作业完成情况的信息。管理控制层的信息输入主要是影响目标实现方面的信息。这些信息可能是内部信息，也可能是外部信息，依据这类信息，做出保证目标得以实现的决策。战略计划层输入的主要是环境方面变化的信息，如市场需求、资源供应条件等方面变化的信息。战略计划层依据这些环境变化的信息，来做出新的战略决策，制定新的目标，新的资源利用方案。可以看到，这三层管理的管理活动不同，对于信息的要求也不完全相同，详见表1.3。

表1.2 企业管理活动的三层分类

战 略 计 划	管 理 控 制	操 作 控 制
确定企业的目标	确定预算	人事管理
企业机构调整	干部定编	控制广告刊登
确定人事政策	职称评定及做出安排	生产日程安排
制定财政政策	行政经营计划	存储控制
制定市场政策	广告计划	劳动生产率的度量
制定科研政策	科研项目确定	评价和改进
新生产线决策	产品更新及技术改造计划	生产线的质量控制
计划外资金决策	厂内新布局问题	
	操作控制规程制定	
	管理工作的度量、评价、改善	

表1.3 三层管理对于信息要求上的区别

	战略计划	管理控制	操作控制
工作内容	制定计划、政策和战略	实施计划和完成计划	实际贯彻计划
活动时间界限	比较长	一般	比较短
活动区域	相当广泛	系统内部全部工作职能	单项任务或工作职能
信息来源	主要是外部	主要是内部	系统内部
复杂程度	相当复杂	不太复杂	简单
规范化程度	低	有一定规范	较高
工作量计算	困难	不太困难	容易
智力特征	创造性	有效性	业务性
输出信息量	较少	中等	较多

因为"金字塔"模式中各项职能分工严格，加之信息传递和反馈手段落后，导致应变能力差，管理效率低且成本高昂。随着信息技术的飞跃发展，特别是Internet在企业内部的广泛运用，特别是企业Intranet与外部Extranet的连接，企业组织结构发生了根本性的变化。正向着扁平式结构的非集中管理转变，"扁平化"管理大大降低了组织内部信息交流的成本，从而"金字塔"式的官僚体制开始崩溃。企业内几乎所有部门都可以通过网络直接与用户和贸易伙伴快捷地交流。它迫使企业将过去高度集中的组织结构逐步改变为适当分散的多种新决策组织。

扁平式结构特点：通信系统的完善使上下级指令传输系统上的中间管理层显得不再那么重要，甚至也没有必要再设立那么多的管理层；部门分工出现非专业化分工的趋向，企业各部门的功能互相融合、交叉；计算机的广泛应用使得企业上下级之间、各部门之间及其与外界环境之间的信息交流变得十分便捷，从而有利于上下级和成员之间的沟通，可以随时根据环境的变化做出统一的、迅速的整体行动和应变策略。

(2) 信息系统对计划的支持

计划是预先确定了的行动路线。它描述了组织机构的目标以及为达到该目标所需的活动。在计划制定过程中，需要收集各种历史数据和外部数据，对各种数据分析，对今后的发展进行估算预测，确定未来期望值，包括对期望值的计量和分类、编制计划模型、进行业务计算等，这些都可以通过组织的信息系统来提供辅助支持。

信息系统对计划的支持主要有：

① 提供计划用的数据库查询系统，对历史数据进行分析；
② 提供各种模型工具和模拟技术，提供估算未来值的各种预测及推算技术；
③ 对计划工作本身及结果进行计划；
④ 提供各种计划报表的编制输出。

信息系统大大提高了管理人员的计划活动，并使他们能够对计划方案反复的测算分析，提高计划工作的水平。

(3) 信息系统对控制的支持

控制是对偏离计划的绩效进行测量并对行动进行校正的活动。控制过程的基本原理就是系统负反馈原理。由输入、处理、输出组成的系统基本模型，并没有包括系统的调节与控制，为了对系统加以控制，需在基本模型上加入反馈回路，如图1.18所示。一种最简单的方式是系统的输出与预期的输出(给定值)进行比较，把偏差作为系统的输入，以调节系统的运行，使输出接近定值。

能够抑制并减少相对于给定值的波动的反馈作用称为负反馈；系统的负反馈控制意味着将系统的运动形态保持在一定的绩效范围内。

信息系统广泛用于控制过程，它的主要作用有：

① 编制定期的特别的控制报告；
② 给出系统偏离标准的偏差信息，借助于程序化的决策规则可进行系统的校正活动，或提醒决策人员在什么时候需要采取校正措施；
③ 对系统进行监测，并且在"失控"时生成有关报告；
④ 对当前使用的控制策略和效果进行预测，对不同的控制响应后果进行分析，对绩效进行综合评价；
⑤ 查找数据库，以便找出与控制活动极为重要的关系。

信息系统对计划和控制的支持可以通过建立计划支持系统和控制支持系统来实现，这两种系统可以看作是决策支持系统的特例。

2. 信息系统对决策过程的辅助

信息系统的一项主要功能就是对组织的管理提供决策过程的辅助。

一个典型的决策模型如图1.19所示，一般由以下三个步骤组成。

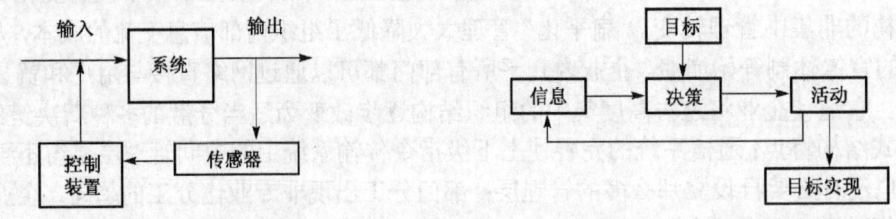

图1.18 系统的反馈控制原理　　　　　图1.19 一个典型的决策模型

(1) 情报收集。调查环境，收集原始数据并加以整理分析，寻求问题的解决线索。

(2) 方案设计。找出推导、分析可能的行动方案，包括了解问题，得出问题的解和检验解的可行性。

(3) 抉择。从可行的行动方案中选择最佳方案并实施。

信息系统在决策过程中，首先可以在决策的情报收集阶段提供必要的数据、资料，包括来自组织外部的有助于决策的情报。这样的数据、资料的提供应当是有组织的、系统化的。

在决策的方案设计阶段，信息系统可以提供各种可能的决策模型，并能运用数学方法进行定量的分析，帮助决策者进行方案评判和抉择。

在决策的抉择阶段，如果设计的结果是以能促进决策的方式表示，那么信息系统将是最有效的。在进行抉择后，信息系统的作用将变成以后的反馈和评价工作收集数据。在决策实施后，信息系统能提供必要的控制跟踪、反馈手段，及时检查偏差，对决策进行评价与修正。

信息系统对决策的辅助与决策的类型有关。所谓决策的类型就是人们从不同的角度对决策进行的分类。

常见的决策分类有以下几种：

(1) 结构化决策与非结构化决策

它是根据决策者对决策的规划性质做出的，凡事先能对决策的规则、程序、方法和工具做出规划，在决策中只要根据具体问题输入变量的数值或信息就能自动得出结果的。否则，根据规划的难度称之为半结构化或非结构化决策。结构化决策和非结构化的概念不是绝对的，它可能与解决问题的手段、方法、工具以及对问题的理解和决策者的水平有关。对某一组织是结构化的决策，可能对另一组织是非结构化的。也可能第一次遇到的某问题时是非结构化的决策，而第二次遇到时，由于对问题的理解和认识的提高而变成结构化的决策。

(2) 定量型决策和描述型决策

从对可选方案的抉择模型的描述形式上可以把决策分成定量型模型指导下的决策和描述型模型指导下的决策。

决策的定量模型主要是用数学形式描述决策目标同可选方案之间的数量关系，并利用特定的模型求优技术选出在一定准则下的最优方案，定量模型强调的是目标同方案之间的逻辑关系，它属于结构化决策范畴。而描述性模型将人的实际决策行为加入到这种逻辑关系中，描述出在实际环境中可行的决策模型，它强调组织和人的行为特点在决策中的表现，因而计划和指导在实际决策中的行为准则，它作为定量模型的一个补充。在一项决策活动中往往是两种决策模型的结合。

在各种类型的决策中，决策活动过程中的模型化、结构化程度越高就越容易实现自动化，对于以计算机为基础的信息系统就越显示其处理效率，信息系统所能提供的辅助作用就越大；反之，就越小。因此，在信息系统开发时，人们常常针对不同的问题设定不同的目标。例如：对事务处理系统，它所追求的是系统的效率，也就是把输入转化为输出时对所需要资源的利用率，这些资源包括物资、金钱、人力、时间等，即求得 MAX(输出/输入)。这些问题通常是程序化的，不涉及各种复杂的决策，因而系统较容易实现。而对决策支持系统，则情况就变得复杂，通常不能化为简单的自动化问题解决，这种情况下，系统追求的不是单纯的工作效率提高，而是能否实现所期待的功能以及实现到某种程度，即追求的是系统的最大效能。所谓效能是指系统达到目标的能力及在一定资源条件下达到目标的速度和消耗资源的多少。它可表达为：MAX｛输入/(输出－目标)｝。

本 章 总 结

数据(Data)是用各种可以鉴别的物理符号记录下来的客观事实。其具有客观性和可鉴别性。

信息(Information)是数据经过加工处理后得到的另一种形式的数据，这种数据在某种程度上影响接收者的行为。其具有真实性、等级性、可压缩性、扩散性、滞后性、时效性、共享性、转化性、价值性、目的性、资源性、无形性等特征。

信息的生命周期是指从信息的产生到最终被使用发挥其价值的过程，包括需求、获取、存储、维护、使用和退出整个过程。

信息的作用表现为：① 信息是一种战略资源，物流是组织的主体，信息流视神经脉络，起主导作用；② 信息已逐步取代资本的作用；③ 信息是自增值的积累，越用越多，而物质和能量是消耗性的；信息可以起到心理调节作用。

信息的分类从本质上可以分为：事实性信息、预测性信息和控制与决策性信息。

管理信息(Management Information)是组织在管理活动过程中产生的，经过加工处理后，对组织的决策产生影响的各种数据的总称。

信息量是度量信息大小的量。对一个等可能性事件而言，其概率是 2 的多少整数次方，它的信息量就是多少比特。

信息管理是在管理科学的一般原理的指导下，以现代信息技术为手段，对信息活动中的各要素(信息、人员、资金、设备、技术等)进行计划、组织、领导和控制的社会活动，其目的在于充分开发和有效利用信息资源，最大限度地满足社会或组织的信息需求。其管理的内容主要包括：信息资源开发、调配与组织管理，信息传递与交流组织，信息研究、咨询与决策，信息技术管理，信息系统管理和信息服务与用户管理。

系统(System)是一个整体，是由若干个具有独立功能的元素组成，这些元素之间互相联系、互相制约，共同完成系统的总目标。其由输入(Input)、处理(Process)、输出(Output)、控制(Control)、反馈(Reaction)和边界(Boundary)这六部分组成，具有目的性、整体性、层次性、关联性和环境适用性的特性。

信息系统是指能够对数据进行收集、存储、加工处理、检索和传输，并能提供有用信息的系统。简单地说信息系统就是输入数据，通过加工处理产生信息的系统。

信息系统的类型主要包括高级经理支持系统(Executive Support Systems，ESS)、管理信息系统(Management Information Systems，MIS)、决策支持系统(Decision Support Systems，DSS)、知识工作系统(Knowledge Work Systems，KWS)、办公自动化系统(Office Automation Systems，OAS)、事务处理系统(Transaction Processing Systems，TPS)等。

管理信息系统以组织的管理需要提出的，管理的概念是信息系统的一个重要概念。主要有两个功能：① 信息系统对计划、组织和控制的支持；② 信息系统对决策过程的辅助。

管理信息系统是一个多学科交叉的边缘学科，伴随着管理科学、计算机科学、经济学、运筹学、社会学等的发展而发展。管理信息系统如何借用这些学科的发展来发展自己呢？信息时代需要管理信息系统来辅助管理和决策，那么管理信息系统又该采用何种组织形式、何种内容、何种技术渗透于当今的各种经济、管理和社会活动中呢？所有这些，都应深入理解管理信息系统自身的概念，同时弄清管理信息系统与各种环境的关系和本身的体系架构。

第 2 章 管理信息系统概述

本章主要介绍管理信息系统的概念及特征；管理信息系统的定义、特点、结构；管理信息系统与环境的关系；企业管理信息系统按功能、目标、特点和服务对象的不同有多种不同的分类；将现代管理方法与企业管理信息系统结合才能使其发挥更好的作用。

本章以概念为主，重点是管理信息系统的概念和管理信息系统结构的构成原则。管理信息系统应是一个人机和谐有效的系统；它是一个面向管理决策、综合性、现代管理方法和手段相结合的系统；它不仅是一个技术系统，而且是一个社会系统，通过对管理信息系统结构的实例分析加强对其结构、构成及应用的理解。

2.1 管理信息系统的概念

2.1.1 管理信息系统概述

管理信息系统(Management Information System，MIS)是一个由人、计算机等组成的能进行信息收集、传递、存储、加工、维护和使用的社会技术系统。

管理信息系统的定义还有很多，如：

管理信息系统是组织理论、会计学、统计学、数学模型等同时展现在计算机硬件和软件系统中的混合物。

管理信息系统是能够提供过去、现在和将来信息的一种有条理的方法，它按适当的时间间隔提供信息，支持组织的计划、控制和操作功能，以便辅助决策的制定。

管理信息系统是一个具有高度复杂、多元性和综合性的人机系统，它全面使用现代计算机技术、网络通信技术、数据库技术以及管理科学、运筹学、统计学、模型论和各种最优化技术，为经营管理和决策服务。

管理信息系统是一个能对管理者提供帮助和机遇的人机系统，也是一个社会技术系统。管理信息系统的概念模型如图 2.1 所示。

各种定义中重点强调了以下 4 个基本观点：

(1) 人—机系统

MIS 是融合人的现代思维与管理能力和计算机强大的处理能力、存储能力为一体的协调、高效率的人—机系统。在此系统中真正起到执行管理命令，对企业的人、财、物、资源及资金流动、物流进行管理和控制的主体是人。计算机自始至终都是一个辅助管理的工具，是一个至关重要、举足轻重的工具。

(2) 为管理者提供信息服务

MIS 利用信息来分析企业或生产经营状况；利用各种模型对企业的生产经营活动各个细节进行分析和预测；控制各种可能影响实现企业目标的因素；以科学的方法、最优化方针分配各种资源，如设备、任务、人、资金、原料、辅料等合理地组织生产。

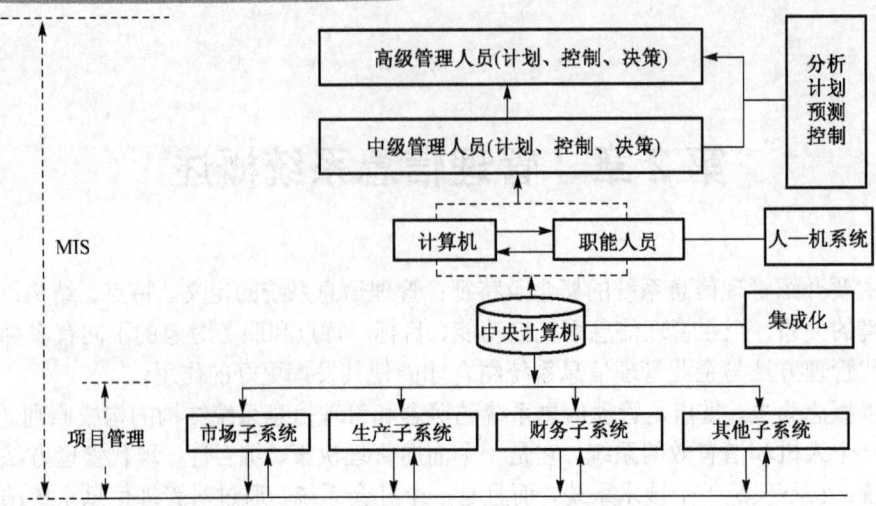

图 2.1 管理信息系统的概念模型

(3) 集成化

集成化是指系统内部的各种资源设备统一规划,以确保资源的最大利用率、系统各部分的协调一致性和高效、低成本地完成企业日常的信息处理业务。

MIS 利用数据库技术,通过集中统一规划中央数据库的运用,使得系统中的数据实现了一致性和共享性。

(4) 社会技术系统

信息系统涉及技术方法和行为方法两大领域,对信息系统研究中的问题解答有着贡献的主要学科如图 2.2 所示。

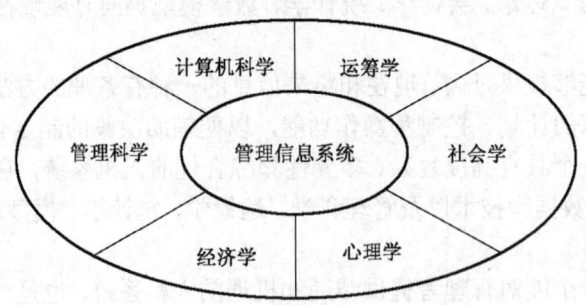

图 2.2 管理信息系统涉及的主要学科

2.1.2 管理信息系统与计算机

从原理上讲,可以抛开计算机从概念上讨论管理信息系统。计算机并不一定是管理信息系统的必要条件,事实上有了管理就有了管理信息系统。随着计算机技术的发展与广泛应用,计算机被广泛应用于管理信息系统,现在讨论的管理信息系统都是以计算机为基础的。

关于管理信息系统与计算机关系的认识,主要有以下几种观点。

1. 错误观点

(1) MIS 就是计算机

计算机及信息技术在 MIS 中从信息收集到使用各个环节都显示了无比的优越性。

(2) MIS 等同于计算机的应用

计算机强大的运算能力及相应的软件为解决复杂的管理问题提供了灵活且有效的手段。管理信息系统不只是计算机的应用,它强调了管理信息系统的功能和性质,强调了计算机只是管理信息系统的一种工具,对于企业来说没有计算机也有管理信息系统,管理信息系统是任何企业都有的系统。

(3) MIS 就是计算机网络系统

计算机网络使信息能高速传送,真正实现信息共享。

2. 正确观点

(1) 计算机作为一种工具应用于组织管理,应用于 MIS

系统的观点和系统工程的方法;定量化管理(数学)分析的方法及信息处理及计算机应用技术都应用于 MIS。

MIS 是基于管理、信息、系统三个基础而发展起来的边缘性综合性学科,其基本概念为管理、信息和系统之总和,说明 MIS 不是简单的计算机应用,从系统的观点来说 1+1+1>3。

(2) MIS 不同于一般计算机应用

MIS 能够利用数据预测未来,能利用信息和模型辅助企业进行决策,能实测和控制企业的行为,能够帮助企业实现其目标。

2.1.3 管理信息系统的生命周期

管理信息系统的运行是有生命周期的,若它的运行满足不了管理者的需求,技术人员将对其进行维护,当维护的工作量超过重新开发一个新系统或超过维护人员的能力时,将导致重新开发一个新系统。管理信息系统的生命周期如图 2.3 所示。

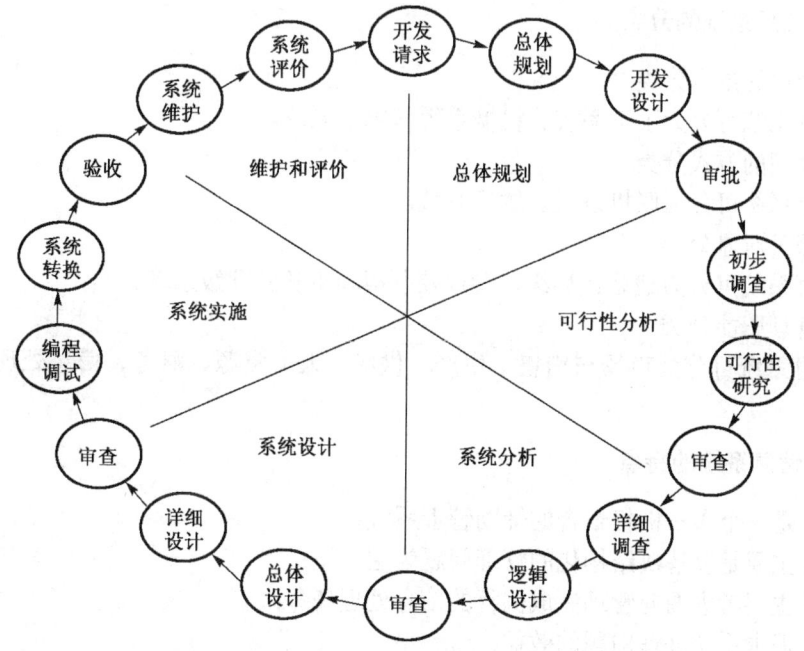

图 2.3 管理信息系统的生命周期

2.1.4 管理信息系统的功能、分类与特点

1. 管理信息系统的功能

（1）数据处理功能

数据处理功能是 MIS 的首要任务和基本功能，它包括数据的收集、转换、组织、存储、传递、加工、检索和传输等。

（2）预测功能

预测功能是管理计划和管理决策工作的前提。

（3）计划功能

计划功能是指导各管理层高效率工作的前提和依据。

（4）控制功能

通过信息的反馈可以对整个企业生产经营活动的各个部门、各个环节的运行情况进行检测、协调、控制，保证系统的正常运行。

（5）辅助决策功能

支持决策是管理信息系统重要的功能，它需要利用运筹学的方法和技术，合理地配置企业的各项资源，为科学决策提供最佳的决策依据。管理信息系统辅助决策的特点：在设计思想上，首先必须进行详细调查，摸清决策，指定工作的每个细节，并确定决策的每一个具体步骤和过程；在处理技术上采用以确定模型的方法为主；以科学定量化的分析方法为主，管理信息系统辅助决策追求结果的最优化。

管理信息系统进行决策与决策支持系统支持决策在概念上有所不同，管理信息系统针对结构化问题，决策支持系统针对半结构化和非结构化问题。

2. 管理信息系统的分类

（1）按处理的技术分类

管理信息系统可分为手工系统、机械系统和电子系统。

（2）按处理的方式分类

管理信息系统可分为联机系统、脱机系统。

（3）按服务对象分类

管理信息系统可分为战略计划级、管理控制级和事务处理级系统。

（4）按管理职能分类

管理信息系统可分为市场与销售、生产、供应、人力资源、财务、信息处理和高层管理系统。

3. 管理信息系统的特点

（1）MIS 是一个人—机相结合的辅助管理系统；

（2）MIS 主要是以解决结构化的管理问题为主；

（3）MIS 主要考虑面向管理完成例行的信息处理任务；

（4）MIS 追求系统处理问题的效益；

（5）MIS 的设计思想是实现一个相对稳定、协调的工作环境。

2.1.5 管理信息系统的结构

管理信息系统的结构是指管理信息系统内部各个组成部分所构成的框架结构。从不同的角度去划分，就构成了不同的结构方式，其中最重要的是概念结构、功能结构、软件结构和硬件结构。

1. 管理信息系统的概念结构

管理信息系统由四大部分组成，即信息源、信息处理器、信息接收器和信息管理者。根据管理信息系统的组成形成管理信息系统的概念结构，如图 2.4 所示。

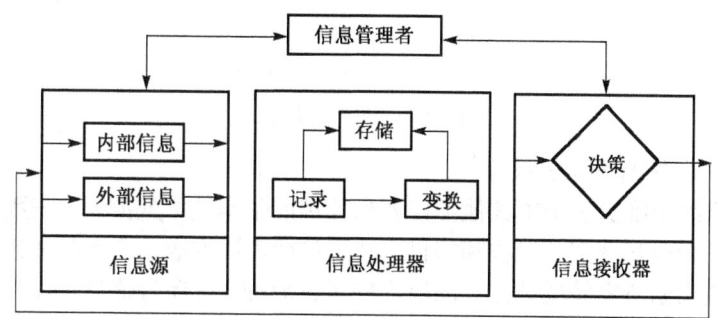

图 2.4　管理信息系统的概念结构

在概念结构中，按照内部组织方式，又可分为开环结构和闭环结构，如图 2.5 和图 2.6 所示。

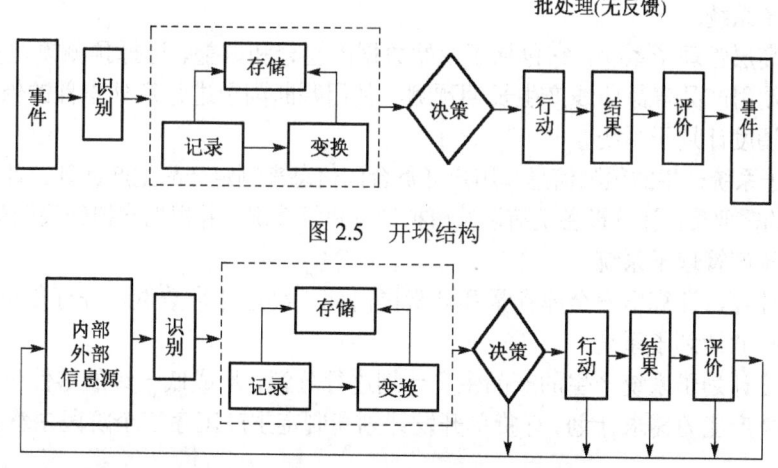

图 2.5　开环结构

图 2.6　闭环结构

管理信息系统也可表示为金字塔结构，如图 2.7 所示。

由于一般的组织管理是分层次的，而管理信息系统是为管理服务的，因此也相应地分为业务处理、管理控制、战略计划与决策 3 个层次。而现在的组织均是按照职能来管理的，所以管理信息系统也分为销售子系统、生产子系统、财务子系统及其他子系统。

2. 管理信息系统的功能结构

从使用者角度看，管理信息系统应该支持整个组织在不同层次上的各种功能，各种功能之间又有各种信息联系，因此它们构成了系统的功能结构。下面以制造企业为例介绍管理信息系统的功能结构。在制造企业中,管理信息系统可由下面所列的主要子系统构成,每一个功能子系统完成有关功能的全部信息处理。

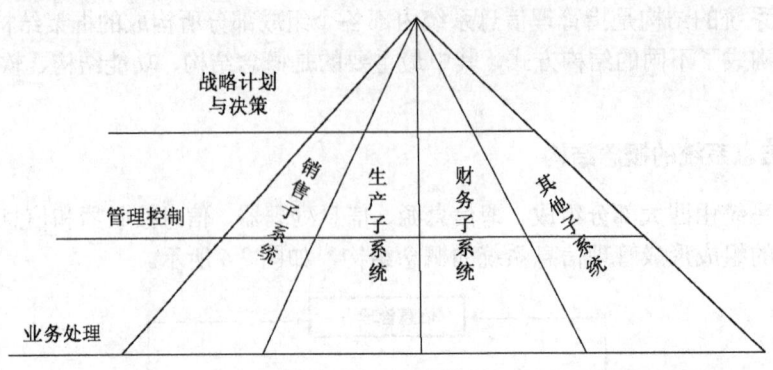

图 2.7　金字塔结构

(1) 设计与生产数据管理子系统

负责建立、组织和维护系统中其他部门要求使用的基本技术数据。这些数据通常是由设计部门、工艺部门和企业管理部门制作和提供。其中包括描述构成一个产品或部件的零件表、标准件表等信息。说明制造零件或装配产品所需的工艺流程、工序等信息,以及有关在生产过程中使用的机床、工模、夹具等制造设备的各种数据。

(2) 用户订货服务子系统(合同管理)

主要用于处理用户订货、报价和询问,迅速、正确地进行订货服务。

(3) 预测子系统

它是一个高层管理子系统,它包括了原始数据的检查和调整、选择预测模型预测将来各时期的需要量、使用产品寿命曲线产生长期预测、使用判断因子进行意外事件的修整等功能。

(4) 生产调度计划子系统

根据预测子系统产生的预测信息和用户订货合同信息来制定产品生产计划。计算产品生产过程对各类物资的需要量,计算设备负荷以及模拟计划执行情况,并根据模拟结果调整生产计划等。

(5) 库存资产管理子系统

进行库存计算,计算出安全库存量和订货提前期,决定订货数量,开订货单等。

(6) 生产作业计划子系统

对生产调度计划子系统产生的产品生产计划进行分解,形成低一级的零件生产计划,这种详细的计划在生产能力需求计划、订货单开发计划和制定生产工序三个阶段中解决生产能力的平衡问题。

(7) 开发工作令子系统

在适合的日期,根据生产作业计划和每份订货单,下工作令,把计划变为行动,制定对仓库器材和零部件的需求以及外购器材和零部件的清单。

(8) 工厂监控子系统

用来接受车间的反馈数据,对计划进行调整,以减少延迟、减少窝工时间,制定出勤报告。及时供应材料,进行分工、派工,制定生产报告、进行工资计算等。

(9) 工厂维护子系统

制定设备维修的工时定额,自动安排维护计划,报告维修活动,发送维护命令及计算维修费用等有关工厂设备管理的一系列管理内容。

(10) 采购供应子系统

保质保量地及时进行生产所需材料、设备的采购、进货、质检。进行紧急项目的处理和废品分析的管理。

(11) 库存管理子系统

进行库存管理方面的进货存储、发料等方面的实物处理和库存账目管理。

(12) 成本计划及管理子系统

进行直接劳务费用的计划与管理，进行直接材料费用的计划与管理，其他直接费用的计划与管理，间接费用的管理和分摊以及企业资源的分配与分摊。

其中各个子系统除了完成各自的功能之外，它们之间还存在着许多数据交换关系。

3. 管理信息系统的软件结构

支持管理信息系统各种功能的软件系统或软件模块所组成的系统结构，是管理信息系统的软件结构，如图2.8所示。把同一管理层次的各种职能横向综合在一起。把不同层次的管理业务按职能纵向综合起来。纵横综合形成一个完全一体化的系统结构，能够做到信息集中统一，程序模块共享，各子系统功能无缝集成。

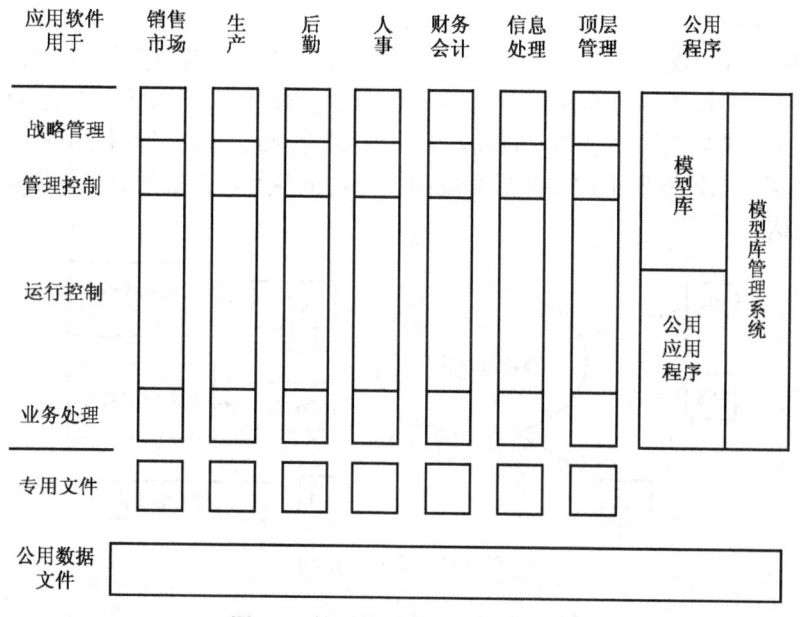

图2.8 管理信息系统的软件结构

4. 管理信息系统的硬件结构

管理信息系统的硬件结构说明计算机硬件的组成和连接方式，以及硬件所能达到的功能。

根据计算机类型分为小/中型机及终端结构和微机网络结构。

根据计算机的分布分为集中式、分布—集中式和分布式结构。

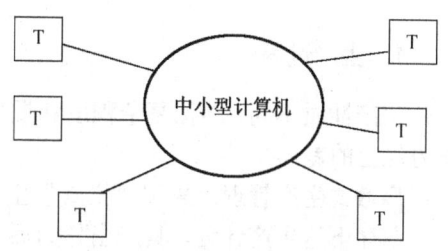

图2.9 集中式结构

(1) 集中式（见图2.9）

早期MIS因受计算机硬件设备、通信技术及通信设备限制，都采用集中式的结构，这种结构现已淘汰。优点：信息高度集中，便于管理。缺点：价格昂贵，维修难，运行效率低，出现故障易瘫痪。

(2) 分布—集中式（见图2.10）

随着 MIS 的改进及微型计算机和计算机网络的出现，采用小型或超小型机所组成的分布—集中式。优点：数据共享部分集中，便于管理，各工作站间相互独立处理各自业务，必要时又是一个整体，可互传信息，实现数据的共享。缺点：价格较高，系统维护困难。

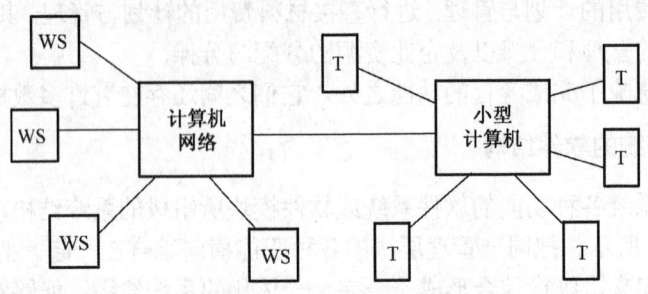

图 2.10　分布—集中式结构

(3) 分布式（见图2.11）

20 世纪 80 年代中期以后由于微机功能不断加强，分布式计算机系统和分布式数据库系统的出现，计算机硬件结构向分布式方向发展。其特点是价格低，可用微型机的价值实现小型机的功能，系统工作的安全可靠性相对较高，数据信息等分布合理，资源利用高，能够实现数据通信和数据共享，系统开发维护及今后系统的扩充均很容易，特别适合我国国情，目前 MIS 大都采用此结构。

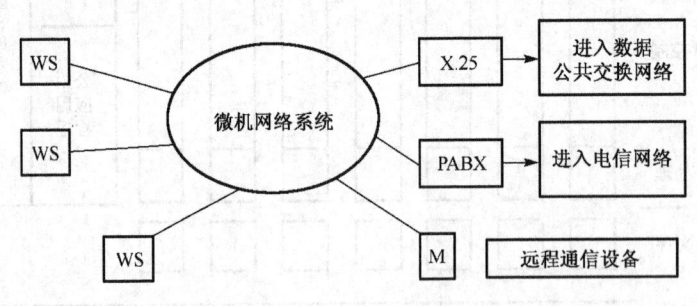

图 2.11　分布式结构

2.2　管理信息系统与环境

1. 生产过程

生产性质不同、结构复杂程度和批量不同的工业企业其生产过程的特点不同，进而造成管理方法上的差异。

离散式生产管理：采用"推式"生产管理方法。

前序下达生产计划，其产出作为后序的输入，推动后序生产。它要求各项作业之间有相当的存储，因而这类生产企业的管理重点为生产与库存管理。

流水式生产管理：采用"拉式"生产管理方法。

流程式生产受生产设备专用性限制，灵活性较小。由后序的生产需要，以确定前序什么时候生产。这类生产企业的管理重点为物料储运管理。在物料储运管理中应用线性规划、网络规划方法比较有效。

2．组织规模

组织规模决定着管理信息系统应用的目标和规模。

大组织从应用效果考虑，倾向于系统技术上的先进性和功能上的完整性，而小组织由于受资金上的限制，尽管有应用要求，却常常以牺牲系统性能为代价，采用一些低档的配置。

3．管理的规范化程度

管理的规范化是管理组织、过程等的科学性要求。

管理的规范化程度高开发出的管理信息系统的自动化程度就高。把开发应用管理信息系统作为规范管理、提高效率的契机，比系统开发本身更具有意义。

4．组织的系统性

一个管理过程是系统化的，就可以准确地描述和量化，能够产生与决策控制过程相关的数据。

5．信息处理与人

管理信息系统是一个人—机共存的系统，必须充分吸收人的经验和智慧，把计算机与人结合起来，充分发挥人和计算机各自的长处。

（1）人在信息处理中的长处

① 能够根据经验和大量知识进行模糊推理；

② 善于处理各种与人有关的问题。

（2）计算机在信息处理中的长处

① 能保存大量的历史数据，并进行筛选、分析；

② 能仿真应用环境和真实的管理系统；

③ 产生各种方案的可行解，自动淘汰非优解。

（3）在信息处理中，人—机和谐主要着手的方面

① 人性化界面；

② 人与机器的合理分工；

③ 终端用户的计算能力。

2.3　管理信息系统应用

管理信息系统的应用领域主要有：

1．国家经济信息系统

国家经济信息系统是 1986 年经国务院批准建设的由国家、省、地、县四级政府部门信息中心构成的，包括国家各综合部门（原国家计委和国家统计局计算中心、国家计委预测中心、国家计委信息管理办公室）在内的国家级信息系统。

国家经济信息系统是运用现代信息技术、数量经济学和管理科学，对经济和有关社会信息

进行收集、加工、存贮、分析和传递的人机结合的系统。其目标是辅助宏观经济决策，即及时而准确地为中央和地方各级政府及宏观经济管理部门提供各种信息服务和辅助决策手段；引导微观经济运行，即充分利用系统拥有的信息资源和现代化技术手段，及时提供、发布指导性经济信息，引导企业的经营方向和行为；提供信息咨询服务，即利用系统拥有的信息资源，为社会公众提供广泛的经济信息咨询和服务。国家经济信息系统将为国民经济的统计、预测、规划、调度指挥和宏观控制等提供依据，促进国民经济管理工作的科学化和现代化。

这是一项技术密集、资金密集的大型系统工程。它在纵向上分成四级：中央级、省市级(约30个)、中心城市级(约300个)和县级(约2100个)。在横向上包含国家主要综合经济部门组成的主系统(国家计委、国家经委和国家统计局)，以及若干与国民经济关系密切的分系统。

2. 企业管理信息系统

企业管理信息系统的主要对象是管理信息，一般面向工厂、企业，如制造业、商业企业、建筑企业等。

通常以企业管理信息系统作为代表描述管理信息系统，因为这是最复杂的管理信息系统，它具备对工厂生产监控、预测和决策支持的功能，大型企业管理信息系统规模的功能都很多，人、财、物、产、供、销以及质量、技术应有尽有。其技术要求很复杂，如用到各种数学模型等。

3. 事务型管理信息系统

事务型管理信息系统以事业单位为主，其对象是处理日常事务。如医院管理信息系统，酒店管理信息系统，学校管理信息系统。由于事务不同，这些系统的逻辑模型不尽相同，但基本处理对象是事务信息。这些管理信息系统要求实时性强，数据处理能力强，而数学模型的使用较少。

4. 行政机关办公型管理信息系统

国家各级行政机关办公管理的自动化对提高办公质量和效率，改进服务水平都具有重要意义。

办公管理信息系统的特点是办公自动化(OA)，其特点和其他管理信息系统有较大不同。在办公管理信息系统中，往往和计算机、局域网的应用、打印机等诸多办公技术联系在一起。

本 章 总 结

管理信息系统的建设和应用情况代表一个国家的信息化程度，从一个侧面反映出一个国家的综合实力。管理信息系统是面向管理决策的、对组织管理业务进行全面管理的综合性的人机交互系统，是现代管理方法与计算机技术结合的产物，也是多学科交叉而形成的边缘学科。

管理信息系统的结构是指管理信息系统内部各个组成部分所构成的框架结构。从管理信息系统的不同层次的视角，主要包括概念结构、功能结构、软件结构和硬件结构。基于这四个层次的框架结构的划分，又可将管理信息系统分为多种不同的结构。

环境对管理信息系统的影响主要包括生产过程、组织规模、管理的规范化程度、组织系统性和信息处理与人的关系。

管理信息系统应用主要包括国家经济信息系统、企业管理信息系统、事务型管理信息系统和行政机关办公型管理信息系统。由于这些应用领域不同，而使得这些管理信息系统具有不同特点。

第 3 章 管理信息系统的技术基础

优秀的管理信息系统的构建取决于其基础技术水平的高低,因此本章所列的一些基础技术决定了当前管理信息系统的发展水平。在信息时代,我们采用数据库技术对现实世界进行表示和抽象,以形成一个映射的、虚拟的世界。这个虚拟的世界中,主要由实体与关系构成 E-R 模型来表达信息,又通过网络技术构建符合各种不同需求的网络拓扑结构和虚拟世界的数据传输和共享机制。因此,管理信息系统依赖于数据库技术和网络技术等一些基础技术,故而学好管理信息系统就必然要求对这些基础技术有一个较深的认识和理解。

本章主要介绍信息技术、数据处理、数据库和计算机网络等概念。

本章以概念为主,学生通过本章内容的学习,深刻认识技术基础在管理信息系统中的地位和作用。理解信息技术是管理信息系统的基础,只有把信息技术与管理结合起来,才能真正发挥管理信息系统的作用。

3.1 信息技术概述

1. 信息技术的含义

信息技术(Information Technology,IT)是指各种以计算机和通信、信息处理终端为基础的工具,人们用它来获取信息、加工信息、存储信息、处理信息、传递信息和使用信息,以支持组织对信息的需求。信息技术是管理信息系统的基础,它包括计算机硬件技术、软件技术及通信技术。只有把信息技术与管理结合起来,才能真正发挥管理信息系统的作用。

硬件提供了管理信息系统处理数据的物质基础,软件技术是管理信息系统的程序保证,数据通信技术实现了传输功能,提供了管理信息系统运行的基础。

2. 信息技术的作用

信息成为企业的重要的战略资源,信息技术已成为企业的重要组成部分,尤其是在当今电子商务"e"统全球的情况下,几乎可以说:信息技术是企业成功之所在。

信息技术是企业跟上时代的必由之路;对于高新技术企业,信息技术则是其创新的必备条件。

信息技术用于浓缩时间和空间,信息技术对时间和空间的压缩,对企业是一种极大的优势。运用信息技术企业能够以最小的成本存储巨量信息;以令人难以置信的速度处理、消化、查询这些信息,获取商机增强其核心竞争力。目前许多企业已开始围绕 IT 的应用重组他们的工序、工作流程和信息流,即企业内部的流程再造。

3.2 数据处理

数据处理是指把原始数据,用一定的设备和手段,按一定的使用要求,加工成信息(有用的数据)的过程。数据处理也称为信息处理。

3.2.1 数据处理的主要目的

数据处理的主要目的有以下三个：
① 把数据转换成便于观察分析、传送或进一步处理的形式；
② 从大量的原始数据中抽取、推导出对管理人员或决策人员有价值的信息以作为行动和决策的依据；
③ 科学地保存和管理已经处理的大量数据，以便管理人员或决策人员能方便而充分地利用。

3.2.2 数据处理过程

(1) 需求
用户根据所发生的问题，要达到的目标以及设想可能采取的方法，提出所需要的信息种类。
(2) 获得
它是得到信息的阶段。一般包括收集、传输和加工等环节。
(3) 存储
将有价值的信息保存在一定的存储介质上，供以后使用。
(4) 维护
保证信息在仍具有价值时处于可用状态。
(5) 输出
对于加工处理后的信息，根据不同的需要，以不同的形式和格式进行输出。
(6) 退出
信息已经老化，失去了价值无需保存，必须将其更新或销毁。

3.2.3 数据处理的发展过程

(1) 简单应用
无数据管理及完全分散的手工方式。
(2) 文件系统
有了面向应用的数据管理功能，工作方式是分散的非手工方式。
(3) 数据库系统
面向整个组织的复杂数据结构；数据冗余度小，易于扩充；数据与程序独立；统一的数据控制功能。

3.2.4 数据组织

数据结构包括数据的存储结构及在此结构上的运算或操作，又分为数据的逻辑结构和物理结构。
数据的逻辑结构是指数据之间的逻辑关系，包括线性结构(线性表、栈、队列及串)和非线性结构(树、图)。
数据的物理结构又称存储结构，是指元素在计算机存储器中的存储方式(顺序存储、链接存储、索引存储及散列存储)。
数据文件的操作包括数据文件的建立、数据文件的修改、数据文件中记录的删除、数据文件中记录的排序、数据文件中记录的更新、数据文件中记录的检索、数据文件的计算、显示和打印等。

3.2.5 数据库

1. 数据库的定义及特点

数据库是某个系统所涉及的数据的综合。它不仅反映数据本身的内容，而且反映数据之间的联系。数据库特点如下：

（1）数据结构化

它是数据库系统与文件系统的根本区别。

（2）数据冗余度小，易扩充

数据库系统从整体角度看待和描述数据，数据不再面向某个应用系统而是面向整个系统。因此数据可以被多个用户、多个应用系统共享。数据共享可以大大减少数据冗余，节约存储空间。

（3）具有较高的数据与应用程序的独立性

数据独立性包括数据的物理独立性和逻辑独立性。物理独立性是指用户的应用程序与存储在磁盘上的数据库中数据是相互独立的。逻辑独立性是指用户的应用程序与数据库的逻辑结构是相互独立的。数据与应用程序的独立，把数据的定义从应用程序中分离出去，加上数据的存取又由 DBMS(Data Base Management System，数据库管理系统)负责，从而简化了应用程序的编制，大大减少了应用程序的维护和修改。

（4）统一的数据控制功能

所谓数据的不一致性是指同一数据不同拷贝结果不一样。采用人工管理或文件系统管理时，由于数据被重复存储，当不同的应用使用和修改不同的拷贝时就很容易造成数据的不一致。在数据库中数据共享，减少了由于数据冗余造成的不一致现象。数据库的共享是并发的共享，即多个用户可以同时存取数据库中的数据甚至可以同时存取数据库中的同一个数据。为此，DBMS 提供了以下几方面的数据控制功能：数据的安全性保护；数据的完整性检查；并发控制；数据库恢复。

2. 数据库系统

数据库系统既指数据库管理系统 (Data Base Management System，DBMS)，也指数据库应用系统(Data Base Application System，DBAS)。

DBMS 是管理数据库的一组系统软件。它负责对数据库中数据进行存储、检索、修改以及提供各种安全保护措施。它是数据库系统的核心和基础。DBMS 是位于用户与操作系统之间的一层数据管理软件。它的主要功能包括以下几个方面：数据定义功能(DDL)；数据操纵功能；数据库的运行管理；数据库的建立和维护功能。如：Oracle、Sybase、Informix、DB2、SQL-Server、VF 等。数据库系统的构成如图 3.1 所示。

DBAS 是指含有数据库的管理信息系统。其中数据库的设计是管理信息系统设计的基础和核心，是关键的一步。

一个数据库应用系统通常由数据库、应用程序、支持他们的专用或通用的 DBMS 构成。在微机上运行的 DBAS 一般都使用通用的 DBMS(例如 Visual FoxPro DBMS)，只有数据库和应用程序需要由用户开发。图 3.2 给出了数据库应用系统的图示，反映了数据库应用系统的一般结构：用户与数据库应用交互，数据库应用与 DBMS 接口，DBMS 访问数据库中的数据。

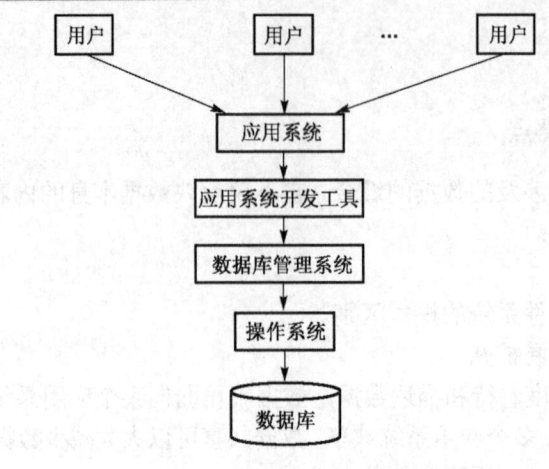

图 3.1 数据库系统的构成

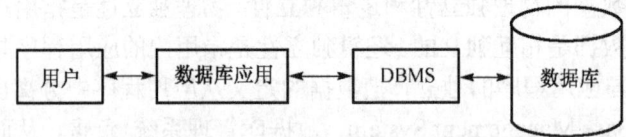

图 3.2 数据库应用系统的一般结构

3. **数据库设计**

数据库设计和使用的过程是信息从现实世界经过人为的加工和计算机处理又回到现实世界中去的过程。数据库设计大致有两个阶段。第一阶段是将现实世界抽象为信息世界,把现实世界中的客观对象抽象为某一种信息结构,这种结构不依赖于具体的计算机系统,不是某一个数据库管理系统支持的数据模型,而是概念级的模型,我们称之为概念模型;第二阶段,再将概念模型转换为计算机上某一数据库管理系统所支持的数据模型。

(1) 建立概念模型

建立概念模型,首先要选定系统中用户所关心的各种实体,并确定每个实体的有关属性,按照规范化的要求建立若干个实体类型。其次,还要考虑各种实体类型中实体间的相互关系。

(2) 建立数据模型

建立数据模型的任务是要把概念模型中的结构转化为与选用的数据库管理系统所支持的数据模型相符合的过程。这里包括两步工作,第一步是向一般的数据模型(层次、网状、关系)转换,第二步是向特定的数据库管理系统支持下的数据模型转换(这时,就要考虑具体的数据库管理系统的特点和限制),这里也还可能存在两种情况。通常是已经给了某台机器,数据库管理系统没有选择余地,必须向它转换。否则就应选择一个最合适的数据库管理系统来配置硬件。

4. **实体联系模型**

实体联系模型反映的是现实世界中的事物及其相互联系。

(1) 实体

实体是现实世界中描述客观事物的概念。实体可以是具体的人、事、物,也可以是抽象的概念或联系。如,一名职工、一名学生、一个部门、一门课程、学生的一次选课、部门的一次订货、老师与学院的工作关系等都是实体。

(2) 属性

指实体具有的某种特性。一个实体可以由若干个属性来刻画。

(3) 实体型

具有相同属性的实体必然具有共同的特征和性质。实体型是用实体名及其属性名的集合来抽象和刻画同类实体。如学生(学号,姓名,性别,出生年份,系,入学时间)就是一个实体型。

(4) 实体值

实体值是实体的一个实例,是属性值的集合,如学生王红的实体值是:0107039、王红、女、1985、信息学院、2004 年 8 月。

(5) 实体集

性质相同的同类实体值的集合称为实体集。如,全体学生。

(6) 联系

指实体之间的联系。实体之间的联系主要有:一对一、一对多和多对多。

一对一联系(1:1):如果对于实体集 A 中的每一个实体,实体集 B 中至多有一个(也可以没有)实体与之联系,反之亦然,则称实体集 A 与 B 具有一对一联系。

一对多联系(1:N):如果 A 中的每一个实体,B 中有 N 个实体($N \geq 0$)与之联系,反之,对于 B 中的每一个实体,A 中至多只有一个实体与之联系,则称 A 与 B 有一对多联系。

多对多联系($M:N$):如果对于 A 中的每一个实体,B 中有 N 个实体($N \geq 0$)与之联系,反之,对于 B 中的每一个实体,A 中也有 M 个实体($M \geq 0$)与之联系,则称 A 与 B 具有多对多联系。

实体之间的联系类型并不取决于实体本身,而是取决于现实世界的管理方法,或者说取决于语义,即同样两个实体,如果有不同的语义则可以得到不同的联系类型。

实际上,一对一联系是一对多联系的特例,而一对多联系又是多对多联系的特例。多对多联系常分解为一对多联系。

实体模型(概念模型)常用 E-R 图表示,如图 3.3 所示。

它是一种静态模型,只能反映实体的当前状态,而不能反映实体状态的变化过程。

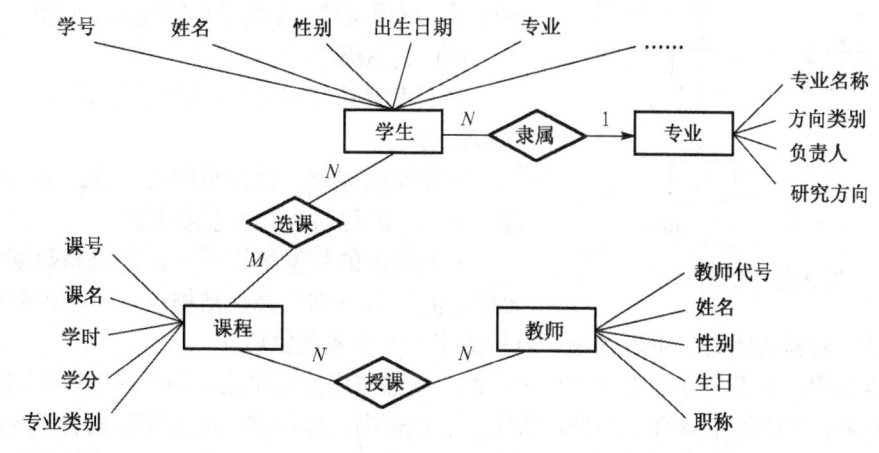

图 3.3 数据库 E-R 图模型

用基本的图形符号表示实体间联系的图形。图形含义:矩形表示实体,菱形表示联系,直线表示连接,数字 1、M 表示出现的次数。

5. 数据模型

(1) 层次模型

数据的层次模型是由若干基本层次联系组成的以记录型为结点的有向树。它反映了客观世界事物之间经常存在的层次组织结构和相互的隶属关系。

基本特点：① 有且仅有一个根结点；② 其余的结点可划分为 $M(M \geq 0)$ 个互不相交的子树。结点的子树的根称该结点的子女，该结点则称为它的子女的双亲。

在层次模型中，每个记录型可包括若干数据项，每个记录型和它的数据项都必须命名。不同记录型的名称应当不同，同一记录型中不同数据项的名称也应不同。图 3.4 所示为具有五个记录型的某校教学数据库的一个层次模型。

层次模型的数据库具有层次清楚、存取路径分明、查找效率和可靠性较高等特点。

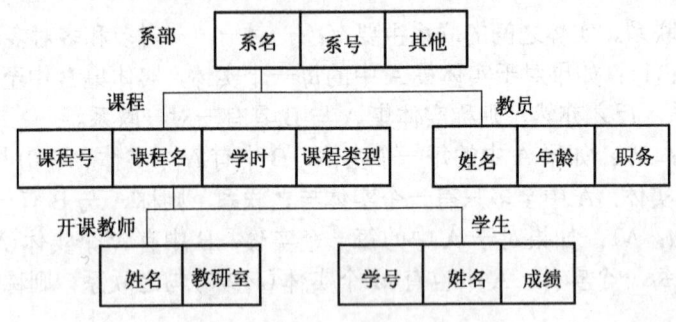

图 3.4 教学数据库层次模型

(2) 网状模型

网状模型是以记录型为结点的网状结构。

基本特点：① 一个子女可以有多于一个双亲；② 两个记录之间可以有两种或多种联系。图 3.5 所示是网状模型的两种结构。

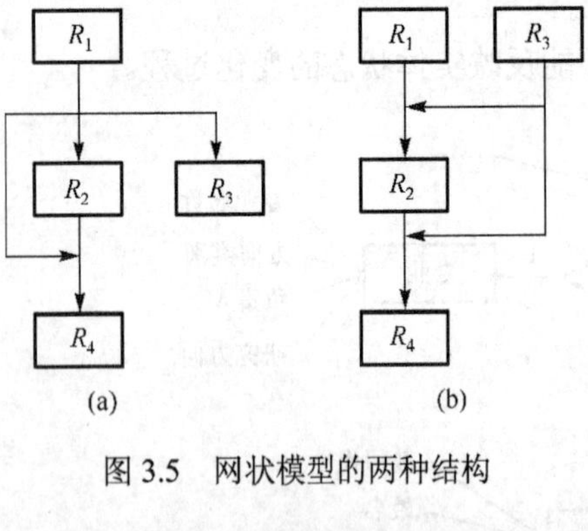

网状模型更适于表示客观事物复杂的隶属关系和横向联系。采用网状模型的数据库操作反应快，效率高。

(3) 关系模型

关系模型具有非常强的数据表示能力，又容易掌握和使用。

在关系模型中，数据被组成一些二维表的结构，每一个二维表称为一个关系或表。

关系模型的数据结构单一，无论是数据本身还是数据之间的联系都用关系来描述。一个关系就是一张二维表，描述问题的所有二维表的集合就构成了一个关系数据库。

图 3.5 网状模型的两种结构

在二维表中，表中一行称为一个记录；每一列称作属性或字段，为了相互区分与识别，字段要分别命名；字段除了具有名字外，它还有取值范围，称作域；由所有字段名组成的二维表的表头称为关系框架。在数据库系统中关系具有如下特性：① 一个关系中的任意两个元组不能相同；② 关系的每列都必须有不同的名字；③ 列是同质的，即关系的每列都是同类型的数据；④ 关系的行、列的次序不影响其信息内容，可以任意交换；⑤ 关系的每个分量都必须是不可分的基本数据项；⑥ 每个关系都有一个关键字唯一标识它的元组。

关系模型有坚实的数学基础。关系运算分为两类：一类是传统的集合运算(并、差、交)；另一类是专门的关系运算(选择、投影、连接)。

关系模型的三类完整性是实体完整性、参照完整性和用户定义的完整性。

6. 关系规范化

规范化的目的是为了减少冗余信息，避免不合理的输入、删除、修改等操作，保持数据的一致性。

基本思想就是逐步消除数据依赖中的不合适部分，使模式中的各关系模式达到某种程度的分离，利用"一事一地"的设计原则。因此，所谓规范化实质上是概念的单一化。

第一范式：关系中的每个属性均不可再分。

第二范式：满足第一范式的基础上，所有非主属性完全依赖于其码。

第三范式：满足第二范式的基础上，它的任何一个非主属性都不传递依赖于其任何主关键字。

3.3 计算机网络

随着计算机科学技术的迅猛发展和信息社会的到来，面对浩如烟海的信息和知识，人们越来越认识到单独的计算机不能再满足人们的需要，于是计算机技术和通信技术相结合便产生了计算机网络。

3.3.1 计算机网络概述

计算机网络是将分布在不同地理位置上的具有独立工作能力的计算机、终端及其附属设备用通信设备和通信线路连接起来，再配有网络软件，以实现计算机资源共享的系统。计算机网络有以下优越性。

(1) 资源共享

网上的用户可以互相共享网上的所有资源。

(2) 提高可靠性

一台机器出现故障，网上其他机器仍可继续运行。

(3) 提供通信功能

通过网络可以更加可靠、方便、快速地传递信息，提高通信线路利用率，降低通信费用。

(4) 便于集中管理

地理位置上分散的部门，可以通过计算机网络实行集中管理。

(5) 提供分布处理功能

可把处理分散到各台计算机上进行，以提高处理效率。

(6) 降低投资费用

用网络联接起来的一组微机与大型机相比有更优越的性能价格比，且便于扩充。

3.3.2 计算机网络的拓扑结构

所谓计算机网络的拓扑结构是指网络的链路和节点在地理位置上所形成的几何结构。计算机网络中常见的拓扑结构有总线型、星型、环型、树型和混合型等，如图 3.6 所示。

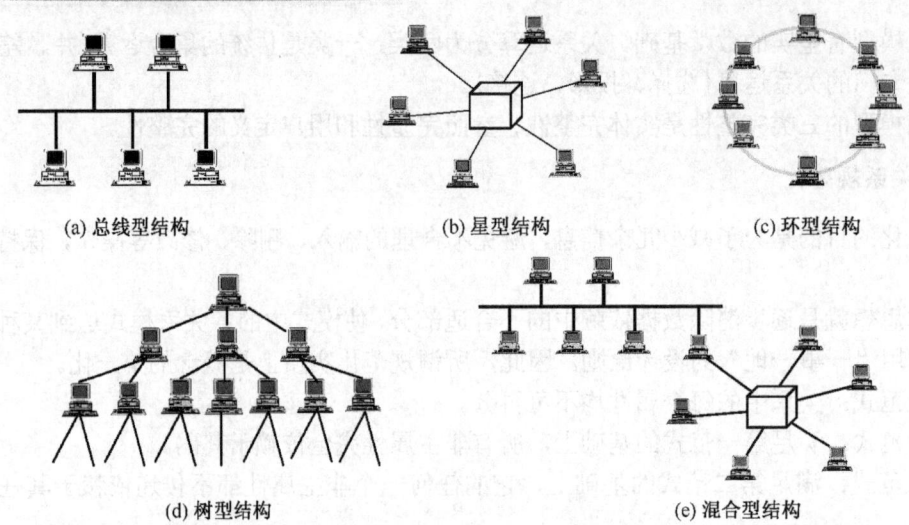

图 3.6 计算机网络的常见拓扑结构

(1) 总线型结构

总线型结构也称线状连接,即用一条开路,通过接口将工作站连接到电缆上,形成一条公共的访问总线,一个节点发送信号其他节点均可接收。总线型结构网络是一种共享通道的结构。

(2) 星型结构

星型结构是以中央节点为中心,把若干外围节点连接起来的辐射式互连结构。中央节点是充当整个网络控制的主控计算机,各节点之间的数据通信必须通过中央节点。

(3) 环型结构

环型结构是一种闭合的总线结构。网络中各节点共享一个环,任意两个节点间都要通过环路互相通信。

(4) 树型结构

树型结构就像一棵倒挂的树,两个节点之间有唯一的通信信道。各节点之间有明确的层次关系。

(5) 混合型结构

混合型结构是将多种拓扑结构的局域网连在一起而形成的。它兼并了不同拓扑结构的优点。

不同的网络结构各有其特点,在系统建设中必须根据系统的响应时间、信息量、系统投资、可靠性要求等进行综合分析。

3.3.3 计算机网络的发展

1. 面向终端的计算机网络

该阶段采用集中式网络,又称星形网。所有的信息流必须经过中央处理设备(即交换节点)。链路都从中央交换结构向外辐射。这个交换节点的可靠性基本上决定了整个网络的可靠性,各工作站通过通信线路共享中央处理设备的硬件和软件资源。

2. 以通信子网为中心的计算机网络

以通信子网为中心的计算机网络组成如图 3.7 所示。

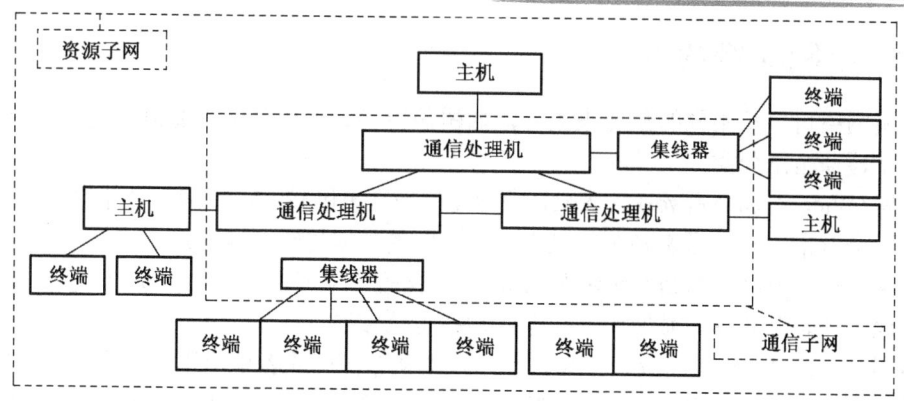

图 3.7 以通信子网为中心的计算机网络的组成

(1) 通信子网

由一些专用的通信处理机(即通信子网中的节点交换机)和连接这些节点的通信链路所组成。

(2) 资源子网

由处于通信子网外围的主机和终端构成。

用户通过终端,不仅共享通信子网的资源,而且还可以访问分布在各处的主机上的数据信息,从而实现整个系统的软件、硬件、信息等资源的共享。

3. 分布式处理

分布式处理环境是以计算机网络为依托,把各个同时工作的分散计算单元,不同数据库、不同的操作系统连接成一个整体的分布式系统,为多个具有不同需要的用户提供一个统一的工作环境。

整个系统中的各计算机对用户都是透明的。也就是说,对用户来说,这种系统就好像只有一台计算机一样。用户通过键入命令就可以运行程序,但用户并不知道是哪一台计算机在为他运行程序。它采用格状网,如图 3.8 所示。即其中任何一个节点都至少和其他两个节点直接相连,因而可靠性高。现在一些主干网都做成分布式的。

为了使不同体系结构的计算机网络都能互连,国际标准化组织(ISO)与国际电报电话委员会(CCITT)(1993 年起,CCITT 改组为国际电信联盟(ITU)电信标准化部门,简称为ITU-T)。制定了一个分布式系统的标准,称为"开放式分布处理(ODP)",目的就是为大范围的分布式应用提供一个统一的参考模型。

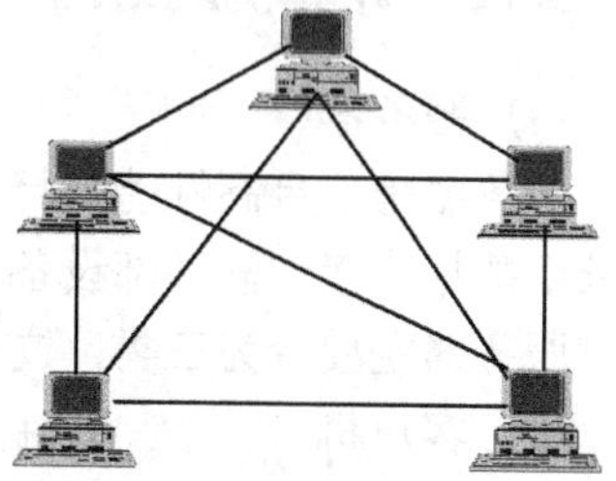

图 3.8 格状网

4. 综合业务数字网(ISDN)

综合业务数字网是一种能在一个网络内传送多种业务信息的网络。它在技术上最主要的特点是综合化和高速化。

综合化是指多种业务综合到一个网络中。采用分组交换的计算机网络本来就是用来传送计算机数据的。人们传送语音信息则一直使用另一个与计算机很不相同的电话网(采用电路交换)。但 ISDN 可以将各种业务,如语音、数据、图像等,都以二进制代码的数字形式综合到一个网络中来传送。

3.3.4 计算机网络的种类

计算机网络可以从不同的角度来划分，如覆盖范围、使用范围、通信性能、拓扑结构等。

(1) 从覆盖范围分类

广域网(Wide Area Network，WAN)：覆盖的地理范围较大，一般为几十至几千千米，可以遍布在一个城市、一个国家乃至全世界，广域网的数据传输率较慢。

城域网(Metropolitan Area Network，MAN)：覆盖一个城市，一般在50平方千米左右，这很便于本地区的资源共享，城域网的数据传输率也比较快。

局域网(Local Area Network，LAN)：一般由某个部门或者单位组建，在地理位置上限制在一个建筑或一个单位部门之内。它的特点是灵活方便、传输速率高、投资小、见效快等。

(2) 按使用范围分类

公用网(Pubic Network)：国家邮电部门建造的网络。"公用"的意思就是凡愿意按邮电部门规定交纳费用者都可以使用这个网络。

专用网(Private Network)：指某个部门为本单位的特殊业务工作需要而建造的网络。这种网络一般不向本单位以外的人提供服务。

(3) 按通信性能来分类

点-点信道网络。点-点信道即网络中每一条信道都连接到一对节点上，如果某两个节点之间没有直接通信信道，则要经过其他节点用存储-转发方式通信。点-点信道的通信网络有星型、环型、树型等几种拓扑结构。

共享信道网络。共享信道网络中，所有节点共享一条通信信道，每个节点发送的信息可由所有节点检测，但只有目的地址指定的节点能够接收。共享信道的优点是不同节点间的通信可以使用同一通信信道，从而可以最大限度地利用信道的通信能力。缺点是当所有节点同时通信时，容易出现通信阻塞，并且一旦信道出现故障，将影响所有相关信道的通信。共享信道分为总线信道、卫星信道和无线信道，拓扑结构有总线型、环型等几种。

3.3.5 计算机网络的一些重要概念

(1) 服务器

服务器是一台高性能计算机，用于共享文件，远程运行应用程序，处理来自数据库的信息请求，并且连接一些外部设备，如打印机、CD-ROM、调制解调器等。

服务器主要分为三类：文件服务器、应用服务器、数据库服务器。

(2) 客户机

客户机也称工作站，是一种利用应用程序和数据库替代服务的计算机，其性能一般低于服务器。

(3) 其他附属设备

主要包括：网络适配器、网关、桥接器、路由器、交换机等。

网络适配器：计算机和通信介质之间的适配器。

网关：用于异种网络的连接。

桥接器：用于实现同种网络的连接。

路由器：用于检测数据的目的地址，对路径进行动态分配。

交换机：用来完成交换处理的设备。

(4) 网络协议

计算机网络利用通信线路将计算机连接在一起，网络用户在计算机之间通过网络互相交换信息。计算机之间相互通信需要共同遵循一定的规则。

为了能够在不同的网络节点之间进行数据通信，在通信双方就必须有一套彼此能够了解、遵守的规则和约定，即网络协议。

协议通常由语义、语法和变换规则组成。总线拓扑结构中，为了避免争用信道而产生冲突，采用"载波监听多重访问/冲突检测(CSMA/CD)"访问方式。令牌是环型网络的主要访问方式。Internet上的标准协议叫做传输控制协议/网间协议(TCP/IP)。

(5) 网络介质

数据传输的物理通道，有同轴电缆、双绞线、光纤、微波、卫星信道等。

(6) 节点

网络中某分支的端点或网络中若干条分支的公共汇交点。

(7) 链路

链路是指两个相邻节点之间的通信线路。

3.3.6 网络体系结构(局域网)

(1) 主机－终端模式(见图3.9(a))

在20世纪60年代到80年代，网络应用主要采用主机－终端模式，数据处理和数据库应用全部集中在主机上，终端没有处理能力。这样，当终端用户增多时，主机负担过重，处理性能明显下降，造成"主机瓶颈"。

(2) 文件服务器/工作站模式(见图3.9(b))

80年代以后，文件服务器/工作站结构的微机网络开始流行起来，这种结构把DBMS安装在文件服务器上，而数据处理和应用程序分布在工作站上，文件服务器仅提供对数据的共享访问和文件管理，没有协同处理能力。这种方式可充分发挥工作站的处理能力，但网络负担较重，严重时会造成"传输瓶颈"。

(3) 客户/服务器(Client/Server)模式(见图3.9(c))

客户/服务器是80年代产生的崭新应用模式，这种模式把DBMS安装在数据库服务器上，数据处理可以从应用程序中分离出来，形成前后台任务：客户机运行应用程序，完成终端交互和输入、输出等前台任务，服务器则运行DBMS，完成大量的数据处理及存储管理等后台任务。由于共享能力和前台的自治能力，后台处理的数据不需要在前后台间频繁传输，从而有效解决了文件服务器/工作站模式下的"传输瓶颈"问题。

客户/服务器模式优点：通过客户和服务器的功能合理分布，均衡负荷，从而在不增加系统资源的情况下提高了系统的整体性能；系统开放性好，在应用需求扩展或改变时，系统功能容易进行相应的扩充或改变，从而实现系统的规模优化；系统可重用性好，系统维护工作量大为减少，资源可利用性大大提高，使系统整体应用成本降低。

(4) 浏览器－服务器(Browser/Server)模式(见图3.9(d))

这种结构实质上是客户－服务器模式结构在新的技术条件下的延伸。在传统的客户－服务器模式结构中，Server仅作为数据库服务器，进行数据的管理，大量的应用程序都在客户端进行，这样，每个客户都必须安装应用程序和工具，因而，客户端很复杂，系统的灵活性、可扩展性都受到很大影响，在浏览器－服务器应用模式结构中将客户－服务器结构自然延伸为三层或多层结构。这种方式下，Web Server 既是浏览服务器，又是应用服务器，可以运行大量的应用程序，从而使客户端变得很简单。

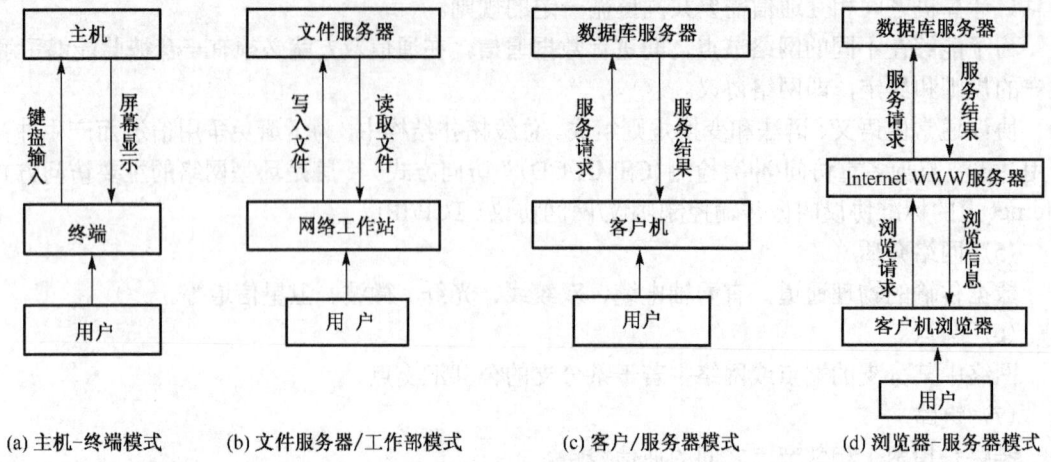

图 3.9　网络应用模式

3.3.7　国际互联网

1. 定义

网际互连即通过主干网络把不同标准、不同结构，甚至不同协议类型的局域网在一定的网络协议的支持下联系起来，从而实现更大范围的信息资源共享。为了实现网络互连，国际标准化组织(ISO)提出了开放系统互连(Open System Interconnection，OSI)参考模型，凡按照该模型建立起来的网络就可以互连。现有的网络互连协议已或多或少地遵循了 OSI 的模式。

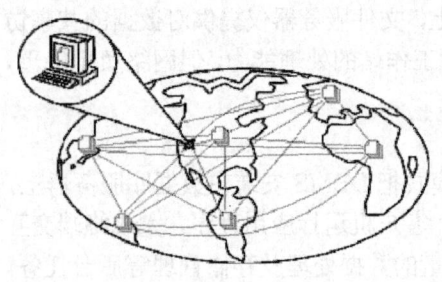

图 3.10　国际互连网

Internet 即"因特网"，是最大的国际互连网。该网起源于美国国防部的 ARPA，包含各种不同领域的应用系统，能够提供商务、政治、经济、娱乐、新闻、科技等各类信息，实现全球范围的信息资源共享。Internet 发展很快，目前，Internet 已形成覆盖全球的网络，成为远程网的代名词。我国的 CHINANET、CERNET 等都是该网的一部分。

今天，已有 20 亿人在访问 Internet，同期中国互联网民超过 4.5 亿人。

简单地说，Internet 是将以往相互孤立的、散落在各个地方的单独的计算机或局域网，借助已经发展得有相当规模的电信网络，通过一定的通信协议(TCP/IP)来实现更高层次的互联。

在这个互联网络中，一些超级服务器通过高速的主干网络(光缆、微波或卫星)相连，而一些较小规模的网络则通过众多的支干与这些巨型服务器连接。

Internet 连接了不同国家与地区无数不同类型的计算机，硬件千差万别，使用的操作系统与软件也各不相同，它们彼此交流是通过"网络协议"来进行的。

所谓协议是计算机用来彼此交谈的一种标准语言，Internet 网络上的计算机都懂得这种特定的协议，因此它们知道如何去"说"，如何将信息发给对方，另一方面同样能理解这些信息是什么，也知道怎样做。

TCP/IP 协议不是一个单一的协议，而是由一系列通信协议所组成，由这些协议来共同控制各主机与网络之间的数据交换。

- Internet 协议：IP 协议；
- 传输控制协议：TCP；
- 简单邮件传递协议：SMTP(Simple Mail Transfer Protocol)；
- 文件传输协议：FTP(File Transmission Protocol)；
- 超文本传输协议：HTTP(Hypertext Transfer Protocol)。

2. Internet 所提供的服务

（1）电子邮件服务(E-Mail)

一种通过计算机网络与其他用户进行联系的快速、简便、高效的现代化通信手段。在 Internet 提供的服务中，E-Mail 被使用得最广泛，绝大多数 Internet 用户对它的熟识都是从收发电子邮件开始的。

（2）全球广域信息网(World Wide Web，WWW)

它是 Internet 用户最喜爱的信息查询工具。遍布世界各地的 WEB 服务器，Internet 使用户可以有效地交流信息，几乎无所不包。

（3）文件传输(FTP)

它向所有 Internet 用户提供了在 Internet 上传输任何类型的文件：文本文件、二进制文件、图像文件、声音文件、数据压缩文件等。FTP 服务可以分为两种类型：普通服务和匿名服务。

（4）远程登录服务(Romote Login)

Internet 用户的远程登录，是一个在网络通信协议 Telnet 的支持下使自己的计算机暂时成为远程计算机终端的过程。使用时，用户首先要在远程服务器上登录，报出自己的帐号和密码，使自己成为该服务器的合法用户，一旦登录成功，就可实时使用该远程服务器对外开放的各种资源。图书馆通过 Telnet 对外提供联机检索服务。研究所、政府部门向外开放他们公用数据库，用户可通过菜单界面进行查阅。

（5）实时聊天(Chatting)

可以为两个用户之间建立一个连接，用户之间可以通过键盘和屏幕进行交谈。

（6）在线游戏(Online Game)

在线游戏是利用 TCP/IP 协议，以 Internet 为依托，可以多人同时参加的游戏项目。

（7）网络电话(IP Phone)

打网上电话需要 MODEM 支持语音功能。

（8）电子商务

它是指采用数字化电子方式进行商务数据交换和开展商务活动。电子商务系统由涉及商务活动的各方组成，包括商店、消费者、金融机构、证券公司和政府，利用计算机网络技术全面实现在线交易电子化过程。电子商务最为显著的特点是，缩小了产品生产和消费之间的距离；最大限度地削减了中间渠道，从而使商品能够以低廉的价格来到消费者手中，保护了大众的利益。电子商务已被公认为第二次 Internet 产业大革命。

（9）网络新闻服务(USENET)

有共同爱好的 Internet 用户为了相互交换意见组成的一种无形的用户交流网络。它相当于 Internet 的电子公告板。网络新闻是按照不同的专题组织的。志趣相同的用户借助网络上一些被称为新闻服务器的计算机展开各种类型的专题讨论。USENET 是网络新闻服务器的主要信息来源。它完全是一个民间自发建立的，使用 Internet 交换信息，但又不完全依赖 Internet 进行通信的用户交流网络。

3.3.8 OSI 参考模型

为了使不同体系结构的计算机网络都能够互连，国际标准化组织(ISO)于 1977 年成立了一个专门机构研究该问题。1981 年提出了开放系统互连参考模型(OSI)。该模型把网络功能分为七个层次。

（1）物理层

它为主机与网络节点的物理连接规定了机械的、电气的、功能的和规程的细节，并为链路层用户服务，以便在数据链路实体之间建立、维护和拆除物理连接。

（2）数据链路层

它的目的是在不完全通信媒体条件下，能够为物理链路两端设备提供可靠的数据交换，所以链路层应在通信实体间提供功能性和过程性的方法，以建立、维持和释放数据链路。数据链路的存在，使网络的通信实体与物理层特征分开。

（3）网络层

它的目的是为了便于两个系统在通信网络上的通信。它包括逻辑链路的建立、报文的传送等。

（4）传送层

它的目的在于为开放系统中各进程间的数据交换和端与端控制提供独立于网络的标准化协议，以减轻高层协议的负担。它与较低的各层共同提供通用传送协议，为会话层提供可靠的主机至主机的通信，而且对会话层屏蔽通信网的具体细节。这种透明性的数据传送，使会话层不必去关心究竟用什么方法达到可靠的、成本经济的数据传送。

（5）会话层

它是提供控制两个表示层实体间的对话机构。会话层最低限度是提供一种方法，使两个表示层实体建立和使用称为会话的连接。此外，它还提供对话种类、隔离、恢复服务。

（6）表示层

它为开放系统两个进程(应用程序和终端管理程序)之间传送的数据提供格式变换的服务，以使应用层能理解所交换数据的意义。其职能包括：执行不同类型计算机、终端和数据库之间的数据交换、协议转换以及数据库的管理服务等。

（7）应用层

它是面向用户的，它为开放系统中的应用进程提供服务，包括通信服务、网络文件传送、网络设备管理以及虚拟终端服务等。

不同层次间的信息传送过程如图 3.11 和图 3.12 所示。

在物理层，数据按"位"传送；在链路层，数据则按"帧"传送；网络层以"分组"为单位向数据链路层传送；传送层以"报文"为单位传送数据。图 3.11 所示为用户数据由高层向低层的传送过程；图 3.12 所示为在两台机器的情况下，同等层间的通信功能。

上述分层结构和分层操作中，一个机器的各层只能与其上下相邻层通信，只有物理层的水平通信才是真正的通信，其他各层都是垂直通信，也就是说直接接口只能是物理层。

分层结构的优点是使复杂的通信控制结构便于管理。

计算机网络系统采用分层结构原理。目的是把计算机网络中非常复杂的通信子系统的全部通信问题，分成许多小的层来解决，确保各层之间相对独立，以便各层的设计、修改与操作。

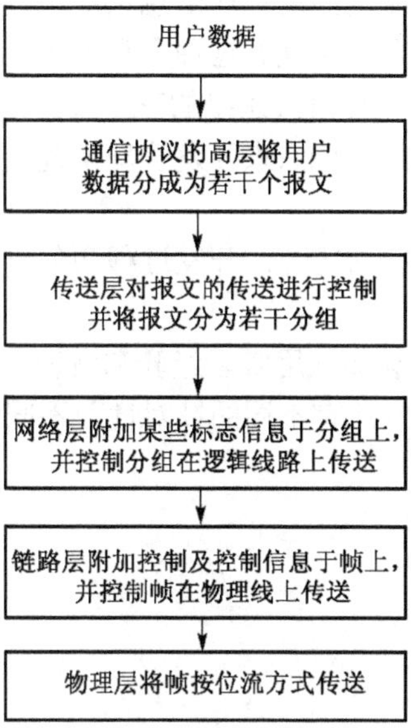

图 3.11　用户数据由高层向低层的传送过程

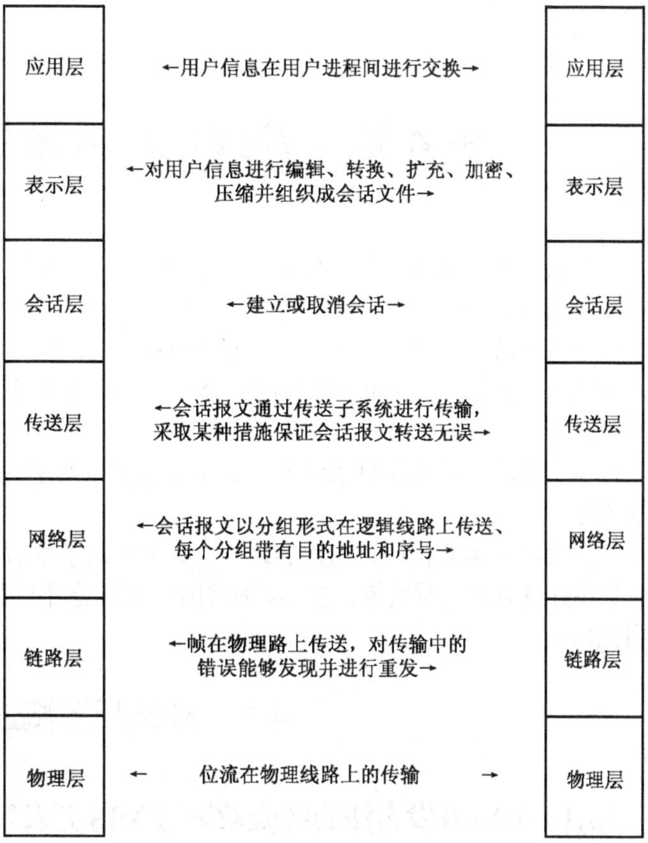

图 3.12　同等层间的通信功能

本 章 总 结

本章主要介绍了信息技术、数据处理和计算机网络这三方面的基础内容。这三方面是管理信息系统技术的基础，信息技术主要探讨了信息技术的基本概念以及对当今企业和各种组织的重要作用；数据处理包括数据的表达、存储和管理技术——数据库技术和数据库系统，探讨了如何针对某个问题进行信息收集、表达和存储，并简要介绍了这方面的几个重要概念；计算机网络技术着眼于信息的传输与共享，从网络的拓扑结构和操作系统的拓扑结构来分析管理信息系统，并介绍了一些计算机网络方面的重点理论。

第4章 管理信息系统的开发方法

管理信息系统的开发是一项复杂的系统工程。开发方法的好坏是决定管理信息系统开发成败的重要因素。管理信息系统的需求是一种客观存在的事实,那么如何遵循这种客观事实来开发管理信息系统?计算机技术、管理理论和系统工程理论是开发管理信息系统的三个方面。因此,如何灵活使用这三方面知识并遵循管理信息系统开发需求的内在特点来开发管理系统是本章贯穿始终的问题。

本章主要介绍管理信息系统开发的主要方法以及这些方法的基本思想、开发过程和各自的优缺点等。

开发方法是本课程的重点内容之一,必须提高学生对方法的认识,用实际经验和教训,说明、掌握开发方法的重要性,在实际应用中,应注意不同的开发方法有不同的针对性及不同的适用范围。

4.1 系统开发概述

4.1.1 MIS 开发方法的经验教训与 MIS 开发特性

1. 经验教训

计算机研制的目的是为解决数值计算。但从 20 世纪 50 年代末期开始,计算机越来越多地用于信息处理。60 年代,在一些技术发达国家中,出现了使用计算机的热潮。一些企业和政府部门争相购置计算机。一时间,买计算机成了一种时髦,甚至在一些公司的广告上都以"本公司使用电子计算机管理"来做宣传。

然而,这股热潮很快带来了问题。许多单位,耗费巨资,购置昂贵的计算机设备,不仅没有带来所设想的巨大经济效益,反而由于不合要求,需要巨额维护费用等原因,造成了亏损,甚至导致单位的倒闭。现实的情况使人们不得不冷静地考虑这些教训,寻找出现问题的原因。

下面举一些实例,让我们从中看一看该吸取什么教训。

有的银行研制的计算机化会计系统在利息计算的零头取舍上没有考虑周到,因而在使用中累积成了巨额差错;

有的企业所研制的计算机管理信息系统中,由于使用者不习惯新的操作方法,大量出现差错,以至效率反而降低;

有的企业使用计算机管理信息系统影响到某些工作人员的就业问题,这些人员采取不合作的消极态度,以至使用计算机管理信息系统的项目不得不宣告停止实施;

有的企业花费大量的资金研制、开发管理信息系统与企业的实际管理方法不一致,因而不得不把它闲置不用;

有的企业花费了很长时间研制管理信息系统,当系统交付使用时,客观情况又发生了变化,系统必须修改，而修改又费时费人，等修改完时，情况又有所变化，如此反复下去，旷日持久，费人费力，投资无底，效益无望；

有的企业提出了过高的要求，在投入大量的资金之后，才发现现有的技术条件下所要求的目标是不现实的；

有的企业设计的管理信息系统对操作人员要求过高，以至无法使用，或者得雇佣高级技术人员或培训人员的费用远远超出所得到的经济效益；

有的企业对计算机提出的要求不合实际，企业让计算机代替人做决策，实际上计算机只会按照事先规定的规则做出判断，而根本无法理解和处理千变万化的客观情况。其结果不是由于决策错误造成经济损失，就是还得由人来做决策，机器不起作用；

有的企业设计的信息系统，只注意机器本身的处理功能，而忽视了客观可以提供数据的来源，看起来功能很强，实际上是无米之炊或假帐真算，起不了实际作用；

有的企业的信息系统研制工作，由于主要负责人或者重要人员的更换，而不得不全部或部分地重新做起，因为计划、方案都只存在这些人的头脑中；更常见的是，一个信息系统的修改，只能由当初的研制人员来进行，别人去弄清它，还不如重新研制一个新系统；

类似的事例还可以列举许多。在 70 年代，人们对这些教训进行了广泛的分析与讨论，提出了各种各样的解决办法，所谓"系统分析"成了热门。各企业纷纷聘请系统分析专家，对各种各样的管理信息管理进行可行性分析以及逻辑上的设计，在实际投入资源及涉及计算机技术之前进行大量的调查、研究、分析和论证工作。

除了外部的各种因素之外，就管理信息系统研制本身来讲上述各种问题的出现，可以初步地归之以下几方面的原因：目标含糊、通信误解、情况不明、步骤混乱。

（1）目标含糊。即系统研制人员对整个系统要达到的目标，没有明确的、全面的、定量的概念。

（2）通信误解。即管理人员和研制人员，由于各种原因使他们之间互相了解及思想交流通常出现误解，给系统研制工作带来隐患。

（3）情况不明。这主要对研制人员而言的。管理信息系统是为整个组织服务的，一般来说，应由组织需要决定系统的结构和功能，而不应由研制人员方面提出要求。因此，研制人员必须认真地全面的进行调查研究，并用正规的方法记载下来，否则，系统的设计就没有了基础，必将导致整个系统的研制失败。

（4）步骤混乱。研制工作是一个长期的复杂工作过程，它的各个工作环节，前后之间都有着内在的关系，如果颠倒就会出问题。它必须是严密的、有步骤的、有计划的进行工作，否则将造成研制工作的失败。

2. MIS 开发的一般特性

（1）开发的不间断性

开发周期长，使用寿命短，运行期间有连绵不断的开发小高潮。

（2）管理的全员参与性

目标控制，多层管理，每一个参与者都有项目管理的任务。

（3）对用户的依赖性

用户参与，成败关键，开发过程中遇到的大部分问题都需要用户参与解决。

（4）普遍认同的观点

MIS 项目开发是费时、费力、费钱、艰巨复杂的社会系统工程。

费时是指几乎没有一个 MIS 项目能按时完成；费钱是指几乎每一个 MIS 项目都要追加投入；费力是指几乎每一个开发者都感筋疲力尽；艰巨复杂是指总体清晰，细节朦胧，一般都要反反复复地探索前进；社会系统是指一个 MIS 项目中包含了太多的非技术因素，尤其是人为因素。

从 MIS 开发特性得到的启示：MIS 不是花钱就能买来，或请人开发就一定能成功的；开发好的系统可能永远也用不上；买回来的系统可能要花很长时间才能用上；MIS 项目的成败取决于企业自己。

经验和教训提出了探索管理信息系统研制工作的正确方法的必要性。大量的事实表明：问题的出现并不是由于计算机不适于管理信息处理，也不是计算机技术发展现状的限制，而是人们对于管理信息系统本身的认识尚不够深入，同时缺乏科学的研制方法和研制工具。有人把开发管理信息系统想得很简单，认为"原来人是怎样工作的,编出程序让计算机同样工作就行了。"人和计算机的工作方式，从实质上看，是有许多不同点的，认真分析这些，才能确定计算机在管理信息系统中究竟可以代替人做哪些工作，只有这样做，才能发挥计算机的巨大潜力，那种认为只要花钱买了计算机，就自然而然地带来经济效益的想法，不但是天真的，而且是有害的。

4.1.2 研究开发方法的原因和目标

1. 研究开发方法的原因

随着管理信息系统应用程度的深入和规模的扩大，出现的问题也在不断的变化。如：手工处理信息过程和方法原封不动地"翻译"成管理信息系统后，常常失败；大型的管理信息系统应如何合理地组织人力、物力、财力来协调开发；对一个实体组织应如何着手调查分析；一个大型系统应该如何进行系统化的划分；如何才能合理地协调数据和利用信息资源；如何充分发挥现有计算机和通信设备的处理能力，更好地解决实际管理问题等。

2. 开发方法的基本目标

使管理信息系统正确反映管理需要，满足用户需求，使所开发的管理信息系统为管理决策提供信息支持；

有效地管理系统开发过程，加快系统开发速度，提高系统开发生产效率，降低系统开发费用；

增强管理信息系统产品的功能，提高管理信息系统产品的质量；

充分利用软件技术，尽快跟上硬件发展速度，从而最大限度地发挥和挖掘硬件的功能；

合理组织和充分利用人力、物力和财力等资源。

4.1.3 诺兰信息系统发展的阶段模型

诺兰对发达国家信息系统发展的经验和规律进行了长期的分析、不断地完善总结，提出了信息系统的阶段模型。把计算机信息系统的成长过程划分为六个不同阶段。诺兰信息系统发展的阶段模型如图 4.1 所示。

第一阶段：初装

在初装阶段，计算机刚刚引入一个单位，并初步开发该企业的管理应用程序。使用者大多数都是具有计算机知识背景的人，计算机的作用被初步认识。

第二阶段：蔓延

用户已积累了一些应用计算机的经验，管理应用程序从少数部门扩散到多数部门，并开发了大量的管理应用程序，使企业的事务处理效率有了提高。但这一阶段应用系统的管理重点往往仅在计算机上，对数据管理不够，出现了许多待解决的问题，如数据冗余度大，数据不一致，数据难以共享。

第三阶段：控制

管理人员意识到信息的成本与价值，而且逐步减少管理应用程序开发的盲目性；意识到综合计划，发展信息服务的必要性，特别是利用数据库技术解决数据共享的问题。

第四阶段：集成

在集成阶段以前，计算机用于企业的管理是局部的、零散的，到了该阶段，管理人员意识到管理信息研制和应用计划必须与整个企业的整体目标相关。在该阶段重新联接企业中现有的计算机硬件，建立了集中式数据库，集中了各类信息系统及单项管理应用程序。初步实现了基于网络的计算机分布式系统。

第五阶段：数据管理

在数据管理阶段要全面实现基于网络的计算机分布式系统，全面完成组织内的数据管理。

第六阶段：成熟

在成熟阶段管理信息系统可以满足企业中各层管理人员的要求，真正实现信息资源管理。即该阶段管理信息系统应完全支持企业组织的目标，辅助各层管理人员进行决策。

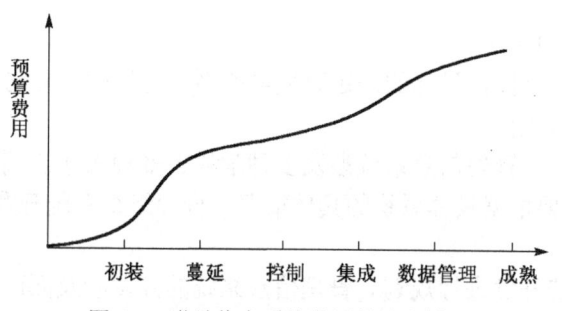

图 4.1 诺兰信息系统发展的阶段模型

研究诺兰信息系统发展的阶段模型的意义：一般认为模型中的各阶段都是不能跳越的。因此，无论在确定开发管理信息系统的策略，或者在制定管理信息系统总体规划的时候，都应首先明确本企业当前处于哪一生长阶段，进而根据该阶段特征来指导本企业管理信息系统的建设。

4.1.4 系统开发的基本原则

(1) 用户的积极参与

用户积极参与系统开发的全过程，是系统开发能否成功的一个关键，是绝对必要的因素。

(2) 严格按划分的阶段和活动进行系统开发（见图 4.2）

运用系统工程方法，将系统开发的全过程采取"分而治之"的策略，将整个系统的开发过程分为一系列"阶段"，然后再将每个阶段分为一系列的"活动"，将活动再划分为更小的、更易于管理和控制的"作业"。

(3) 设立检查点

在系统开发的每一个阶段均设立检查点，来评估所开发系统的可行性，避免由于系统开发的失败造成更大的损失。

(4) 文档的标准化

文档标准化是进行良好通信的基础，是提高系统可重用性的有效手段。

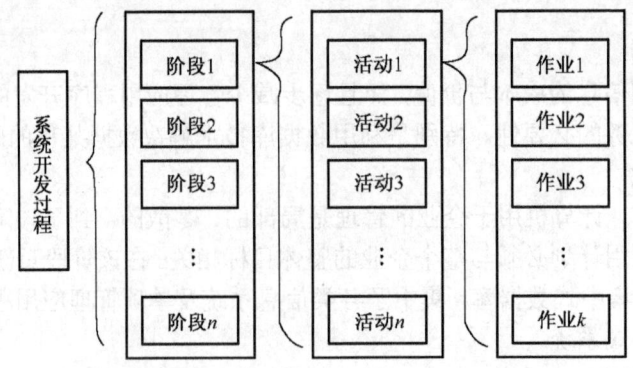

图 4.2 按划分的阶段和活动进行系统开发过程模型

4.1.5 系统开发的策略

1. 系统开发的基本条件

(1) 系统开发成功的要素

① 合理地确定系统目标。目标的确定直接影响系统开发的成功与否，目标的确定应坚持先进性和实用性结合的原则。

② 组织系统性队伍。管理信息系统涉及多种学科、多种人才，搞单干不可能完成信息系统的开发任务，这就需要根据具体系统的具体情况，合理组织系统开发所必需的各方面人才，共同完成任务。

③ 从总体上对系统开发进行规划。管理信息系统的开发涉及面广，工作复杂，需要遵循系统工程的开发步骤。

(2) 基本条件

一个组织要开发管理信息系统必须对自己有一个清醒的认识，检查组织是否具备以下基本的必要条件：

① 有科学的管理基础。组织中所应用的管理理论与方法与组织的实际结合；组织有合理的管理体制和科学的管理方法、完善的规章制度、管理工作标准化、稳定的作业秩序、完整准确的原始数据。

② 领导重视和员工积极参与。领导最熟悉、清楚自己面临的问题，最能合理地确定系统目标，拥有实现自己目标的人、财、物的调配权，能够决定投资、调整机构，确定应用程度等。员工是管理信息系统建设不可缺少的力量，他们的业务水平、工作习惯、对新系统的积极性直接影响管理信息系统的建设效果。

③ 有一支高水平的专业技术队伍。在系统开发过程中，必须建立一支由既懂计算机又懂管理的计算机技术人员和业务管理人员两方面人员组成的开发队伍，只有计算机技术人员和业务管理人员的紧密配合，才能开发出一个良好的管理信息系统。缺乏业务管理人员参与开发的管理信息系统，即使编码工作做得很出色，也只是代替手工操作或完成部分手工劳动的系统。

④ 有较雄厚的物资基础。系统需要设备设施建设，开发费用，运行维护费用等。

2. 管理信息系统开发策略

管理信息系统的开发可以有多种途径。在实际工作中，系统开发人员(背景，经验和水平不同)往往根据需要和可能，而采用不同的开发策略。

传统的开发策略主要有组织机构法、数据库法和想象系统法。它们都是不可行的、有弊病的开发方法。

现代管理信息系统的开发策略主要采用"自下而上"和"自上而下"的方法。

1) 传统的开发策略

(1) 组织机构法。该方法完全遵循现行系统的组织机构，机械地直接将它转换为以计算机处理为基础的管理信息系统。通常是一个机构对应于一个子系统，每个子系统的功能范围严格遵守相应机构的职责。即对现行系统不进行必要的改造和调整，实际上是手工的翻版，不能充分发挥计算机高效处理及资源共享等优越性，影响了管理信息系统的应用效果。

(2) 数据库法。该方法是从数据而不是从功能的角度去策划一个新的管理信息系统。它强调将一个组织中的所有重要数据都存储在集中的大型数据库中，然后以数据库为中心，开展各项业务处理。由于事先没有全面的、很好考虑和规划新的管理信息系统中各项功能之间的关系，所以在围绕数据库开发一些应用项目后，就会发现功能之间不协调，甚至产生矛盾，反过来修改数据库，造成人、财、物的大量浪费。

(3) 想象系统法。该方法违背了新系统应基于原系统，而高于原系统的原则。将新的管理信息系统完全建立在想象和假设的基础之上。这是一种完全脱离实际的系统，即使被建立，也根本无法投入实际运行。

2) 现代的开发策略

随着管理信息系统理论和技术的不断提高，应用范围的不断扩大，以及功能的不断增强，人们对管理信息系统的要求也越来越高。传统的管理信息系统开发策略的缺点就暴露得更加明显，难以适应新的要求。

(1) 自下而上法。该方法是从现行系统的业务状况出发，先实现一个个具体的基本业务和数据处理功能，即从组织的各个基层业务子系统出发，向高层发展建立整个组织的管理信息系统，满足管理层和决策层的需要，这种方法实际上是模块组合的方法。但是，因为在具体子系统的建设中，不能很好地考虑系统的总目标和总功能，所以在建立上层系统时，反过来又要对下层子系统的功能和数据作较大修改和调整。该方法可根据组织资源情况逐步满足组织要求，由浅入深，易于接受，边实施边见效。但缺乏整体目标和协调性，难以保证各模块间联系的合理性，易造成数据的矛盾，冗余及重复开发。

(2) 自上而下法。该方法是强调从整体上协调和规划，由一个组织的高层管理入手，考虑整个组织的目标、对象和策略。然后，再确定需要哪些功能去保证目标的完成，从而划分出相应的子系统，并进行各子系统的建设。这种方法的优点是逻辑性强，条理清晰，层次分明，利于把握总体，便于优化。但对于一个大型系统的开发，因工作量太大，而影响具体细节的考虑，致使周期拉长，开发费用增加，评价标准难以确定。

为了充分发挥以上两种方法的优点，人们往往将它们综合起来应用。"自上而下"法适合于一个组织的总体方案的规划；而"自下而上"法适合具体业务子系统的开发。这两种方法的结合，通过全面分析、协调和调整后，能得到一个比较理想的，耗费人、财、物、时间较少的、用户满意的新系统。

4.2 系统开发方法

4.2.1 结构化系统开发方法

1966 年由 Bohn Jacopini 提出的结构化程序设计理论,指出任何一个结构化程序都可以分解为三种基本结构(顺序结构、选择结构和循环结构)。结构化程序规定每一种结构,只能有一个入口和一个出口。这为修改程序提供了方便。需要修改程序时,可以按基本结构进行。在修改某一个基本结构时不会影响程序的其他部分。

用结构化程序设计方法编写的程序趋于标准化、线性化,不仅提高了编程效率,而且提高了程序的清晰度。把结构化的程序设计思想引入管理信息系统开发过程中的系统分析与设计阶段,就形成了结构化系统分析与设计方法。生命周期法中应用结构化理论进行开发,就是结构化生命周期法,简称结构化系统开发方法。它是管理信息系统在系统开发中最成熟的方法,也是目前应用最广泛的方法。

1. 结构化系统开发方法的基本思想

用系统工程的思想和工程化的方法,按用户至上的原则,结构化、模块化、自上而下地对系统进行分析与设计。将整个管理信息系统开发过程划分为若干个相对独立的阶段:系统总体规划与可行性分析、系统分析、系统设计、系统实施、系统运行与维护,如图 4.3 所示;前三个阶段坚持自上而下地对系统进行结构化处理;在系统实施阶段,则坚持自下而上地逐步实施,即系统设计人员从最基层的模块做起(编程),然后按照系统设计的结构,将模块一个个拼接到一起进行调试,自下而上、逐步地完成整个系统。

2. 开发阶段划分

(1) 总体规划与可行性分析

管理信息系统规划阶段的任务是对企业的环境、目标、现行系统的状况进行初步的调查,根据企业目标和发展战略,确定管理信息系统的发展战略,对建设新系统的需求做出分析和预测,同时考虑建设新系统所受的各种约束,研究建设新系统的必要性和可能性。根据需要与可能,给出拟建系统的备选方案。对这些方案进行可行性分析,写出可行性分析报告。

(2) 系统分析

系统分析阶段的任务是根据总体规划阶段的设想,对现行系统进行详细调查,描述现行系统的业务流程、数据流程,指出现行系统的不足之处。确定新系统的基本目标和逻辑功能要求,即提出新系统的逻辑模型。

(3) 系统设计

系统设计阶段是在系统分析提出逻辑模型的基础上设计系统物理模型,主要任务是:总体结构设计(系统运行平台的设计与选择、应用系统体系结构)和详细设计(代码设计、数据库/文件设计、用户界面设计、计算机处理过程设计等)。

(4) 系统实施

系统实施任务是进行具体实现,主要包括:计算机等设备的购置、安装和调试,程序设计和调试,人员组织与培训,系统调试、系统转换等。

(5) 系统运行与维护

系统运行阶段是在前面各阶段的基础上正式开始系统的运行,主要进行系统的日常运行管理、系统维护和管理、系统评价三方面工作。

结构化系统开发过程模型如图 4.3 所示。

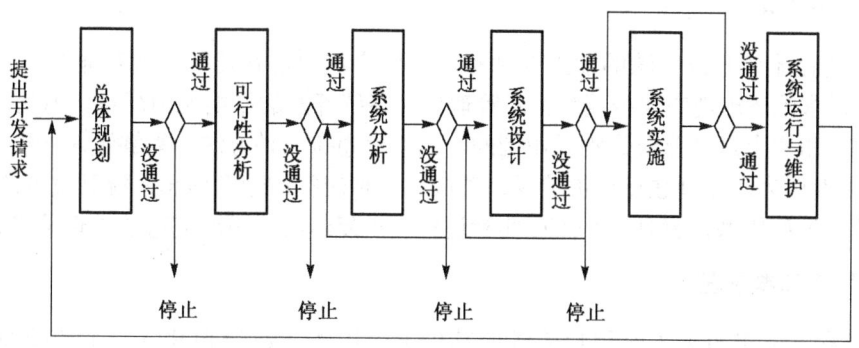

图 4.3　结构化系统开发过程模型

3. 系统开发的工作阶段与步骤

系统开发的工作阶段与步骤如表 4.1 所示。

表 4.1　系统开发的工作阶段与步骤

阶　　段	步　　骤
总体规划与可行性分析	1.提出开发请求,2.初步调查,3.总体分析,4.系统规划,5.可行性分析
系统分析	6.详细调查,7.现行系统详细分析,8.逻辑方案确定,9.设备配置方案
系统设计	10.总体结构设计,11.代码设计,12.用户界面设计,13.数据库与数据文件设计,14.计算机处理过程设计,15.性能、可靠性与安全保密设计
系统实施	16.设备购置、安装和调试,17.程序设计,18.程序调试,19.系统调试,20.系统转换,22.人员组织与培训
系统运行与维护	22.运行维护,23.系统评价

4. 结构化系统开发方法的优点

(1) 强调系统开发过程的整体性和全局性

结构化系统开发方法特别强调在整体优化的原则下,考虑具体的分析、设计问题,自上而下的观点。

(2) 严格区分开发阶段

该方法强调一步步严格进行系统开发。每一步工作都及时地进行总结,发现问题及时地反馈和纠正,后一阶段的工作必须建立在前一阶段工作成果的基础上,从而使每一阶段的工作都有可靠的依据,避免开发过程的盲目混乱状态,极大地提高了系统开发的成功率。

5. 结构化系统开发方法的缺点

严格的阶段和文档建设要求误时费事,致使开发周期过长;这种方法要求系统开发者在调查中就充分地掌握用户需求、管理状况以及预见可能发生的变化,这不太符合人们循序渐进地认识事物的规律性。

6. 结构化系统开发方法的适用场合

该方法适用于一些组织相对稳定、业务处理过程规范、需求明确且在一定时期内不会发生较大变化的大型复杂系统的开发。

4.2.2 原型法

运用结构化系统开发方法的前提条件是要求用户在项目开发初期就有非常明确的系统需求陈述，若需求陈述出现错误或误差，对管理信息系统开发的影响尤为严重。因此，这种方法不允许失败。事实上这种要求是难以做到的。人们设想有一种方法，能够迅速发现需求错误。自80年代中期以来，原型法逐步被接受，并成为一种流行的管理信息系统开发方法。

管理信息系统原型，就是一个可以实际运行、反复修改、不断完善的管理信息系统。

1. 原型法基本原理

系统开发人员在初步了解用户需求的基础上，构成、设计和开发一个初始模型，该模型就称为原型。用户与开发人员在原型的基础上共同探讨、改进和完善方案，系统开发人员根据这个方案对原型进行修改得到新的原型，再去征求用户意见，反复多次直至取得满意的原型为止。

这实际上是将用户对管理信息系统的各种要求，逐渐转换成真实的管理信息系统的过程，也是系统开发人员与用户进行提供样品及信息反馈的反复过程，它大大简化了结构化系统开发方法开发周期长的过程，以及用户仅在系统交付使用时才能看到系统模型的现象。

2. 原型法开发过程

原型法的开发过程如图4.4所示。

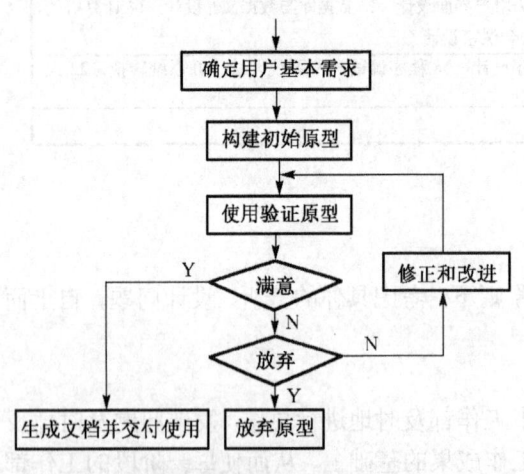

图4.4 原型法开发过程模型

(1) 确定用户的基本需求

该阶段可由用户向系统开发人员提出基本需求，如系统功能、人机界面、输入/输出、应用范围、运行环境等。开发人员据此来确定那些要求可以实现及大约需要的资源等。

(2) 构建初始原型

系统开发人员根据第一步确定的用户需求，在强有力的软件工具支持下，迅速开发出一个系统的初步原型。

(3) 使用验证原型

用户通过实际使用原型，获得对系统最直接的感受，提出对原型改进的意见，供开发人员修改。

(4) 修改原型

系统开发人员根据用户对原型评价提出的意见，对原型进行修改、扩充、完善，再回到第三步，直到用户满意为止。对于原型来说，每一个成功的改进都会促进模型的进一步完善。如果用户和开发人员对系统满意，系统经过不断的迭代形成一个完善的管理信息系统，否则需要修改，或放弃原型。

（5）生成文档并交付使用

建立起符合用户要求的管理信息系统并交付用户使用。

3. 原型法的优点

开发周期短；能增加用户的满意度；加强了开发过程中用户参与程度；降低系统开发中的风险；降低系统开发成本；易学易用，减少对用户培训时间；可产生正确的系统需求描述。

4. 原型法的缺点

对于大系统、复杂系统，不适于直接使用；开发过程管理困难；用户较早看到原型，错认为就是新系统，使用户缺乏耐心；系统开发人员很容易用原型取代系统分析。

5. 原型法的适用场合

原型法的适用范围是比较有限的，对于小型、简单、处理过程比较明确、没有大量运算和逻辑处理过程的系统。

4.2.3 面向对象方法

从 20 世纪 70 年代提出面向对象的程序设计语言概念以来，到 90 年代面向对象的思想已经不再局限于程序设计语言的范畴，而逐步渗透到管理信息系统开发的全过程。为管理信息系统的开发提供了全新的思路。管理信息系统的开发从本质上讲，就是对应用软件所要处理的问题域进行正确的认识，并把这种认识正确地描述出来。面向对象方法强调的基本原则，就是直接面对现实存在的事物来进行管理信息系统的开发，将组织中管理人员习惯的思维方式和表达方式应用在管理信息系统的开发中，使管理信息系统的开发从过分专业化的方法、规则和技巧中返回到现实世界，返回到管理人员通常的思维方式。

什么是面向对象的方法呢？面向对象是一种解决问题的思维方法，它将观察的焦点放在构成现实世界的基本事物——对象上，将对象作为需求分析和系统设计的核心和主体，把问题域中有意义的实体作为对象，将对象间有意义的相互作用作为消息进行通信，即把整个问题域抽象成为相互通信着的一组对象集合。引用科学方法论中的分类思想，对同类对象抽象出其共性，形成类。类通过一个简单的外部接口与外界发生关系，实现问题空间到解空间的映射。该方法描述的现实世界模型贴切、合理，更符合人们认识世界的思维方法。

1. 面向对象方法的基本思想

面向对象是基于所研究的问题，对问题空间进行自然分割，识别其中的对象及其相互关系，建立问题空间的信息模型。在此基础上进行系统设计，用对应对象和关系的软件模块构造系统。

2. 面向对象方法的特点

（1）封装性

面向对象方法中，程序和数据是封装在一起的，对象作为一个实体，其操作隐藏在方法中，其状态由对象的"属性"来描述，并且只能通过对象中的"方法"来改变，从外界无从得知。封装性构成了面向对象方法的基础，面向对象就是"对象+属性+方法"。

（2）抽象性

面向对象方法中，把从具有共同性质的实体中抽象出的事物本质特征概念，称为"类"，对象是类的一个实例。类中封装了对象共有的属性和方法,通过实例化一个类创建的对象,自动具有类中规定的属性和方法。在管理信息系统开发中可通过增加新的对象(实例)来增加整个系统的功能。

(3) 继承性

继承性是类特有的性质,类可以派生出子类,子类自动继承父类的属性与方法。

在管理信息系统开发中继承带来如下好处:

① 功能开发的重用性。利用继承,只要在原有类的基础上修改、增补、删除少量的数据和操作就可以得到子类,然后生成大小、初态不同的对象。

② 接口的一致性。父类衍生子类时,父类的操作接口也传递给子类。因而在传递消息时,无需了解接口的详细情况。在面向对象方法中,很容易实现。首先生成一个具有共性的界面对象,对于各具特色的界面对象,只要它继承了具有共性的对象后,再添加自己的特色属性和操作即可。

③ 快速的原型方法。当开发的管理信息系统,由于某种原因而出现疏漏,或者因为用户又有另外的需求,需要增加新的功能时,可通过继承原则,快速完成新的管理信息系统的开发。

继承原则的最主要的优点就在于支持重用。

(4) 动态链接性

对象间的联系是通过对象间的消息传递动态建立的。一个管理信息系统可以简单地看做一个彼此通过传递消息而相互作用的对象集合。

(5) 多态性

同一消息发送至不同类或对象可导致不同的操作结果,使管理信息系统开发更便利,设计更灵活。

3. 面向对象方法的开发过程

面向对象的系统开发可分为四个阶段:系统调查和需求分析、面向对象系统分析、面向对象系统设计和面向对象系统实现。

(1) 系统调查和需求分析

将系统要面临的具体管理问题及用户对系统开发的需求进行调查研究,确定系统目标;对所要研究的系统进行系统需求调查分析,弄清系统要做什么的问题。

(2) 面向对象系统分析

分析问题的性质和求解问题。根据系统目标分析问题和求解问题,在众多的复杂现象中抽象地识别需要的对象,弄清对象的行为、结构、属性等。

面向对象的系统分析,直接用问题域中客观存在的事物建立模型中的对象,无论是对单个事物还是对事物之间的关系,都保留它们的原貌,不做转换,也不打破原有界限而重新组合,因此能够很好地映射客观事物。

面向对象系统分析应用的主要原则是:构造和分解相结合的原则;抽象和具体相结合的原则;封装的原则;继承的原则;构造问题空间的原则。

面向对象系统分析应用步骤:问题陈述;识别对象/类;确定对象的属性;确定对象的服务;确定对象/类的关系。

在面向对象分析中以对象/类结构图作为面向对象分析模型。

(3) 面向对象系统设计

面向对象系统设计阶段要解决的问题是如何把系统分析阶段确定出来的对象和类配置起

来以实现系统功能,并建立系统体系结构。具体任务有以下两个方面:一是把面向对象系统分析模型直接搬到面向对象系统设计作为面向对象系统设计的一部分;二是针对具体实现中的人机界面、数据存储、任务管理等因素补充一些与实现有关的部分。

(4) 面向对象系统实现

在面向对象系统实现阶段主要进行编程语言的选择;面向对象应用程序框架的构建,面向对象应用程序的编写、测试和维护等。

4. 面向对象开发方法的优点

面向对象方法的应用解决了传统结构化开发方法中客观世界描述工具和软件结构的不一致性问题,缩短了开发周期,解决了从分析和设计到软件模块结构之间多次转换映射的繁杂过程。一旦对象库建立起来,设计及程序编写工作通常在系统分析文档未完成时便可进行。从理论上讲,只要系统的规格要求制订出来,设计与编程工作就可以同时着手进行。所以面向对象开发方法的优点是直观,方便。强调软件开发的反复性,加快了用户信息的反馈,加强了系统开发人员与最终用户的联系。

5. 面向对象开发方法的缺点

同原型法一样,面向对象方法需要一定的软件基础支持才可以应用。另外,更重要的是在大型的信息系统开发中如果不经过自上而下的整体划分,而开始就自下而上地采用面向对象方法开发系统,很难得出系统的全貌,就会造成系统结构不合理、各部分关系失调等问题。面向对象对系统动态特征表达不充分,而且反映系统整体功能特征能力较差。

6. 适用场合

适用于复杂、庞大的大型信息系统的开发。

4.2.4 基于构件方法

经过长期的管理信息系统开发,人们发现管理信息系统的基本组成模块是极其相似的,主要是数据的录入、维护、检索、报表等。这种管理信息系统基本模块的相似性,导致可以建造可重用的软件模块。

1. 基于构件方法的基本概念

(1) 构件

构件是可重用的软件模块,相当于建筑上的建筑材料,可以用于任何房屋、桥梁的建造,而无需进行大的变动。与传统的软件模块有很大的区别。传统的软件模块是一些专用的构件,很难做到通用。

(2) 构件类

构件类是相同功能的类,相当于用于生产建筑材料的模子,通过它可以产生构件。构件类可以通过一个生成器产生构件,而这种生成的方式可根据实际应用的需要来确定。构件类和构件的关系如图 4.5 所示。构件类相当于机制,构件就是由类生成的类实例。

图 4.5 构件类和构件的关系

2. 构件类及构件与面向对象的类及对象的区别

(1) 在面向对象的设计中，类、封装和继承都是必不可少的，但对构件类而言，可以没有继承性，只要实现了封装性即可，也放宽了对继承性的要求。

(2) 从对象和构件的生成方式上，在面向对象中类产生对象的过程比较单一，而构件类产生构件的过程包含多种情况。

(3) 在面向对象的系统实现中的类和对象依赖于某种编程语言（例如：VF、C++等），而构件类和构件与具体的编程语言无关，同一构件类，可由不同的编程语言实现。

(4) 在面向对象中对软件重用是通过继承机制来实现的，而构件对软件重用既可通过继承机制来实现，也可通过聚集来实现。

(5) 在面向对象的系统实现中对象间的相互操作是通过公用接口来存取对象定义时的公用部分，而对构件而言，相互操作是通过构件操作界面指针进行的，不允许直接操作构件中的数据。即在构件中，数据被真正地封装了。

3. 基于构件开发管理信息系统的过程

基于构件开发管理信息系统的过程如图 4.6 所示。

首先利用面向对象的方法进行系统分析和设计，完成客观管理信息系统模型向概念管理信息系统模型的转换；然后利用构件类生成构件。

构件设计应当由一组有经验的设计人员来协同完成，一个构件的设计对应一个软件工程基本思想。构件组装成为相应的管理信息系统软件。然后测试该管理信息系统软件，直到用户满意为止。运行维护的一些工作可以由用户自己完成，利用该方法可以加快软件的生成速度，减少系统维护工作。

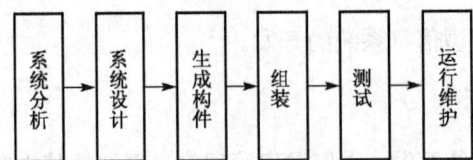

图 4.6 基于构件开发管理信息系统的过程

4.2.5 开发方法的灵活应用

企业管理信息系统的开发方法一般有上述介绍的四类，实际中这四类方法是结合起来应用的，几乎没有一个企业管理信息系统是用一类方法实现的。结构化系统开发方法和原型法用得较多，前者是刻意安排使用的，后者则基本上是无意中使用的。

1. 结合应用

方法 1：几种方法的综合应用（见图 4.7）。

方法 2：原型化方法与结构化系统开发方法的结合（见图 4.8）。

就是把原型作为用户和开发人员之间进行通信的媒介。使用这种方法时原型的开发过程作为结构化系统开发方法的一个阶段，即需求定义阶段，加强了结构化系统开发。

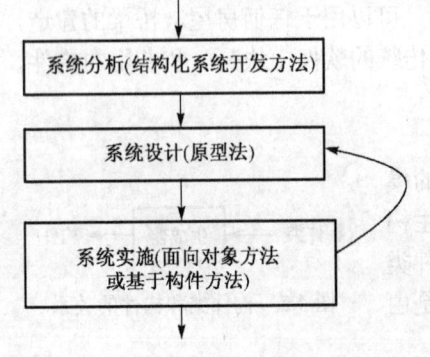

图 4.7 几种方法的综合应用开发过程

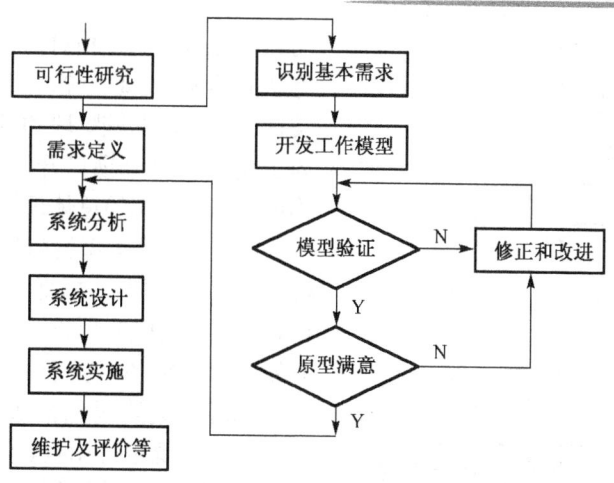

图 4.8　原型法与结构化系统开发方法结合开发过程

2. 可交付性与执行路径

我们知道管理信息系统的开发是一项费时、费力的艰巨复杂的系统工程。为了尽可能经济有效地保质、按时开发好管理信息系统，必须将管理信息系统的开发工作作为一项工程，采用一定的技术方法来管理控制。管理控制要在关键的时刻对工程进行检查监督，保证不出现偏离目标的错误，要做到这一点，选定一些关键时刻作为管理决策点，是很重要的。在决策点处工程的进展需要有一个好的交换，要检查前一段工作是否已按目标、要求完成，从而决定下一步的行动方针，如果不符合要求，则还要重复前一段的工作。从这个意义来说，上述阶段与步骤的划分是管理决策的需要。另一方面，为了进行决策，我们要求各个阶段和步骤的工作在技术上具有可交付性。也就是各个阶段和步骤的工作结束时，必须有一份相对完整的成果交付出来，供下阶段的工作使用。这一成果交付出来并被审查合格，就意味着这一阶段的工作已按要求完成，原则上不再存在这一阶段的工作责任。如果说选择决策点是阶段和步骤划分的动机的话，那么可交付性则是阶段和步骤划分的依据。

强调可交付性这一点很重要，它意味着每一个阶段与步骤都有明确起点和终点，而对每一个阶段，在起点处有一个明确的输入和在终点处有明确的输出。这些输入和输出就是工程的阶段性工作成果，上一阶段的输出就是本阶段的输入。在进行工程管理时，必须在计划中明确标出各个阶段和各个步骤要交付的成果，其目的是要达到工程的阶段目标，其最终目标是实现管理信息系统的成功交付。可交付内容是检验系统工程是否已按需求完成了某一阶段或某一步骤工作的度量。

对于一个大型的管理信息系统工程要使上述各个阶段成功地交付是很困难的，因为一个大型的管理信息系统往往包括很多子系统而且每个系统都是规模不小的系统。即使是完成每一个子系统的每一阶段工作也需要花大量的时间，而且由于人力、财力、物力的限制，往往不可能各个子系统都同时开发，这就使得整体系统各个阶段的可交付性要求变成不可能。这时，我们不得不对系统进行分解与简化工作，然后对各个阶段的工作进行新的考虑。为此，我们引入了"执行路径"这一术语来描述实际要采用的行动路线。实际上阶段与步骤是按结构化系统开发方法中系统全过程进行划分的，它是系统研制理论上应遵循的。执行路径是系统建立过程中经过的各个阶段与步骤，包括对有些阶段或步骤重复执行的过程。

对于一个大型的管理信息系统通常是将它分解为一个个项目来研究。这样，就把一个复杂

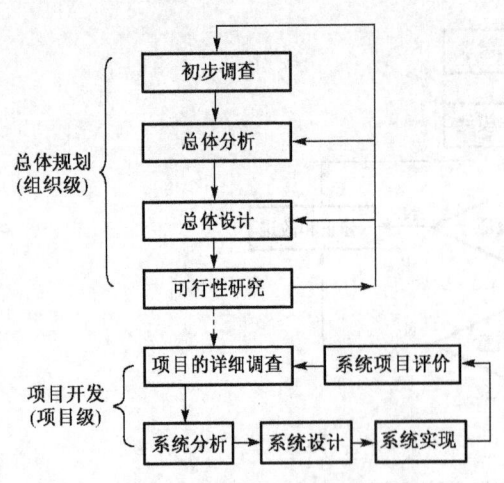

图 4.9　管理信息系统建立过程的执行路径

问题转化为若干个相对简单的问题。这也是系统方法的体现，对每一个项目进行系统分析、设计、实现、评价。这些阶段的可交付性是有保证的。为了使得一个个项目开发出来之后能相互协调构成整体，系统的总体规划的工作就显得特别重要。这样，一个大型管理信息系统建立过程可以看作是由两阶段组成，第一大阶段是总体规划阶段，第二大阶段为项目开发阶段。管理信息系统开发的执行路径可以采用如图 4.9 所示的形式。

总体规划阶段包括从组织的整体角度上对管理信息系统进行调查、分析、总体设计、可行性研究和制定实施计划。

项目开发阶段是对每个项目进行项目级的系统分析、设计、实现和评价。

我们把一个大型的管理信息系统工程分解为许多子工程(项目)，这些子工程也许是同时进行的，也许是依次进行，这由总体规划阶段的实施计划来安排。整体系统的可交付性问题分解为一个个项目的周期性控制，系统的管理也就得到了保证。

4.3　系统案例——酒店管理信息系统

在大中型城市里，以人为本，突出娱乐休闲功能，兼有住宿、餐饮、购物等综合服务项目的酒店运行管理方式成为时尚。这类新型酒店的运行模式与传统酒店有很大差异，涉及的环节比较多，业务关系也比较复杂。基于传统酒店业务管理模式开发的计算机管理系统，很难适应这种新的业务描述，必须按照新的模式，实施全面的持卡消费，与现代管理信息营销模式接轨，结合信息网络的特点，进行全面而细致的系统分析与设计和软件开发，以适应这类酒店对计算机管理信息系统的迫切需求。

4.3.1　基本要求

(1) 娱乐休闲型酒店管理信息系统是一个具有高复杂性、多元性、综合性的人—机交互系统，涉及计算机技术，网络通信技术、统计技术、条码技术、财务管理、物流管理等，要求针对这类酒店系统的特殊流程和业务要求进行数据组织处理和信息调控，代替业务人员进行繁琐和复杂的工作。

(2) 系统通过加快处理速度，面对各类信息的详细记录和大幅度降低运行差错率来提高运转效率，准确性。帮助酒店管理人员对其业务有更深层次的认识，从信息管理和数据挖掘的角度上优化组织结构、减少资金占用，保证其经济效益的如期实现和不断提高。

(3) 完善的系统不仅能精确、实时地反映和处理酒店的各项业务活动，还能够为各级管理人员服务，提供及时准确的决策信息和依据。

(4) 大型的管理信息系统要求采用先进的计算机网络技术，要求在酒店内建设一个覆盖各部门的高效率的管理信息网，并根据业务量的增长和业务范围的扩大逐步建立具有一定规模、性能优异、功能强大的网络体系。

(5) 为系统的核心建立高性能的网络系统软、硬件平台。在此基础上还要开发适合各业务部门和管理部门共享使用的网络系统应用软件，充分发挥分布式高效能网络的计算和存储能力。结合消费卡灵活准确的信息对接特性，为客人提供最大程度的方便条件，从而在整体上提高工作和管理效率。

4.3.2 系统开发思路

传统酒店管理模式一般以客房为主导，除了房费按客房结算外，客人在酒店内的其他一切费用也基本上按房间号划分，娱乐休闲型酒店则以客人为主导，客人的消费是按每人持有的唯一标志进行记录和统计的，强调的是每位客人在酒店内的不同消费和接受的各种服务，消费与客人直接对应，这也是客人持卡消费的业务基础。客人随时可以来，也随时可能走，房费不以"天"为单位计算，而是根据客人在店内停留的实际时间长短来具体计算。因此，该系统软件没有必要设置"夜核"功能，需要随时对数据库进行整理和转存历史数据，报表也是实时的，随时按用户的要求统计产生。

在针对实际系统进行关系定义和逻辑设计过程中，按照娱乐休闲型酒店的实际业务流程重新进行分析与设计，建立以人为本，以"手牌"流转为核心的系统结构，充分适应新的业务流程的特点。系统的开发过程采用快速原型法、结构化系统开发方法等演示讨论相结合的混合方式。鉴于这里酒店的应用需求是不规范和分批提出的，系统分析的深度和广度只能在开发过程中逐步增加和完善。所以，在开发初期一般无法完整地确定其总体设计方案。为此，从用户对应用系统的粗略描述开始，先在计算机上搭建起一个简单的应用模型，以此模型为基础，根据用户的意见和要求对系统进一步细化，通过不断的建模、演示、交流和讨论，使系统逐步地接近实际。在开发后期，开发人员与用户有了充分的沟通，因此在一些后台模块的开发上也遵循结构化系统开发的生命周期法。在程序设计方式上主要利用一些高效率的面向对象的开发工具，通过这些工具对快速原型法和演示/讨论法实施有效的支撑，进一步提高了系统的易扩展性和灵活性。

本 章 总 结

本章从系统开发概述、系统开发方法和系统案例三个方面介绍了管理信息系统的开发方法。

系统开发概述从分析管理信息系统的历史经验教训入手分析其中的原因及开发的一般特性，进而说明研究开发方法的原因和目的，接着阐述了诺兰信息系统发展的阶段模型，最后说明了系统开发的基本原则和开发策略。

系统开发方法主要包括结构化系统开发方法、原型法、面向对象方法和基于构件方法，并说明了实际的开发中往往是结合几种方法来一起实施的。这些方法各有利弊，适合在不同情况下的应用。

最后以某酒店管理信息系统的开发方案为例，分析了系统开发背景，说明了基本要求，阐述了系统开发思路，并列举了系统开发中需要注意的问题。

第 5 章 管理信息系统总体规划和可行性分析

当前，由于各种原因，为某个组织开发的管理信息系统往往不符合或不太符合该组织的需求，从而导致大量的人力、物力浪费，同时一个不符合该组织需求的管理信息系统也不可能为该组织带来效益。本章从管理信息系统总体规划和可行性分析两个方面解释其中的原因，由此可见，本章在管理信息系统体系中的重要地位。

总体规划是按照结构化系统开发方法进行管理信息系统开发的第一个阶段。对于系统能否进行开发，需要对其进行可行性论证，只有通过可行性论证后，才能对系统如何开发进行整体规划。

总体规划是对系统建设从整体上进行计划的一个重要阶段，其工作成果是后续各个阶段的纲领性指导文件。针对不同系统，需要选择合适的规划方法。

可行性分析是项目进行中的一个重要里程碑，使用者提出的初始要求往往是含糊的、不明确的，因此需要通过初步的调查研究，明确问题，并对项目进行可行性分析判断。这一阶段的工作成果以可行性分析报告方式书写成文。总体规划的主要工作是确定子系统的开发顺序，从而有计划、有重点、有步骤地开发各个子系统。因为管理信息系统一般都是比较大的系统，而建立管理信息系统风险很大，因此要求在战略上对管理信息系统进行总体规划及可行性分析。

5.1 管理信息系统总体规划

经济信息化是世界经济发展的大趋势，是社会生产力发展到一定历史阶段的必然产物，管理信息系统在国民经济各部门和整个社会生活领域的广泛应用，所形成的"倍增"作用，是当代社会发展的最新生产力，它正从总体上引导着世界经济和社会的进程。国家经济信息化工程建设本身需要有一整套的应用信息系统，这个系统所具有的系统性、互联互通性，以及建设的长期性、复杂性等特点，决定了它比传统的产业更强调社会组织结构的有机结合，决定了信息系统的开发必须经过总体规划。本节首先介绍总体规划的相关概念，然后介绍管理信息系统总体规划方法。从整体上了解总体规划阶段的主要工作任务，分析用户为什么要开发管理信息系统，其想法是否可行，对于总体规划的作用需要深刻理解，注意处理好管理信息系统建设与组织发展战略目标之间的关系。

5.1.1 总体规划的概念和意义

管理信息系统的总体规划是关于管理信息系统长远发展的规划，也称为战略规划，是企业战略规划的一个重要部分。总体规划是决策者、管理者和开发者共同制定和共同遵守的建立管理信息系统的纲领。这不仅由于管理信息系统的建设是一项耗资巨大、历时很长、技术复杂且又内外交叉的工程，更因为信息已成为企业的生命线。管理信息系统和企业的运营方式、文化习惯息息相关。

一个有效的总体规划可以使管理信息系统和用户有较好的关系，可以做到信息资源的合理分配和使用,从而可以节省管理信息系统的投资。一个有效的规划还可以促进管理信息系统应用的深化。如 MRP-II(制造资源计划)、ERP(企业资源计划)的应用,可以为企业创造更多的利润。一个好的规划还可以作为一个标准,可以考核管理信息系统人员的工作,明确他们的工作方向,调动他们的积极性。进行一个规划的过程本身就迫使企业领导回顾过去的工作,发现可以改进的地方。总之,管理信息系统的总体规划对我国企业是非常重要的,应大力提倡和推广。

5.1.2 总体规划的特点

总体规划的有效性包括两个方面,一方面是战略正确与否,正确的战略应当做到组织资源和环境的良好匹配;另一方面是战略是否适合于该组织的管理过程,也就是和组织活动匹配与否。一个有效的战略一般有目标明确、可执行性良好、组织人事落实、灵活性好等特点。

(1) 目标明确

总体规划的目标应当是明确的,不应是二义性的。其内容应当使人得到振奋和鼓舞。目标要先进,经过努力可以达到,其描述的语言应当是坚定和简练的。

(2) 可执行性良好

好的战略(总体规划)说明应当是通俗的,明确的和可执行的,它应当是各级领导的向导,使各级领导能确切地了解它,执行它,并使自己的战略和它保持一致。

(3) 组织人事落实

制定战略的人往往也是执行战略的人,一个好的战略计划只有有了好的人员执行,它才能实现。因而,战略计划要求层层落实,直到个人。高层领导制定的战略一般应以方向和约束的形式告诉下级,下级接受任务,并以同样的方式告诉再下级,这样一级级细化,做到深入人心,人人皆知,战略计划也就个人化了。个人化的战略计划明确了每一个人的责任,可以充分调动每一个人的积极性。这样一方面激励了大家动脑筋想办法,另一方面增加了组织的生命力和创造性。在一个复杂的组织中,只靠高层领导一个人是难以识别所有机会的。

(4) 灵活性好

一个组织的目标可能不随时间而变,但它的活动范围和组织计划的形式无时无刻不在改变。现在所制定的总体规划只是一个暂时的文件,只适用于现在,应当进行周期性的校核和评审,灵活性强使之容易适应变革的需要。

5.1.3 总体规划的内容

一个管理信息系统的总体规划应包括组织的战略目标、政策和约束、计划和指标的分析;管理信息系统的目标、约束以及计划指标的分析;应用系统或系统的功能结构,信息系统的组织、人员、管理和运行;信息系统的效益分析和实施计划等。

管理信息系统的总体规划的内容包含甚广,由企业的总目标到各职能部门的目标,以及他们的政策和计划,直到企业信息部门的活动与发展,绝不只是拿点钱买点机器的规划。

一个好的战略规划应当包含的内容如下:

(1) 建立运营原则;
(2) 确定企业地位;
(3) 设立战略目标;
(4) 进行评价与控制。

这些内容在整个运营过程中是动态的和不断修改的。

为了执行好总体规划应当做到以下几方面：

(1) 做好思想动员。让各种人员了解总体规划的意义，使各层干部均能加入总体规划的实施。要让高层人员知道吸收外部人员参加规划的好处，要善于把制定规划的人的意图让执行计划的人了解。对于一些大企业总体规划的新思想往往应当符合企业文化的形式，或者说应当以旧的企业习惯的方式推行新的内容。只要规划一旦制定，就不要轻易改动。

(2) 把规划活动当成一个连续的过程。在规划制定和实行的过程中要不断进行"评价与控制"，也就是不断的综合集成各种规划和负责执行这种规划的管理，不断调整。

(3) 激励新战略思想。总体规划的重要核心应当说是战略思想，往往由于平时的许多紧迫的工作疏忽了战略的重要性，这就是紧迫性与重要性的矛盾。激励新战略思想的产生是企业获得强大生命力的源泉。

为了能产生很好的战略思想，必须加强企业领导中的民主气氛，发扬职工的主人翁精神。

(1) 明确战略思想的重要性，改变企业的精神面貌，上下级应思想沟通。一般来说企业应当将老的管理方式注入新的规划，然后再去追求老的方式的改变。转变思想过程中，中层管理起着关键的作用，要特别重视。

(2) 要奖励创造性的战略思想，克服言者有罪的现象。对企业战略思想有贡献的人应给以奖励；对于提了很好建议而一时无法实现的人，要做好工作，不要挫伤积极性。

5.1.4 总体规划的步骤

进行管理信息系统的总体规划一般应包括以下一些步骤，如图 5.1 所示。

第 1 步，规划基本问题的确定。应包括规划的年限和规划的方法。明确集中式还是分散式的规划，是进取还是保守的规划。

第 2 步，收集初始信息。包括从各级管理人员、性质相似的企业、本企业内部各种信息系统、各种文件以及书籍中收集有关企业管理的信息。

第 3 步，现存状态的评价和识别计划约束。包括当前的企业目标、规划活动、信息部门人员、运行和控制、资金、安全措施、人员经验、手续和标准、中期和长期优先顺序、外部和内部关系、现存硬件和它的质量、现存软件及其质量，以及企业的思想和道德状况。

第 4 步，设置目标。这实际上应由总经理和信息委员会来设置，它应包括服务的质量和范围、政策、组织以及人员等。它不仅包括管理信息系统的目标，而且应有整个企业的目标。

第 5 步，准备规划矩阵。这实际上是管理信息系统规划内容之间相互关系所组成的矩阵，这些矩阵列出后，实际上就确定了各项内容以及它们实现的优先顺序。

第 6 步、第 7 步、第 8 步、第 9 步，是识别上面所列出的各种活动，不是一次性的工程项目性质的活动，而是一种重复性的经常进行的活动。由于资源有限，不可能所有项目同时进行，只有选择一些收益最大的项目先进行，同时要正确选择工程类项目和日常重复类项目的比例，正确选择风险大的项目和风险小的项目的比例。

第 10 步，给定项目的优先权和估计项目的成本费用。依此我们可编制第 11 步项目的实施进度计划，然后在第 12 步把战略长期规划书写成文，在此过程中还要不断与用户、管理信息系统工作人员及管理信息系统委员会的领导交换意见。

写出的规划要经第 13 步，总经理批准才能生效，宣告总体规划任务的完成。如果总经理没批准，只好再重新进行规划。

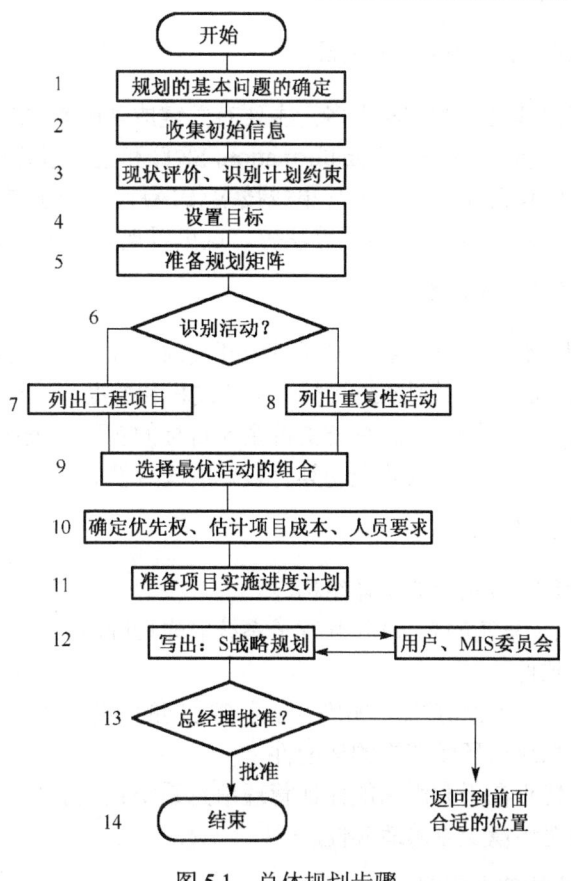

图 5.1　总体规划步骤

5.1.5　总体规划的组织与阶段成果

1. 组织

（1）规划领导小组

规划领导小组应由企业的主要决策者之一负责。领导小组的其他成员应该是企业中各部门的主要业务骨干，他们的主要任务是协助系统分析人员完成有关业务的调研和分析工作及数据准备工作。

（2）人员培训

制定总体规划需要掌握一套科学的方法，为此，需要对组织的高层管理人员、分析人员和规划领导小组的成员进行培训，使他们正确掌握制定管理信息系统总体规划的方法。

（3）规定进度

在明确和掌握制定总体规划的方法后，进一步为规划工作的各个阶段，给出一个大致的时间安排，便于对规划过程进行严格管理，避免因过分拖延而丧失信誉或被迫放弃。

2. 阶段成果

（1）技术文档：系统规划报告。
（2）管理文档：开发计划、开发合同、系统规划报告评审意见。

5.1.6 管理信息系统总体规划方法

用于管理信息系统总体规划的方法很多，主要有关键成功因素法(Critical Success Factors, CSF)、战略目标集转化法(Strategy Set Transformation, SST)和企业系统规划法(Business System Planning, BSP)。其他还有企业信息分析与集成技术(BIAIT)、产出/方法分析(E/MA)、投资回收法(ROI)、征费法(charg out)、零线预算法等。这里重点介绍企业系统规划法。

1. 企业系统规划法的基本思想

IBM公司70年代初将BSP作为用于内部系统开发的一种方法，它主要基于用信息支持企业运行的思想，通过自上而下地识别系统目标、企业过程和数据，然后对数据进行分析，自下而上地设计管理信息系统。该管理信息系统支持企业目标的实现，表达所有管理层次的要求，向企业提供一致性信息，对组织机构的变动具有较好的适应性。

2. 企业系统规划法的作用

(1) 确定出未来管理信息系统的总体结构

明确系统结构设计(子系统的划分)和开发子系统的先后顺序。

(2) 保证信息的一致性

对数据进行统一规划、管理和控制，明确各子系统之间的数据交换关系，保证信息的一致性。

(3) 确保管理信息系统对环境变更的适应性

企业系统规划法的优点在于利用它能保证管理信息系统独立于企业的组织机构，也就是能够使管理信息系统具有对环境变更的适应性。

3. 企业系统规划法的基本原则

(1) 管理信息系统必须支持企业的战略目标

提供一个管理信息系统规划，用以支持企业短期的和长期的信息需求，而且将其作为整个企业规划中不可缺少的部分。

(2) 系统规划应当表达出企业各管理层次的需求

从整体上着眼于高层管理，兼顾中层管理与操作层管理规划方面的内容。

(3) 管理信息系统应能向整个企业提供一致的信息

BSP法从企业目标开始，然后规定其处理方法自上而下地推导出信息需求。通过与管理人员面谈，弄清处理过程，明确决策方法和问题，找出逻辑上相关的数据以及事务处理关系，定义未来的信息系统结构，根据当前系统的信息结构和未来系统的信息结构，建立应用的优先级别并开始数据库设计。

(4) 管理信息系统对组织机构和管理体制的变化具有适应性

BSP法的核心是定义企业过程。定义企业过程可以帮助理解企业如何完成其目标，有效地支持所开发的管理信息系统结构设计独立于组织机构，为从操作控制过程中分离出战略规划奠定基础，为定义所需的信息系统结构提供依据，使管理信息系统对组织机构和管理体制的变化具有较高的适应性。

(5) 管理信息系统的战略由管理信息系统总体结构中的子系统开始实现

管理信息系统的战略应是先"自上而下"识别，再"自下而上"设计。

第5章 管理信息系统总体规划和可行性分析

4. 企业系统规划法的开发步骤

BSP法是把企业的目标转化为管理信息系统战略的全过程。这个过程可归纳为以下四个阶段。

1) 准备阶段

准备阶段是系统规划的前期工作。包括以下三方面的工作。

(1) 在企业领导及主管部门批准后，立项下达任务，明确系统开发的目标，成立系统开发的组织。一般接受任务是由一个委员会承担。这个委员会要明确规划的方向和范围，在委员会下应有一个系统规划组，其组长应全职工作，并具体参加规划活动。委员会委员和系统规划组成员思想上要明确"做什么"(What)，"为什么做"(Why)，"如何做"(How)，以及"希望达到的目标"是什么。要准备必要的条件：一个工作控制室、一个工作计划、一个采访交谈计划、一个最终报告的提纲，还有一些必要的经费。所有这些条件落实后，还要得到委员会主任认可。在这里我们要再强调一下准备工作，如果准备工作没做好，不要仓促上阵。我国许多企业现在仍存在未认真做准备工作就上马管理信息系统项目的情况，结果是欲速则不达，危害整个工程。

(2) 做好系统调查计划、对象、大纲的准备工作。

(3) 开好动员会。这是系统开发工作开始前的一次重要会议。它由管理信息系统开发负责人介绍企业的现状、组织机构、决策过程、用户对现有系统的看法和对新系统的期望，统一明确对系统开发的问题和要求等。

2) 系统分析阶段

它是总体规划基础工作，是系统设计工作的前提。包括以下四个方面的工作。

(1) 定义企业过程。它是指识别企业逻辑上相关的一组决策和活动的集合。企业管理活动是由许多企业过程组成的，主要归纳为计划与控制、产品和服务、支持资源三个方面。识别企业过程实际也是识别这三个方面的过程。

(2) 定义数据类。它是指对能够激发企业管理工作活动所需求数据的识别。其目的是要了解企业当前的数据状况和数据要求，查明数据共享关系，建立数据类/过程矩阵，为设计管理信息系统的总体结构提供依据。

(3) 分析当前的系统支持。这是指对当前系统在开发新系统中能够提供支持条件的调查分析。如：领导的支持、管理的基础、技术、设备、资金等资源情况。

(4) 分析对未来系统的要求。这是指对企业领导和各个管理职能部门管理人员对新系统要求的调查分析。如：对信息的种类、提供信息的周期和格式的要求等。

3) 系统设计阶段

系统设计阶段包括以下两个方面的工作。

(1) 设计管理信息系统的总体结构。这实际上也是划分子系统的工作，主要采用U/C矩阵。U/C矩阵的建立首先要进行系统化自上而下地划分，然后逐个确定其具体的功能(或功能类)和数据(或数据类)，最后填上功能/数据之间的关系，即完成了U/C矩阵的建立过程。即，首先建立一张二维表格，将所调查的数据填写在横向方向(X_i)，将功能填写在纵向方向(Y_j)；然后按照功能与数据之间的产生或使用的关系，分别在对应的单元中填入C或U。调换表中的行变量或列变量，使得"C"元素尽量地朝对角线靠近。然后再以"C"元素为标准，划分子系统。这样划分的子系统独立性和凝聚性都是较好的，因为它可以不受干扰地独立运行。

(2) 确定系统开发的优先顺序。管理信息系统的总体结构是由若干个子系统组成的，它的开发优先顺序需要根据企业的需求程度、领导的重视程度、各项资源的支持程度等具体实际情况来确定。

4) 文件归档阶段

文件归档主要是指对以上各个阶段工作的总结归纳。主要包括信息系统开发的建议书和开发计划两个方面的文档编制工作。这是系统开发阶段性的成果标志，形成的报告经过有关领导和部门审批以后即可以进行实施。

5.2 初步调查和可行性研究

5.2.1 现行系统的初步调查

1. 问题的识别

系统开发要搞清楚五个 W，即 What，Why，Who，Where，When。即要做什么，为什么要做，由谁来做，在什么地方做和什么时候做。这里首先讲 What，识别问题是最重要的事情。

当代管理信息系统的开发，要先了解企业目标、现行企业系统的问题、企业的信息战略，然后是如何用信息技术解决这些问题。要识别的问题首先是管理上的问题，例如企业战略优势下滑、产品滞销、生产周期过长、成本过高、资产短缺、人浮于事、机构臃肿、行政效率低下等。然后是信息技术问题，例如数据混乱、处理速度慢、设备老化等。识别上述问题以后，还要了解这些需求的确实程度。现代的系统分析已由"满足顾客需求"变到"使顾客满意"。

2. 初步调查的目标

管理信息系统的开发一般都是由用户提出需求开始的，而对于这种开发需求是否具有可行性，需要开发人员在系统开发之前认真调查分析。为了使系统开发工作更加有效地展开，有经验的开发者往往将系统调查分为两步：第一步是初步调查，即先投入少量人力对系统进行大致的了解，分析其有无开发的可行性；第二步是系统详细调查，即在系统开发具有可行性并已正式立项后，再投入大量人力展开大规模、全面的系统调查。

初步调查的目的就是收集足够的信息以协助制定新系统的开发方案，决定新系统能否立项，是否值得继续进行系统开发。初步调查不是一个全面的数据收集活动，不必定义所有的问题，也不必过多地考虑所有可能的解决方法。

3. 初步调查的任务

(1) 确定关键的规划问题，抓住实质

初步调查的第一步是从用户提出系统开发的原因以及用户对系统的需求入手，考查用户对系统的需求，预期系统要达到的目的。

(2) 确定系统的边界和制约条件

初步调查的第二步是要定义系统的边界和制约条件。系统边界就是系统所涉及的领域。对系统边界的描述必须精确。在确定系统边界的同时，还要确认系统的制约条件。制约条件就是一种条件约束或者说系统必须满足的要求。制约条件可能涉及硬件、软件、时间、政策、法律和成本等多个方面。

(3) 调查企业经营战略目标与任务

调查企业在今后一段时期内生产经营活动欲达到的战略目标与任务，同时还应调查企业组织机构，包括企业组织机构的设置及职能、规模、人员数量等。

(4) 调查企业的当前运行状况

企业当前的基本状况，包括企业的性质、企业内部的组织结构、生产过程、厂区各办公楼或车间的布局，企业提供的产品或服务、企业开发新产品或服务的过程、每个产品或服务当前处于其生命周期的哪个阶段、企业的产品或服务的定价情况、生产或创建情况、发布情况、促销情况、顾客、企业如何处理和顾客的交流情况、顾客使用企业的产品或服务情况、企业顾客的地理位置、企业近期预计可能的变化，以及系统的对外信息交流渠道。这些都是与系统开发可行性研究、系统初步开发方案以及下一步详细调查直接相关，所以应该在初步调查中弄清楚。

(5) 调查企业管理方式和基础数据管理状况

现有企业的管理方式和基础数据管理状况是整个系统调查工作的重点，它对今后将要开发的管理信息系统影响颇大。但是在初步调查阶段，只需要对它们作大致的了解，进一步深入的了解留待今后详细调查去解决。

(6) 调查企业现行系统运行状况

在决定是否开发管理信息系统之前一定要了解一下现行系统的运行状况、特点、所存在的问题、可利用的信息资源、可利用的技术力量以及可利用的信息处理设备等。这部分调查是提出新系统实施方案以及论证此方案在技术上是否具有可行性的原始资料。

(7) 调查客户的需求情况

初步调查的方式方法多种多样，如问卷调查、面谈、座谈会、查阅档案和现场考察等，可以灵活地综合运用。

4. 初步调查的步骤

(1) 获得明确的授权

在开始初步调查之前，项目小组应该从企业主管处获得明确的授权。这主要是让各级管理人员知道项目小组在开发中的角色。

(2) 列出需要获取的必要信息

在初步调查阶段，项目小组可根据需求清单，准备一份所要获取的具体信息的清单和一个切实可行的活动进度表。

(3) 收集所要求的信息

为了能够收集到所需要的信息，可采用以下方式：分析组织结构图、会谈、检查当前文档、观察企业运行以获取信息、开调查会等。

(4) 分析信息，决定开发方案

进一步分析所搜集的信息，提供几个可供选择的开发方案，最后根据成本和收益来确定开发方案，并拟定实施计划。

5.2.2 新系统目标的确定

新系统目标是新系统建立后所要求达到的指标。

1. 管理信息系统目标的特性

(1) 目标的总体战略性

信息系统的目标是整个系统全局性努力方向；它是各个子系统发挥作用共同配合才能达到的；它影响和指导着整个系统的分析、设计、实施和运行，对系统生命周期起着重要作用。

(2) 目标的多重性

管理信息系统的目标不是单一的,是多方面的;系统目标是一组目标体系,可以分解为树形的层次结构;这些目标也有差异性,要根据实际需要区别对待,并有主次顺序。

(3) 目标的依附性

信息系统的目标不是凭空想象孤立制定的,它依附于现行系统的战略目标。

(4) 目标的长期性

通常管理信息系统的目标是需要长期努力才能达到的,要根据资源条件、开发力量和环境条件等分期、分批、分阶段实现。

(5) 目标的适应性

管理信息系统是在外部环境中运行的,当环境变化时,系统的功能和信息也将发生变化,为了使系统有良好的适应性,首先要求其目标具有良好适应性。

新系统目标要与现行系统的各项基本功能密切相关,应该是可分期分批实现的,具有效益性和适应性,并富有挑战性和号召性,能鼓舞人们为它的实现而努力奋斗。

2. 新系统目标可能的提法

促进管理体制的改革和改进管理手段;改进决策方法和依据;提高和改进管理信息服务;减少人力和设备费用;增强资源共享;提高系统的安全性、可靠性和可控性;改进人员利用率;提高社会和经济效益;拟建系统满足需求的程度;节省成本和日常费用开支。提高工作效率;减轻劳动强度;提高信息处理速度和准确性;提供各种新的处理功能和决策信息;为服务对象提供更多的方便条件等。

5.2.3 可行性研究

可行性研究(Feasibility Study)又称可行性分析(Feasibility Analysis)。可行性研究是指分析在当前组织内外的具体条件下,系统具备的资源和条件,是否满足系统开发目标的要求。在现代化管理中,经济效益的评价是决策的重要依据。当采取一项重大的改革和投资行动之前,首先关心的是它能够取得多大的经济效益。目前,可行性研究已被广泛应用于新产品开发、基建、工业企业、交通运输、商业设施等项目投资的各种领域中。新的管理信息系统的开发是一项耗资多、耗时长、风险性大的工程项目,在进行大规模系统开发之前,要从有效性、可能性和必要性等方面对未来系统的经济效益、社会效益进行初步分析。

1. 可行性分析的概念

可行性分析是指在当前组织内外的具体环境和现有条件下,某个项目投资的研制工作是否具备必要的资源及其他条件。其可行性可以从技术可行性、经济可行性和管理可行性三个方面来考虑。

1) 技术上的可行性

这方面应分析当前的软、硬件技术能否满足系统提出的要求。此外,还要考虑开发人员的水平。信息系统属于知识密集型,对技术要求较高,如果缺乏足够的技术力量,或者单纯依靠外部力量进行开发,是很难成功的。根据现有的技术条件,考虑提出的要求能否达到。技术方面的可行性包括如下几个方面:

(1) 人员和技术力量的可行性。即有多少科技人员,其技术力量和开发能力如何,有没有系统开发的可行性。

(2) 基础管理的可行性。即现有的管理基础、管理技术、统计手段等能否满足新系统开发的要求。

(3) 组织系统开发方案的可行性。即合理地组织人、财、物和技术力量并进行实施的技术可行性。

(4) 计算机硬件的可行性。包括各种外围设备、通信设备、计算机设备的性能是否能满足系统开发的要求，以及这些设备的使用、维护及其充分发挥效益的可行性。

(5) 计算机软件的可行性。包括各种软件的功能是否满足系统开发的要求，软件系统是否安全可靠，本单位对使用、掌握这些软件技术的可行性。

(6) 环境条件以及运行技术方面的可行性。包括系统对组织机构影响的可行性；人员适应的可行性（现有人员对系统的适应性；对现有人员进行培训的可行性；人员补充计划的可行性）；环境条件的可行性（公共设施能力及自然环境或对环境保护的影响）。

2) 经济上的可行性

主要是预估费用支出和对项目的经济效益进行评价。在费用支出方面，不仅要考虑主机费用，而且要计算外围设备费用、软件开发费用、人员培训费用和将来系统投入运行后的经常费用和备件费用。经济效益应从两部分综合考虑，一部分是可以用钱来衡量的效益，如加快流动资金周转，减少资金积压等；另一部分是难以用钱表示的，例如提供更多的、更高质量的信息，提高取得信息的速度等。

费用估算时，往往会出现低估现象（因为很多意外因素将使费用大大增加），应适当增加费用的比例。收益估计时，往往会出现高估现象，用户的实际收益取决于用户的应用水平。例如，有的系统能提供很多及时准确的决策信息，但用户没有很好利用。

3) 管理上的可行性

指管理人员对开发应用项目的态度和管理方面的条件。主管领导不支持的项目肯定不可行。如果高中层管理人员的抵触情绪很大，就有必要等一等，积极做工作，创造条件。管理方面的条件主要指管理方法是否科学，相应管理制度改革的时机是否成熟，规章制度是否齐全以及原始数据是否正确等。

2. 可行性分析的实施步骤

可行性分析的实施步骤如下：
① 系统的分析人员对现实系统进行初步调查；
② 编写用户需求书面材料；
③ 对待开发系统进行可行性分析；
④ 写出系统可行性分析报告；
⑤ 评审和审批系统可行性分析报告；
⑥ 若项目可行，则制定初步的项目开发计划，并签署合同。

3. 可行性分析的结论

(1) 可行性分析结果完全不可行。通过可行性分析可以发现目前的系统完全不具备开发的条件，则系统开发工作必须放弃。

(2) 系统具备立即开发的可行性。如果系统具备立即开发的可行性，则可进入系统开发的下一个阶段。

(3) 某些条件不具备，待条件成熟再重新论证。如果某些条件不成熟，则要创造条件，增加资源或改变新系统的目标后，再重新进行可行性论证。

5.2.4 可行性分析报告

在对几种方案进行比较分析和论证后，就要写出可行性分析报告。可行性分析报告包括以下主要内容。

1. 引言

引言主要包括管理信息系统的名称、目标和基本功能，用户单位名称，新系统开发单位，该系统与其他系统或机构的关系与联系，在可行性报告中使用的专门术语及其定义，该报告中所引用的文件和技术资料。

格式：
(1) 摘要：系统名称、目标和功能。
(2) 背景：系统开发的组织单位；系统的服务对象；本系统和其他系统或机构的关系和联系。
(3) 参考和引用的资料。
(4) 专门术语和缩写词。

2. 系统开发的必要性和意义

可行性不等于可能性，可行性含有必要性。

某个单位的领导对现行系统感到满意，对计算机辅助管理不感兴趣，即使新系统的开发在该单位是有益和可行的，但没有必要。

3. 现行系统的调查与分析

(1) 现行系统调查研究

包括组织机构调查、功能结构调查、业务流程调查、信息流程分析、费用、计算机应用情况调查及现行系统存在的主要问题和薄弱环节。

(2) 需求分析

包括用户提出的需求及考虑经济改革和发展的需要而进行预测的结果。

(3) 新系统的几种方案介绍

包括新管理信息系统的目标及要实现的功能，新系统的组成结构，计算机配置，新系统开发的计划、安排，包括开发的各阶段对人力、资金、设备的需求，新系统实现后对组织结构、管理模式的影响。

一般提出一个主要方案和几个辅助方案，包括：
① 拟建系统的目标；
② 系统规划及初步方案；
③ 系统的实施方案；
④ 投资方案(资金的数量、来源及时间安排)；
⑤ 人员培训及补充方案；
⑥ 其他可供选择的方案。

(4) 几种方案的比较分析

对几种方案的技术可行性、经济可行性和管理可行性等进行分析。

(5) 结论

根据以上对开发一个管理信息系统的可行性分析,应该得出一个管理信息系统开发项目是否可行的结论。一般有以下几种方式:

① 可以立即进行系统的开发;
② 需要增加一定的条件后才能进行开发;
③ 要推迟到某些条件具备以后才开始进行开发;
④ 需要对系统的目标进行重大修改;
⑤ 不能或不必要对系统进行开发。

可行性分析报告是系统可行性分析阶段工作的总结。可行性分析报告要用户单位领导、管理人员与系统开发人员共同进行讨论、分析和研究。可行性分析报告一旦通过,就成为用户单位领导、管理人员和研制人员的共同认识,并初步确定系统的总体目标,提出所需的资源条件。

5.2.5 系统开发的原则

(1) 领导参加的原则

领导出面组织力量,协调各方面的关系是开发成功的首要条件。

(2) 优化与创新的原则

必须根据实际情况和科学管理的要求加以优化与创新。

(3) 充分利用信息资源的原则

数据尽可能共享,充分发挥深层次加工信息的作用。

(4) 实用和时效的原则

要求从制定系统开发方案到最终的管理信息系统都必须是实用的、及时的和有效的。

(5) 规范化原则

要求按照标准化、工程化的方法和技术来开发系统。

(6) 发展变化的原则

充分考虑到组织和管理模式可能发生的变化,使系统具有一定适应环境变化的能力。

5.2.6 系统开发前的准备工作

搞好系统开发前的准备工作是管理信息系统开发的前提条件,一般包括基础准备和人员组织准备两部分。

1. 基础准备工作

(1) 科学管理是开发管理信息系统的基础;
(2) 管理工作要严格科学化,具体方法要程序化、规范化;
(3) 做好基础数据管理工作,严格计量程序、计量手段,检测手段和数据统计分析渠道;
(4) 数据、文件、报表的统一化。

2. 人员组织准备

(1) 领导是否参与开发是确保系统开发能否成功的关键因素;
(2) 建立一支由系统分析员、管理岗位业务人员和信息技术人员组成的研制开发队伍;
(3) 明确各类人员(系统分析员、企业领导、业务管理人员、程序员、计算机软硬件维护人员等)的职责。

5.3 系统案例——药品进销存管理信息系统

5.3.1 总体规划

1. 选题背景

当今世界,科学技术突飞猛进,以计算机、多媒体和网络技术为代表的信息技术,以惊人的发展速度,迅速在各领域运用。随着市场经济的发展,连锁药店的竞争越来越激烈,只有对药品的物流管理系统进行改进,完善原有信息系统,才能对药品预测、采购、库存、统一配送以及销售等进行科学管理。针对药品销售系统中存在的诸多问题,迫切需要药品企业信息系统能提供决策支持、建立数据仓库,对市场进行实时分析,充分利用信息的迅速高效来为企业赢得市场。为此在药品管理中引进现代化的管理软件,成为时下最好的解决办法。使用管理信息系统软件处理实时信息,不仅能使经营者的劳力成本减少,同时能使药品连锁店的管理更规范更合理,解决了药店中用于管理药品采购、销售、库存和进出库众多繁琐工作导致的人员过多,经营紊乱等问题。本案例旨在帮助药店提高和改进管理信息服务,节省成本和日常费用开支,提高工作效率;提高信息处理速度和准确性,为服务对象提供更多的方便条件,提供各种新的处理功能和决策信息。

2. 选题的意义

当前,全国各地零售药店正在蓬勃发展,据统计国内零售药店已经超过 20 万家,并且还在高速增长。目前国内零售药店经营管理手段落后,而国家对零售药店规范管理,实施 GSP 认证已是大势所趋,零售药店为提高自身竞争力和顺利达标,使用专业管理软件是必由之路。

随着我国医疗体制改革的进一步深入,中国连锁药店走过了西方国家几十年所经历的过程,成为中国药品产业链上重要的一环。连锁药店主要从事药品的零售和批发等工作。由于连锁药店销售的药品品种多、客户数量多,造成业务量很大,而药店大都采用手工操作,这种手工管理模式严重影响了药店的正常工作运行效率,致使药店管理准确率和效率都很低。

如何利用现代信息技术对药品物流、资金流和信息流进行整体规划,减少不良库存,降低药品流通资金占用率,挖掘潜在利润,使企业拥有快速、高效的市场反映能力和高度的效率,已是医药经营企业,特别是医药连锁经营企业特别关心的问题。

3. 选题的目的

本案例尝试对药品进销存管理系统进行系统的研究和探索,阐述了先进的管理思想应用于药品管理的重要意义。分析当前国内药品管理的现状并结合现在连锁药店的实际情况,展开了具体的研究,形成了初步的理论体系。

通过开发这个药品管理系统,使药品进销存管理工作系统化,规范化,自动化,从而达到提高管理效率的目的。引进创新的经营机制,提高连锁药店的信息化建设和管理水平,适应新形势下企业的生存和发展。

4. 系统开发方法

(1) 采用结构化开发方法从系统的整体性、系统的结构和功能的角度去研究信息系统,探求系统、信息和控制间的联系性和规律性。

(2) 依据需求调研、需求分析、系统分析、系统设计、代码编写、软件测试、系统部署的流程思想设计和开发系统。

(3) 考虑到系统的实际运行环境和实际需求,本系统采用C/S模式,提供了更便捷的存取模式。

5. 当前管理存在的问题

(1) 采购计划制定依赖经验主义,缺少科学合理的计算理论

药品的采购是药品供应最关紧的环节,药品采购计划的制定是否合理与科学,直接影响到药品供应的工作效率和经济效果。在资金缺少的情况下,如何减少批量采购,增加采购次数,增加资金周转率成为当前采购计划研究的主要问题。

许多药店在采购计划方面依赖于药店经验丰富的同志对药品需求量的了解制定,没有科学合理的采购计划。这种经验主义在日常工作中能够满足业务需求,但是当药品市场发生变动或者发生突发事件时,由于缺少这方面的经验,就会出现大大增加工作人员的工作量且生成的药品计划采购数量存在较大的数据偏差,很容易造成药品的库存积压或出现断药现象,影响药店业务的正常运行。

(2) 业务信息缺少追踪,不能实现药品流通闭环管理

现有药品管理系统对药品流通的管理只是单方面的,不能依据药品现有实际情况追踪其流通轨迹,缺少对药品流通闭环管理,对出现有问题的药品或者根据药品追踪供应商信息存在困难。

6. 系统需求分析

(1) 组织与功能结构分析

① 组织结构分析

目前大多数连锁药店都是总经理负责制,主要分为六个部门:财务处、采购部、营销部、仓储部、人事部、零售POS等。各部门之间的领导与被领导关系、信息资料的传递关系、物资流动关系与资金流动关系,如图5.2所示。

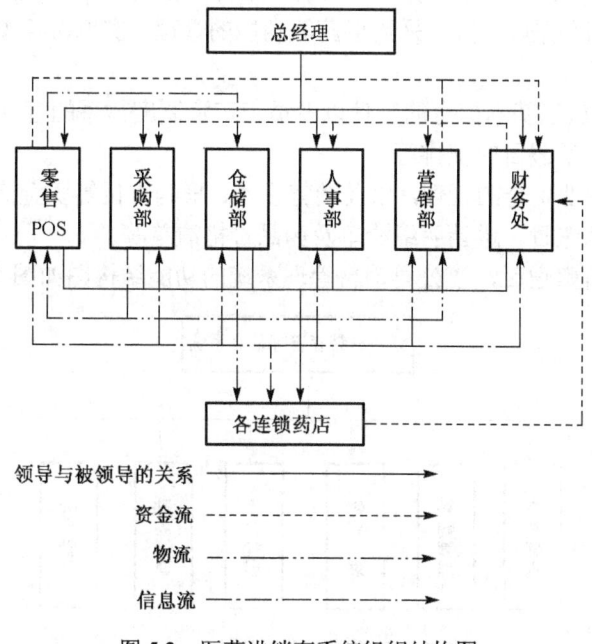

图 5.2　医药进销存系统组织结构图

各部门的职责及岗位划分如下：

总经理主要负责药店员工的任职、财务管理、药店经营及高层决策等工作，管理人事部、财务处、采购部、仓储部、销售部和零售 POS。

人事部负责制定和实施药店人才资源规划、机构设置与编制管理、人事制度建设、人员调配、人事任免、业绩考核、劳资发放等工作。

财务处负责药店的财务管理、单位内部日常业务的结算以及与外部单位的往来业务核算。

采购部主要负责药品采购计划的编制和药品采购。采购部会根据药品的销售情况，实现药品库存的优化管理，负责采购药品的入库与结算及其他的相关手续的办理工作。

仓储部主要负责药品出入库的管理。

营销部主要负责药品的销售、销售退药、收集和整理客户资料和文件、收集顾客反馈信息并及时整理上报，以便采购部参考。

零售 POS 端系统主要负责药品的零售和零售退药。

② 功能结构分析

该连锁药店的主要业务内容分为系统管理、采购管理、销售管理、库存管理、财务管理及人事管理六部分，具体功能叙述如下：

系统管理：对该系统的使用者进行权限管理，保证系统的安全性；对整个系统的运行进行管理，如管理员的登录，密码修改等；辅助销售管理、库存管理以及采购管理等其他管理模块的功能。

库存管理：进行库存药品的管理，对药品进行出入库管理、库存统计、库存查询等；对库存药品进行库存调拨、库存盘点、药品拆分、药品调价及库存药品的报损报溢等管理；向采购部门提供缺货通知，及时调整药品采购计划、销售策略及计划；同时对库存药品的库存下限及药品有效期进行库存报警提示；提供各种单据，如库存调拨单、药品拆零清单、及药品调价单等功能。

销售管理：主要实现对零售客户及批量购买客户的销售及退药工作，同时实现对药品销售、POS 销售统计及客户管理的设置；实现对药品销售账目的管理，以及销售退药查询管理等功能。

采购管理：进行药品采购入库、采购退药等功能的管理；实现对各类采购账目的查询和修改等功能。

人事管理：实现对员工基本信息的管理以及员工工资制度体系的管理；进行员工综合考核，考核员工的出勤状况及节假日的安排等。

财务管理：进行企业资金的管理，以及销售收入、采购支付等资金流动的管理；同时管理多张单据，如销售详细账目，进药明细清单及药品价格清单等。

综上所述，经分析整理后，该公司销售管理系统的功能结构图如图 5.3 所示。

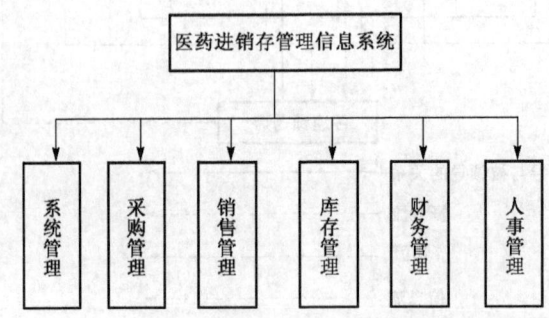

图 5.3 医药进销存系统功能结构图

③ 组织/功能关联分析

表 5.1 所示为医药进销存系统组织/功能之间的联系，其中：

"●"表示该项业务是对应组织的主要业务(即主持工作的单位)；

"▲"表示该单位是参加协调该项业务的辅助单位；

"■"表示该单位是该项业务的相关单位(或有关单位)；

空格：表示该单位与对应业务无关。

表 5.1 医药进销存系统组织/功能联系表

功能		组织部门 联系的程度 业务	采购部	仓储部	人事部	营销部	财务处	各连锁分店	总经理办公室
功能与业务	1	系统管理	▲	▲	▲	■	▲	■	
	2	采购管理	●	▲		▲	▲	▲	
	3	销售管理	▲	■		●	■	●	
	4	库存管理	■	●		▲		▲	
	5	人事管理	▲	▲	●	▲	▲	▲	●
	6	财务管理	▲		■	■	●	▲	●

(2) 企业主要业务流程分析

① 业务流程图

该公司医药进销存业务流程图如图 5.4 所示。

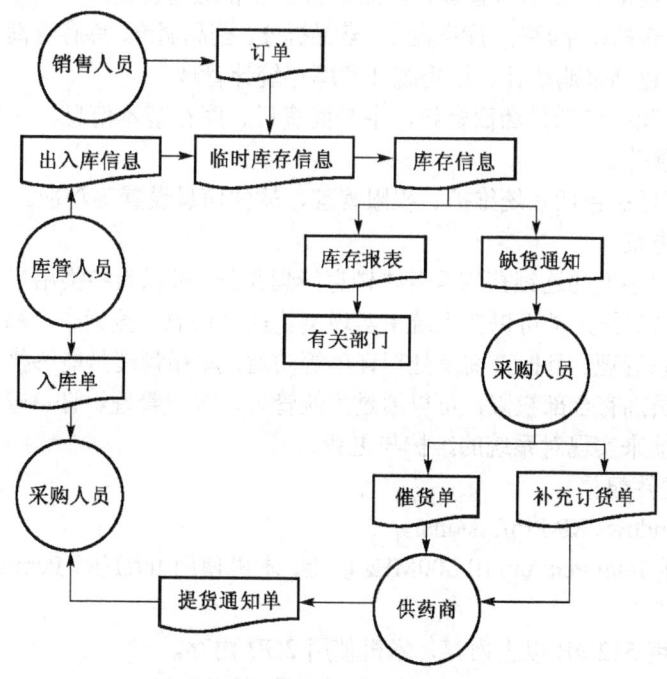

图 5.4 医药进销存的业务流程图

② 表格分配图(见图 5.5)

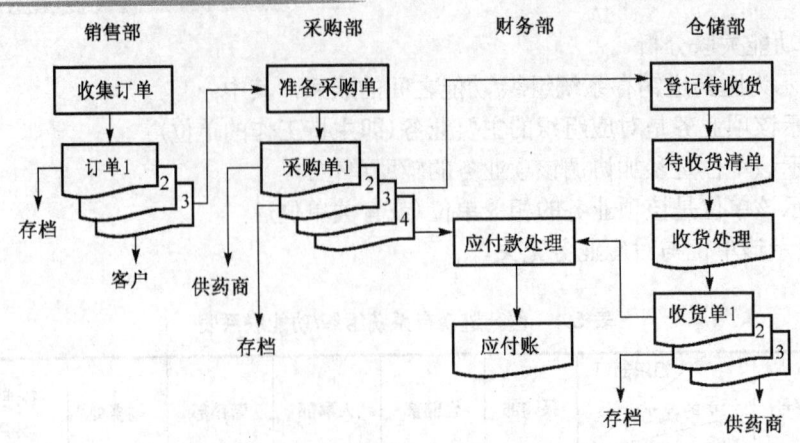

图 5.5 医药进销存系统的表格分配图

7. 系统规划及初步方案

(1) 系统目标

医药进销存管理系统的设计目标是实现药店药品的采购进药、采购退药、入库、前台销售、销售退药、库存盘点、药品价格、库存报警等业务管理功能;提供自动快速统计分析的功能;促进药店规范化管理从而节省大量的人力物力,提高药店管理的经营效益。医药进销存管理信息系统功能包括以下几个方面。

① 采购管理:包括采购入库、采购退药、采购账目和药品查询管理。

② 销售管理:包括 POS 销售管理、药品销售管理和退药管理。

③ 库存管理:包括库存调拨、库存盘点、药品拆分、药品调价、库存查询和库存报警管理等。

④ 统计分析:包括采购统计、销售统计和库存统计管理。

⑤ 资料维护管理:包括供药商资料、生产商资料、库存基本信息、客户基本信息、会员管理和分店柜台设置等。

⑥ 系统维护管理:包括系统维护、权限管理、软件信息设置等管理。

(2) 系统开发方案

本系统是一个中小型的连锁药店医药进销存管理系统,可以为各类用户提供方便的业务处理环境,连锁药店的工作人员可以在系统中实现浏览药品信息、搜索查询药品具体内容、下订单以及进行客户关系管理、单据查询及处理订单等功能;库存管理员能够执行库存管理的相关功能;而系统管理员拥有全部权限,可以通过系统管理、客户管理、订单管理、药品管理、进销存管理等管理功能来实现对系统的维护与更新。

① 开发环境硬件配置

操作系统:Windows XP Professional。

CPU:建议使用 Intel Pentium III 500MHz 以上,本机使用 Intel(R) Pentium(R) M processor 1.86GHz。

内存:建议使用 512MB 以上内存,本机使用 2GB 内存。

硬盘空间:至少需要 20G 以上的硬盘空间来安装所需的组件。

② 开发环境软件配置

开发工具:Visual Basic 6.0

数据库：SQL Server

3）人员培训及补充方案

本系统以模拟人工登记、人工记帐、统计和销售为主，建立药品进销存的管理系统，操作人员易于理解软件思想并掌握使用方法，系统在执行时每一步都有相应的文字提示，有时还会弹出小窗口，只要根据提示进行相应的操作即可，操作十分简单，只要安装系统并对相关操作人员进行演示就可以轻松掌握，故不需要专门的培训。

5.3.2 系统开发的可行性研究

1. 技术可行性

连锁药店医药进销存管理信息系统主要应用于药店的管理人员和前台的售药人员，用户数量有限，采用基于 C/S 的系统框架，开发此系统主要应用 SQL Server + Visual Basic 6.0 的组合设计方案进行数据库的构建和系统的开发，这两门技术现已发展得比较成熟，界面友好，具有相关经验的程序员即可，技术上没有太大的难度，投入使用后要进行数据库的日常维护工作，选择计算机及相关专业毕业的员工即可顺利进行。因此，该系统在技术上是可行的。

2. 经济可行性

系统的经济可行性是指软件所能带来的经济效益与开发设计所需要的投资相比，是否相适宜，同时还要看此系统能否真正给用户带来足够的效益，这套系统正是考虑为用户提高工作效率，节省工作时间，增加经济回报而设计。开发此系统不需要大量的经费，相反可以节约许多费用。

因此该系统在经济上是可行的。

3. 社会可行性

用于药店管理的医药进销存管理系统是一个应用比较广的软件，把药店管理、销售、采购等繁重的工作交给计算机来处理，实现管理工作的信息化，可以大大减轻工作人员的负担，节省大量人力、物力，所以比较适合一般的连锁药店使用。

4. 管理可行性

基础工作的科学管理是建立管理信息系统的前提。医药进销存管理信息系统的管理体制合理，规章制度较为完善，管理方法和程序科学完整。系统的开发与使用与现行的管理制度没有冲突。

此项目的开发可以使实用该系统的公司的管理层及时、准确地接收到各类库存、采购和销售信息，为其作出重要性决策提供依据。本系统的登录设置，为药店的管理提供了科学、安全的保障。现行连锁药店成熟、齐全的管理制度以及正确有效的原始数据都为本系统的开发提供了有力的条件。因此该系统管理上可行。

综上所述，本系统经济合理，技术可行，管理有效，符合社会需求，因此，开发该系统是可行的。

本 章 总 结

　　管理信息系统总体规划是管理信息系统开发的第一个阶段,其从整体上对系统建设进行规划,形成纲领性的指导文件,指明后续各项工作的基本思路。因此,管理信息系统总体规划是一个组织的战略规划的重要组成部分,是关于管理信息系统长远发展的规划。其内容主要包括:组织的战略目标、政策和约束、计划和指标的分析;管理信息系统的目标、约束以及计划指标的分析;应用系统或系统的功能结构,信息系统的组织、人员、管理和运行;信息系统的效益分析和实施计划等。同时,本章介绍了总体规划的步骤,组织与阶段成果,并介绍了总体规划方法,并以 BSP 方法为例做了介绍。

　　本章介绍了管理信息系统的初步调查和可行性研究。初步调查主要是对现行系统的初步调查,其目的在于弄清五个 W;其次要确定将要开发的新系统的目标,弄清系统建立后所要达到的各种指标。可行性研究是指分析在当前组织内外的具体条件下,系统具备的资源和条件,是否满足系统开发目标的要求。本章从可行性分析的概念、实施的步骤和结论等方面进行了阐述,最后给出了可行性研究报告的各方面的具体要求。

第 6 章 管理信息系统的系统分析

管理信息系统的系统分析、系统设计和系统实施是其实现的三个主要阶段，这三个阶段相互衔接。其中系统分析是系统设计和系统实施的关键，只有正确的分析才能形成一个良好的系统设计，从而能保证系统的顺利实施。系统设计和系统实施在后续的第 7 章和第 8 章阐述。

系统分析主要针对原系统组织内部的管理状况和信息处理过程进行分析，在此基础上提出新系统拟采用的方案(逻辑模型)。

本章主要阐述开发系统时采用的结构化系统分析方法。介绍系统分析的目的、过程、新系统逻辑模型的建立过程等。实践表明，系统分析工作的好坏，在很大程度上决定了管理信息系统开发的成败。

6.1 系统分析概述

系统分析是信息系统开发工作中最重要的一环。系统分析的内容主要包括对组织内部整体管理状况和信息处理过程(侧重于具体业务全过程角度)进行分析。在系统分析中扎扎实实地了解实际工作部门的业务情况是基础，只有在对业务了解得非常透彻的前提之下才有可能提出新的改进方案。

6.1.1 系统分析的任务

系统分析阶段的主要工作，是对现行系统进行全面详细的调查，分析系统的现状和存在的问题，真正弄清楚所开发的新系统必须要"做什么"，提出新的管理信息系统的逻辑模型，为下一阶段的系统设计工作提供依据。

1. 了解用户需求

详细了解每个业务过程和业务活动的工作流程及信息处理流程，理解用户对信息系统的需求，包括对系统功能、性能方面的需求，对硬件配置、开发周期、开发方式等方面的意向及打算，最终以需求说明书的形式将系统需求定义下来。这部分工作是系统分析的核心。

2. 确定系统逻辑模型，形成系统分析报告

在详细调查的基础上，运用各类系统开发的理论、开发方法和开发技术，确定系统应具有的逻辑功能，再用一系列图、表和文字表示出来，形成系统的逻辑模型，为下一步系统设计提供依据。

6.1.2 系统分析的基本步骤

系统分析工作是总体规划工作的继续。管理信息系统的系统分析与总体规划两者是不同的，从工作范围来看，总体规划是面向全局的，而系统分析是局部的，详细的；从工作深度来看，总体规划是战略的，宏观的考虑，系统分析是更具体、更细致的工作，是进行详细调查和逻辑设计工作，内容主要包括：组织结构与功能分析、业务流程分析、数据流程分析、数据字典、建立新系统的逻辑模型等。

(1) 现行系统的详细调查

集中一段时间和人力，对现行系统做全面、充分和详细的调查，弄清现行系统的边界、组织机构、人员分工、业务流程、各种计划、单据和报表的格式、种类及处理过程、企业资源及约束情况等，为系统开发做好原始资料的准备工作。

(2) 组织结构与功能分析

在详细调查的基础上，用图、表和文字对现行系统进行描述，详细了解各级组织的职能和有关人员的工作职责、决策内容和对新系统的要求。

(3) 业务流程分析

在详细调查的基础上，用图、表和文字对现行系统各环节处理业务及信息的来龙去脉进行描述。

(4) 系统数据流程分析

在详细调查的基础上，用图、表和文字对现行系统分析数据的流动、传递、处理与存储过程。

(5) 建立新系统的逻辑模型

在系统调查和分析的基础上建立新系统逻辑模型，用一组图、表、文字工具表达和描述，方便用户和分析人员对系统提出改进意见。

(6) 撰写并提交系统分析报告

对系统分析阶段的工作进行总结和向有关领导提交的文字报告，为下一步系统设计提供工作依据。

在运用上述步骤和方法进行系统分析时，调查研究将贯穿于系统分析的全过程。调查与分析经常交替进行，系统分析深入的程度将是影响管理信息系统成败的关键问题。

6.2 详 细 调 查

与总体规划和可行性分析阶段的初步调查相比，详细调查的特点是目标更加明确，范围更加集中，在了解情况和数据收集方面进行的工作更为广泛深入，对许多问题都要进行透彻地了解和研究。

6.2.1 详细调查的原则

(1) 真实性

所谓真实性是指系统调查资料要真实、准确地反映现行系统状况，客观地反映系统的优点或不足。

(2) 全面性

任何系统都是由许多子系统有机地结合在一起而实现的，因此要客观地反应所有子系统的功能。

(3) 规范性

有一套循序渐进、逐层深入的调查步骤和层次分明、通俗易懂的规范化逻辑模型描述方法。

(4) 启发性

需要调查人员的逐步引导，不断启发，尤其在考虑计算机处理的特殊性而进行的专门调查中，更应善于按使用者能够理解的方式提出问题，打开使用者的思路。

6.2.2 详细调查的范围及内容

(1) 系统的定性调查

定性调查主要是对现有系统的功能进行总结，包括组织结构的调查、管理功能的调查、业务流程的调查、处理过程及特点的调查与系统运行的调查等。

(2) 系统的定量调查

定量调查的目的是弄清数据流量的大小、时间分布、发生频率，掌握系统的信息特征，据此确定系统规模，估计系统建设的工作量，为下一阶段的系统设计提供科学依据。

6.2.3 详细调查的方法

(1) 问卷调查法

问卷调查法可以用来调查系统普遍性的问题，调查结果初步可得到组织的基本情况。

(2) 召开调查会

这是一种集中调查的方法，适合于了解宏观情况。

(3) 调查人员直接参加业务实践

开发人员亲自参加业务实践，不仅可以获得第一手资料，而且便于开发人员和业务人员的交流，使系统的开发工作接近用户的需求，用户将更加了解新系统。

(4) 查阅企业的有关资料

某些特殊问题或细节的调查，可对有关的业务人员做专题访问，仔细了解每一步骤、方法等细节。

(5) 用户介绍

由用户的管理人员向开发者介绍情况。

详细调查还有专家调查等方法，可以根据系统调查的具体需要确定调查方法。总的原则是以了解清楚系统现状为最终目标。

6.2.4 详细调查中应注意的问题

(1) 调查前要做好计划和用户培训

根据系统需要明确调查任务的划分和规划，列出必要的调查大纲，规定每一步调查的内容、时间、地点、方式和方法等。对用户进行培训或发放说明材料，让用户了解调查过程、目的等，并参与调查的整个过程。

(2) 资料收集要客观

调查要从系统的现状出发，避免先入为主。要结合组织的实际情况、管理现状，了解实际问题，得到客观资料。

(3) 调查与分析整理相结合

调查中出现的问题应及时反映并解决。

(4) 分析与综合相结合

调查过程中要深入了解现行组织各部分的细节，然后根据相互之间的关系综合起来，使得对组织有一个完整的认识。

(5) 规范调查图表

为便于开发者和用户对调查中得到的结果和问题进行交流和分析，调查中需要使用一些简单易懂的图、表工具，帮助系统分析人员描述系统、记录要点和分析问题。

系统分析人员的调查过程主要是大量原始素材的汇总过程，应当具有虚心、热心、耐心和细心的态度。系统分析人员必须对这些内容进行整理、研究和分析，形成描述现行系统的文字材料。还可以将有关内容绘制成描述现行系统的各种图、表，以便在短期内对现行系统有全面详细的了解，且与各级用户的管理人员进行反复讨论、研究，反复修改，力求准确。

6.3 组织结构与功能分析

6.3.1 组织结构分析

组织结构是一个组织内部各部门的划分及其相互之间的关系。

1. 组织的特点

组织具有以下特点：
① 在交换物资、资金过程中，产生信息流；
② 组织既是信息的接收者，又是信息的输出者；
③ 组织具有层次性。

2. 组织结构调查内容

组织结构调查内容包括：

弄清组织内部的部门划分，各部门之间的领导与被领导关系，即行政隶属关系；信息资料的传递关系；物资流动关系；资金流动关系。

此外，还应详细了解各级组织存在的问题以及对新系统的要求等。

3. 组织结构调查工具

组织结构调查工具——组织结构图。

组织结构图是用来描述组织的总体结构以及组织内部各部分之间的联系，它把企业组织分成若干部分，按级别、分层次构成的，以树型结构显示，是一张反映组织内部之间行政隶属关系等的树状结构图。图 6.1 所示为某生产企业组织结构图。

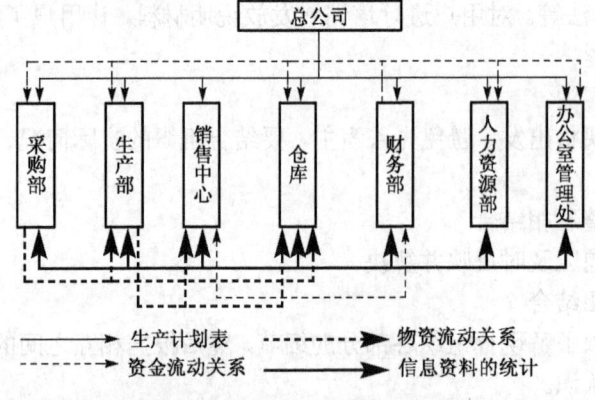

图 6.1 某生产企业组织结构图

组织结构的划分总是随着功能的扩展或缩小、人员的变动等因素的变化而变化。以功能为基点分析问题，则系统将会相对于组织的变化而有一定的独立性，即可获得较强的生命力。所以在分析组织情况时还应该画出其管理功能一览表。这样做可以使我们在了解组织结构的同时，对于依附于组织结构的各项管理功能也有一个概貌性的了解，也可以对各项管理的交叉部分、各层次的深度以及各种不合理的现象有一个总体的了解，在后面的系统分析和设计时应特别注意避免这些问题。

6.3.2 功能结构分析

系统目标和各项功能模块的层次关系可用功能结构图来进行描述。

功能指的是完成某项工作的能力。为了实现系统目标,系统必须具有各种功能。各子系统功能的完成,又依赖于下面更具体工作的完成。业务功能的调查是要确定系统的功能结构。对调查资料进行整理,归纳出企业的部门与业务层次的功能,用树形图的形式描绘出来,图 6.2 所示为某生产企业生产管理功能结构图。

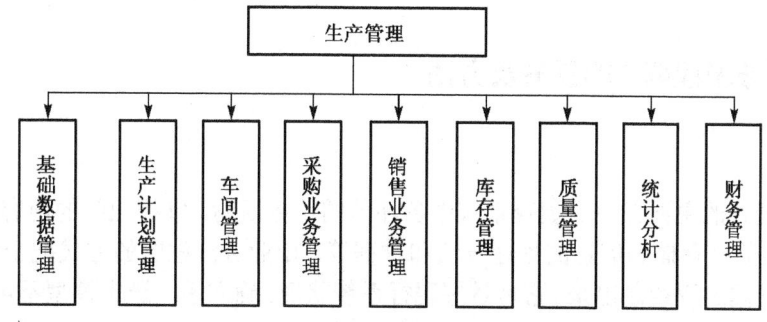

图 6.2 某生产企业生产管理功能结构图

6.3.3 组织/功能联系分析

组织/功能联系表是用来反映组织内各部分承担功能时的关系,通常习惯将组织/功能联系表同组织结构图、功能结构图都画在一起,以便对照、比较,分析它们之间的各种联系。

组织/功能联系表可以帮助系统分析人员了解以下问题:现行系统中的组织结构是否合理,不合理的地方在哪里;不合理的部分对组织整体目标的影响有哪些;表现在哪些方面;不合理现象产生的历史原因是什么;哪些部门需要整改;改进措施是什么;对整改涉及的部门和有关人员的利益产生哪些影响。

通过组织/功能联系分析,使组织的各项管理功能进一步理顺,提高管理效率。

组织/功能联系分析工具就是组织/功能联系表。在组织/功能联系表中,横向表示组织部门,纵向表示业务功能,中间表示各项业务功能与组织部门工作的联系程度。表 6.1 所示为某生产企业组织/功能联系表。

表 6.1 某生产企业组织/功能联系表

功能	序号	组织部门 联系的程度 业务	采购部	生产部	销售中心	仓库	财务部	人力资源部	办公室管理处
功能与业务	1	基础数据管理	★	★	★	★	★		●
	2	生产计划管理		●	√	√	√		
	3	车间管理		●				√	★
	4	采购业务管理	●	√	√	★	√		
	5	销售业务管理	√	√	●	★	√		
	6	库存管理	★	√	★	●	★		
	7	质量管理		●					√
	8	统计分析	√		√	√	★	★	●
	9	财务管理	√		★	★	●	★	√

表中：
●：表示该项业务是对应组织的主要业务(即主持工作的单位)；
★：表示该单位是参加协调该项业务的辅助单位；
√：表示该单位是该项业务的相关单位(或称有关单位)；
空格：表示该单位与对应业务无关。

6.4 业务流程分析

6.4.1 业务流程调查的任务及方法

1. 任务

业务流程调查的主要任务是调查系统中各环节的业务活动，掌握业务的内容、作用及信息的输入、输出、数据存储和信息的处理方法和过程等，用业务流程图的方式把企业的具体管理活动和业务的处理过程绘制出来。它是掌握现行系统状况，确立系统逻辑模型不可缺少的环节。

2. 方法

调查业务流程应顺着原系统信息流动的过程逐步地进行，内容包括各环节的处理业务、信息来源、处理方法、计算方法、信息流动去向、提供信息的时间和形态(报告、单据、屏幕显示等)。

系统详细调查过程中，系统开发人员进行业务流程调查的工作量非常大，需要耐心细致的工作，系统开发人员与用户之间联系非常密切，需要彼此间进行良好的沟通。调查中，既要完成好自身工作任务，又要考虑所调查业务与其他业务彼此间的联系。

6.4.2 业务流程图

业务流程图(Transaction Flow Diagram，TFD)是用一组规定的符号来表示具体业务处理过程。业务流程图的绘制基本上按照业务的实际处理步骤和过程绘制。

1. 业务流程图使用的基本符号

业务流程图使用的基本符号如图 6.3 所示。

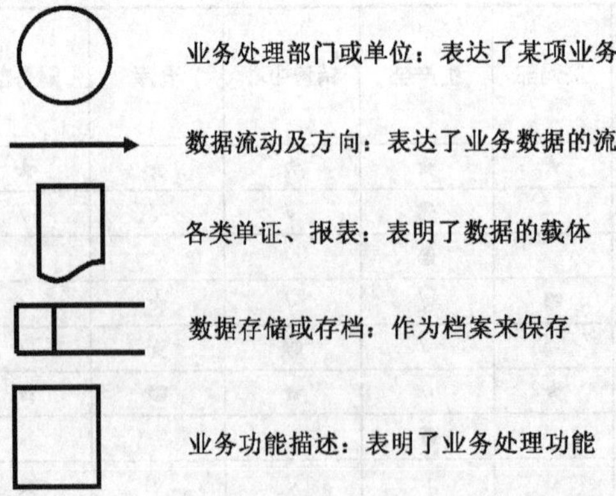

图 6.3 业务流程图使用的基本符号

有关业务流程图的画法,目前尚不太统一,但大同小异,只是在一些具体的规定和所用的图形符号方面有些不同,而在准确明了地反映业务流程方面是非常一致的。

2. 业务流程图的绘制步骤

业务流程图的绘制步骤如图6.4所示。

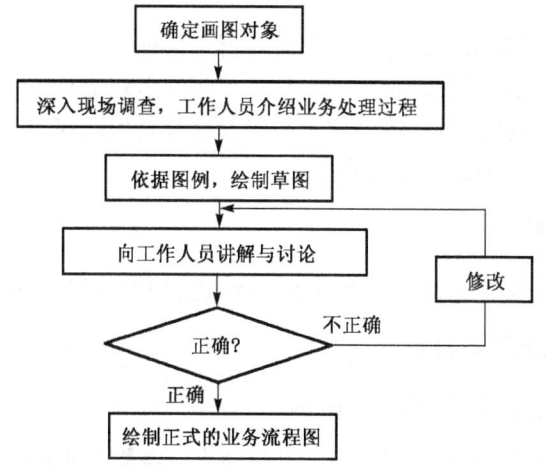

图6.4　业务流程图的绘制步骤

例如:某领料业务流程图如图6.5所示。

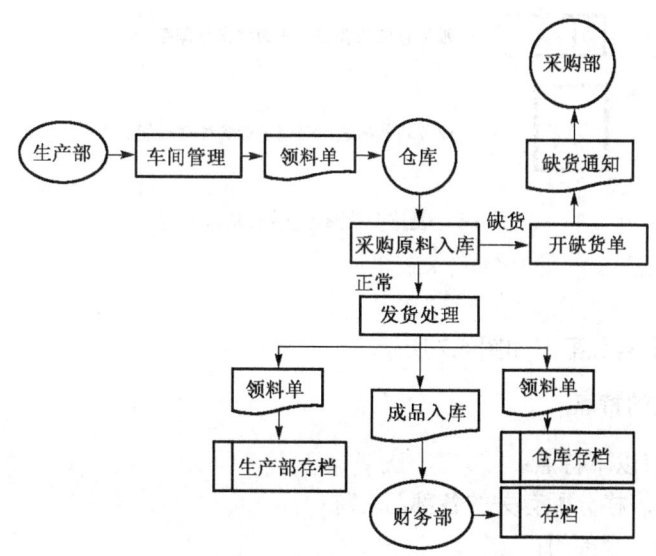

图6.5　领料业务流程图

业务流程图是一种用尽可能少、尽可能简单的符号来描述业务处理过程的方法。由于它的符号简单明了,所以非常易于阅读和理解业务流程。但它的不足是对于一些专业性较强的业务处理细节缺乏足够的表现手段,它比较适用于反映事务处理类型的业务处理过程。

3. 业务流程图的特点

业务流程图具有以下特点:

① 按业务处理划分的横式图，一般应按每笔业务处理分别画图；
② 图中描述的主体是票据、账单；
③ 票据、账单的流程路线与实际业务处理过程一一对应。

4. 业务流程图的作用

业务流程图的作用有：
① 业务流程图是系统分析员作进一步系统分析的依据；
② 业务流程图是系统分析员，管理人员相互交流的思想工具；
③ 系统分析员可以直接在业务流程图上拟出要计算处理的部分；
利用业务流程图分析业务流程是否合理。

6.4.3 表格分配图

表格分配图可以帮助系统分析人员表示出各种单据和报告都与哪些部门发生业务关系。

1. 表格分配图使用的基本符号

表格分配图使用的基本符号如图6.6所示。

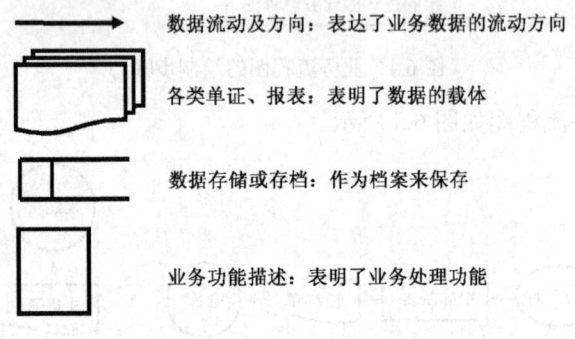

图6.6 表格分配图使用的基本符号

2. 举例

某采购业务的表格分配图如图6.7所示。

3. 表格分配图的特点

表格分配图具有以下特点：
① 第一行为与表格分配有关的各部门名称；
② 每一列表示一个部门；
③ 图中描述的主体是票据、账单；
④ 票据、账单的流程路线与实际业务处理过程一一对应。

4. 表格分配图的作用

表格分配图的作用有：
① 表格分配图是系统分析员作进一步系统分析的依据；
② 表格分配图是系统分析员，管理人员相互交流的思想工具；

③ 表格分配图可以清晰的描述出系统中复制多份的票据、账单的数量以及这些票据、账单都与哪些部门发生业务联系。

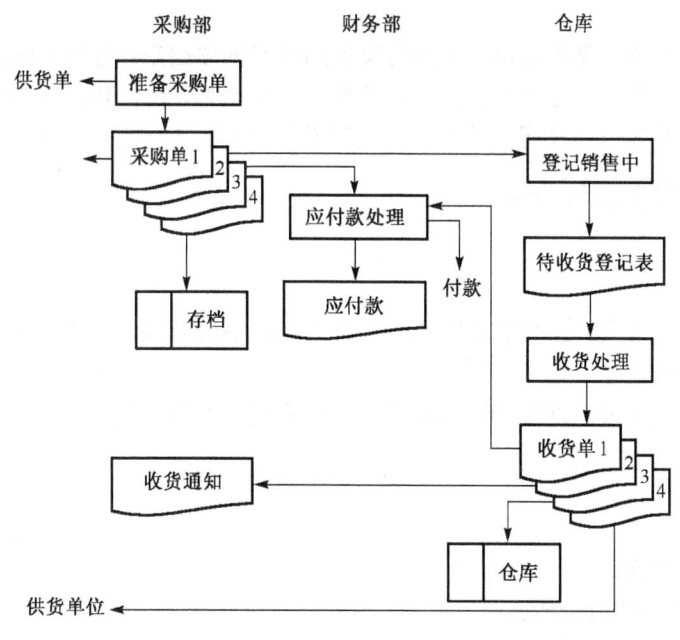

图 6.7 采购业务的表格分配图

6.4.4 业务流程分析

1. 分析的目的

对业务流程进行分析的目的是发现现行系统中存在的问题和不合理的地方，优化业务处理过程，以便在新系统建设中予以克服或改进。系统中存在的问题可能是管理思想和方法落后，业务流程不尽合理，也可能是因为计算机管理信息系统的建设为优化原业务流程提供新的可能性。分析的时候，不仅要找出原业务流程不合理的地方，还需要在对现有业务流程进行分析的基础上进行业务流程重组，产生新的更为合理的业务流程。

2. 分析的内容

（1）现行流程的分析

分析现行的业务流程中各处理过程是否具有存在的价值，其中哪些过程可以删除或合并，现行业务流程中哪些过程不尽合理，可以进行改进或优化。

（2）业务流程的优化

现行业务流程中哪些过程存在冗余信息处理，可以按计算机信息处理的要求进行优化，流程的优化可以带来什么好处。

（3）确定新的业务流程

画出新系统的业务流程图。

（4）新系统的人机界面

新的业务流程中人与机器的分工，即哪些工作可由计算机自动完成，哪些必须有人的参与。

6.5 数据流程分析

把数据在现行系统内部的流动、存储与变换的情况抽象出来,考察实际业务的信息流动模式。数据流程分析主要包括对信息的流动、变换、存储等的分析,其目的是尽量地发现数据流动中存在的问题,并找出加以解决的方法,优化数据流程。

6.5.1 数据的收集与分析

1. 数据收集

数据收集工作量很大,故要求系统分析人员应耐心细致地深入实际,协同业务人员收集与系统有关的一切数据。

数据收集的渠道主要有现行的组织机构;现行系统的业务流程;现行的决策方式;各种报表、报告、图示等。

2. 数据分析

数据分析主要包括:
① 围绕系统目标进行分析;
② 弄清信息源周围的环境;
③ 围绕现行的业务流程进行分析;
④ 数据特征分析。

6.5.2 数据流程图

数据流程图(Data Flow Diagram,DFD)是一种能全面地描述信息系统逻辑模型的主要工具,它用一组符号来描述整个系统中信息或数据的全貌,综合地反映出信息或数据在系统中的流动、处理和存储情况。

1. 数据流程图图例

常见的数据流程图有两种:一种是以方框、连线及其变形为基本图例符号来表示数据流动过程;另一种是以圆圈及连接弧线作为其基本符号来表示数据流动过程。

这两种方法实际表示一个数据流程的时候,大同小异,但是针对不同的数据处理流程却各有特点。故在此我们介绍其中一种方法,案例中两者都用以便读者在实际工作中根据实际情况选用。数据流程图的基本符号如图6.8所示。

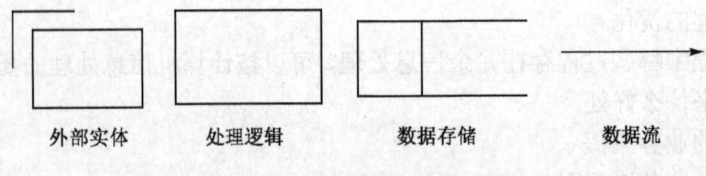

图6.8 数据流程图的基本符号

其中:
外部实体:本系统或子系统之外的人和单位;

数据流:由一组确定的数据组成;

处理逻辑:表示对数据的加工处理,它把流入的数据流转换为流出的数据流;

数据存储:是数据的仓库,表示系统产生的数据存放的地方。

2. 绘制数据流程图的原则

绘制数据流程图应遵循以下原则:
① 识别系统的输入和输出;
② 从输入端至输出端画数据流和加工过程,并同时加上数据存储;
③ 加工的分解"由外向里"进行分解;
④ 数据流的命名,名字要确切,能反映整体性;
⑤ 各种符号布置要合理,分布均匀,尽量避免交叉。

3. 绘制数据流程图的基本步骤

绘制数据流程图的基本步骤如下:
① 识别系统的输入和输出,画出顶层图;
② 画出系统内部的数据流、加工与存储,画出一层细化图;
③ 进一步分解,画出二层细化图;
④ 画出其他注意事项。

例 6.1 订货系统的数据流程图。

假设某企业采购部门每天需要一张订货报表,报表按材料编号排序,报表中列出所有需要再次订货的材料。对于每种需要再次订货的材料应列出下列数据:材料编号、名称、订货数量、目前价格(或参考价格)、主要供应单位、第二供应单位等。材料领用称为事务,通过放在仓库的终端把事务输入到订货系统。当某种材料的库存数量少于库存量临界值时就应该再次订货。

如何画出上述订货系统的数据流程图呢?

(1) 考虑数据的源点和终点,确定系统的边界。

从上面对系统的描述可以知道,仓库管理员通过终端把事务输入订货系统,系统经过汇总处理,每天向采购部提供一张订货报表。所以,采购员是数据的终点,而仓库管理员是数据的源点,如图 6.9 所示。

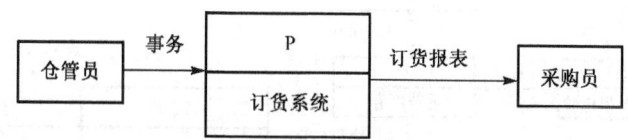

图 6.9 订货系统的顶层数据流程图

(2) 考虑处理。

问题给出"采购部需要报表",因此必须有一个用于产生报表的处理。输入事务的结果是改变材料库存量,然而任何改变数据的操作都是处理,因此对事务进行的加工是另一个处理。

(3) 考虑数据流。

系统把订货报表送给采购部,因此订货报表是一个数据流;仓库需要将每笔事务输入到系统中,显然事务是另一个数据流,如图 6.10 所示。

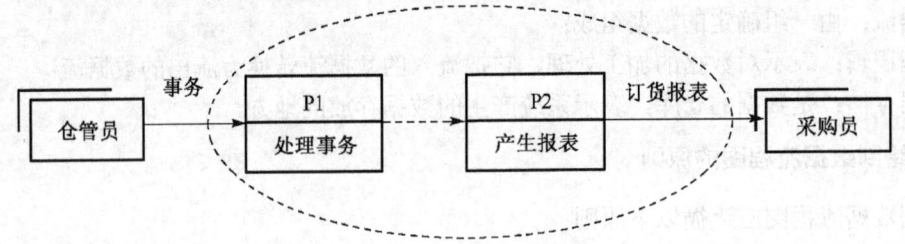

图 6.10　订货系统的一层数据流程图

(4) 考虑数据存储。

从问题的阐述中,可以看出产生报表和处理事务这两个处理在时间上明显不匹配,每当有一个事务发生时就必须立即处理事务,而每天只产生一次订货报表。因此,用来产生订货报表的数据必须存放一段时间,也就是应该有一个数据存储。另外,"当某种材料的库存数量少于库存量临界值时就应该再次订货",这个事实意味着必须在某个地方有材料库存量和库存量临界值这样的数据。因此,需要有一个保存清单的数据存储。

一旦把数据流程图中的四种成份都分离出来之后,就可着手绘制系统的数据流程图了。数据流程图的绘制也是采用自顶向下的方法,由粗到细,逐层细化,最后形成一套完整的系统数据流程图,如图 6.11、图 6.12 和图 6.13 所示。

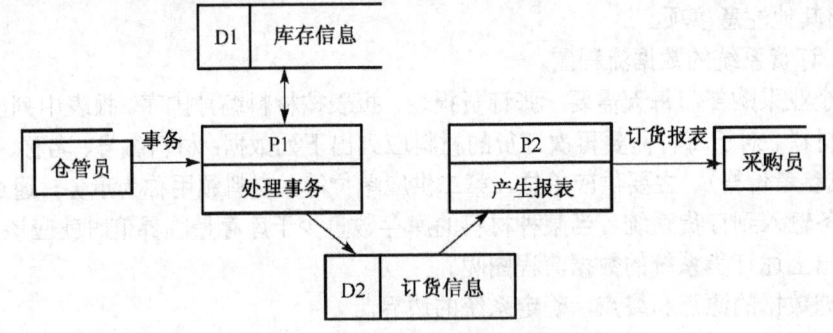

图 6.11　订货系统的一层数据流程图

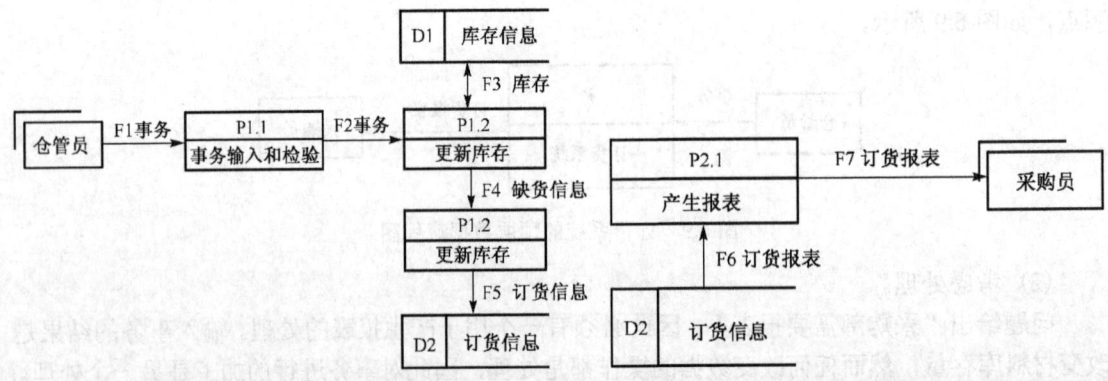

图 6.12　订货系统的二层数据流程图(子图 1)　　图 6.13　订货系统的二层数据流程图(子图 2)

例 6.2　某生产企业生产管理系统数据流程图。

顶层数据流程图如图 6.14 所示。

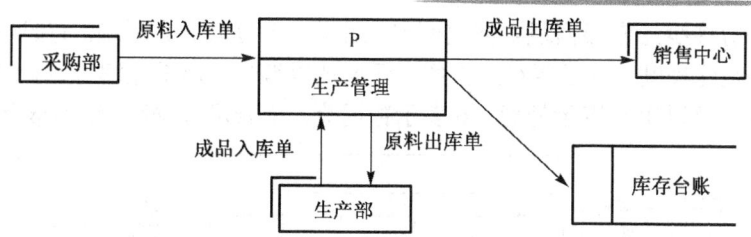

图 6.14　某生产企业生产管理系统顶层数据流程图

底层数据流程图如图 6.15 所示。

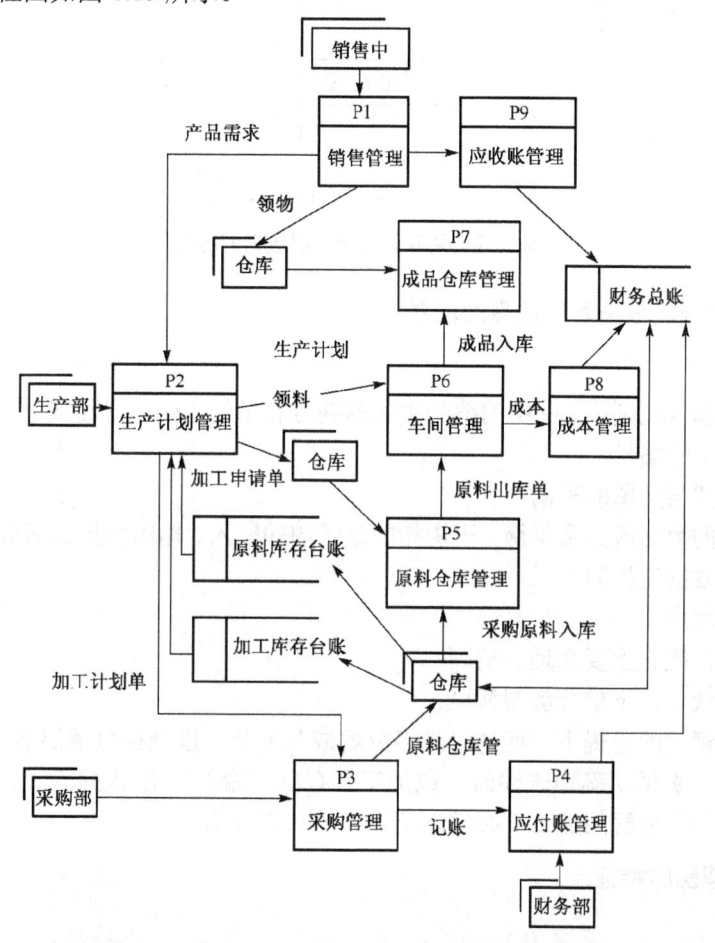

图 6.15　某生产企业生产管理系统底层数据流程图

例 6.3　某财务系统数据流程图（见图 6.16 和图 6.17）。

从图中可看到数据流程图是分层次的，绘制时采取自顶向下逐层分解的方法。

首先画出顶层数据流程图。顶层数据流程图只有一张，它说明了系统总的处理功能、输入和输出。

下一步是对顶层数据流程图中的"处理"进行分解，也就是将"账务处理"分解为更多的"处理"。

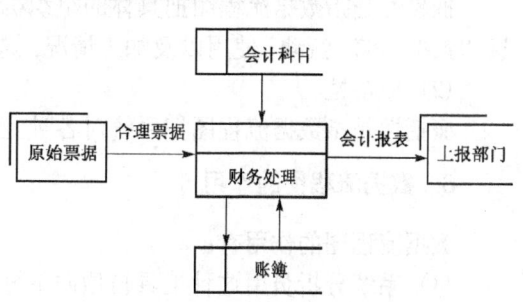

图 6.16　某财务系统顶层数据流程图

数据流程图分多少层应根据现实情况而定，对于一个复杂的大系统，有时可分为七八层之多。为了提高规范化程度，有必要对图中各个元素加以编号。通常在编号之首冠以字母，用以表示不同的元素，可以用 P 表示处理，F 表示数据流，D 表示数据存储，S 表示外部实体。

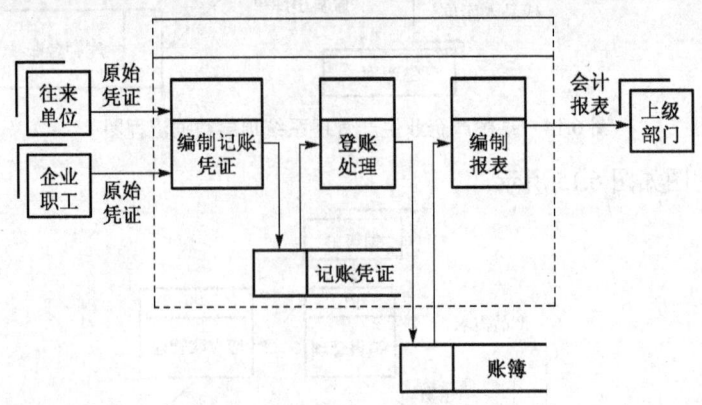

图 6.17　某财务系统一层数据流程图

4. 分层画数据流程图时应注意的问题

（1）合理编号

数据流程图编号规则：子图中的编号由父图编号和子加工的编号组成；子图的父图编号就是父图中相应加工的编号。

（2）注意子图与父图的平衡

子图与父图的数据流必须平衡，平衡指的是子图的输入、输出数据流必须与父图中对应加工的输入、输出数据流相同。

（3）分解的程度

分解应自然，概念上要合理、清晰；

上层分解得快些，下层分解得慢些；

在不影响可读性的前提下，应适当地多分解成几部分，以减少分解层数；

当加工可用一页纸明确地表述时，或加工只有单一输入/输出数据流时，就应停止对该加工的分解。对不再作分解的加工，必须做出详细的加工说明。

5. 数据流程图的特征

（1）抽象性

抽象性是指数据流程图把具体的组织机构、工作场所、人员、物质流等都去掉，只剩下信息和数据存储、流动、使用以及加工情况。这种抽象性能使我们总结出信息处理的内部规律性。

（2）概括性

概括性是指数据流程图把系统对各种业务的处理过程联系起来考虑，形成一个总体。

6. 数据流程图的作用

数据流程图的作用有：

（1）系统分析员用这种工具自顶向下分析系统信息流程；

（2）可在图上画出计算机处理的部分；

(3) 根据逻辑存储，进一步作数据分析，可向数据库设计过渡；
(4) 根据数据流向，定出存取方式；
(5) 对应处理过程，可用相应的程序语言来表达处理方法，向程序设计过渡。

6.5.3 数据流程分析与目的

1. 数据流程分析

数据流程分析即把数据在组织(或原系统)内部的流动情况抽象地独立出来，舍去了具体组织机构、信息载体、处理工作、物资、材料等，单从数据流动过程来考查实际业务的数据处理模式。

数据流程分析主要包括对信息的流动、传递、处理、存储等的分析。

2. 数据流程分析的目的

数据流程分析的目的是要发现和解决数据流通中的问题。这些问题包括：数据流程不畅，前后数据不匹配，数据处理过程不合理等。

问题产生的原因有的是属于原系统管理混乱，数据处理流程本身有问题；有的可能是调查了解数据流程有误或作图有误。总之这些问题都应该尽量地暴露并加以解决。一个通畅的数据流程是今后新系统用以实现业务处理过程的基础。

6.6 数据字典

数据流程图配以数据字典，就可以从图形和文字两个方面对系统的逻辑模型进行完整的描述。

数据字典(Data Dictionary，DD)是对数据流程图中的数据项、数据结构、数据流、处理逻辑、数据存储和外部实体进行定义和描述的工具，是数据分析和管理工具，同时也是系统设计阶段进行数据库设计的重要依据。

6.6.1 数据字典中的数据

数据字典中的数据包括动态数据和静态数据。

(1) 动态数据

可在系统内外流动的数据称为动态数据，如固定值属性、固定个体变动属性、随机变动属性。

(2) 静态数据

静态数据是不参与流动的数据存储。数据结构和相互之间的关系，如类型、长度、取值范围和发生的业务量。

6.6.2 数据字典的内容

1. 数据项

数据项也称数据元素，是最基本的数据组成单位，也就是不能再分解的数据单位，如物料编号、期初库存等。

(1) 手工卡片式

数据项编号：I01

数据项名称：物料编号

简述：生产管理信息系统中物料的编号，生产产品所需求的具体物料编号

别名：原材料的编号

长度：14　　类型：char

取值/含义：aaaabbbbccdddd，aaaa-xx，bbbb-xx，cc-xx，dddd-流水号

(2) 电子式

名称	编号	别名(简述)	取值范围	类型，长度
物料编号	I01	原材料的编号		Char, 14
年份	I02	年份	0～9999	Int, 4
计划期	I03	提前期	0～9999	Int, 4
……	…	……	……	……

2. 数据结构

数据结构由两个或者两个以上相互关联的数据元素或者其他数据结构组成。如教师情况是由教师代码、教师名称、地址、电话、电子邮件等数据元素组成的数据结构。

(1) 手工卡片式

数据结构编号：DS2

数据结构名称：原料入库单

简述：记录原料入库的情况

别名：原料入库单

组成：编号+合同编号+供货商号+物料编号+订货数量+进价+税率+税额+税价合计+交货方式+订货日期+年份+计划期+订货地点+订货人+送货日期+送货数量+有效起日+有效止日+记账日期+记账人+审单人

有关的数据流或数据存储：F2，D3

有关的处理逻辑：P3，P5

(2) 电子式

名　称	编码	简　述	组　成
加工计划单	DS1	记录计划加工成品的情况	物料编码，计划期，年份，开始日期，结束日期，需求数量，MPS 数量，生产单数量，预计库存，记账人，修改日期，审核人，审核日期，状态，备注
原料入库单	DS2	记录原料入库的情况	编号，合同编号，供货商号，物料编号，订货数量，进价，税率，税额，税价合计，交货方式，订货日期，年份，计划期，订货地点，订货人，送货日期，送货数量，有效起日，有效止日，记账日期，记账人，审单人
……	…	……	……

3. 数据流

数据流是数据结构在系统内传输的路径。数据流的组成可以是一个已定义的数据结构，也可以由若干数据项和数据结构组成。

(1) 手工卡片式

数据流编号：F2

数据流名称：原料入库单

简述：记录原料入库的情况

数据流来源：采购部

数据流去向：仓库

组成：编号+合同编号+供货商号+物料编号+订货数量+进价+税率+税额+税价合计+交货方式+订货日期+年份+计划期+订货地点+订货人+送货日期+送货数量+有效起日+有效止日+记账日期+记账人+审单人

数据流量：6000 张/年

高峰期及流量：1000 张/2 月，5000 张/9 月

(2) 电子式

名称	编码	简述	来源	去向	组成
加工计划单	F1	记录计划加工成品的情况	生产部	采购部	物料编码，计划期，年份，开始日期，结束日期，需求数量，MPS 数量，生产单数量，预计库存，记账人，修改日期，审核人，审核日期，状态，备注
原料入库单	F2	记录原料入库的情况	采购部	仓库	编号，合同编号，供货商号，物料编号，订货数量，进价，税率，税额，税价合计，交货方式，订货日期，年份，计划期，订货地点，订货人，送货日期，送货数量，有效起日，有效止日，记账日期，记账人，审单人
……	…	…	…	…	……

4. 处理逻辑

处理逻辑描述数据流程图中数据的基本处理过程，比较复杂，在数据字典中仅对数据流程图中最底层的处理逻辑加以说明。如学生的期末成绩是由平时作业成绩、出勤率、实验成绩和期末试卷成绩来确定的，平时作业成绩、出勤率、实验成绩和期末试卷成绩所占的权重各不相同。

(1) 手工卡片式

处理逻辑编号：P1

处理逻辑名称：销售管理

层次号：1

简述：依据市场产品需求和企业经营情况，从而编制成品出库单和销售报表，供管理人员决策使用

输入数据流：产品需求

输出数据流：销售报表，成品出库单

处理：销售中心从仓库提取成品货物，并销售，从而编制成品出库单和销售报表

(2) 电子式

名称	编码	输入	输出	处理过程
销售管理	P1	产品需求	销售报表，成品出库单	销售中心从仓库提取成品货物，并销售，从而编制成品出库单和销售报表
生产计划管理	P2	成品库存台账，原料库存台账，生产需求	加工计划单	根据成品库存台账，原料库存台账，以及产品需求，编制出加工计划单
……	…	……	……	……

5. 数据存储

数据存储是数据结构停留或保存的地方。如在学籍管理系统中的学生成绩表。

(1) 手工卡片式

数据存储编号：D1

数据存储名称：成品库存台账

简述：存放仓库中成品的库存量等信息

别名：

组成：物料编号，物料名称，单价，单位，库存量，备注
关键字：物料编号
记录长度：93B
记录数：60000条
容量：5880KB
有关的处理逻辑：P2，P6，P7

(2) 电子式

名称	编号	简述	组成	关键字	相关联的处理
成品库存台账	D1	存放仓库中成品的库存量等信息	物料编号，物料名称，单价，单位，库存量，备注	物料编号	P2.2, P2.6, P2.7
财务总账	D2	存放所有有关财务方面的信息	记账编号，物料编号，物料数量，进价，税率，税额，税价合计，销售量，销售单价，销售额，记账日期，记账人	记账编号	P2.4, P2.8, P2.9
……	…	……	……	……	……

6. 外部实体

外部实体是数据的来源和去向，主要说明外部实体产生的数据流、接收到的数据流以及该外部实体的数量。如在学籍管理系统中，学生、家长、教师、教务处、学生处和用人单位等都是外部实体。

(1) 手工卡片式

外部实体编号：S1
外部实体名称：采购部
简述：
输入数据流：加工计划单
输出数据流：原料入库单

(2) 电子式

名称	编号	输 入	输 出	备 注
生产部	S1	产品需求，订货单，库存	加工计划单，加工申请单，成品入库单	根据销售中心的销售情况，预测产品需求，以及订货单，制定加工计划单，通过审核后，按计划加工成品，并将成品入库
采购部	S2	加工计划单	原料入库单	根据生产部的计划，采购相应的原料，并入库
……	…	……	……	……

6.7 处理逻辑工具

常用的描述处理逻辑的工具有判断树、判断表和结构化描述语言等方法。
如用文字表达这种多元的逻辑关系，不仅十分繁琐，而且难以看清，采用描述处理逻辑的工具可以清晰地表达条件、决策规则和应采取的行动之间的逻辑关系，容易为管理人员和系统分析人员所接受。

6.7.1 判断树

判断树采用树型结构来表示处理逻辑。从图形上可以一目了然地看清用户的业务在什么条件下应采取什么样的处理方式。在一枝树中，枝代表一组条件的组合，叶代表该组合相对应的处理方式。

例如:某企业对不同交易额、不同信誉的新老客户采取不同的优惠待遇(见图6.18),具体销售策略为:每年的交易额小于等于5万的客户不给优惠;每年的交易额大于5万的客户,如无欠款,给15%的折扣率;如有欠款,还应考虑客户与本企业的交易时间,交易时间大于20年,折扣率为10%,交易时间小于20年,折扣率为5%。

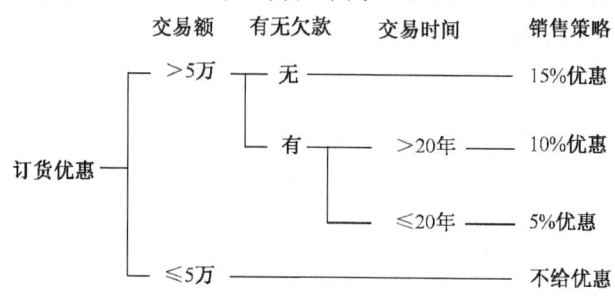

图 6.18 某企业订货优惠判断树

6.7.2 判断表

判断表是采用表格方式来描述处理逻辑的一种工具。在条件较多、相应的决策比较多的情况下,考虑用判断表。判断表用二维表格直观地表达具体条件、决策规则和应采取的行动策略之间的逻辑关系。

例如:某企业对不同交易额、不同信誉的新老客户采取不同的优惠待遇,具体销售策略为:每年的交易额小于等于5万的客户不给优惠;每年的交易额大于5万的客户,如无欠款,给15%的折扣率;如有欠款,还应考虑客户与本企业的交易时间,交易时间大于20年,折扣率为10%,交易时间小于20年,折扣率为5%。

(1) 条件取值:交易额、欠款及交易时间三种。
(2) 每一个条件的取值列在表6.2中。
(3) 所有的条件组合:交易额取值为2个、欠款取值为2个和交易时间取值为2个,所有的条件组合有2×2×2=8个。
(4) 采取的策略有四种:15%的折扣率、10%的折扣率、5%的折扣率和无折扣率。
(5) 按8个条件组合画出判断表达式(见表6.3)
(6) 最后化简的判断表(见表6.4)。

表 6.2 判断表

条件名称	取值	含义
交易额	0	>5万
	1	≤5万
欠款	0	有
	1	无
交易时间	0	>20年
	1	≤20年

表 6.3 某企业订货优惠判断表

条件和行动		1	2	3	4	5	6	7	8
条件	交易额	0	0	0	0	1	1	1	1
	欠款	0	0	1	1	0	0	1	1
	交易时间	0	1	0	1	0	1	0	1
行动	折扣率 15%			√	√				
	折扣率 10%	√							
	折扣率 5%		√						
	无折扣					√	√	√	√

表 6.4 某企业订货优惠判断表

条件和行动		1	2	3	4
条件	交易额	0	0	0	1
	欠款	0	0	1	—
	交易时间	0	1	—	—
行动	折扣率 15%			√	
	折扣率 10%	√			
	折扣率 5%		√		
	无折扣				√

6.7.3 结构化描述语言

结构化描述语言采用很简洁的词汇来表述处理逻辑，没有严格的语法，可以用英语表达，也可以用汉语表达。结构化描述语言采用三种基本逻辑结构来描述处理逻辑，这三种基本逻辑结构是：顺序结构、选择结构和循环结构。

1. 顺序结构

顺序结构是按出现的先后顺序执行的一种结构。顺序结构是由一条条的祈使句构成的，每一条祈使句至少要有一个动词，表明要执行的动作，还至少应有一个名词作为宾语，表示动作的对象。

例如："工资计算"处理逻辑

  输入职工号
  读基本工资文件
  读考勤表文件
  读扣款文件
  计算应付工资
  计算代扣工资
  计算实发工资

2. 选择结构

选择结构常常用来描述要按不同的条件状况分别执行不同的处理功能。

例如：描述某企业订货优惠

```
IF  每年交易额≥5万
    THEN  IF  最近三个月无欠款
              THEN  折扣率=15%
              ELSE  IF  与本公司交易≥20年
                        THEN  折扣率=10%
                        ELSE  折扣率=5%
    ELSE  无折扣
```

下面是处理订货单逻辑过程的结构化描述表示法。

```
IF  欠款时间≤30天
    IF  需要量≤库存量
        THEN  立即发货
    ELSE
        先按库存量发货，进货后再补发
ELSE
    IF  欠款时间≤100天  THEN
        IF  需求量≤库存量
        THEN  先付款再发货
    ELSE
        不发货
ELSE
    要求先付款
```

3. 循环结构

循环结构是指在某种情况下,反复执行某一相同处理功能的一种结构。

例如:"学生成绩管理"处理逻辑

    对每个学生循环处理

    输入学生学号

    输入课程号

    在"学生选课"数据存储中查找该生记录

    如果找到

    则输入成绩

    将学生成绩存入成绩档案中

    直到全部学生的成绩处理完毕

4. 几种表达工具的比较

结构化描述语言最适用于涉及到具有判断或循环动作组合顺序的问题;判断表较适用于含有 10~15 个条件的复杂组合,条件组合过于庞大则将造成不便;判断树适用于行动在 6~10 之间的一般复杂程度的决策,必要时可将判断表上的规则转换成判断树,以便于用户使用;判断表和判断树也可用于系统开发的其他阶段,并被广泛地应用于其他学科。

6.8 建立新系统的逻辑模型

建立新系统逻辑模型是系统分析中重要的任务之一,它是系统分析阶段的重要成果,也是系统设计阶段工作的主要依据。

1. 确定系统目标

对系统目标进行再次考查,并对系统建设的环境和条件的调查修正系统目标,使系统目标适应组织的管理需求和战略目标。主要内容为:系统功能目标;系统技术目标;系统经济目标。

2. 确定新系统的业务流程

确定合理的业务处理流程,将业务流程和业务处理分析的结果归纳整理,其具体内容包括:

(1) 删去或合并那些多余的或重复处理的过程。

(2) 对业务流程中不合理的过程进行优化和改动。分析改动的原因是什么?改动(包括增补)后将带来哪些好处?

(3) 给出最后确定的业务流程图。

(4) 指出在业务流程图中哪些部分新系统(主要指计算机软件系统)可以完成,哪些部分需要用户完成(或是需要用户配合新系统来完成)。

3. 确定新系统的数据和数据流程

(1) 请用户确认最终的数据指标体系和数据字典。确认的内容主要是指标体系是否全面合理,数据精度是否满足要求并可以统计得到这个精度等。

(2) 对哪些数据处理过程进行了优化和改动?改动的原因是什么?改动(包括增补)后将带来哪些好处?

(3) 给出最后确定(即优化后)的数据流程图。
(4) 指出在数据流程图中的人机界面。

4. 确定新系统的功能模型

确定新系统的功能模型就是对新系统进行子系统的划分,在确定新系统逻辑模型时,必须再次进行分析讨论,最后确定新系统总的功能模型。

5. 确定新系统数据资源分布

新系统逻辑划分方案(即子系统的划分)。

新系统数据资源的分布方案,如那些数据资源的分布在本系统设备内部,那些数据资源的分布在网络服务器或主机上。

6. 确定新系统中的管理模型

确定新系统的管理模式。例如采用集中统一的领导体制,还是松散的管理体制,主辅分离;主业集中,其他分流等管理模式。都应在此期间确定。

具体业务的管理模型:要结合具体情况确定今后系统在每一个具体的管理环节上的处理方法。例如物资管理系统采用库存优化模型;成本管理系统的成本核算模型、成本预测模型、成本分析模型;生产作业计划系统的投入产出矩阵模型、网络计划(PERT)模型/关键路径法(CPM)模型、设备能力负荷平衡模型、滚动式生产作业计划模型、甘特图(Gantt chart)模型等。

7. 新系统运行环境

对系统目标进行再次考查,并对系统建设的环境和条件的调查修正系统目标,使系统目标适应组织的管理需求和战略目标。

(1) 系统总体结构
单机用户/网络系统(Internet / Intranet / WAN / LAN / MAN)
网络拓扑结构
(2) 软件系统
操作系统
数据库管理系统
程序设计语言
应用/工具软件系统
(3) 机构调整和人员调整设想
(4) 规章制度和岗位职责

6.9 系统分析报告

系统分析阶段的成果就是系统分析报告,是下一步系统设计与实现的基础,包括以下几个方面内容。

1. 引言部分

主要包括名称、开发目标、主要功能、开发背景等。

2. 现行系统概况

(1) 现行系统现状详细调查说明

包括组织结构图、功能结构图、组织/功能联系表、业务流程图、数据流程图、数据字典和主要处理逻辑等。

(2) 现行系统分析

用户需求及主要存在的问题等。

3. 新系统逻辑方案

(1) 新系统目标；
(2) 新系统逻辑模型(业务流程图、数据流程图、数据字典)；
(3) 新系统功能分析(改进，补充，优越之处)；
(4) 新系统在各个处理环节上采用的管理方法、模型；
(5) 与新系统相配套的管理制度和运行体制的建立；
(6) 下阶段工程进度计划。

6.10 系统案例1——医疗保险系统

6.10.1 医疗管理中心组织结构分析

医疗管理中心的组织结构图和医疗保险管理信息系统的功能结构图分别如图6.19和图6.20所示。

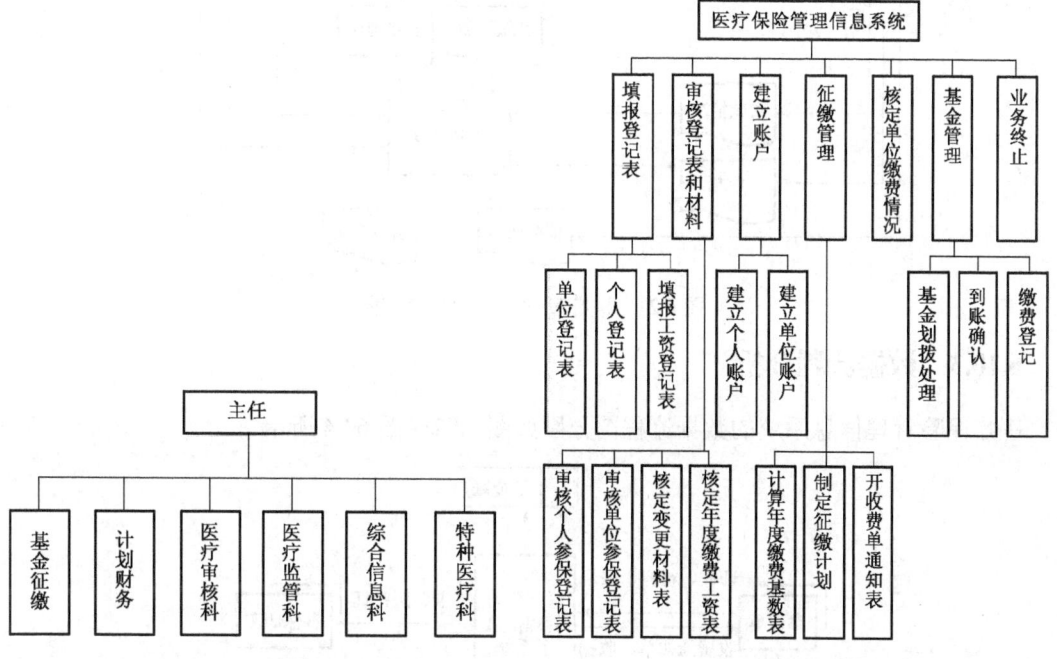

图 6.19 医疗管理中心的组织结构图　　图 6.20 医疗保险管理信息系统功能结构图

6.10.2 业务流程分析

医疗管理中心业务流程图如图6.21所示。

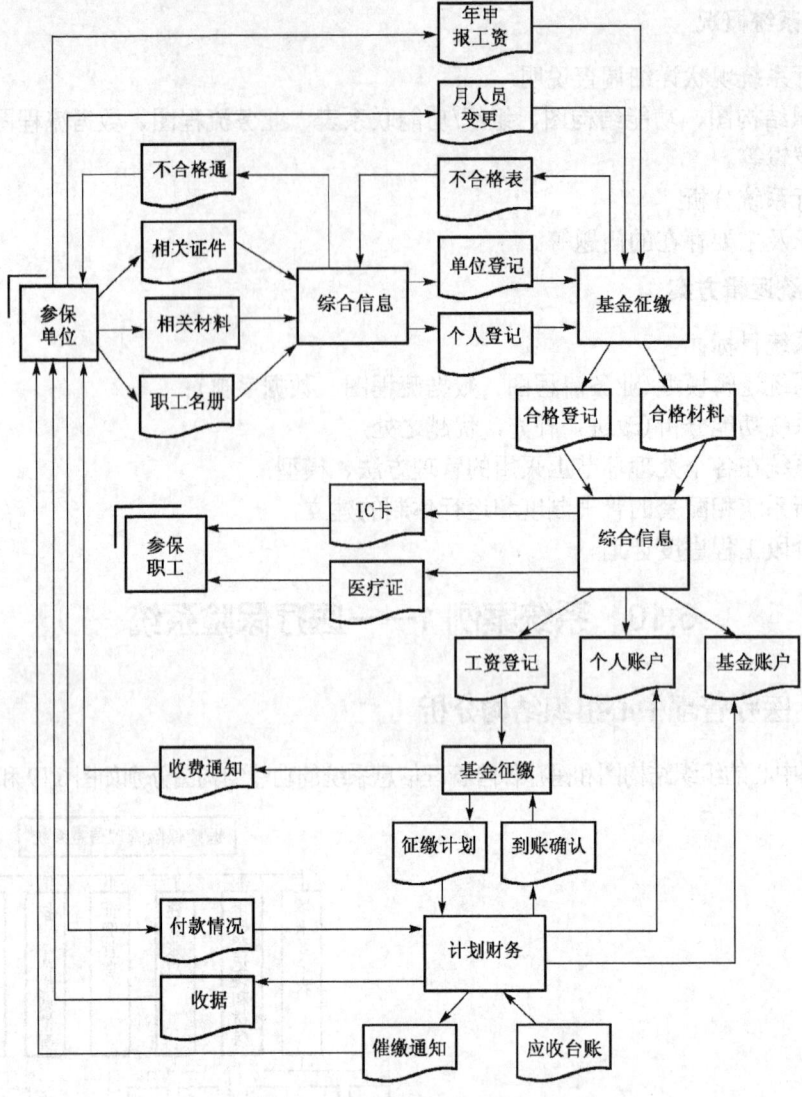

图 6.21 医疗管理中心业务流程图

6.10.3 数据流程分析

医疗保险管理信息系统的数据流程图分别如图 6.22～图 6.24 所示。

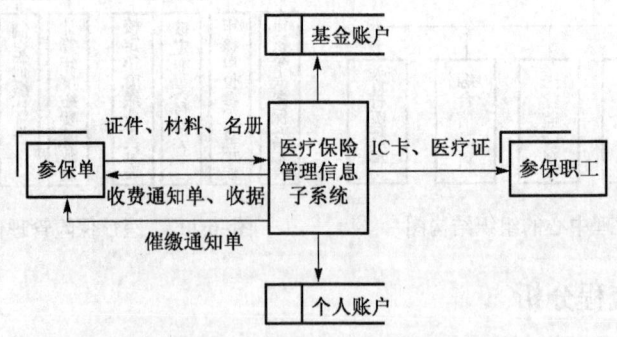

图 6.22 医疗保险管理信息子系统顶层数据流程图

第 6 章 管理信息系统的系统分析

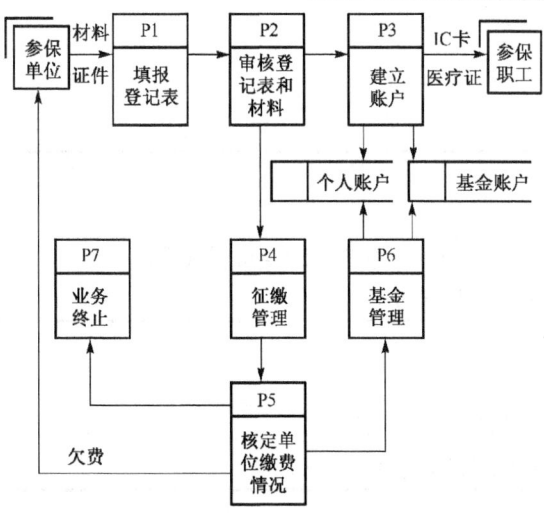

图 6.23 医疗保险管理信息子系统一层数据流程图

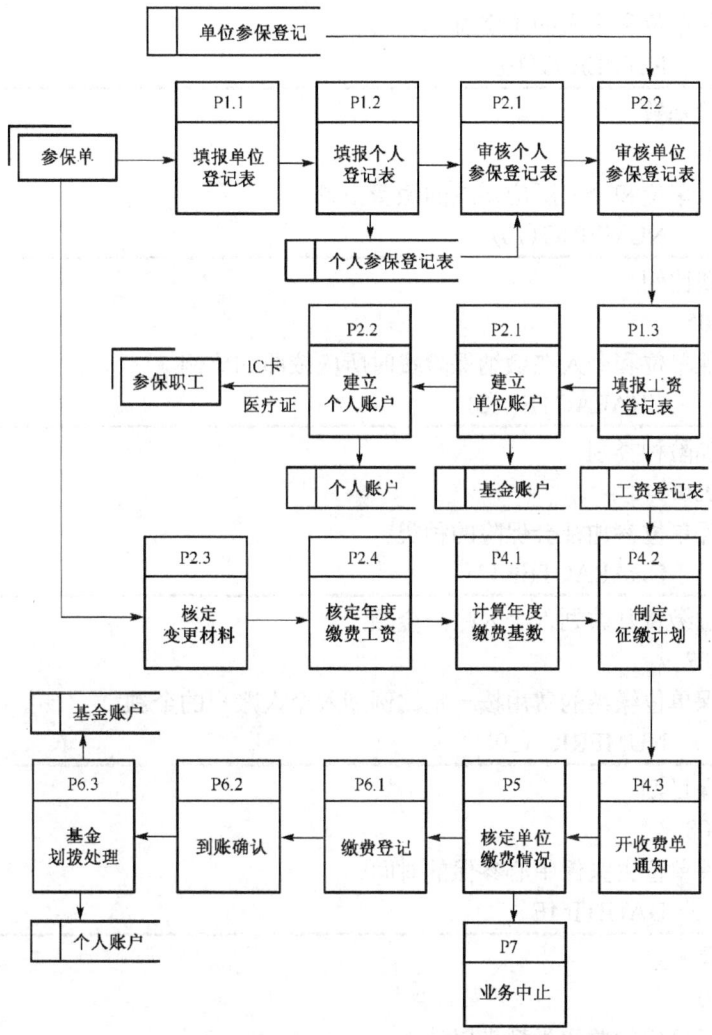

图 6.24 医疗保险管理信息子系统二层数据流程图

6.10.4 数据字典

1. 数据项

名称：	单位编号
编号：	I0001
简述：	参保单位去医疗保险中心参保时生成的编码
类型、长度：	CHARACTER(10)

名称：	个人编号
编号：	I0002
简述：	参保职工参保时生成的编码
类型、长度：	CHARACTER(18)

名称：	缴费工资
编号：	I0003
简述：	参保单位和个人的工资总额
类型、长度：	NUMERIC(10)

名称：	缴费基数
编号：	I0004
简述：	参保单位和个人所应缴纳的缴费工资
类型、长度：	NUMERIC(10)

名称：	缴费比例
编号：	I0005
简述：	参保单位和个人在缴纳保险费时所应依照的比例
类型、长度：	CHARACTER(3)

名称：	参加险种类别
编号：	DI0006
简述：	参保单位参加社会保险的种类
类型、长度：	CHARACTER(3)

名称：	单位缴费基数划入个人账户金额
编号：	I0007
简述：	参保单位缴纳的费用按一定比例划入个人账户的金额
类型、长度：	NUMERIC(10)

名称：	参保日期
编号：	I0008
简述：	参保单位去医保中心参保的时间
类型、长度：	DATETIME

名称：	隶属关系
编号：	I0009
简述：	参保单位的单位类型隶属的地点
类型、长度：	CHARACTER(3)

名称： 单位类型
编号： I0010
简述： 参保单位所属的经济类型
类型、长度： CHARACTER(3)

2. 数据结构

名称： 收费通知单
编号： DS0001
简述： 征缴科向参保单位发出的收缴费用的单据
组成： 单位编号、名称、缴费金额等

名称： 催缴通知
编号： DS0002
简述： 对未缴费或欠费的参保单位进行催款处理
组成： 单位编号、名称、欠费金额、应缴金额等

名称： 不合格通知
编号： DS0003
简述： 向参保单位发出的填报资料不符合中央下发文件的通知
组成： 单位编号、不合格资料内容

名称： 单位参保信息登记表
编号： DS0004
简述： 记录了参保单位的基础信息和参保信息
组成： 单位编号、单位名称、参保日期、缴费比例、缴费工资等

名称： 个人参保信息登记表
编号： DS0005
简述： 完成参保单位的参保职工基础信息及参保信息的录入
组成： 单位编号、个人编号、身份证号、姓名、缴费比例、缴费工资等

名称： 缴费工资登记表
编号： DS0006
简述： 进行工资登记及每年的年度工资申报
组成： 险种类型、工资总额、缴费基数、单位名称等

名称： 个人账户
编号： DS0007
简述： 参保职工的医疗保险基金存储
组成： 单位编号、个人编号、人员类别、工资总额、单位划入账户金额

名称： 基金账户
编号： DS0008
简述： 参保单位的医疗保险基金存储
组成： 单位编号、工资总额、缴费比例、划入账户金额等

3. 数据流

名称：	收费通知单
编号：	F0001
简述：	征缴科向参保单位发出的收缴费用的单据
来源：	基金征缴科科员
去向：	参保单位
组成：	单位编号、名称、缴费金额等
流量：	1000 份/月

名称：	催缴通知
编号：	F0002
简述：	对未缴费或欠费的参保单位进行催款处理
来源：	计划财务科
去向：	参保单位
组成：	单位编号、名称、欠费金额、应缴金额等
流量：	100 份/月

名称：	不合格通知
编号：	F0003
简述：	向参保单位发出的填报资料不符合中央下发文件的通知
来源：	基金征缴科科长
去向：	参保单位
组成：	单位编号、不合格资料内容
流量：	100 份/年

4. 数据存储

名称：	个人账户
编号：	D1
简述：	参保职工的医疗保险基金存储
来源：	建立个人账户处理
去向：	基金划拨处理
组成：	单位编号、个人编号、人员类别、工资总额、单位划入账户金额
有关的数据流：	P3.2→D1 P6.5→D1
信息流量：	100 份/月

名称：	基金账户
编号：	D2
简述：	参保单位的医疗保险基金存储
来源：	建立基金账户处理
去向：	基金划拨处理
组成：	单位编号、工资总额、缴费比例、划入账户金额等
有关的数据流：	P3.1→D2 P6.3→D2
信息流量：	100 份/月

名称： 单位参保信息登记表
编号： D3
简述： 记录了参保单位的基础信息和参保信息
来源： 综合信息科
去向： 基金征缴科审核单位参保登记表处理
组成： 单位编号、单位名称、参保日期、缴费比例、缴费工资等
有关的数据流：P1.1→D3 D3→P2.2
信息流量： 100 份/月

名称： 个人参保信息登记表
编号： D4
简述： 完成参保单位的参保职工基础信息及参保信息的录入
来源： 综合信息科
去向： 基金征缴科审核个人登记表
组成： 单位编号、个人编号、身份证号、姓名、缴费比例、缴费工资等
有关的数据流：P1.2→D4 D4→P2.1
信息流量： 100 份/月

名称： 缴费工资登记表
编号： D5
简述： 进行工资登记及每年的年度工资申报
来源： 综合信息科
去向： 基金征缴科制定征缴计划处理
组成： 险种类型、工资总额、缴费基数、单位名称等
有关的数据流：P1.3→D5 D5→P4.2
信息流量： 100 份/月

5. 处理逻辑

名称： 计算年度缴费基数
编号： P4.1
简述： 对核定的年度缴费工资按比例进行计算，求出单位及各职工的缴费基数，及应缴纳的基金额
输入： 单位和职工的缴费工资及缴费比例
来源： 缴费工资登记表
处理： 按照单位的缴费工资和比例计算单位应缴纳的基金，按照每个职工缴费工资和比例计算职工应缴纳的基金。单位缴纳基金=单位缴费工资*6%。个人缴纳基金=个人缴费工资*2%
去向： 制定征缴计划

名称： 基金划拨
编号： P6.3
简述： 将单位和个人缴纳的医保基金按比例划拨到个人账户和基金账户中
输入： 单位和个人的缴费基数和划拨比例

来源：   到账确认表
处理：   职工个人缴纳的基本医疗费，全部计入个人账户。用人单位缴费的基本医疗保险费分三种比例划入个人账户，此比例划分按照年龄进行，共分三种情况，年龄在 46 岁（含 46 岁）以上的参保职工划拨比例为 2.8%，年龄在 45 周岁以下的参保职工划拨比例为 2.5%，退休职工的划拨比例为 3%，剩余部分用于建立社会统筹基金。

个人账户=职工缴费+单位缴费*2.8%
　　　　=职工缴费+单位缴费*2.5%
　　　　=单位缴费*3%

基金账户=单位缴费-划入个人账户部分
去向：   待遇支付处理

6．外部实体

名称：	参保单位
编号：	S0001
简述：	提供基本材料和证件、接收收费通知单、催缴通知单
输入：	相关材料和证件、月人员变更、年申报工资、付款情况
输出：	收费通知单、催缴通知单、参保材料不合格通知

名称：	参保职工
编号：	S0002
简述：	医疗保险管理中心向职工发放 IC 卡和医疗证
输入：	参保单位职工花名册及相关基础资料和参保资料
输出：	IC 卡、医疗证

6.11　系统案例 2——药品进销存管理信息系统

6.11.1　现行数据流程分析

（1）顶层数据流程图（见图 6.25）。

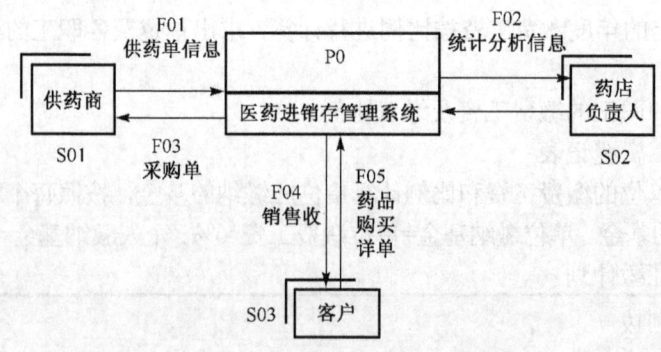

图 6.25　现行系统顶层数据流程图

（2）底层数据流程图（见图 6.26）。

第6章 管理信息系统的系统分析

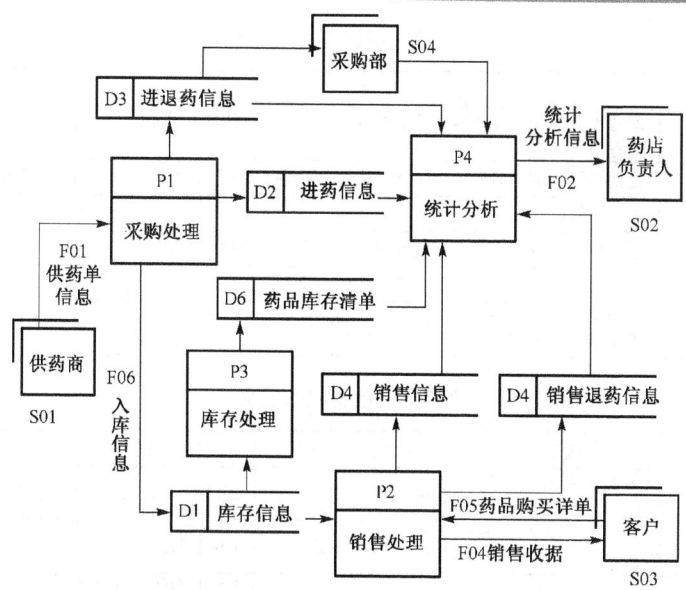

图 6.26 现行系统一层数据流程图

(3) 数据字典描述（见表 6.5～表 6.9）。

表 6.5 数据项的定义

编号	数据项名称	简述	类型及宽度	取值范围
I01	进药单号	进药单流水号	字符型 10 位	0000000001～9999999999
I02	药品编号	某种药品的流水号	字符型 6 位	000001～999999
I03	药品单位	某种药品的计算单位	字符型 4 位	0001～9999
I04	药品详单号	某种药品详细信息的代码	字符型 10 位	0000000001～9999999999
I05	仓库编号	仓库的编号	数值型 4 位	0001～9999
I06	供药商 ID	某种药品的供药商 ID	数值型 6 位	000001～999999
I07	应付金额	应付款的金额	数值型 10 位	0000000001～9999999999
I08	实付金额	实际支付的金额	数值型 6 位	000001～999999
I09	进药日期	进药的具体时间	字符型 6 位	000001～999999
I10	退药单号	退药单流水号	字符型 6 位	000001～999999
I11	退药日期	退药的具体时间	字符型 6 位	000001～999999
I12	退药金额	所退药品的金额	数值型 6 位	000001～999999
I13	付款方式	支付药品货款的形式	字符型 6 位	000001～999999
I14	销售日期	销售药品的具体时间	字符型 6 位	000001～999999
I15	销售数量	销售药品的数量	数值型 6 位	000001～999999
I16	销售单号	销售单流水号	字符型 10 位	0000000001～9999999999
I17	客户号	客户流水号	字符型 10 位	0000000001～9999999999
I18	库存单号	库存单流水号	字符型 10 位	0000000001～9999999999
I19	库存数量	某种药品的库存数量	字符型 10 位	0000000001～9999999999
I20	库存下限	某种药品的最小库存量	数值型 6 位	000001～999999
I21	进药数量	采购药品的数量	字符型 10 位	0000000001～9999999999
I22	客户类型	将零售客户与批量客户区分开	字符型 6 位	000001～999999
I23	客户联系方式	客户的地址、联系电话等	字符型 10 位	0000000001～9999999999
I24	进药单价	采购药品的价格	数值型 6 位	000001～999999
I25	售药单价	销售药品的价格	数值型 6 位	000001～999999

表 6.6 数据存储的定义

编号	名称	简述	数据结构组成
DS01	库存信息	库存单号、药品详单号、药品编号、药品单位、进药单号、库存数量	I01+I02+I03+I04+ I18+I19
DS02	进药信息	进药单号、供药商 ID、应付金额、实付金额、进药日期等	I01+I06+I07+I08+I09
DS03	进退药信息	退药单号、退药日期、退药金额等	I10+I11+I12
DS04	销售信息	销售单号、应付金额、实付金额、付款方式、销售日期等	I07+0I8+I13+I14+ I16
DS05	销售退药信息	客户号、退药单号、退药日期、退药金额	I10+I11+I12+I17
DS06	药品库存清单	进药单号、药品编号、药品单位、药品详单号、仓库编号、进药单价、库存单号、库存数量	I01+I02+I03+I04+I05+I18+I19+I24

表 6.7 数据流的定义

编号	名称	简述	来源	去向	组成	平均流量	高峰流量
F01	供药单信息	供药商提供的详细供药信息	供药商	P1	I01+I06+I07+I08+I09	20 份/月	40 份/月
F02	统计分析信息	分析药品进销存的详细信息	P0、P4	S02	DS01+DS02+DS04	1 份/天	2 份/天
F03	采购单	药品采购详单	P0	S01	DS01+DS02+DS03+DS04+DS05	1 份/周	2 份/周
F04	销售收据	客户付款购买药品的凭证	P2	S03	DS04	50 份/天	100 份/天
F05	药品购买详单	客户购买药品的详单	S03	P2	DS04	50 份/天	100 份/天
F06	入库信息	审核合格的药品入库的详细信息	P1	D1	DS01+I15+I21	20 份/月	40 份/月

表 6.8 处理逻辑的定义

编号	名称	简述	输入	处理	输出	频率
P0	医药进销存管理系统	对药店经营的药品进行相应的进销存处理	S01	对药店经营中的药品的进销存进行计算统计并及时修改相应的药品信息	S02、S03	约 50 次/天
P1	采购处理	对药品的采购信息进行相应的处理	S01	处理药品的相应采购信息,添加并修改采购信息	D1、D2、D3	约 2 次/天
P2	销售处理	对药品的销售信息进行相应的处理	S03、D1	修改并添加药品的销售信息	D4、D5	约 50 次/天
P3	库存处理	对药品的库存进行合理有效的管理	D1	药品的出入库、盘点等	D7	约 1 次/天
P4	统计分析	统计分析药品销售及盈亏信息	D2、D3、D4、D5、D7	对药品销售及盈亏信息进行处理并形成供各药店使用的统计信息	S02	2 次/周

表 6.9 外部实体的定义

编号	名称	输入的数据流	输出的数据流
S01	供药商	P1.2	P1.1
S02	药店负责人	P4	P0
S03	客户	P0	P0
S04	采购部	D3	P4

6.11.2 新系统的逻辑结构

1. 新系统的目标

(1) 功能目标

对销售部门的主要业务,包括客户登记、检查库存、销售登记和销售退药等,并对相应的信息进行准确的统计分析，即根据客户的药品购买详单，检查药品库存并进行客户信息登记，同时进行相应的退药登记及记录。

规范所有资料信息，包括客户信息、销售信息、库存信息、进退药信息及药品损益信息等，从而降低管理人员劳动强度，提高工作效率。

实现多点操作的信息共享，相互之间信息传递准确、快捷、顺畅。

能够快速准确地处理药品的查询、销售、库存、出入库、盘点等多种业务模式。

及时汇总、统计销售、库存信息，并将统计信息提供给药品的高层管理者，使决策者能够及时掌握企业的运营，为企业的经营分析和决策提供强大的辅助支持，使企业的决策快速、科学、有效。

实用性高，系统能使用户通过 Visual Basic 6.0 对数据库方便、灵活地进行各种操作，可操作性强，尽量采用用户熟悉的界面，操作简单易行，查询灵活方便，数据存储安全可靠，从而使用户能很方便地使用。

拥有以上特点的医药进销存管理系统将大大提高连锁药店的管理效率，降低药店的运营成本，提高服务质量。

(2) 技术目标

采用 Microsoft Office Access 2007 和 VB 等工具开发管理信息系统并对数据进行相应的处理，提高管理效率。

采用计算机技术将整个企业的销售、库存、采购、统计分析等环节有效地联系起来，使管理人员可以对企业业务进行综合统筹规划。

(3) 经济目标

向客户提供优质、完善、快速的服务，提高客户满意度。

挖掘供货潜力，降低整个药品销售网络物流成本，增强竞争力。

对药品的进销存等过程进行合理优化，提高销售服务质量和库存利用率，从而降低药店的运营成本，实现企业与客户之间信息的共享和及时交换。

对药店的业务流程进行全面优化，提高企业办公效率，降低工作人员以及管理人员的劳动负荷，减少冗余人员。

(4) 最终目标

从整个企业的角度出发，利用信息技术，通过对信息流、物流、资金流的控制，完成从药品采购、销售、库存到最终客户信息统计及反馈，将整个药品销售网络信息管理系统作为企业 ERP 整体计划的重要组成部分来进行分析和设计，实现系统运行集成化、业务流程合理化、绩效监控动态化和合理改善持续化。

2. 新系统的业务流程

经过对现行业务流程的分析和对企业未来发展战略的研究，去除了重复的业务流程，并对某些流程进行了细化或重组，确定了新系统的业务流程。

(1) 业务流程图

新业务流程主要增加经理对这个流程的管理，针对大药店的批量购买客户，采用批量销售模式，同时针对普通用户采用零售模式以满足客户需求。在库存业务中加入了药品的库存调拨管理及药品报损报溢管理等新功能。同时在其他方面系统也有所改进，在此不详细叙述，详细的业务流程图如图 6.27～图 6.30 所示。

① 采购管理业务流程（见图 6.27）：仓库管理员根据仓库报警单编制采购计划，进过领导审批通过后即可采购，从供药商处采购的药品，首先要经过仓库管理员的验收合格后方可入库，否则，退药给原供药商。

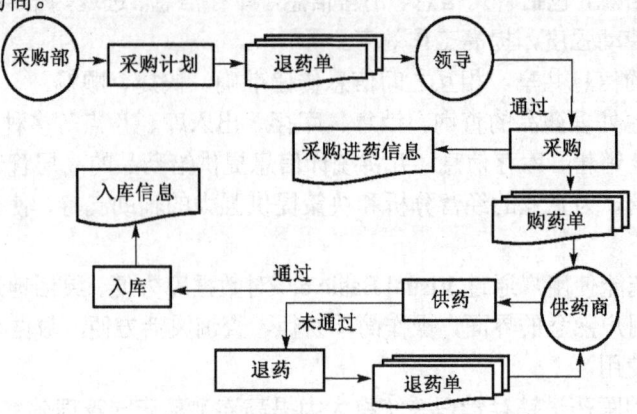

图 6.27 采购管理业务流程图

② 销售管理业务流程（见图 6.28 和图 6.29）。

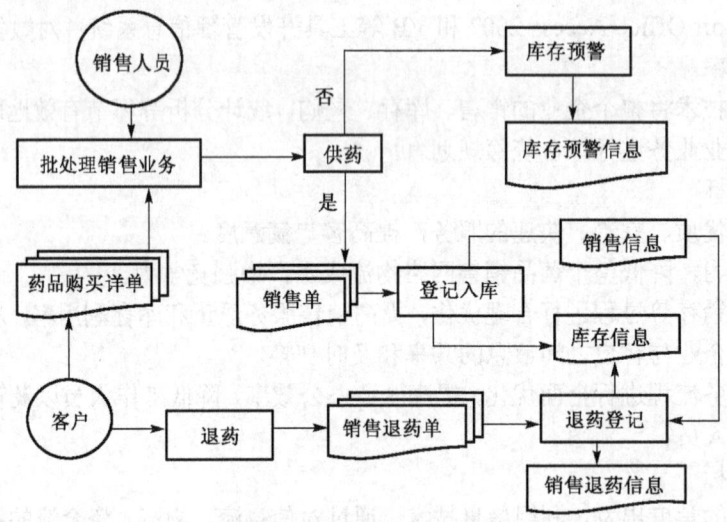

图 6.28 批量销售业务流程图

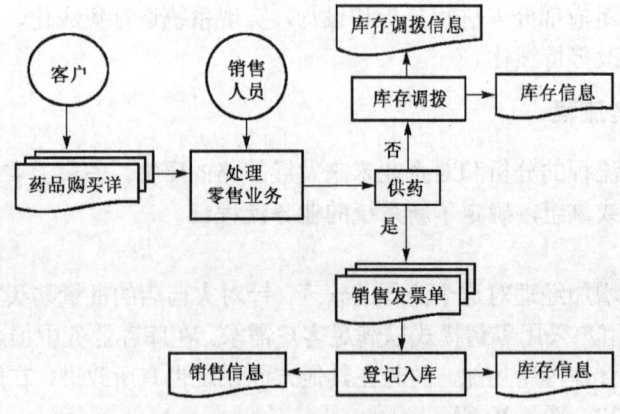

图 6.29 零售业务流程图

③ 库存管理业务流程（见图 6.30）。

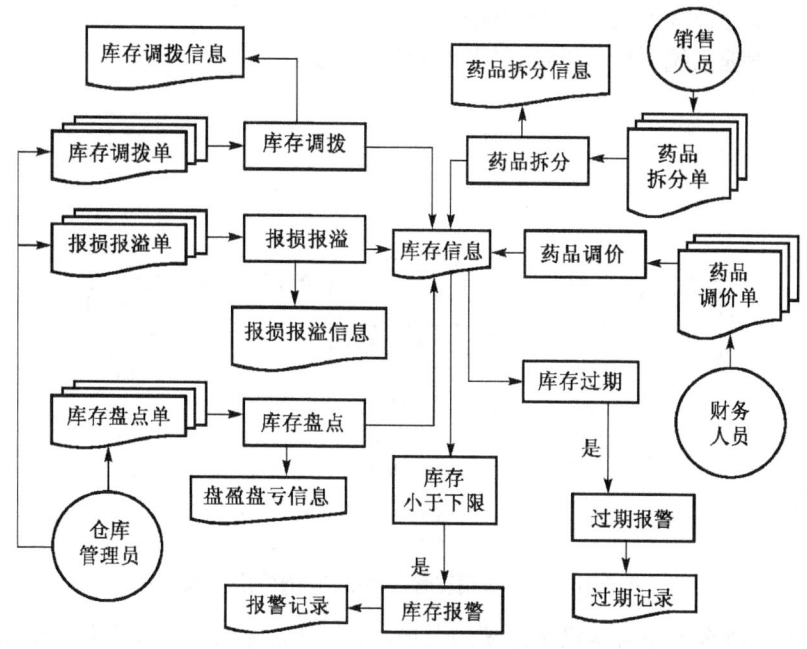

图 6.30　库存管理业务流程图

(2) 表格分配图

新系统表格分配图如图 6.31 所示。

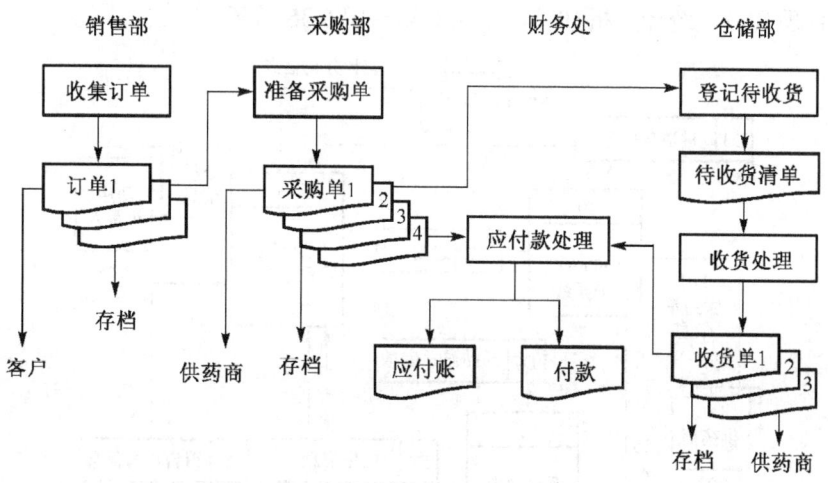

图 6.31　新系统表格分配图

销售部门收集客户订单（主要是批量销售）后查看库存信息，若库存满足发货库存，立即发货，订单一式两份，分别交予客户和存档；若库存不足，根据订单向采购部门发出采购单，采购部门根据采购单进货，并将采购单存档，用以应付款的处理。药品进货后入库，仓库开出收货单，一式三份，分别用于应付款处理、交予供药商和存档。

3. 新系统的数据和数据流程

(1) 医药进销存管理系统顶层数据流程图

医药进销存管理系统顶层数据流程图如图 6.32 所示。

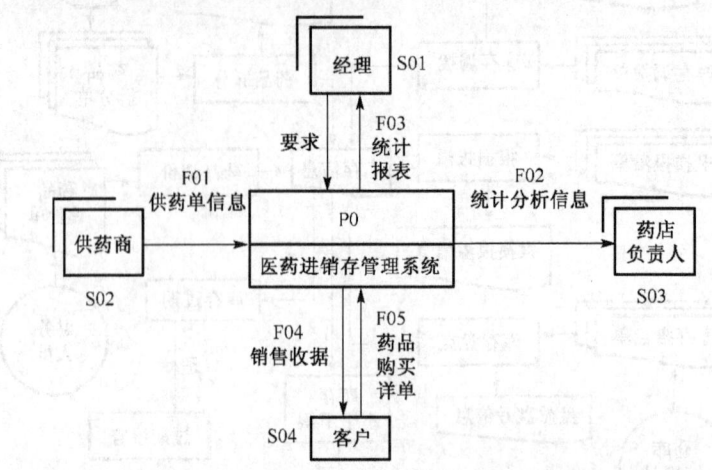

图 6.32　医药进销存管理系统顶层数据流程图

说明：实际上顾客不是直接操纵系统的人员，而是通过系统的操作人员申请查询等间接的方式与系统打交道。另外经理和操作人员（药店负责人）的操作权限是不一样的，经理具有更高的操作权限。

(2) 医药进销存管理系统第二层数据流程图

系统的第一层数据流程图，包含四个主要的数据处理过程，即采购管理（P1）、销售管理（P2）、库存管理（P3）、统计分析（P4），如图 6.33～图 6.36 所示。

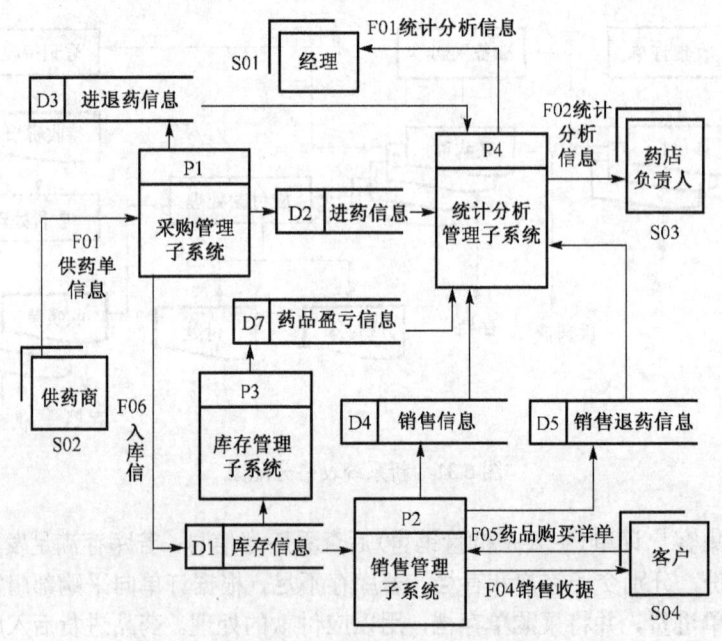

图 6.33　医药进销存管理系统第一层数据流程图

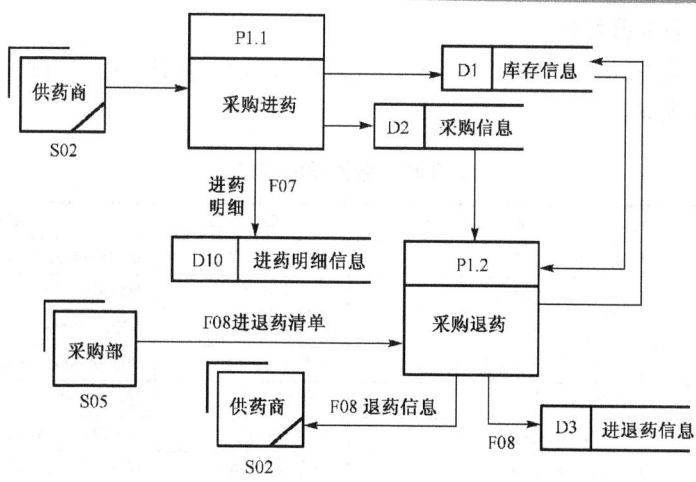

图 6.34 "P1 采购管理子系统"第二层数据流程图

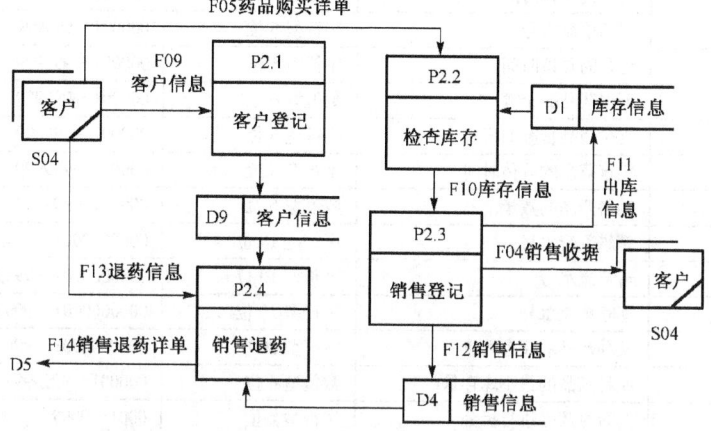

图 6.35 "P2 销售管理子系统"第二层数据流程图

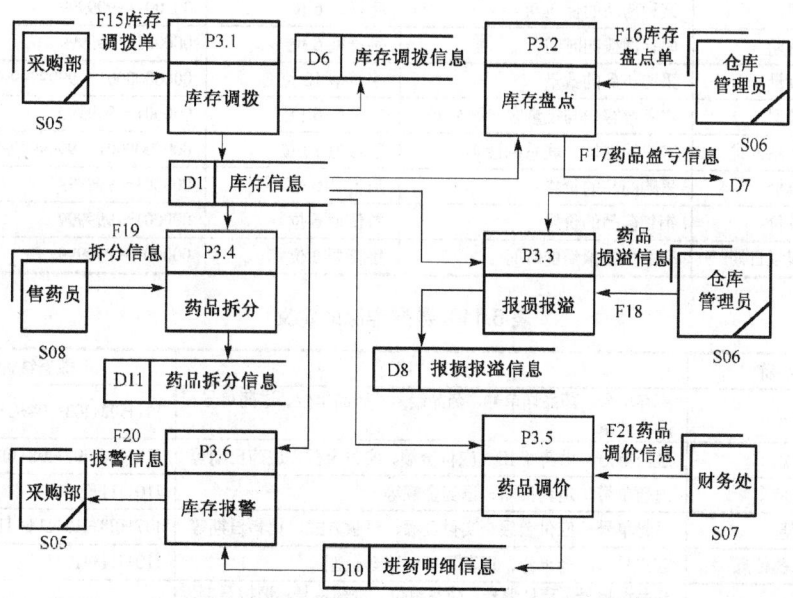

图 6.36 "P3 库存管理子系统"第二层数据流程图

(3) 新系统数据字典描述

由于对企业业务进行了适当重组后形成三层数据流程,现对数据字典重新进行定义,分别如表 6.10～表 6.14 所示。

表 6.10 数据项的定义

编号	数据项名称	简述	类型及宽度	取值范围
I01	进药单号	进药单流水号	字符型 10 位	0000000001～9999999999
I02	药品编号	某种药品的流水号	字符型 6 位	000001～999999
I03	药品单位	某种药品的计算单位	字符型 4 位	0001～9999
I04	药品详单号	某种药品详细信息的代码	字符型 10 位	0000000001～9999999999
I05	仓库编号	仓库的编号	数值型 4 位	0001～9999
I06	供药商 ID	某种药品的供药商 ID	数值型 6 位	000001～999999
I07	应付金额	应付款的金额	数值型 10 位	0000000001～9999999999
I08	实付金额	实际支付的金额	数值型 6 位	000001～999999
I09	进药日期	进药的具体时间	字符型 6 位	000001～999999
I10	退药单号	退药单流水号	字符型 6 位	000001～999999
I11	退药日期	退药的具体时间	字符型 6 位	000001～999999
I12	退药金额	所退药品的金额	数值型 6 位	000001～999999
I13	付款方式	支付药品货款的形式	字符型 6 位	000001～999999
I14	销售日期	销售药品的具体时间	字符型 6 位	000001～999999
I15	销售数量	销售药品的数量	数值型 6 位	000001～999999
I16	销售单号	销售单流水号	字符型 10 位	0000000001～9999999999
I17	客户号	客户流水号	字符型 10 位	0000000001～9999999999
I18	库存单号	库存单流水号	字符型 10 位	0000000001～9999999999
I19	库存数量	某种药品的库存数量	字符型 10 位	0000000001～9999999999
I20	库存下限	某种药品的最小库存量	数值型 6 位	000001～999999
I21	是否拆零	是否对药品进行拆分	字符型 4 位	0001～9999
I22	生产日期	某种药品的生产日期	字符型 6 位	000001～999999
I23	有效期	某种药品的保质期	字符型 6 位	000001～999999
I24	调拨日期	库存调拨的时间	字符型 6 位	000001～999999
I25	进药数量	采购药品的数量	字符型 10 位	0000000001～9999999999
I26	客户类型	将零售客户与批量客户区分开	字符型 6 位	000001～999999
I27	客户联系方式	客户的地址、联系电话等	字符型 10 位	0000000001～9999999999
I28	进药单价	采购药品的价格	数值型 6 位	000001～999999
I29	售药单价	销售药品的价格	数值型 6 位	000001～999999
I30	报损报溢日期	药品报损报溢的时间	字符型 6 位	000001～999999

表 6.11 数据存储的定义

编号	名称	简述	数据结构组成
DS01	库存信息	库存单号、药品详单号、药品编号、药品单位、进药单号、库存数量	I01+I02+I03+I04+I18+I19
DS02	进药信息	进药单号、供药商 ID、应付金额、实付金额、进药日期等	I01+I06+I07+I08+I09
DS03	进退药信息	退药单号、退药日期、退药金额等	I10+I11+I12
DS04	销售信息	销售单号、应付金额、实付金额、付款方式、销售日期等	I07+0I8+I13+I14+ I16
DS05	销售退药信息	客户号、退药单号、退药日期、退药金额	I10+I11+I12+I17
DS06	库存调拨信息	药品详单号、药品编号、药品单位、进药单号、调拨日期、是否拆零等	I01+ I 02+ I 03+ I 04+ I 09+I21+I24

第6章 管理信息系统的系统分析

(续表)

编号	名称	简述	数据结构组成
DS07	药品盈亏信息	药品详单号、药品编号、药品单位、进药单价、售药单价、销售数量等	I02+I03+I04+I15+I28+I29
DS08	报损报溢信息	药品详单号、药品编号、药品单位、进药单价、售药单价、销售数量、报损报溢日期等	I02+I03+I04+I15+I28+I29+I30
DS09	客户信息	客户类型、客户编号	I17+I26+I27
DS10	进药明细信息	进药单号、药品编号、仓库编号、进药数量、库存下限、生产日期、有效期等	I01+I02+I05+I20+I22+I23+I25
DS11	药品拆分信息	药品编号、药品单位、药品详单号、库存单号、库存数量、是否令拆	I02+I03+I04+I18+I19+I21

表 6.12 数据流的定义

编号	名称	简述	来源	去向	组成	平均流量	高峰流量
F01	供药单信息	供药商提供的详细供药信息	供药商	P1.1	I01+I06+I07+I08+I09	20 份/月	40 份/月
F02	统计分析信息	分析药品进销存的详细信息	P0、P4	S01、S03	DS01+DS02+DS04	1 份/天	2 份/天
F03	统计报表	药店进销存报表	P0	S01	DS01+DS02+DS03+DS04+DS05	1 份/周	2 份/周
F04	销售收据	客户付款购买药品的凭证	P2	S04	DS04	50 份/天	100 份/天
F05	药品购买清单	客户购买药品的详单	S04	P2	DS04	50 份/天	100 份/天
F06	入库信息	审核合格的药品入库的详细信息	P1.1	D1	DS01+I15+I21	20 份/月	40 份/月
F07	进药明细	采购药品的具体信息	P1.1	D10	DS10	50 份/周	100 份/周
F08	进退药清单	退药详细清单	S05	P1.2	DS03	30 份/周	60 份/周
F09	客户信息	购买药品的客户基本信息	S04	P2.1	DS09	50 份/天	100 份/天
F10	库存信息	库存药品的基本信息	P2.2	P2.3	I02+I03+I04+I05+I06+I19+I21	20 份/月	40 份/月
F11	出库信息	药品出库的基本信息	P2.3	D1	I02+I03+I04+I05+I19+I20	30 份/月	50 份/月
F12	销售信息	药品销售的详细信息	P2.3	D4	DS04	50 次/天	80 次/天
F13	退药信息	销售退药的基本信息	S04	P2.4	DS05	10 份/天	20 份/天
F14	销售退药详单	经核实后的退药详细信息	P2.4	D5	DS05	10 份/天	20 份/天
F15	库存调拨单	调拨库存药品的基本信息	S05	P3.1	DS06	10 份/天	30 份/天
F16	库存盘点单	盘点库存药品的基本信息	S06	P3.2	I01+I02+I03+I04+I18+I19+I20	1 份/天	2 份/天
F17	药品盈亏信息	盘点某种药品的盈亏情况	P3.2	D7	DS07	1 次/周	2 次/周
F18	药品损益信息	药品损益的基本信息	S06	P3.3	DS08	1 次/周	2 次/周
F19	拆分信息	药品拆分的基本信息	S08	P3.4	DS11	30 次/天	50 次/天
F20	报警信息	库存不足的药品报警信息	P3.6	S05	I02+I03+I04+I18+I19+I20	1 次/周	2 次/周
F21	药品调价信息	药品调价的基本信息	S07	P3.5	I02+I03+I04+I15+I19+I20+I28+I29	1 次/月	2 次/月

表 6.13 处理逻辑的定义

编号	名称	简述	输入	处理	输出	频率
P0	医药进销存管理系统	对药店经营的药品进行相应的进销存处理	S02	对药店经营中的药品的进销存进行计算统计并及时修改相应的药品信息	S01、S03、S04	约 50 次/天
P1	采购管理子系统	对药品的采购信息进行相应的处理	S02	处理药品的相应采购信息,添加并修改采购信息	D1、D2、D3	约 2 次/天
P2	销售管理子系统	对药品的销售信息进行相应的处理	S04、D1	修改并添加药品的销售信息	D4、D5	约 50 次/天
P3	库存管理子系统	对药品的库存进行合理有效的管理	D1	药品的出入库、盘点等	D7	约 1 次/天

(续表)

编号	名称	简述	输入	处理	输出	频率
P4	统计分析管理子系统	统计分析药品销售及盈亏信息	D2、D3、D4、D5、D7	对药品销售及盈亏信息进行处理并形成供各药店使用的统计信息	S03	2次/周
P1.1	采购进药	处理供药商的供药信息并进行添加修改库存信息	S02	处理供药的详细信息,并及时修改进药信息和库存信息	D1、D2、D10	1次/天
P1.2	采购退药	采购部对采购不合格的退药,进行信息登记和相应处理	S05、D1、D2	处理采购部的退药详细信息,同时形成退药信息提供给供货商	S02、D1、D3	约10次/月
P2.1	客户登记	管理员对客户基本信息进行登记修改	P2.1	根据新客户资料添加客户信息,并添加客户信息记录	D9	约40次/天
P2.2	检查库存	仓库管理员对库存药品进行有效性的检查	S04、D1	对药品的库存信息进行核查,并及时修改库存信息	P2.3	10次/天
P2.3	销售登记	管理员根据销售信息及库存情况添加并修改销售信息	P2.2	根据库存信息、客户信息进行销售登记,并添加销售记录和修改库存信息	D1、D4、S04	约40次/天
P2.4	销售退药	处理客户的退药信息	S04、D4、D9	根据客户信息处理相应的销售退药	D5	2次/周
P3.1	库存调拨	采购部根据采购部的库存调拨信息行库存调拨记录及库存更新	S05	根据库存调拨信息进行库存调拨,并修改库存信息及添加库存调拨记录	D1、D6	10次/周
P3.2	库存盘点	仓库管理员根据需要定期进行库存盘点,并将盘点后库存信息进行修改	D1、S06	根据库存信息进行库存调拨,并添加报损报溢信息及修改库存信息	D7	1次/天
P3.3	报损报溢	根据库存信息对药品的损溢信息进行相应的修改	D1、D7、S06	对药品的盘点信息和库存信息进行报损报溢统计处理	D8	2次/周
P3.4	药品拆分	对药品拆分信息进行修改和记录	D1、S08	根据销售员对药品的拆封进行相应的信息记录和修改	D11	30次/天
P3.5	药品调价	对药品的价格调整信息进行记录和更新	D1、S07	根据财务处和库存相关信息进行药品调价处理,对调价药品信息进喜记录和修改	D10	1次/月
P3.6	库存报警	对药品的库存缺少信息进行记录和提示	D1、D10	根据进药信息和库存信息对药品的缺少进行及时记录并提示	S05	2次/天

表6.14 外部实体的定义

编号	名称	输入的数据流	输出的数据流
S01	经理	P4	P0
S02	供药商	P1.2	P1.1
S03	药店负责人	P4	S01
S04	客户	P2.3	P2.1、P2.2、P2.4
S05	采购部	P3.6	P1.2、P3.1
S06	仓库管理员	P3.6	P3.2、P3.3
S07	财务部	P3.6、S02	P3.5
S08	售药员	S04	P3.4

4. 处理功能的分析与表达

(1) 销售处理

```
               需求量              处理方案

          ┌── > 库存量 ────── 库存报警,根据提示编制采购计划,
          │                      供药商供货后,进行入库审核,
   销售 ──┤                      并根据需要进行药品拆分
          │
          └── ≤ 库存量 ────── 根据需要,立即发货
```

(2) 采购处理

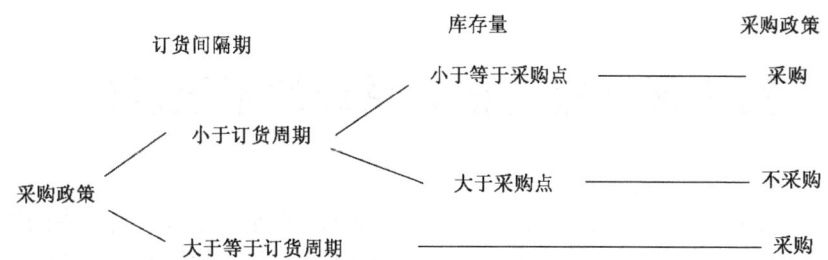

具体来说即为，当药品的需求量大于库存量时，即到达库存下限库存不足时，生成采购单交由采购部进货，进货入库后通知销售部发货；当药品需求量小于等于库存量，即库存充足时，则立即按照订单提供的相应药品信息进行发货。

本 章 总 结

系统分析是管理信息系统开发中最重要的一环，主要包括对组织内部整体管理状况和信息处理过程进行分析。其基本步骤为：① 现行系统的详细调查；② 组织结构与功能分析；③ 业务流程分析；④ 系统数据流程分析；⑤ 建立新系统的逻辑模型；⑥ 撰写并提交系统分析报告。

详细调查是在初步调查的基础上进行的，其特点是目标更加明确，范围更加集中。

组织结构分析主要分析一个组织内部部门的划分及其相关之间的关系，功能结构分析侧重于一个组织内部各子系统功能的结构分析。

业务流程分析是系统分析中的重要一环。主要任务是调查当前系统中各环节的业务活动，掌握业务的内容、作用及信息的输入、输出、数据存储和信息的处理方法和过程等，从而进行分析并寻找当前系统中存在的问题和不合理的地方，优化业务处理过程。

数据流程分析主要包括对信息的流动、变换、存储等的分析，其目的是尽量地发现数据流动中存在的问题，并找出加以解决的方法，优化数据流程。

数据字典是对数据流程图中的数据项、数据结构、数据流、处理逻辑、数据存储和外部实体进行定义和描述的工具，是数据分析和管理工具，同时也是系统设计阶段进行数据库设计的重要依据。

处理逻辑工具主要包括判断树、判断表和结构化描述语言等方法。

建立新系统的逻辑模型是系统分析阶段的阶段成果，也是系统设计阶段工作的主要依据。系统分析报告是对现行系统的概述和新系统逻辑方案的说明，是下一步系统设计与实现的基础。

第 7 章　管理信息系统的系统设计

系统设计是在前一阶段系统分析报告基础上进行的,也是整个开发过程中的重要一环。主要包括新系统的总体结构设计、模块功能设计、数据流程设计、代码设计、数据库设计等。系统设计以完整的设计文档为目的,并将这些文档作为下一个开发阶段的重要基础。

系统设计是管理信息系统开发过程中的一个重要阶段。在这一阶段中,我们将要根据前一阶段系统分析的结果,在已经获准的系统分析报告的基础上,进行新系统的物理设计。系统设计包括两个方面,首先是总体设计,其次是详细设计即具体物理模型的设计。系统设计阶段的主要任务是:在科学、合理的总体设计模型的基础上,尽可能提高系统的运行效率、可变性、可控性和工作质量;充分利用并合理投入各类可以利用的人、财、物,使之获得较高的综合效益。本章主要介绍系统设计的主要任务,提出各个细节处理方案。系统设计的结果应能为程序开发人员提供完整、清楚的设计文档,并对设计规范中不清楚的地方做出解释。

7.1　系统设计概述

7.1.1　系统设计的目的

建立一个新的系统,用户总是期望它在原有的基础上有所改进。例如:能够更快捷、更准确、更多地提供信息;能够提供更新的信息;能够具有更多、更细的处理功能;能够提供更有效、更科学的管理方法。

系统设计的目的就是在保证实现系统逻辑模型的基础上,尽可能地提高系统的各项指标,即系统的运行效率、可靠性、可修改性、灵活性、通用性和实用性。

系统设计的目标是从保证系统的变更性入手,设计一个易于理解、容易维护的系统。系统设计的目标是评价和衡量系统设计方案优劣的基本标准,也是选择系统设计方案的主要依据。

7.1.2　系统设计的概念

系统设计又称为物理设计。系统设计通常可分为两个阶段进行,首先是总体设计,其任务是设计系统的框架和概貌,并向用户单位和领导部门作详细报告并验收。第二阶段是详细设计。这两阶段的工作是互相联系的,需要交叉进行,本章将这两部分内容结合起来进行叙述。

系统设计是开发人员进行的工作,他们将系统分析阶段得到的目标系统的逻辑模型转换为目标系统的物理模型,该阶段得到的工作成果——系统设计说明书,是下一个阶段系统实施的工作依据。

7.1.3　系统设计的任务

系统设计的任务是以系统分析报告为依据,确定新系统在计算机内应该由哪些程序模块组成,各模块用什么方式连接在一起可以构成一个最好的系统内部结构,使用某些工具将设计的成果表达出来,并对各个细节进行设计。

1. 总体设计

总体设计包括系统模块结构设计和计算机物理系统的配置方案设计。

(1) 系统模块结构设计

系统模块结构设计的任务是划分子系统，确定子系统的模块结构，并画出模块结构图。在这个过程中必须考虑以下几个问题：

① 如何将一个系统划分成多个子系统；
② 每个子系统如何划分成多个模块；
③ 如何确定子系统之间、模块之间传送的数据及其调用关系；
④ 如何评价并改进模块结构的质量。

(2) 计算机物理系统配置方案设计

在进行总体设计时，还要进行计算机物理系统具体配置方案的设计，要解决计算机软/硬件系统的配置、通信网络系统的配置、机房设备的配置等问题。计算机物理系统具体配置方案要经过用户单位和领导部门的同意才可进行实施。

开发系统的大量经验教训说明，选择计算机软/硬件设备不能光看广告或资料介绍，必须进行充分的调查研究，最好应向使用过该软/硬件设备的单位了解运行情况及优缺点，并征求有关专家的意见，然后进行论证，最后写出计算机物理系统配置方案报告。

从我国的实际情况看，不少单位是先买计算机然后决定开发。这种不科学的、盲目的做法是不可取的，它会造成极大浪费。因为，计算机更新换代是非常快的，就是在开发初期和在开发的中后期系统实施阶段购买计算机设备，价格差别就会很大。因此，在开发系统过程中应在系统设计的总体设计阶段才具体地设计计算机物理系统的配置方案。

2. 详细设计

在总体设计基础上，进行系统的详细设计，主要是处理过程设计以确定每个模块内部的详细执行过程，包括局部数据组织、控制流、每一步的具体加工要求等。一般来说，处理过程模块详细设计的难度已不太大，关键是用一种合适的方式来描述每个模块的执行过程，常用的有流程图、问题分析图、IPO图和过程设计语言等；除了处理过程设计，还有代码设计、界面设计、数据库设计、输入/输出设计等。

7.1.4 系统设计的原则

(1) 简单性

在达到预定的目标、具备所需要的功能前提下，系统应尽量简单，这样可减少处理费用，提高系统效益，便于系统实现和管理。

(2) 灵活性和适应性

灵活性是现代化企业的特点之一，是指其对外界环境变化的适应能力。作为企业的管理信息系统也必须具有相当的灵活性，以便适应外界环境的不断变化，而且系统本身也需不断修改和改善。因此，系统的灵活性是指系统被修改和维护的难易程度。一个灵活性好的系统，各个部分独立性强，容易进行修改，从而可提高系统的性能，不断满足对系统目标的变化要求。此外，如果一个管理信息系统的灵活性强，可以适应其他类似企业组织的需要。无疑这将比重新开发一个新系统成本要低得多。

(3) 一致性和完整性

一致性是指系统中信息编码、采集、信息通信要具备一致性，设计规范应标准。

完整性是指系统作为一个统一的整体而存在，系统功能应尽量完整。

(4) 可靠性

系统的可靠性指系统硬件和软件在运行过程中抵抗异常情况的干扰及保证系统正常工作的能力。衡量系统可靠性的指标是平均故障间隔时间和平均维护时间。前者是指平均的前后两次发生故障的时间，反映了系统安全运行时间，后者是指故障后平均每次修复所用的时间，反映系统可维护性的好坏。只有可靠的系统，才能保证系统的质量并得到用户的信任，否则就是没有使用价值。

提高系统可靠性的途径主要有：

① 选取可靠性较高的主机和外部设备；

② 硬件结构的冗余设计，即在高可靠性的应用场合，应采取双机或双工的结构方案；

③ 对故障的检测处理和系统安全方面的措施，如对输入数据进行校检，建立运行记录和监督跟踪，规定用户的文件使用级别，对重要文件的备份等。

(5) 经济性

系统的经济性是指系统的收益应大于系统支出的总费用。系统支出的总费用包括系统开发所需投资的费用与系统运行维护费用之和；系统收益除有货币指标外，还有非货币指标。

系统应该给用户带来相应的经济效益。系统的投资和经营费用应当得到补偿。需要指出的是，这种补偿有时是间接的或不能定量计算的。特别是对于管理信息系统，它的效益当中，有很大一部分效益不能用货币来衡量。

7.2 模块结构图设计

7.2.1 模块设计及子系统的划分

1. 结构化设计思想

(1) 系统性

在功能结构设计时，要全面考虑各方面情况。不仅考虑重要的部分，也要兼顾考虑次重要的部分；不仅考虑当前急待开发的部分，也要兼顾考虑今后扩展的部分。

(2) 自上而下分解步骤

将系统分解为子系统，各子系统功能总和为上层系统总的功能，再将子系统分解为功能模块，下层各功能模块实现来完成上层模块的功能。这种从上而下进行功能分层的过程就是由抽象到具体，由复杂到简单的过程。这种步骤从上层看，容易把握整个系统的功能不会遗漏，也不会冗余，从下层看各功能容易具体实现。

(3) 层次性

模块的分解是按层分解的，同一个层次是同样由抽象到具体的程度，各层具有可比性。如果某层次各部分抽象程度相差太大，那极可能是划分不合理造成的。

例如，某 MRP(物料需求计划)生产管理系统采用结构化方法分解过程，如图 7.1 所示。

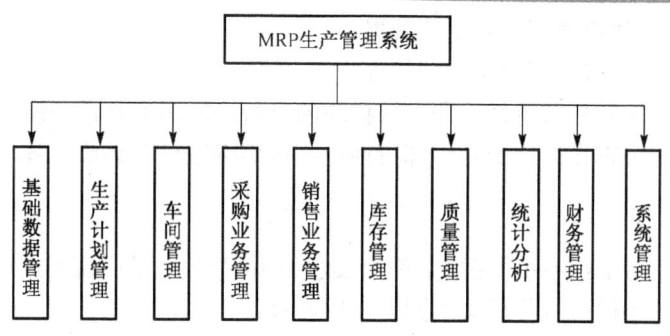

图 7.1 某 MRP 生产管理系统结构图

2. 模块化设计思想

把一个管理信息系统设计成若干模块的方法称为模块化设计方法。

模块化设计思想是将系统设计成由相对独立、功能单一的模块组成的结构，从而简化研制工作，防止错误蔓延，提高系统的可靠性。在这种模块结构图中，模块的调用关系非常明确、简单。每个模块可以单独地被理解、编写、调试、查错与修改。模块结构整体上具有较高的正确性、可理解性与可维护性。

7.2.2 模块结构图使用的基本符号

模块结构图使用的基本符号如图 7.2 所示。

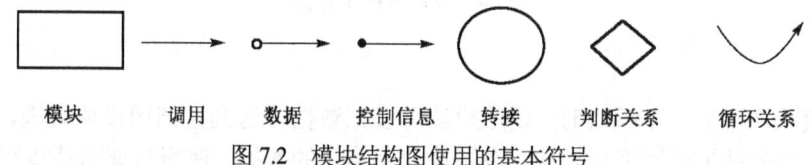

图 7.2 模块结构图使用的基本符号

例如，某系统中审核凭证处理过程的模块结构图如图 7.3 所示。

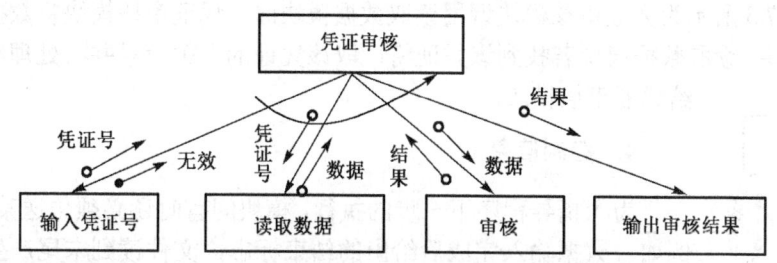

图 7.3 某系统中审核凭证处理过程的模块结构图

1. 模块

模块是可以组合、分解和更换的单元，是组成系统、易于处理的基本单位。系统中的任何一个处理功能都可看成一个模块，也可以理解为用一个名字就可以调用的一段程序语句。模块应具备以下四个要素：

① 输入和输出——模块的输入来源和输出去向都是同一个调用者，一个模块从调用者取得输入，加工后再把输出返回调用者；

② 功能——模块把输入转换成输出所做的处理工作；

③ 内部数据——供模块本身引用的数据；
④ 程序代码——用来实现模块功能的程序。

前两个要素是模块的外部特性，即反映模块的外貌；后两个要素是模块的内部结构特性。在结构化设计中，首先关心的是外部特性，其内部特性只做必要了解。

2. 调用

在模块结构图中，用连接两个模块的箭头表示调用。箭头总是由调用模块指向被调用模块，但是应该理解成被调用模块执行后又返回到调用模块。

上层模块可调用下层模块，但不能反过来，同层模块之间亦不能相互调用。图 7.4 所示为模块调用的示意图。

一个模块是否调用一个从属模块，决定于调用模块内部的判断条件，则该调用称为模块间的判断调用，采用菱形符号表示。

如果一个模块通过其内部的循环功能循环调用一个或多个从属模块，则该调用称为循环调用，用弧形箭头表示。

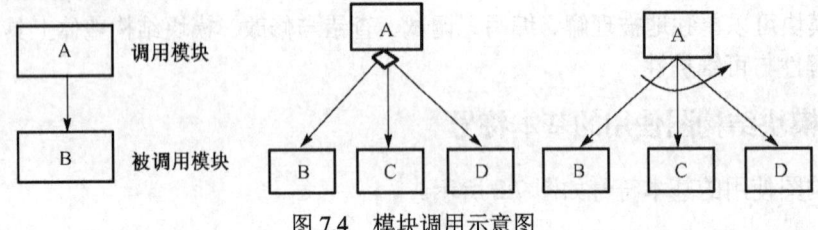

图 7.4 模块调用示意图

3. 数据

当一个模块调用另一个模块时，调用模块可以把数据传送到被调用模块处理，而被调用模块又可以将处理的结果送回调用模块。在模块之间传送的数据，使用与调用箭头平行的带空心圆的箭头表示，并在旁边标上数据名。

例如，图 7.5 所示为凭证审核模块调用读取数据模块时，凭证审核模块将数据凭证号传送给读取数据模块，读取数据模块若找到该凭证将读取该凭证的有关信息并将处理结果数据返回给凭证审核模块。

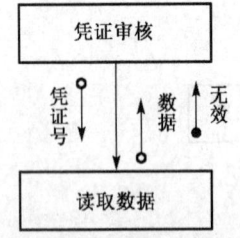

图 7.5 模块间通信

4. 控制信息

为了指导程序下一步的执行，模块间有时还必须传送某些控制信息。例如，数据输入完成后给出的结束标志，文件读到末尾产生的文件结束标志等。控制信息与数据的主要区别是前者只反映数据的某种状态，不必进行处理。在模块结构图中，用带实心圆的箭头表示控制信息。

例如，图 7.5 所示为凭证审核模块调用读取数据模块时，凭证审核模块将数据凭证号传送给读取数据模块，读取数据模块若找不到该凭证，读取数据模块就将无效信息返回给凭证审核模块，通知此为无效凭证。

5. 转接符号

当模块结构图在一张图上画不下，需要转接到另外一张纸上，或者为了避免图上线条交叉时，都可以使用转接符号，如图 7.6～图 7.8 所示使用了转接符号。

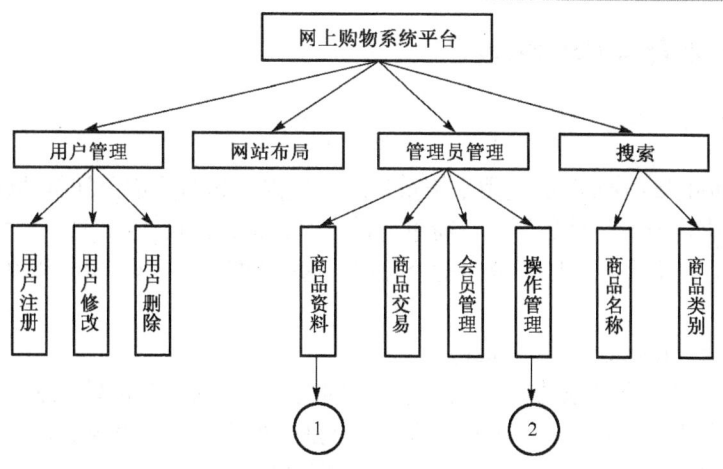

图 7.6 模块间转接示意图

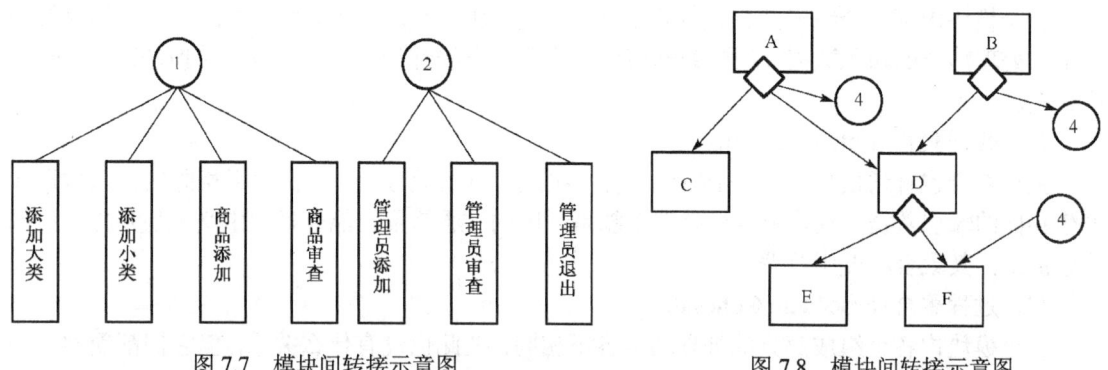

图 7.7 模块间转接示意图   图 7.8 模块间转接示意图

在画模块结构图时,通常将输入、输出模块分别画在左、右两边,计算或其他模块放在中间。为了便于理解系统的整体结构,尽量将整个模块结构图画在一张纸上。

一个系统具有过程性(处理动作的顺序)和层次性(系统的各组成部分的管辖范围)特征。模块结构图描述的是系统的层次性,而通常的"框图"描述的则是系统的过程性。在系统设计阶段,关心的是系统的层次结构;只有到了具体编程时,才要考虑系统的过程性。

7.3 系统设计的原则

对于复杂的系统,需要根据系统的方法,将其分为若干个子系统,分别设计子系统的功能模型。

7.3.1 子系统划分的任务与原理

按照系统的思想,划分子系统的目的就是将复杂的难以研究的大系统划分为若干个简单的容易处理的子系统。

子系统划分的原则如下:
① 各子系统相对独立完成部分管理功能;
② 子系统按业务信息逻辑方式划分;
③ 子系统划分从管理科学化出发,不受管理体制可能变化的影响;
④ 子系统间边界清晰,系统内业务和数据联系紧密。

7.3.2 模块聚合与模块耦合

1. 模块聚合

模块聚合(Module Cohesion)是用来衡量一个模块内部各组成部分间整体统一性的指标,它具体描述一个模块功能专一性的程度。简单地说,理想聚合的模块只完成一件事情。根据模块内部构成的情况,模块聚合可以划分为七个等级,这七个等级的模块聚合程度具有由强到弱变化的特点。

(1) 功能聚合(Functional Cohesion)

一个模块只完成一个单独的、能够确切定义的功能。它对确定的输入进行处理后,输出确定的结果。如计算机语言中的一个函数。功能聚合是一种理想的聚合方式,具有"黑盒"特征,独立性最强,复用性好,模块便于修改,便于分块设计。

(2) 顺序聚合(Sequential Cohesion)

一个模块内部各个组成部分执行几个处理功能,且一个处理功能所产生的输出数据直接成为下一处理功能的输入数据。顺序聚合模块包含了一个线性的、有序的数据转换链,其聚合程度较高。

(3) 数据聚合(Data Cohesion)

数据聚合也称通信聚合。一个模块内各个组成部分的处理功能,都使用相同的输入数据或产生相同的输出数据,且其中各个处理功能是无序的。通信聚合能合理地定义模块功能,结构比较清晰,其聚合程度中等偏上。

(4) 过程聚合(Procedure Cohesion)

一个模块内各个组成部分的处理功能各不相同,彼此也没有什么关系,但它们都受同一个控制流支配,决定它们的执行次序。它可能是一个循环体,或是一个判断过程,也可能是一个线性的顺序执行步骤。其聚合程度中等,可修改性不高。

(5) 时间聚合(Temporal Cohesion)

时间聚合也称暂时聚合。一个模块内各个组成部分的处理功能和时间有关,即在同一时间内执行。如初始化模块和结束模块。在系统运行时,时间聚合模块中各个处理动作必须在特定的时间限制之内执行完,其聚合程度中等偏下,可修改性较差。

(6) 逻辑聚合(Logical Cohesion)

一个模块内各个组成部分的处理功能彼此无关,但处理逻辑相似。逻辑聚合模块的调用,通常有一个功能控制开关,根据上层模块的控制信号,在多个逻辑相似的功能中选择执行某一个功能,其聚合程度较差,个别功能的修改很可能会影响到整个模块的变动,所以可修改性差。

(7) 偶然聚合(Coincidental Cohesion)

一个模块由若干个并不相关的功能偶然地组合在一起。如为了缩短程序长度而将具有部分相同语句段的无关功能组合在一起,则会形成偶然聚合。这种模块内部组织结构的规律性最差,无法确定其功能,其聚合程度最低。

在上述七种模块聚合方式中,其聚合程度是依次下降的。由于功能聚合模块的聚合程度最高,所以在划分模块的过程中,应尽量采用功能聚合方式。其次根据需要可以适当考虑采用顺序聚合或数据聚合方式,但要避免采用偶然聚合和逻辑聚合方式,以提高系统的设计质量和增加系统的可修改性。

在模块设计与分解过程中，有时很难确定模块聚合的方式，事实上也没有必要精确判定其方式，重要的是力争做到设计模块的高聚合，避免模块的低聚合。

2. 模块耦合（Module Coupling）

模块耦合（Module Coupling）是衡量一个模块与其他模块之间相互作用程度的指标。如果两个模块中的每一个模块无需另一模块的存在而能独立工作，则它们彼此没有联系和依赖，模块耦合程度为零。但是，一个系统中的所有模块间不可能都没有联系。模块耦合程度的高低将直接影响到系统的可修改性和可维护性。在一般情况下，系统全部组成模块的耦合程度越低，说明各模块相互之间的联系越简单，即每个模块的独立性越强，越容易独立地进行设计、调试与维护。也就是说，对一个模块的修改，会尽可能少地影响到其他模块。

根据耦合的强度，两个模块之间的耦合可以划分为下面几种类型。

（1）数据耦合（Data Coupling）

两个模块之间通过调用关系来传递信息，相互传递的信息是数据，则两模块间的联系是一种数据耦合。数据耦合联系简单，耦合程度低，模块的独立性强，模块的可修改性和可维护性高，是一种较为理想的耦合形式。

（2）控制耦合（Control Coupling）

两个模块之间，除了传递数据信息外，还传递控制信息。这种耦合对系统的影响比较大，它直接影响到接收该控制信号模块的内部运行。这种模块不是一个严格意义上的"黑盒"，对系统的修改工作很不利，尤其是自上而下传递控制信号，影响面更大，使系统维护工作更加复杂化。一般来说，控制耦合出现在模块的中上层。

（3）公共耦合（Common Coupling）

当两个或多个模块通过一个公共数据环境相互作用时，它们之间的耦合称为公共耦合。公共耦合可以是全程变量、内存的公共覆盖区、存储介质中的文件等。

（4）内容耦合（Content Coupling）

如果一个模块不经调用直接使用或修改另一个模块中的数据，则这种模块之间的连接关系为内容耦合。若两个模块之间是内容耦合，那么在修改其中一个模块时，必然直接影响到另一个模块，甚至产生连锁反应或波动现象，以至于影响整个系统的性能。内容耦合使得模块的独立性、系统的可修改性和可维护性最差，是一种病态联结，因此，在设计时必须避免这种模块耦合。

7.3.3 模块设计的原则

1. 低耦合，高聚合原则

耦合是表示模块之间联系的程度。紧密耦合表示模块之间联系非常强，松散耦合表示模块之间联系比较弱，非耦合则表示模块之间无任何联系，是完全独立的。模块耦合度越低，说明模块之间的联系越少，相互间的影响也就越小，产生连锁反应的概率就越低，在对一个模块进行修改和维护时，对其他模块的影响程度就越小，系统可修改性就越高。聚合则用来表示一个模块内部各组成成分之间的联系程度。一般说来，在系统中各模块的聚合度越大，则模块间的耦合度越小。但这种关系并不是绝对的。耦合度小使得模块间尽可能相对独立，从而各模块可以单独开发和维护。聚合度大使得模块的可理解性和维护性大大增强。因此，在模块的分解中应尽量减少模块的耦合度，力求增加模块的聚合度。

2. 影响范围应在控制范围内

在进行模块划分设计时，可能会遇到在某个模块中存在着判定处理功能，某些模块的执行与否取决于判定语句的结果。为了搞好判定处理模块的结构设计，我们需要了解对于一个给定的判定，它会影响哪些模块。为此，先给出一个模块的影响范围和控制范围两个概念。

一个模块的影响范围是指由该模块中包含的判断处理所影响到的所有其他模块的集合。按照规定：若模块中只有一小部分加工依赖于某个判定，则该模块仅仅本身属于这个判定的影响范围；若整个模块的执行取决于这个判定，则该模块的调用模块也属于这个判定影响范围，因为调用模块中必有一个调用语句，该语句的执行取决于这个判定。

一个模块的控制范围是指模块本身及其所有的下级模块的集合。

图 7.9 中，模块 M 有条件地调用模块 A、B 和 C，说明在模块 M 中调用 A、B、C 的语句受判定结果的影响。因此模块 M 属于这个判定的影响范围，当然，模块 A、B、C 也属于这个判定的影响范围。而模块 M 的控制范围是模块 M、A、B、C、D 构成的集合。

分析模块的影响范围和模块的控制范围之间的关系，可以较好地处理系统的模块关系，合理地分解模块。因此，在分解模块时应该按以下要求进行分解。如图 7.10～图 7.12 所示。

(1) 模块影响范围与控制范围的要求
① 判定的影响范围应该在判定所在模块的控制范围之内；
② 判定所在模块在模块层次结构中的位置不能太高。

由以上两点可知，最理想的模块划分是判定范围由判定所在模块及其直接下级模块组成。

(2) 影响范围不在控制范围之内时的纠正措施
① 把判定所在的模块合并至上层模块中，或从低层模块移到高层模块使判定的位置提高。
② 把受判定影响的模块移到模块控制范围之内。

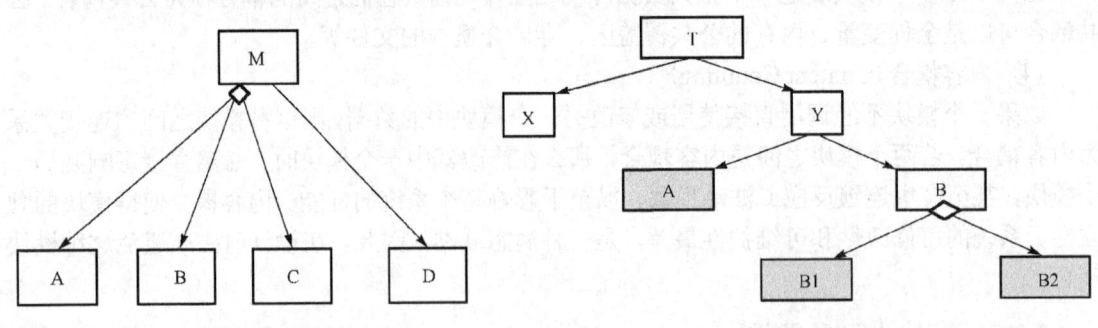

图 7.9 影响范围与控制范围　　　　　　图 7.10 影响范围超出控制范围

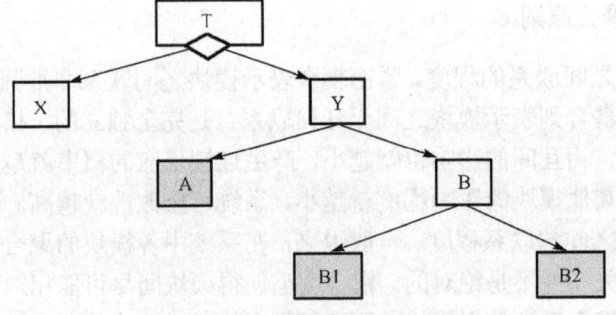

图 7.11 判断点位置过高

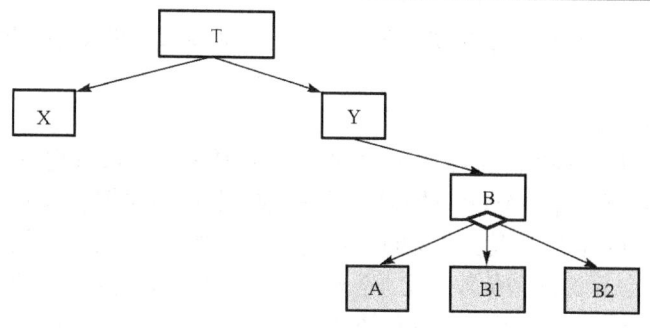

图 7.12　理想设计

(3) 模块的扇入数和扇出数

模块的扇入表达了一个模块与其直接上级模块的关系。模块的扇入数是指模块的直接上层模块的个数。如图 7.13(a)中模块 A 的扇入数等于 3。模块的扇入数越大，表明它要被多个上级模块所调用，其公用性很强，说明模块分解得较好，在系统维护时能减少对同一功能的修改，因此要尽量提高模块的扇入数。在系统设计过程中，每次准备在结构图上增加一个新的模块之前，要检查一下系统中是否已经存在了具有这种功能的模块，如果已经存在，只要用箭头把它联结起来即可。这样可以提高模块的扇入数。如果一个规模很小的底层模块的扇入数为 1，则可以把它合并到它的上层模块中去。若它的扇入数较大，就不能向上合并，否则将导致对该模块做多次编码和排错。

模块的扇出表达了一个模块对它的直接下属模块的控制范围。模块的扇出数是指一个模块拥有的直接下层模块的个数。如图 7.13(b)中模块 A 的扇出数等于 4。模块的直接下属模块越多，表明它要控制许多模块，所要做的事情也就越多，它的聚合度可能越低。所以要尽量把一个模块的直属下级模块控制在较小的范围之内，即模块的扇出系数不能太大。一般来说，一个模块的扇出系数应该控制在 6 以内，如果超过 7 则出错的概率可能会加大。但是如果一个模块比较大，而它的扇出系数却很小(等于 1 或 2)，也不太合适。在这种情况下，或者是上级模块仍然很大，或者是下级模块很大，所以要适当地加大扇出系数，简化模块的结构。

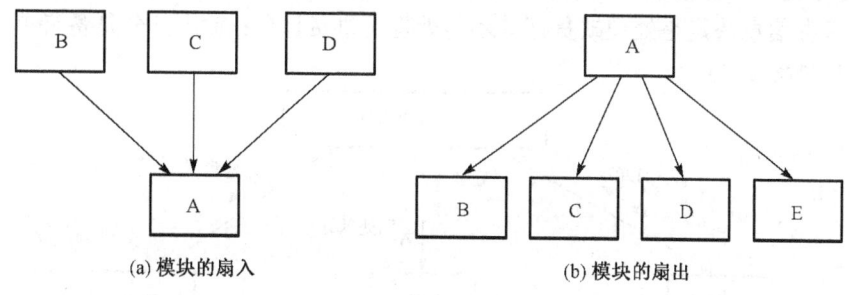

图 7.13　模块的扇入和扇出

(4) 合适的模块规模

模块的深度表示系统结构中的控制层数。模块的宽度表示系统的总分布，即同一层次模块总数的最大值。

模块的深度和宽度标志着一个系统的大小和复杂程度。模块的深度和宽度应有一定的比例，即深度和宽度要适当。深度过大，说明系统可能过分细化。宽度过大，可能带来系统管理上的困难。模块的规模不可过大，也不可过小。规模过大，说明系统可能分解的不充分，模块的聚合降低。模块过小，可能降低模块的独立性，造成系统接口的复杂。模块的规模最好是限制在一页之内。

(5) 合适的模块大小

如果一个模块很大，那么它的内部组成部分必定比较复杂，或者它与其他模块之间的耦合度可能比较高，因此对于这样一个较大的模块应该采取分解的方法把它尽可能分解成若干个功能单一的较小的模块，而原有的大模块本身的内容被大大减少并成为这些小模块的上级模块。一般来说，一个模块中所包含的语句条数为几十条较好，但这也不是绝对的。在分解一个大模块时，不能单凭语句条数的多少，而主要是按功能进行分解，直到无法做出明确的功能定义为止。在分解时既要考虑到模块的聚合度，又要考虑到模块之间的耦合度，在这两者之间选择一个最佳方案。

在进行系统模块划分时，除了要考虑降低模块之间的耦合度和提高模块的聚合度这两条基本原则之外，还要考虑到模块的深度和模块结构的宽度。如果一个系统的深度过多或宽度过大，则系统的控制和协调关系也就相应复杂，系统的模块也要相应地增大，结果将使设计和维护的困难加大。

7.3.4 数据流程图导出模块结构图

下面给出一个"销售订单处理"的数据流程图（见图 7.14）与模块结构图（见图 7.15）。

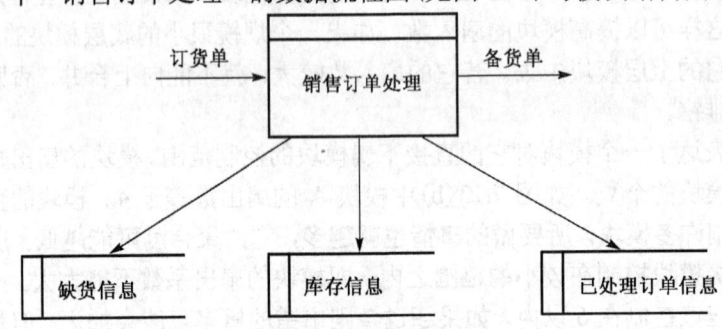

图 7.14 "销售订单处理"数据流程图

"销售订单处理"功能的输入部分为销售订单；处理部分为根据订单内容先确定能否供货，然后再结合库存信息决定是处理缺货订单还是处理可供货订单；输出部分是备货单。相应的结构图如图 7.15 所示。

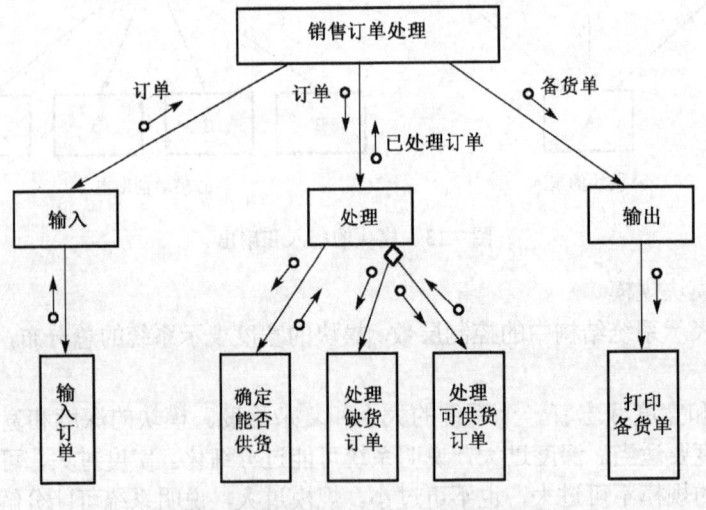

图 7.15 "销售订单处理"模块结构图

系统设计阶段产生的模块结构图来源于系统分析阶段所生成的数据流程图。模块结构图与数据流程图的区别在于：模块结构图表现的是模块之间层次化的调用和控制关系，数据流程图表现的是逻辑处理功能的顺序和数据在系统内的流向，而不表示各级调用关系和控制关系。由数据流程图导出模块结构图有两种策略：以变换为中心的策略和以事务为中心的策略。

1. 以变换为中心的策略

变换分析多用于将低层数据流程图转换成模块结构图。低层数据流程图多是一种线状结构，它可以明显地分为输入、主加工和输出三个部分，如图7.16所示。

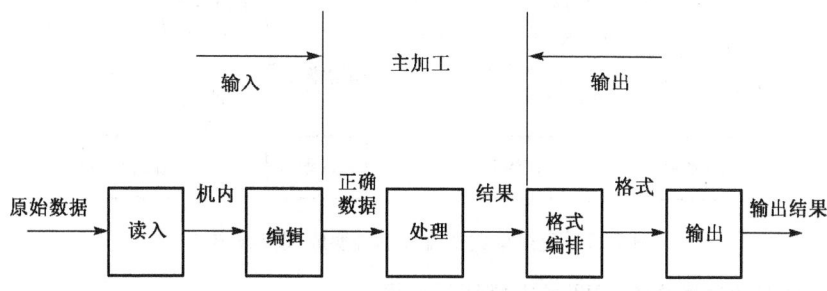

图7.16 变换型数据流程图典型结构

其中，主加工部分执行系统的主要处理功能，对输入数据实行变换，是系统的中心部分，也称为变换中心。同时，把主加工的输入数据流和输出数据流称为系统的"逻辑输入"和"逻辑输出"。显然，逻辑输入与逻辑输出之间的部分即是系统的变换中心。而系统输入端和系统输出端的数据流分别称为"物理输入"和"物理输出"。

运用变换分析将数据流程图导出模块结构图过程如下：

第一，确定主加工（或变换中心）。在数据流程图中多股数据流的汇合处，它一般是系统的变换中心。若没有明显的汇合处，可先确定逻辑输入和逻辑输出的数据流，作为变换中心。从输入端开始，沿着数据流输入的方向向系统中间移动，直至到达不能被作为系统输入的数据流为止，则前一个数据流就是系统的逻辑输入。从系统的输出端开始，向系统的中间移动，可找出离输出端最远的，但仍可作为系统输出的部分就是系统的逻辑输出。逻辑输入和逻辑输出之间的部分是系统的变换中心。

第二，设计模块结构图的顶层和第一层。模块结构图的顶层是主控模块，负责对全系统进行控制和协调，通过调用下层模块来实现系统的各种功能。在与变换中心对应的位置上画出主控模块，作为模块结构图的"顶"，然后"自顶向下，逐步细化"，每一层均按输入、变换中心、输出等分支来处理。

对于第一层，按如下规则转换：

① 为数据流程图中的每个逻辑输入设计一个输入模块，它的功能是向主控模块提供逻辑输入数据；

② 为数据流程图中的每个逻辑输出设计一个输出模块，它的功能是把主控模块提供的数据输出；

③ 为数据流程图中的变换部分设计一个变换模块，它的功能是对逻辑输入进行加工处理，变换成逻辑输出。

第三，设计中、下层模块。根据数据流程图将模块结构图中第一层的各模块自顶向下逐级向下扩展，形成完整的模块结构图。输入模块的功能是向调用它的模块提供数据，故需要一个数据来源，因此，为每个输入模块设计两个下层模块：输入模块、变换模块。为每个输出模块设计两个下层模块：变换模块、输出模块。直到物理输入端或物理输出端为止。图 7.17 变换型数据流程图转换成模块结构图的例子。

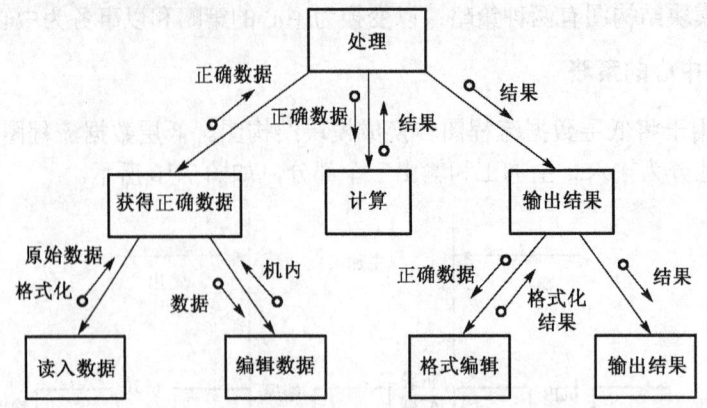

图 7.17 变换型数据流程图转换成模块结构图

[举例] 将下面的数据流程图导出模块结构图。

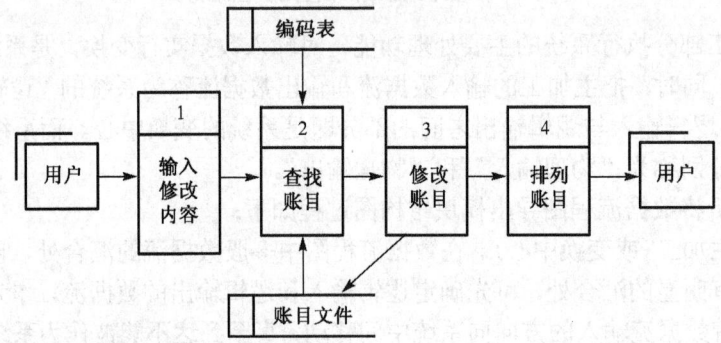

① 确定主处理（或变换中心）。
系统的主处理就是系统的顶层模块。
② 设计模块结构图的顶层和第一层。
第一层模块按输入、变换、输出等分支来处理。为每一个逻辑输入设计一个输入模块，其功能为顶层模块提供相应的数据。为每一个逻辑输出设计一个输出模块，它的功能是输出顶层模块的输出信息。

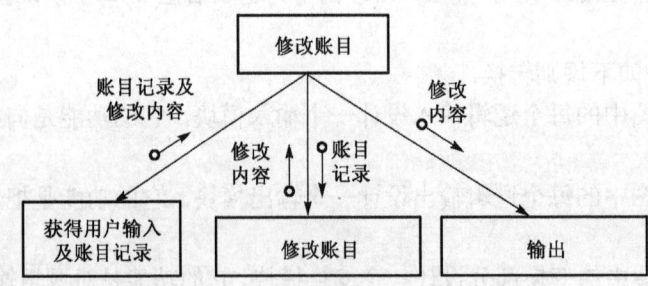

③ 确定实现输入变换的变换模块为变换模块设计某些输入。
④ 确定实现输出变换的变换模块为变换模块设计某些输出。

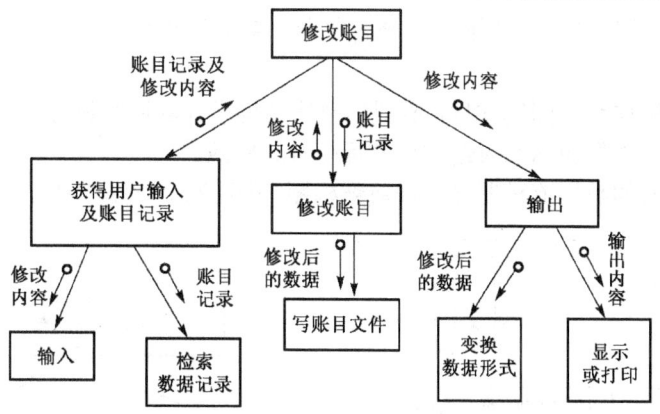

2. 以事务为中心的策略

事务是指在系统中引起的一组处理动作(如一个信号、一个事件或一组数据)。

当数据流程图呈现"束状"结构时，应采用事务分析的设计方法。事务分析用于高层数据流程图转换成模块结构图。能够把一个大的、复杂的系统分解成若干个较小的、简单的系统。

事务型结构中通常都可以确定一个处理逻辑为系统的事务中心，该事务中心应该具有以下四种逻辑功能：获得原始的事务记录；分析每一个事务，从而确定它的类型；确定每一个事务都能够得到完全的处理；为每一个事务选择相应的逻辑路径，如图 7.18 所示。

用事务分析法设计模块结构图，分成以下几个步骤进行：

(1) 分析数据流程图，确定它的事务中心。如果数据沿着输入通路到达一个处理 T，这个处理根据输入数据的类型在若干动作序列中选出一个来执行，那么，处理 T 称为事务中心。

(2) 设计高层模块。事务型数据流程图转换成模块结构图，其高层的模块结构具有图 7.19 所示的基本形式。

图 7.18 事务型数据流程图典型结构

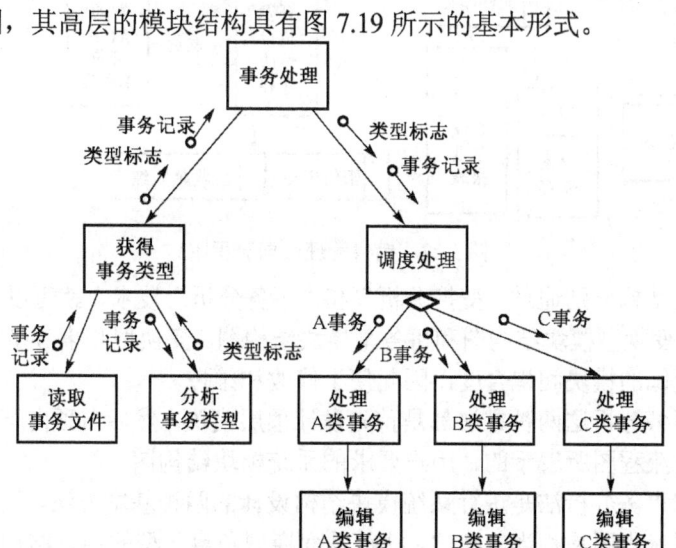

图 7.19 由事务型数据流程图导出的模块结构图

(3) 设计中、下层模块。自顶向下，逐层细化，对高层模块进行必要分解，形成完整的模块结构图。

当初始的系统模块结构图完成后，应根据模块结构设计的原则进行检查和改进，特别是应按照"耦合小，聚合大"的标准对结构图进行检查和修改。

[**举例**] 从下面的数据流程图导出模块结构图（见图 7.20～图 7.24）。

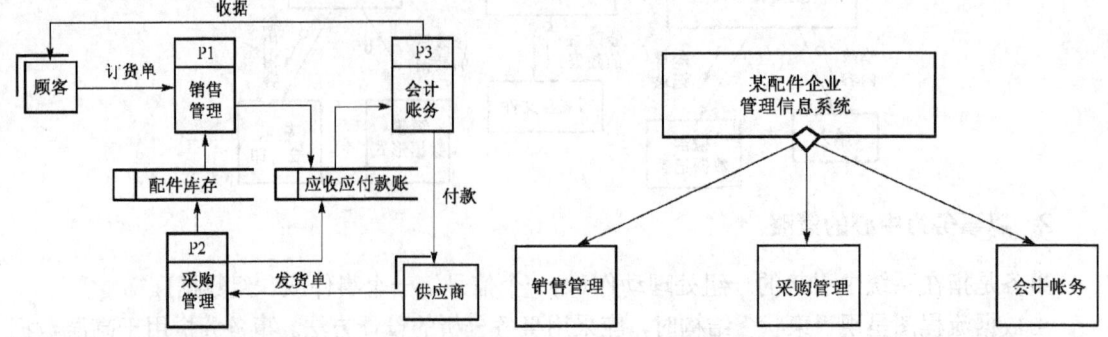

图 7.20 某配件企业管理信息系统数据流程图　　图 7.21 某配件企业管理信息系统模块结构图

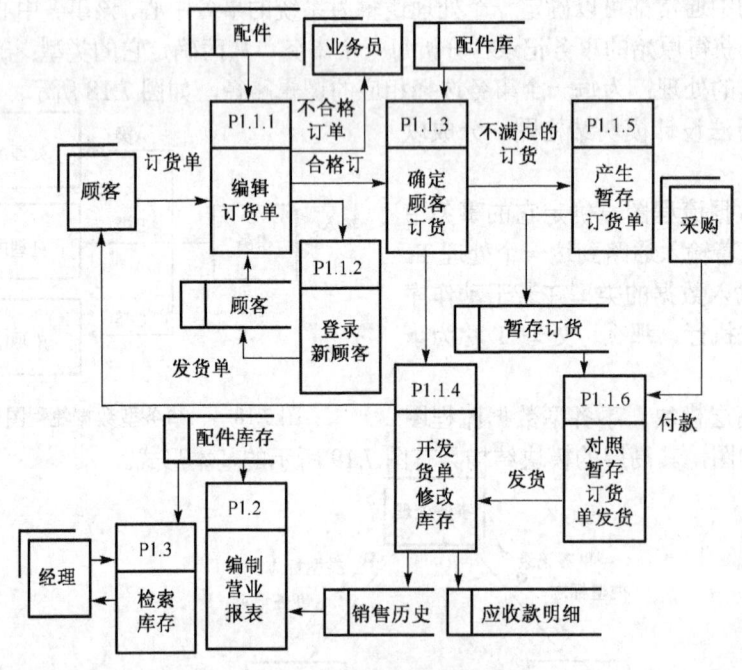

图 7.22 销售管理数据流程图

这两种典型的结构分别通过"变换分析"和"事务分析"技术，就可以导出模块结构图的两种标准形式，即变换型模块结构图和事务型模块结构图。变换型和事务型模块结构都有较高的模块聚合度和较低的模块间耦合度，因此便于修改和维护。

变换分析和事务分析这两种方法都是首先设计顶层模块，然后自顶向下，逐步细化，最后得到一个满足数据流程图所表示的、用户要求的系统模块结构图。

变换分析法和事务分析法是进行系统模块结构设计的两种基本方法，但是，一个实际的管理信息系统的数据流程图是相当复杂的，往往是变换型和事务型的混合结构，此时可把变换分析和事务分析的应用列在同一数据流程图的不同部分，以导出初始的系统模块结构图。然后再根据模块结构设计原则对初始的模块结构图进行修改和优化，以求获得设计合理的模块结构图。应该指出的是，我们把模块结构图设定为树状结构，以保证系统的可靠性。一个模块只能有一个上级模块，可以有几个下级模块。在模块结构图中，一个模块只能与它的上一级模块或下一级模块进行直接通信，而不能越级或与它同级的模块发生直接通信。若要进行通信，则必须通过它的上级或下级模块进行传递。

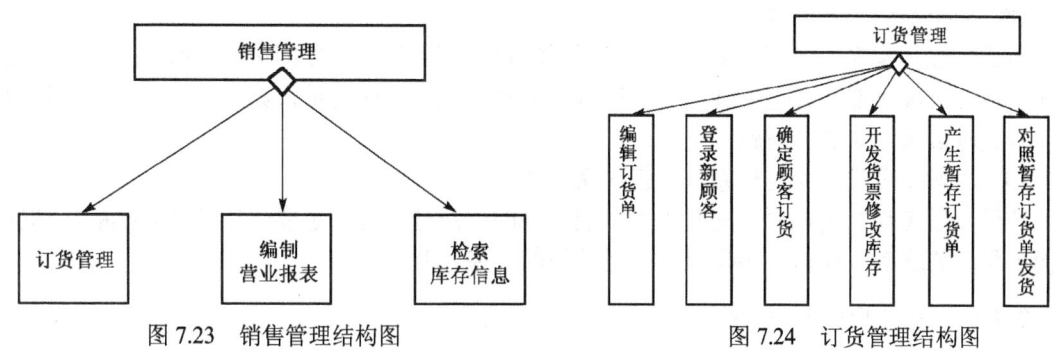

图 7.23　销售管理结构图　　　　　图 7.24　订货管理结构图

7.4　代 码 设 计

代码(Code)是用来表示事物名称、属性和状态等的符号。在管理信息系统中，代码是人和机器的共同语言，是系统进行信息分类、校对、统计和检索的依据。代码设计就是要设计出一套能为系统各部门公用的、优化的代码系统，这是实现计算机管理的一个前提条件。

7.4.1　代码设计的原则

代码设计是一项重要的工作，合理的编码结构是使管理信息系统具有生命力的重要因素。一个良好的设计既要保证处理问题的需要，又要保证科学管理的需要。在实际分类时必须遵循以下几点原则。

(1) 具备唯一确定性

每一个代码仅代表唯一的实体或属性。

(2) 标准化与通用性

凡国家和主管部门对某些信息分类和代码有统一规定和要求的，则应采用标准形式的代码，以使其通用化。

(3) 可扩充且易修改

要考虑今后的发展，为增加新代码留有余地。当某个代码在条件或代表的实体改变时，容易进行变更。

(4) 短小精悍

即选择最小值代码。代码的长度会影响所占据的内存空间、处理速度以及输入时的出错概率，因此要尽量短小。

(5) 具有规律性、便于编码和识别

代码应具有逻辑性强，直观性好的特点，便于用户识别和记忆。

(6) 留有扩充的余地

必须保证有足够的容量，要足以包括规定范围内的所有对象。如果容量不够，不便于今后变化和扩充，随着环境的变化这种分类很快就失去了生命力。

(7) 按属性系统化

分类不能是无原则的，必须遵循一定的规律。根据实际情况并结合具体管理的要求来划分是我们分类的基本方法。分类应按照处理对象的各种具体属性系统地进行。如在线分类方法中，哪一层次是按照什么属性来分类，哪一层次是标识一个什么类型的对象集合等都必须系统地进行，只有这样的分类才比较容易建立，比较容易为别人所接受。

(8) 分类要有一定的柔性

所谓柔性是指在一定情况下分类结构对于增设或变更处理对象的可容纳程度。柔性好的系统在一般的情况下增加分类不会破坏其结构。但是柔性往往还会带来如冗余度大等一些问题，设计分类时必须考虑这些问题。

(9) 注意本分类系统与外系统、已有系统的协调

任何一项工作都是在原有的基础上发展起来的，故分类时一定要注意新老分类的协调性，以便于系统的联系、移植、协作以及新老系统的平稳过渡。

7.4.2 代码的设计方法

目前最常用的代码分类方案有两种，一种是线分类方法，另一种是面分类方法。在实际应用中根据具体情况各有其不同的用途。

1. 线分类方法

线分类方法是目前用得最多的一种方法。

(1) 线分类方法的主要出发点是：首先给定母项，母项下分若干子项，由对象的母项分大集合，由大集合确定小集合……，最后落实到具体对象。

(2) 线分类划分时要掌握两个原则：唯一性和不交叉性。

(3) 线分类法的特点：结构清晰，容易识别和记忆，容易进行有规律的查找。

(4) 主要缺点是结构不灵活，柔性较差。

例如：某产品按线分类法如图 7.25 所示。

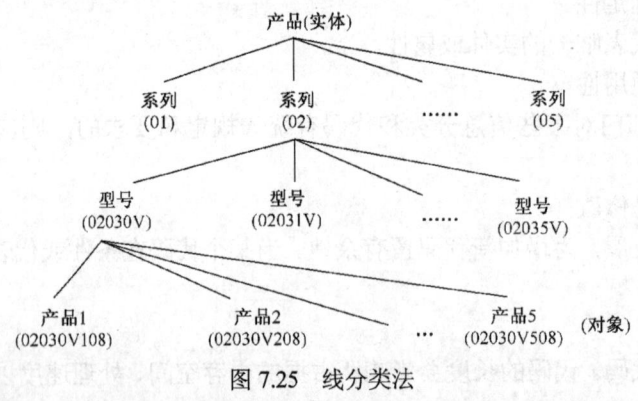

图 7.25 线分类法

2. 面分类方法

面分类方法的特点：柔性好，面的增加、删除、修改都很容易。可实现按任意组搭配面的信息检索，对机器处理有良好的适应性。

面分类结构缺点是不易直观识别，不便于记忆。

例如：根据表 7.1，代码 3212 表示材料为钢的 Φ1.0 mm 圆头的镀铬螺钉。

表 7.1　面分类法

材料	螺钉直径	螺钉头形状	表面处理
1—不锈钢	1—Φ0.5	1—圆头	1—未处理
2—黄铜	2—Φ1.0	2—平头	2—镀铬
3—钢	3—Φ1.5	3—六角形状	3—镀锌
		4—方形头	4—上漆

7.4.3　代码的种类

1. 顺序码

顺序码以某种顺序形式编码。用连续数字代表编码对象，通常从 1 开始编码。

顺序码的一个特例是分区顺序码，它将顺序码分为若干区，例如按五十个号码或一百个号码分区，并赋予每个区以特定意义。这样就可以进行简单的分类，又可在每个区插入号码。例如职工代码：

0001 为张三，0002 为李四，0001～0009 的代码还可表示为厂部人员；

1001 为王五，1002 为赵六，1001～1999 的代码还可以表示为第一车间职工。

但在管理信息系统的代码设计工作中，纯粹的顺序码是很少被使用的，它总是与其他形式的代码结合使用。

2. 数字码

数字码即以纯数字符号形式编码。数字码是在各类管理中最常用的一类编码形式。根据数据在编码中的排列关系，或代表对象的属性不同，可分为层次码和十进制码。

（1）层次码

层次码也叫区间码。它将代码的各数字位分成若干个区间，每一区间都规定不同的含义。因此该码中的数字和位置都代表一定意义。

例如，财务管理中的会计科目代码可写成 6110501，其意义如下：

一级科目　　二级科目　　　三级科目
　611　　　　　05　　　　　　01
　利润　　　营业外支出　　劳保支出

层次码由于数字的值与位置都代表一定意义，因而检索、分类和排序都很方便，缺点是有时会造成代码过长。

（2）十进制码

这是世界各地图书馆常用的分类法。它先把整体分成十份，进而把每一份再分成十份，这样继续不断。该分类对于那些事先不清楚产生什么结果的情况是十分有效的。

例如：

500　　　　自然科学
510　　　　数学
520　　　　天文学
530　　　　物理学
531　　　　机构
531·1　　　机械
531·11　　　杠杆和平衡

3. 字符码

字符码即以纯字符形式编码(英文、汉语拼音等)。

这类编码常见的有我们在程序设计中的字段名、文件名编码。

[举例] 在开发一个成本管理信息系统时,进行数据库设计时,所有的表名均以 C-开始,视图名用 C-V-开始。例如,产生各种材料汇总的视图:材料成本表 C-CLCB,材料成本视图 C-V-CLCB。

它是一个典型的纯字符码。这种编码的优点是可辅助记忆,缺点是校对不易,不易反映分类的结构。

4. 混合码

混合码即以数字和字符混合形式编码。

混合码是在各类管理中最常用的另一类编码形式。这种编码也叫助记码,它的优点是易于识别,易于表现对象的系列性,缺点是不易校对。

例如,GBxxxx 表示国家标准的某类编码,IEEE8020-X 表示某类网络协议标准名称的编码。所有的汽车牌照编号,都是混合码。还可将编码对象的名称、规格等作为代码的一部分,以帮助记忆。

例如: TVB14　　　　14 寸黑白电视机
　　　　TVC20　　　　20 寸彩色电视机
　　　　DFI1X8X20　　规格 1"X8"X20"的国产热轧平板钢

该种代码适用于数据项数目较少的情况,否则容易引起联想出错。

图 7.26 所示是我国公民身份证代码的编码规则。它共有 18 位,采用混合编码,各位码的含义请参见图中说明。

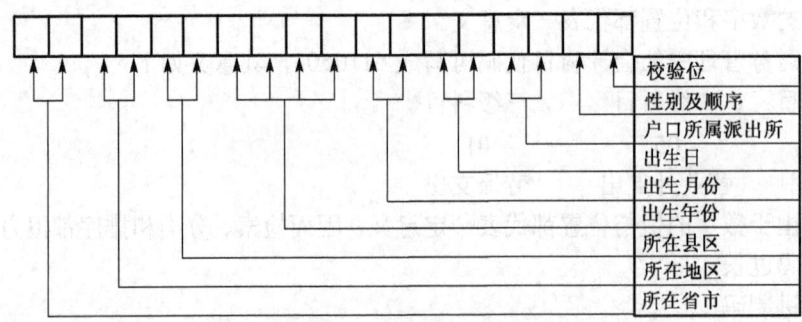

图 7.26 我国公民身份证代码的含义

7.4.4 代码的作用

(1) 唯一化

在现实世界中有很多东西如果我们不加标识是无法区分的,机器处理就十分困难。所以能否将原来不能确定的东西,唯一地加以标识是编制代码的首要任务。

最简单、最常见的例子就是职工编号。在人事档案管理中不难发现,人的姓名不管在一个多么小的单位里都很难避免重名。为了避免二义性,唯一地标识每一个职工,因此编制了职工代码。

(2) 规范化

唯一化虽是代码设计的首要任务,但如果仅仅是为了唯一化来编制代码,那么代码编出来后可能是杂乱无章的,使人无法辨认,而且使用起来也不方便。所以在唯一化的前提下还要强调编码的规范化。

例如:财政部关于会计科目编码的规定,以"1"开头的表示资产类科目;以"2"开头的表示负债类科目;"3"开头的表示权益类科目;"4"开头的表示成本类科目等。

(3) 系统化

系统所用代码应尽量标准化。在实际工作中,一般企业所用大部分编码都有国家或行业标准。

例如:在产成品和商品中各行业都有其标准分类方法,所有企业必须执行。另外一些需要企业自行编码的内容,例如生产任务码、生产工艺码、零部件码等,都应参照其他标准化分类和编码的形式来进行。

7.4.5 代码的校验

(1) 录入代码时可能出现的错误

识别错误:1/7, 0/O, Z/2, D/O, S/5, ……

易位错误:12345/13245, ……

双易位错误:12345/13254, ……

随机错误。上述两种或两种以上的错误出现。

(2) 避免代码录入出现错误的办法

在设计好的代码后,再增加一位,作为代码的组成部分。增加的一位,即为校验位。使用中,没有特别性。使用时,应录入包括校验位在内的完整代码,代码进入系统后,系统将取该代码校验位前的各位,按照确定代码校验位的算法进行计算,并与录入代码的最后一位(校验位)进行比较,如果相等,则录入代码正确,否则录入代码错误,进行重新录入。

(3) 校验位的确定步骤

设有一组代码为:$C_1C_2C_3C_4\cdots C_i$

① 为设计代码的每一位 C_i 确定一个权数 P_i(权数可为算术级数、几何级数或质数)

② 求代码每一位 C_i 与其对应的权数 P_i 的乘积之和 S:

$$S = C_1*P_1+C_2*P_2+\cdots+C_i*P_i \ (i=1, 2, \cdots, n)$$

$$S = \sum_{i=1}^{n} C_i*P_i \quad (i=1, 2, \cdots, n)$$

③ 确定模 M

④ 取余 $R = S \text{ MOD}(M)$

⑤ 校验位 $C_{i+1} = R$

最终代码为:$C_1C_2C_3C_4\cdots C_iC_{i+1}$

使用时:$C_1C_2C_3C_4\cdots C_iC_{i+1}$

例如:校验位及使用代码的确定。

原设计的一组代码为五位,如 32456,确定权数为 7, 6, 5, 4, 3

① 求代码每一位 C_i 与其对应的权数 P_i 的乘积之和 S:

$$S = C_1*P_1+C_2*P_2+\cdots+C_i*P_i \ (i=1, 2, \cdots, n)$$
$$=3*7+2*6+4*5+5*4+6*3$$
$$=21+12+20+20+18=91$$

② 确定模 M

$$M = 11$$

③ 取余 R

$$R = S \text{ MOD}(M) = 91 \text{ MOD}(11) = 3$$

④ 校验位 C_{i+1}

$$C_{i+1} = R = 3$$

⑤ 使用代码

$C_1C_2C_3C_4\cdots C_iC_{i+1}$，即 324563

关于身份证号码最后一位校验码的算法如下：

我国现行使用公民身份证号码尊循[GB 11643-1999]国家标准。

[GB 11643-1999]中规定的是 18 位身份证号码：公民身份号码是特征组合码，由十七位数字本体码和一位校验码组成。排列顺序从左至右依次为：六位数字地址码，八位数字出生日期码，三位数字顺序码和一位校验码。

地址码表示编码对象常住户口所在县（市、旗、区）的行政区划代码。

生日期码表示编码对象出生的年、月、日，其中年份用四位数字表示，年、月、日之间不用分隔符。

顺序码表示同一地址码所标识的区域范围内，对同年、月、日出生的人员编定的顺序号。顺序码的奇数分给男性，偶数分给女性。

校验码是根据前面十七位数字码，按照 ISO 7064:1983.MOD 11-2 校验码计算出来的检验码。

公式如下：

$$\sum(a[i]*W[i]) \bmod 11 \quad (i = 2,3,\cdots,18) \tag{1}$$

*——表示乘号；

i——表示身份证号码每一位的序号，从右至左，最左侧为 18，最右侧为 2；

$a[i]$——表示身份证号码第 i 位上的号码；

$W[i]$——表示第 i 位上的权值。

计算公式(1)令结果为 R。

根据下表找出 R 对应的校验码即为要求身份证号码的校验码 C。

R	0	1	2	3	4	5	6	7	8	9	10
C	1	0	X	9	8	7	6	5	4	3	2

由此看出 X 就是 10，罗马数字中的 10 就是 X，所以在新标准的身份证号码中可能含有非数字的字母 X。

例如：某男性公民身份证号码本体码为 34052419800101001。

A_i	3	4	0	5	2	4	1	9	8	0	0	1	0	1	0	0	1
W_i	7	9	10	5	8	4	2	1	6	3	7	9	10	5	8	4	2
$A_i \times W_i =$	21	36	0	25	16	16	2	9	48	0	0	9	0	5	0	0	2

$\sum (A_i \times W_i) = 21+36+0+25+16+16+2+9+48+0+0+9+0+5+0+0+2 = 189$

$Y = \bmod (\sum (A_i \times W_i), 11) = 2$

对应的校验码

Y： 0 1 2 3 4 5 6 7 8 9 10

校验码： 1 0 X 9 8 7 6 5 4 3 2

根据上述对应关系，查出计算结果为2的校验码为X。

所以该人员的公民身份证号码应该为34052419800101001X。

7.5 计算机处理流程设计

流程设计就是设计出所有模块和他们之间的相互关系（即联结方式），并具体地设计出每个模块内部的功能和处理过程，为程序员提供详细的技术资料。

1. IPO 图

IPO（Input-Process-Output）图就是用来表述每个模块的输入，输出和数据加工的重要工具。

IPO 图是由 IBM 公司发起并逐渐完善起来的一种工具。在由系统分析阶段产生数据流程图，经转换和优化形成系统模块结构图的过程中，产生大量的模块，开发者应为每个模块写一份说明。

常用系统的 IPO 图的结构如图 7.27～图 7.30 所示。

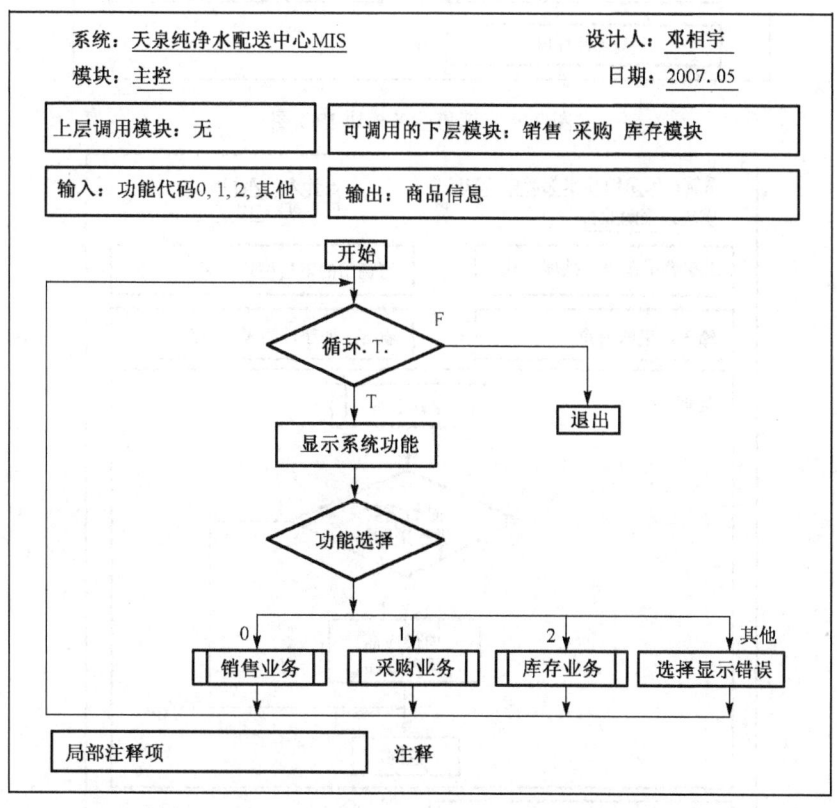

图 7.27　主控模块 IPO 图

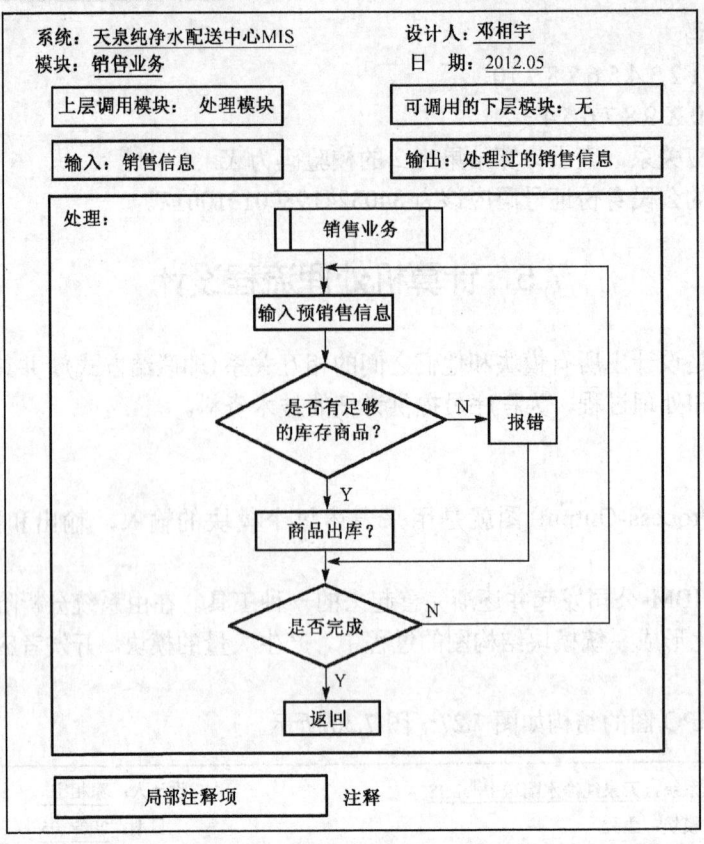

图 7.28 销售业务模块 IPO 图

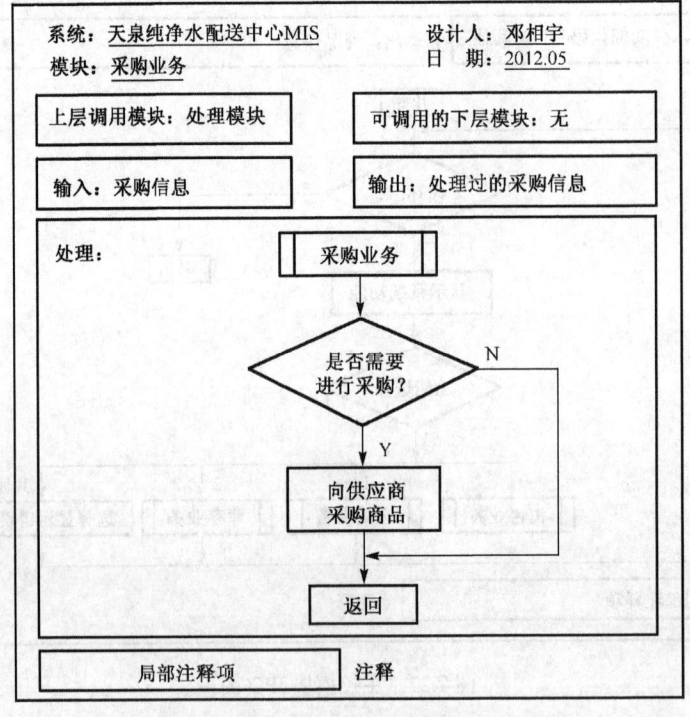

图 7.29 采购业务模块 IPO 图

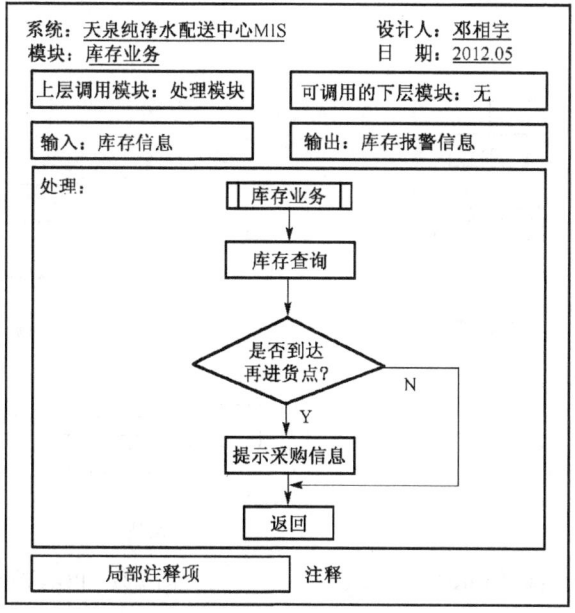

图 7.30　库存业务模块 IPO 图

IPO 图的主体是处理过程说明。为简明准确地描述模块的执行细节，可以采用第 6 章介绍的判定树/判定表，以及下面将要介绍的控制流程图、问题分析图以及过程设计语言等工具进行描述。

IPO 图中的输入/输出来源或终止与相关模块、文件及系统外部项，并需在数据字典中描述。局部数据项是指本模块内部使用的数据，与系统的其他部分无关，仅由本模块定义、存储和使用。注释是对本模块有关问题做必要的说明。

IPO 图是系统设计中一种重要的文档资料。

2. 控制流程图

控制流程图(Flow Chart，FC)又称框图，是经常使用的程序细节描述工具。框图中的三种基本成分如下所示。

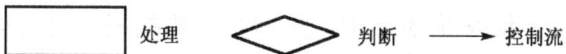

框图的特点是清晰易懂，便于初学者掌握。

图 7.31 所示为排序的控制流程图，表示将 n 个数从大到小排序的过程。

在结构化程序设计出现之前，框图一直可用箭头实现向程序任何位置的转移（即 GOTO 语句），往往不能引导设计人员用结构化方法进行详细设计。箭头的使用不当，会使框图非常难懂，而且无法维护。因此框图的使用有减少的趋势。

3. 问题分析图

问题分析图(Problem Analysis Diagram，PAD)由日立公司于 1979 年提出，是一种支持结构化程序设计的图形工具，可取代前述的控制流程图。

问题分析图仅仅具有顺序、选择和循环三种基本成分，如图 7.32 所示，正好与结构化程序设计中的基本成分相对应。

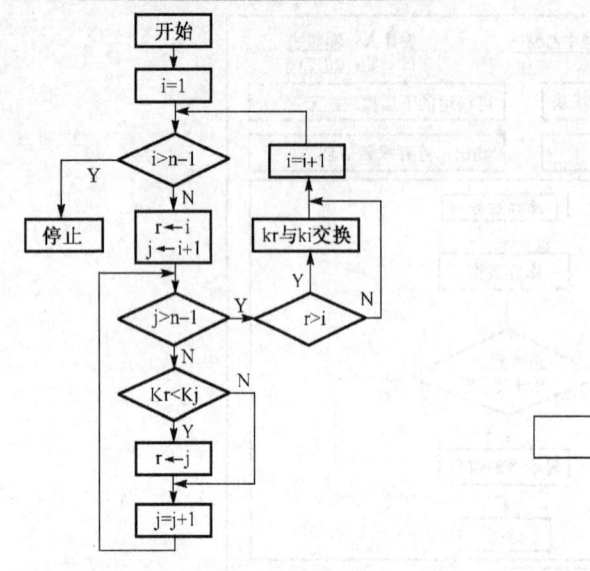

图 7.31 排序的控制流程图

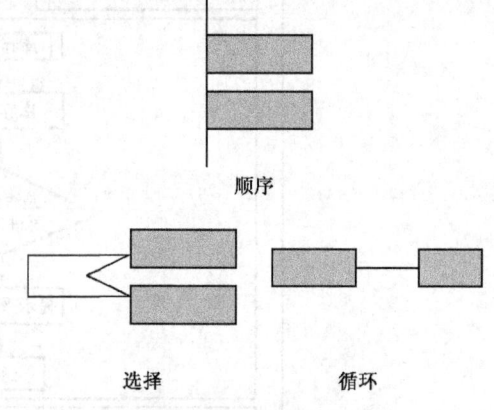

图 7.32 PDA 的基本组成

图 7.33 所示为排序的问题分解图，表示将 n 个数从大到小的排序过程。

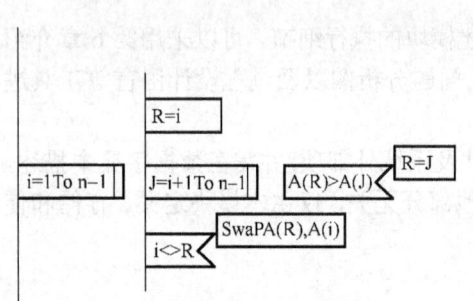

图 7.33 排序的问题分解图

问题分析图的独到之处在于：以问题分析图为基础，按照一个机械的变换规则就可编写计算机程序。问题分析图有着逻辑结构清晰，图形化标准化与人们所熟悉的控制流程图比较相似等优点。更重要的是，它引导设计人员使用结构化程序设计方法，从而提高程序的质量。

4. 过程设计语言

过程设计语言（Process Design Language，PDL）是一个笼统的名字，有许多种不同的过程设计语言。过程设计语言用于描述模块中算法和加工的具体细节，以便在开发人员之间比较精确地进行交流。

过程设计语言的外层语法描述结构，采用与一般编程语言类似的确定的关键字（如 IF-THEN-ELSE、WHILE-DO 等），内层语法描述操作，可以采用任意的自然语句（如英语、汉语）。由于过程设计语言与程序很相似，也称为伪程序，或伪码。但它仅仅是对算法的一种描述，是不可执行的。

7.6 数据库设计

数据库设计是在选定的数据库管理系统基础上建立数据库的过程。

数据库设计除用户需求分析外，还包括概念结构设计、逻辑结构设计和物理结构设计等三个阶段。

由于数据库系统已形成一门独立的学科，所以，当我们把数据库设计原理应用到 MIS 开发中时，数据库设计的几个步骤就与系统开发的各个阶段相对应，且融为一体，它们的对应关系如图 7.34 所示。

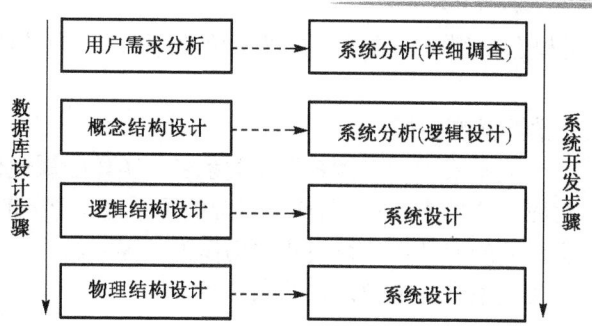

图 7.34 数据库设计步骤与系统开发阶段对应关系图

7.6.1 需求分析

需求分析指对收集到的用户需求进行分析的过程。需求分析是数据库设计的重要步骤之一,它也是整个设计步骤的基础,其目的是根据用户需求决定管理的目标,范围及应用性质。用户需求主要包括以下三个方面:

(1) 信息需求。即用户要从数据库获得的信息内容。信息需求定义了新系统应该提供的所有信息,应描述清楚系统中数据的性质及其联系。

(2) 处理需求。即完成什么处理功能及处理的方式。处理需求定义了新系统数据处理的操作,应描述操作执行的场合、频率、操作对数据的影响等。

(3) 安全性和完整性需求。在定义信息需求和处理需求的同时必须相应确定安全性、完整性约束。

尽管收集资料阶段的工作非常繁琐,但必须耐心细致地了解现行业务处理流程、对新系统的需求、收集全部数据资料,如报表、合同、档案、单据、计划等。

7.6.2 数据库的概念结构设计

概念结构设计的主要工作是设计概念性数据模型。它与数据库的逻辑结构无关,与特定的数据库管理系统无关,仅仅用它来明确表达用户的数据要求。概念性数据模型是一个面向问题的模型,它与将来数据库如何实现也无关,要使概念性模型既能反映用户的需求,又能作为设计数据库结构的基础模型。概念结构设计是数据库设计的关键。概念模型设计一般采用绘制 E-R 图的方法来完成。P.P.Chen 于 1976 年提出的实体—联系方法(Entity—Relationship Approach),简称 E-R 方法是概念模型设计的典型代表。E-R 方法使用 E-R 图来描述现实世界。实体(Entity)是信息世界的主要对象,是人所关心的事物,它可以是人、物或概念性的东西,或者是"事物"与"事物"之间的联系。属性(Attribute)是事物的某一方面的特性。因此,我们可以由若干属性值来表示一个实体。

通过 E-R 图可以把各部门对信息的需求全部汇总到组织模式中。

7.6.3 数据库的逻辑结构设计

逻辑结构设计的任务是设计数据库的结构,把概念结构转换成为选用的 DBMS 所支持的数据模型。

由于在系统设计过程中,经常是用户事先已选定机器系统设备,设计人员没有选择的余地,同时各个系统提供的环境和工具又是不一样的,可能还有各种不同的限制,因此模型的转换过程只能分两步走。首先把概念模型向一般的数据模型转换,然后再向具体的系统给定的 DBMS 支持下的数据模型转换。

E-R 模型转换为关系数据模型的规则:

每一实体集对应于一个关系模式,实体名作为关系名,实体的属性作为对应关系的属性。

实体间的联系一般对应一个关系,联系名作为对应的关系名,不带有属性的联系可以去掉。

实体和联系中关键字对应的属性在关系模式中仍作为关键字。

例如:概念结构转换为关系数据模型,如图 7.35 所示。

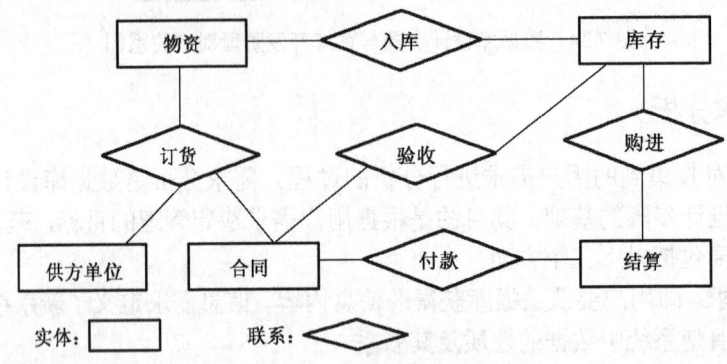

图 7.35 实体联系(E-R 模型)图

根据这些规则,下面的实体和联系就很容易转换成了上述对应的关系数据模型:

(1) 供方单位 (单位号、单位名、地址、联系人、邮政编码)
(2) 物资 (代码、名称、规格、备注)
(3) 库存 (入库号、日期、货位、数量)
(4) 合同 (合同号、数量、金额、备注)
(5) 结算 (编号、用途、金额、经手人)
(6) 购进 (入库号、编号、数量、金额)
(7) 订货 (代码、单位号、合同号、数量、单价)

7.6.4 数据库的物理结构设计

数据库的物理结构设计,首先对给定的逻辑数据模型选取一个适合于应用环境的物理结构,如存储结构和读取方法等。然后对物理结构进行评价,如果设计结果在时间和空间效率上满足设计要求则转向物理实施,否则重新设计或修改物理结构。如有必要则重新回到逻辑结构设计阶段,对数据模型进行修改。

物理结构设计的主要内容为:

(1) 存储结构的确定。根据处理的需要及系统提供的方法选择存储结构。确定时考虑的因素为存取时间、存储空间利用率和维护代价三个方面。

(2) 确定数据存放位置。根据数据的应用情况将数据划分为不同的组,如把数据的易变部分和稳定部分分开,经常存取与否分开,可以把经常存取或存取要求快的数据存放在高速存储器上,把互相间有联系,常常同时存取的记录存放在同一磁盘的同一柱面或相邻柱面上等。

(3) 存取路径的确定。数据库支持多用户数据共享,应提供对数据库的多个存取入口,也就是提供多条存取路径。设计者要根据实际需要进行定量分析,然后根据计算结果确定存取路径。

(4) 确定存储分配。DBMS 大多提供一些存储分配的参数,供设计者进行优化处理用。如溢出空间的大小和分布参数，块的长度以及缓冲区大小和个数等。这些参数的选择合适与否会影响到存取时间和存储空间的利用好坏，需要综合考虑后确定。

以上几个方面的选择确定都需要从时间、空间的效率、用户的要求和维护代价诸多方面权衡后决定。可能会产生多种方案，可以进行综合评价后择优进行实施。

7.7 用户界面设计

7.7.1 输入、输出设计的意义

输入、输出设计是管理信息系统与用户的界面，一般而言，输入、输出设计对于系统开发人员并不重要，但对用户来说，却显得尤为重要。

① 它是一个组织系统形象的具体体现；
② 它能够为用户建立良好的工作环境，激发用户努力学习、主动工作的热情；
③ 符合用户习惯，方便用户操作，使目标系统易于为用户所接受；
④ 为用户提供易读易懂的信息形态。

7.7.2 输入设计

输入界面是管理信息系统与用户之间交互的纽带，输入设计的任务是根据具体业务要求，确定适当的输入形式，使管理信息系统获取管理工作中产生的正确信息。输入设计目的是提高输入效率，减少输入错误。

1. 输入设计的设计原则

(1) 控制输入量。尽可能利用计算。
(2) 减少输入延迟。批量输入、周转文件输入。
(3) 减少输入错误。采用多种校验方法和验证技术。
(4) 避免额外步骤。
(5) 简化输入过程。

2. 输入设计的内容

(1) 输入界面设计
根据具体业务要求确定。
(2) 输入设备选择
输入设计首先要确定输入设备的类型和输入介质，目前常用的输入设备有：
① 键盘输入。键盘输入是常规的数据录入方式，目前管理信息系统中的数据大部分都采用这种方式输入。这种方式必须要有人工操作，因此系统运行效率主要取决于人而不是计算机。这种方式输入速度较慢，工作量大，且容易出错，主要适用于常规的、少量的数据输入。
② 磁盘输入装置。由数据录入员通过工作站录入，经拼写检查和可靠性验证后存入磁记录介质(如磁带、磁盘等)。这种方法成本低、速度快，易于携带，适用于大量数据输入。
③ 光电阅读器。采用光笔读入光学标记条形码或用扫描仪录入纸上文字。光符号读入器适用于自选商场、借书等少量数据录入的场合。而纸上文字的扫描录入读错率较高。另外，收、发料单，记账凭证若通过扫描之后难于存入对应的表。

④ 声音输入。通过语音识别系统，把输入的声音与预先存入系统的语音特征参数进行比对，完成判断与辨识。

3. 输入数据正确性校验

在输入时校对方式的设计是非常重要的。特别是针对数字、金额等字段，没有适当的校对措施作保证是很危险的。所以对一些重要的报表，输入设计一定要考虑适当的校对措施，以减少出错的可能性。但应指出的是绝对保证不出错的校对方式是没有的。常用校对方式主要有以下几种。

(1) 人工校对

录入数据后显示或打印出来，由人来进行校对。这种方法对于少量的数据或控制字符输入还可以，但对于大批量的数据输入就显得太麻烦，效率太低。这种方式在实际系统中很少有人使用。

(2) 二次键入校对

二次键入是指一种同一批数据两次键入系统的方法。输入后系统内部再比较这两批数据，如果完全一致则可认为输入正确；反之，则将不同部分显示出来有针对性地由人来进行校对。它是目前数据录入中心、信息中心录入数据时常用的方法。该方法最大的好处是方便、快捷，而且可以用于任何类型的数据符号。尽管该方法中二次键入在同一个地方出错，并且错误一致的可能性是存在的，但是这种可能性出现的概率极小。

(3) 根据输入数据之间的逻辑关系校对

利用会计恒等式，对输入的记账凭证进行借贷平衡的检验。输入物资的收、发料单，产品的入、出库单，均可采用先输入单子上的总计，然后逐项输入，计算机将逐项输入累计，用累计值与合计值比较，达到校对目的。

(4) 用程序设计实现校对

对接收数据的字段，若在数据库设计时已知取值区间(可允许取值的上、下限)或取值集(例如性别的取值集为男或女，产品的取值集为该单位所有产品集合，…)，可利用程序通过设置取值区间检验自动实现校对，或利用输入数据表的外键(取值集所在表的主键)自动进行一致性检验，对输入日期型数据，自动进行合法性和时效性检验。

4. 输入设计的评价

输入设计的评价指标主要有如下几种：
① 输入界面是否明晰、美观、大方；
② 是否便于填写，符合工作习惯；
③ 是否便于操作；
④ 是否有保证输入数据正确性的校验措施。

7.7.3 输出设计

输出设计的任务是使管理信息系统输出满足用户需求的信息。

输出设计目的是为了正确及时反映和组成用于管理各部门需要的信息。信息能够满足用户需要，直接关系到系统的使用效果和系统的成功与否。

1. 输出设计的内容

输出信息使用情况。信息的使用者、使用目的、信息量、输出周期、有效期、保管方法和输出份数。

输出信息内容。输出项目、精度、信息形式(文字、数字)。

输出格式。表格、报告、图形等。

输出设备和介质。设备如：打印机、显示器等；介质如：磁盘、磁带、纸张(普通、专用)等。

2. 输出设计的方法

在系统设计阶段，设计人员应给出系统输出的说明，这个说明既是将来编程人员在软件开发中进行实际输出设计的依据，也是用户评价系统实用性的依据。因此，设计人员要能选择合适的输出方法，并以清楚的方式表达出来。主要输出有以下几种。

(1) 表格信息

表格信息是系统对各管理层的输出，以表格的形式提供给信息使用者，一般用来表示详细的信息。

(2) 图形信息

管理信息系统用到的图形信息主要有直方图、圆饼图、曲线图、地图等。图形信息在表示事物的趋势、多方面的比较等方面有较大的优势，在进行各种类比分析中，起着数据报表所起不到的显著作用。表示方式直观，常为决策用户所喜爱。

(3) 图标

图标也用来表示数据间的比例关系和比较情况。由于图标易于辨认，无需过多解释，在管理信息系统中的应用也日益广泛。

3. 输出设计评价

输出设计的评价指标主要有：
① 能否为用户提供及时、准确、全面的信息服务；
② 是否便于阅读和理解，符合用户的习惯；
③ 是否充分考虑和利用了输出设备的功能；
④ 是否为今后的发展预留一定的余地。

7.7.4 菜单系统设计

菜单是系统整体功能结构的具体体现，菜单的形式可以多种多样，但应使得用户能够用尽可能少的操作找到所需要的功能，同时功能描述上应明确无误。

7.8 系统设计说明书

系统设计阶段的成果是系统设计说明书(报告)，包括各种设计方案和设计图表，它是下一步系统实现的基础。

7.8.1 系统设计的成果

(1) 系统总体模块结构图

系统总体模块结构图包括总体模块结构图、子系统模块结构图、计算机处理流程图等。

(2) 系统设备配置图

系统设备配置图主要是计算机系统图，设备在各生产岗位的分布图，主机、网络、终端联系图等。

(3) 系统代码编码方案
系统代码编码方案包括分类方案、编码系统。
(4) 数据库结构图
数据库结构图包括 E-R 模型、关系数据模型等。
(5) HIPO 图
HIPO 图包括层次化模块控制图、IPO 图等。
(6) 系统详细设计方案说明书

7.8.2 系统设计说明书的组成

1. 引言

(1) 摘要
系统的目标名称和功能等的说明。
(2) 背景
项目开发者；
用户；
本项目和其他系统或机构的关系和联系。
(3) 系统环境与限制
硬件、软件和运行环境方面的限制；
保密和安全的限制；
有关系统软件文本；
有关网络协议标准文本。
(4) 参考资料和专门术语说明

2. 系统设计方案

(1) 模块设计
系统模块结构图；
各个模块的 IPO 图（包括各模块的名称、功能、调用关系、局部数据项和详细的算法说明等）。
(2) 代码设计
各类代码的类型、名称、功能、使用范围和使用要求等的设计说明书。
(3) 输入设计
输入项目；
输入人员（指出所要求的输入操作人员的水平与技术专长，说明与输入数据有关的接口软件及其来源）；
主要功能要求（从满足正确、迅速、简单、经济、方便使用者等方面达到要求的说明）；
输入校验（关于各类输入数据的校验方法的说明）。
(4) 输出设计
输出项目；
输出接受者；
输出要求（所用设备介质、输出格式、数值范围和精度要求等）。
(5) 数据库设计
概述（目标、主要功能）；

需求规定(精度、有效性、时间要求及其他专门要求);
运行环境要求(设备支撑软件,安全保密等要求);
逻辑结构设计(有关文件及其记录、数据项的标识、定义、长度和它们之间的关系);
物理结构设计(有关文件的存储要求、访问方法、存储单位、设计考虑和保密处理等)。
(6) 模型库和方法库设计(本系统所选用的数学模型和方法以及简要说明)
(7) 安全保密设计
(8) 物理系统配置方案设计
硬件配置设计;
通信与网络配置设计;
软件配置设计;
机房配置设计。
(9) 系统实施方案及说明
实施方案;
实施计划(包括工作任务的分解、进度安排和经费预算);
实施方案的审批(说明经过审批的实施方案概况和审批人员的姓名)。

7.9 系统案例——药品进销存管理信息系统

7.9.1 新系统功能设计

系统的主要模块包括采购管理、销售管理、库存管理和统计分析,如图 7.36 所示。(本节只对新系统的库存管理子系统进行详述)具体功能包括如下几个方面。

1. 管理员登录

只有登录后管理员(各连锁药店的负责人)才可以进行药品详细信息、客户信息、库存信息、销售信息,及供药商信息等各项数据的更改与维护,并且不同用户具有不同的权限,保证了企业数据的安全。

2. 管理员权限

管理员登录后可以进行药品信息管理、客户资料管理、库存管理、销售处理、采购处理等相关工作。仓库管理员只能进行仓库管理,售药员只能进行销售业务管理,经理的权限最高。

3. 系统维护管理

系统维护管理主要有数据库的备份和数据库恢复管理,数据库备份管理用于完成后台数据库的备份,而数据库恢复管理是在对数据库误操作和数据库被破坏时,用以前备份过的数据库去恢复它,使损失降低,而这些操作都是在输入系统管理员密码后才可执行的。

4. 库存管理

(1) 库存调拨
仓库管理员根据业务需求把药品从一个仓库调拨到另一个仓库。
(2) 库存盘点
仓库管理员定期或不定期地对仓库内的药品进行全部或部分的清点,以掌握该期间内的经营业绩,并据此加以改善、加强管理。准确行使药品的进、销、存业务信息,可避免囤积太多药物或缺药的情况发生，对于计算成本及损失是不可或缺的数据。系统管理员根据盘点的情况修改库存表，并在报损溢单中增加一条记录等操作。

（3）药品拆分

仓库管理员根据业务的需求对药品进行拆分处理。系统管理员根据拆分信息修改库存表，并在拆零记录表中增加一条记录等操作。

（4）药品调价

仓库管理员根据业务的需求对药品进行调价。系统管理员根据调价信息修改库存表，同时可以进行增加、修改、删除和查询等操作。

（5）库存查询

为了使仓库管理员全面了解药品库存信息，仓库管理员可根据相关记录对库存详细信息进行查询。

（6）库存报警

采购进药添加设置药品的库存下限数量，当库存中药品达到或小于此下限数量时，会报出库存报警信息，提交药品采购需求信息，交由采购部门进行采购信息的编制，从而减少库存缺药风险。系统管理员可以对过期库存药品进行查询，对库存的上下限进行设置。

（7）报损报溢

定期提交报损报溢表，以便使管理者及时了解仓库药品的实际库存情况，对计算成本和估计损失也起到了非常重要的作用。系统管理员根据报损报溢表打印报损单和报溢单，同时可以对报损报溢进行查询。

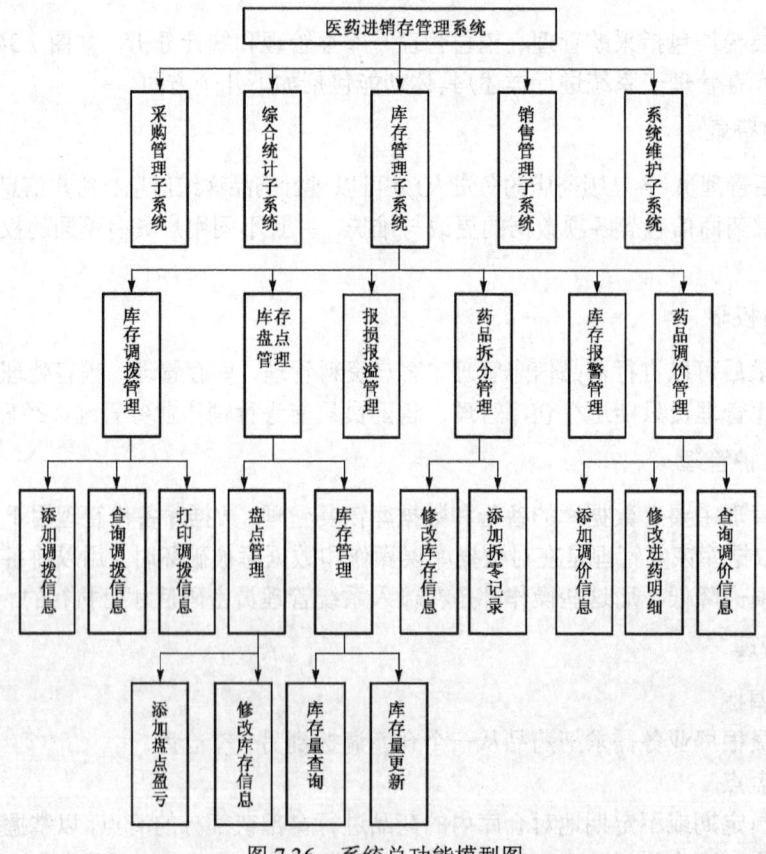

图 7.36　系统总功能模型图

7.9.2 新系统运行环境设计

(1) 开发环境硬件配置

操作系统：Windows XP Professional。

CPU：建议使用 Intel Pentium III 500MHz 以上，本机使用 Intel(R) Pentium(R) M processor 1.86GHz。

内存：建议使用 512MB 以上内存，本机使用 2GB 内存。

硬盘空间：至少需要 20GB 以上的硬盘空间来安装所需的组件。

(2) 开发环境软件配置

开发工具：Visual Basic 6.0

数据库：SQL Server

7.9.3 系统总体方案设计

1. 系统结构模块设计

(1) 库存调拨管理模块（见图 7.37）

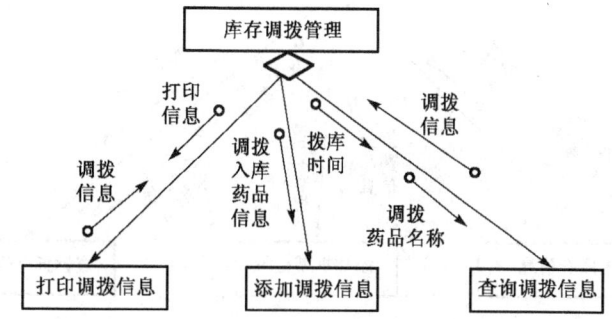

图 7.37 库存调拨管理模块图

(2) 报损报溢管理模块（见图 7.38）

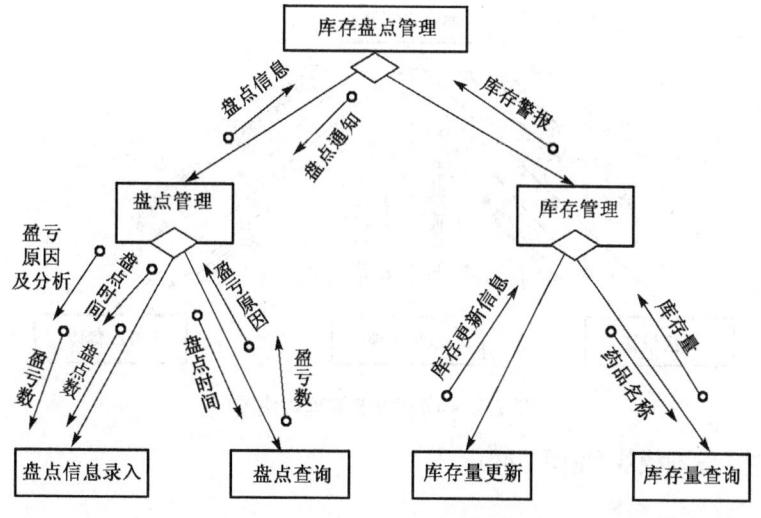

图 7.38 报损报溢管理模块图

(3) 库存盘点管理模块(见图7.39)

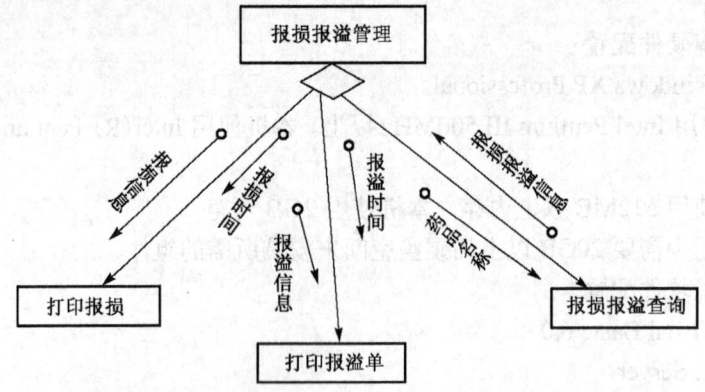

图7.39 库存盘点管理模块图

(4) 药品拆分管理模块(见图7.40)

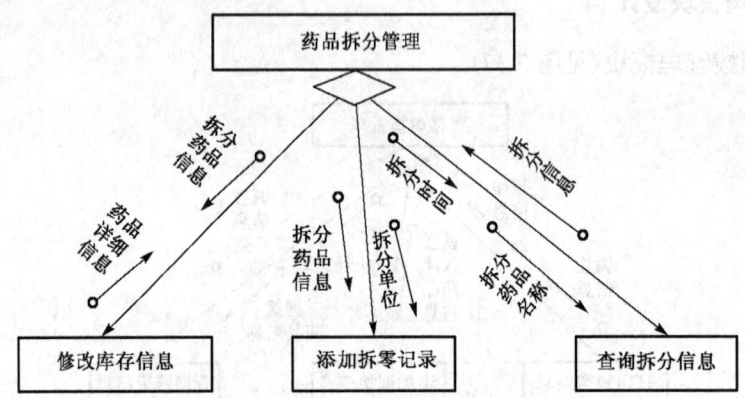

图7.40 药品拆分管理模块图

(5) 库存报警管理模块(见图7.41)

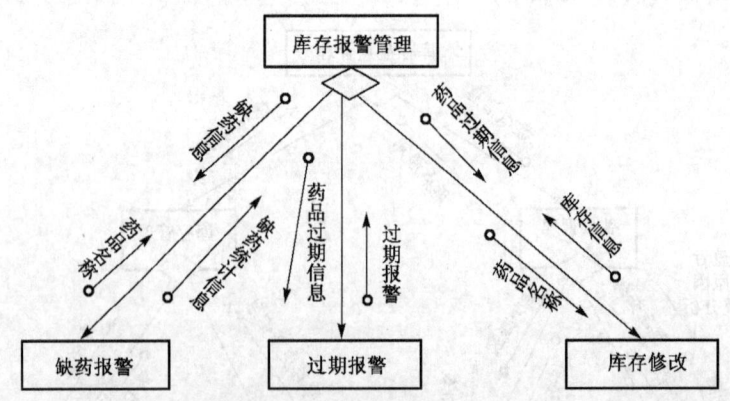

图7.41 库存报警管理模块图

(6) 药品调价管理模块(见图7.42)

第 7 章 管理信息系统的系统设计

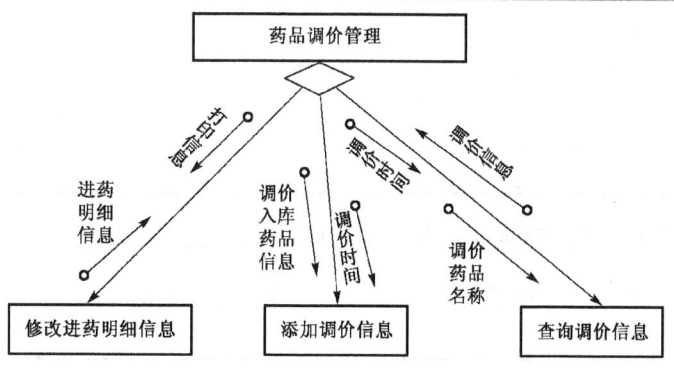

图 7.42 药品调价管理模块图

2. 模块处理流程设计

本系统针对药品进销存管理作为使用目的而开发,但考虑到系统整体规模较大,下面仅给出与库存管理相关的管理模块 IPO 图,即库存调拨、库存盘点、报损报溢、药品拆分、药品调价和库存报警等管理功能的 IPO 图,各主要模块的 IPO 图分别如图 7.43~图 7.64 所示。

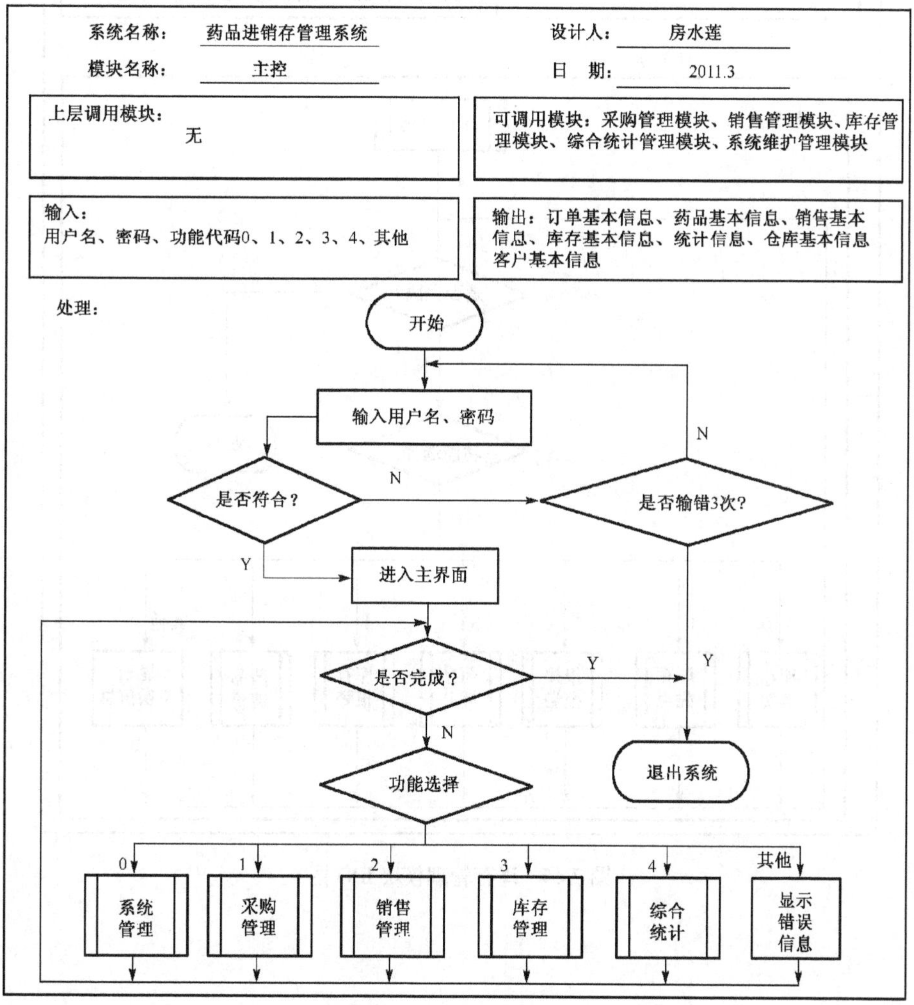

图 7.43 主控 IPO 图

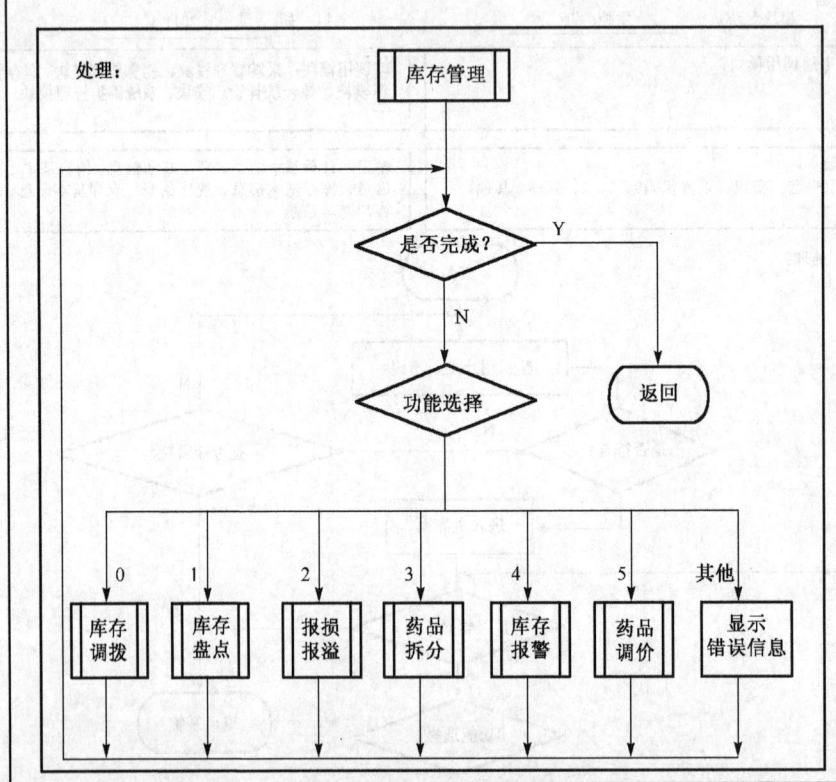

图 7.44 库存管理模块 IPO 图

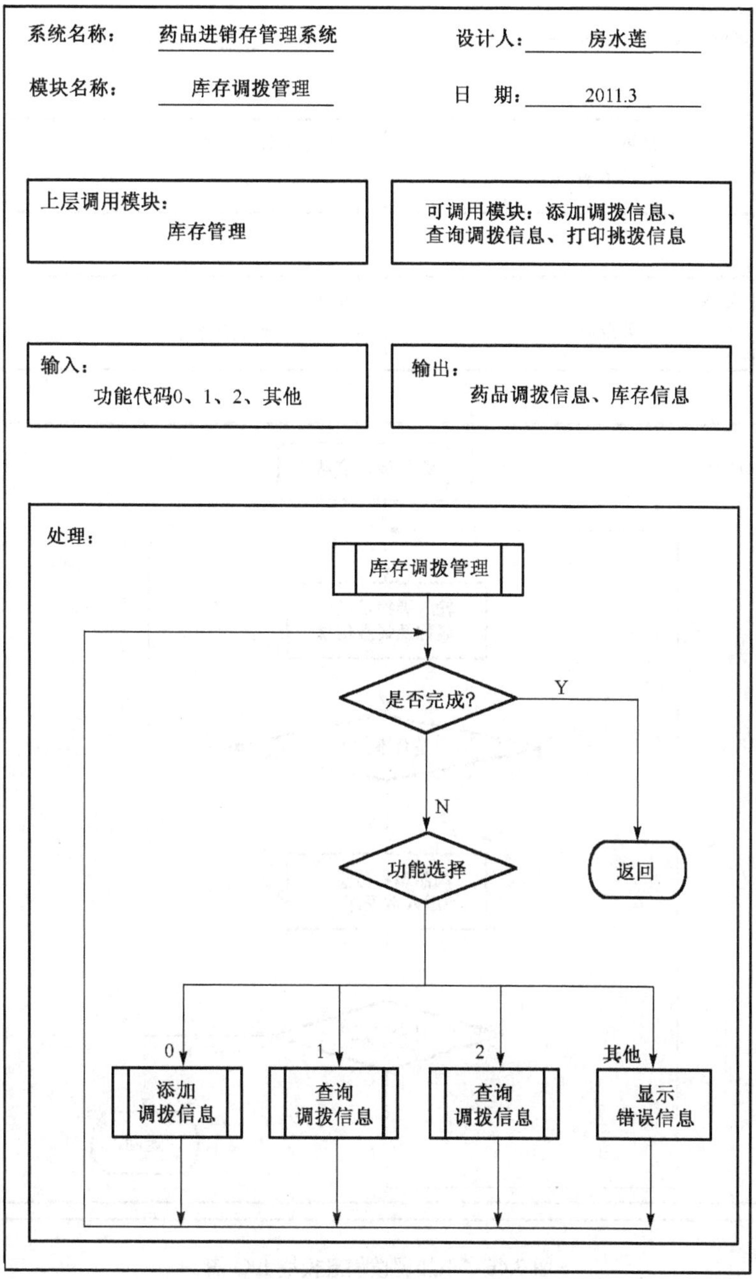

图 7.45 库存调拨管理模块 IPO 图

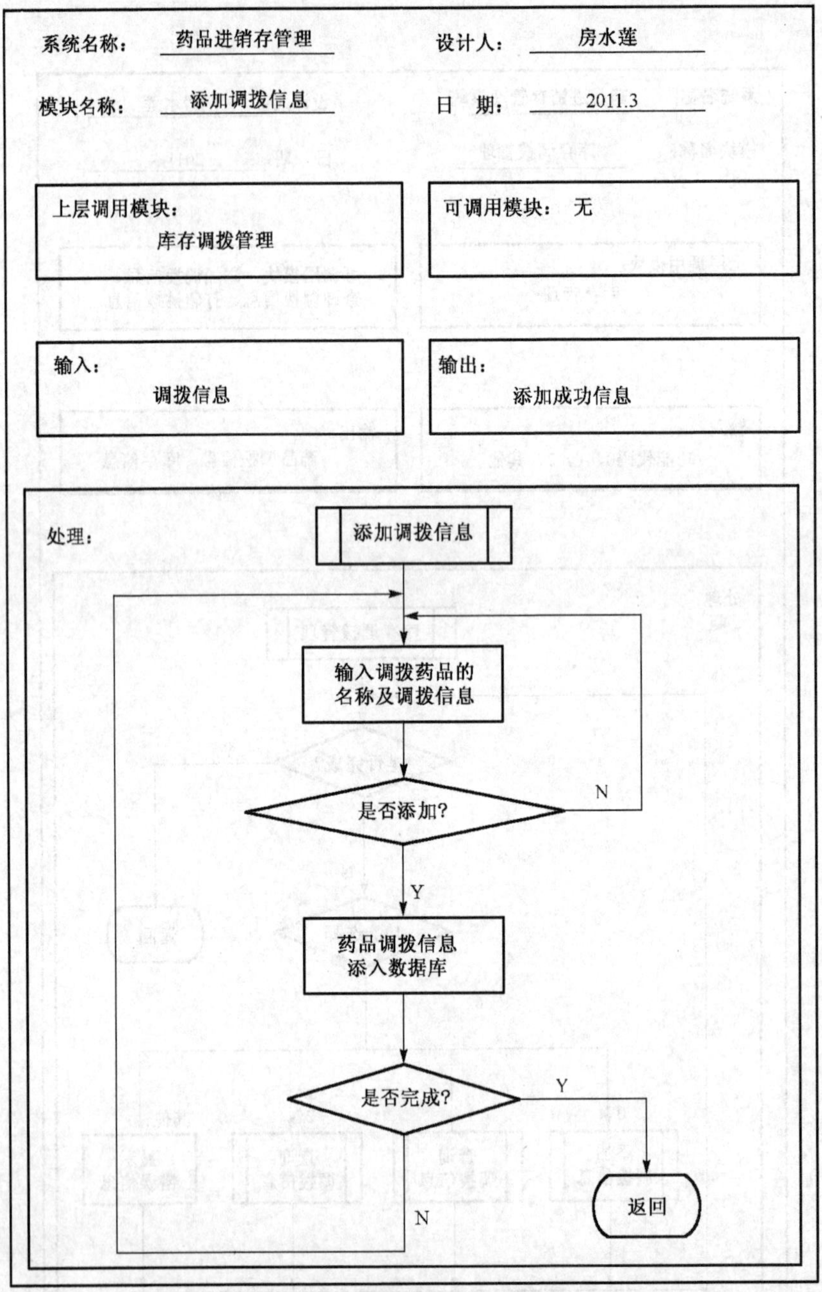

图 7.46 添加调拨信息模块 IPO 图

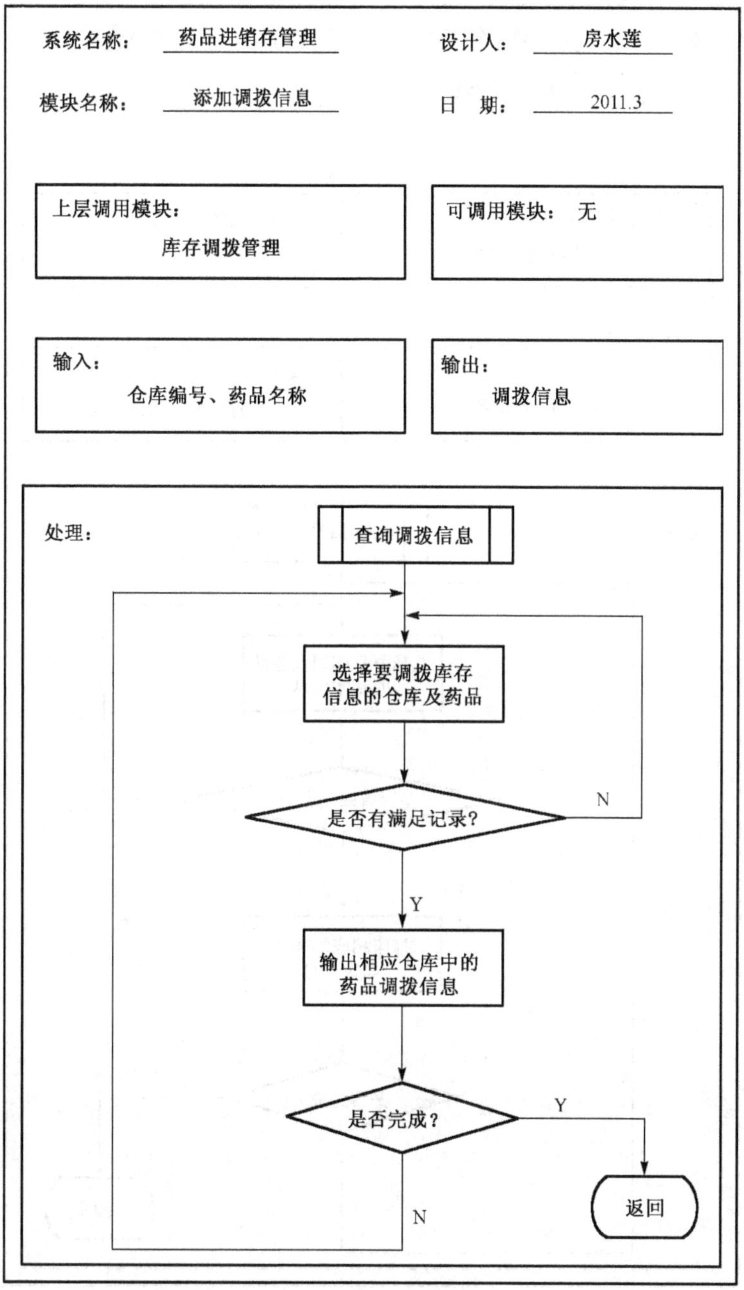

第7章 管理信息系统的系统设计

| 系统名称： | 药品进销存管理 | 设计人： | 房水莲 |
| 模块名称： | 添加调拨信息 | 日　期： | 2011.3 |

上层调用模块：
库存调拨管理

可调用模块：无

输入：
仓库编号、药品名称

输出：
调拨信息

处理：

查询调拨信息
↓
选择要调拨库存信息的仓库及药品
↓
是否有满足记录？ —N→（返回循环）
↓Y
输出相应仓库中的药品调拨信息
↓
是否完成？ —Y→ 返回
↓N
（返回循环）

图 7.47 查询调拨信息 IPO 图

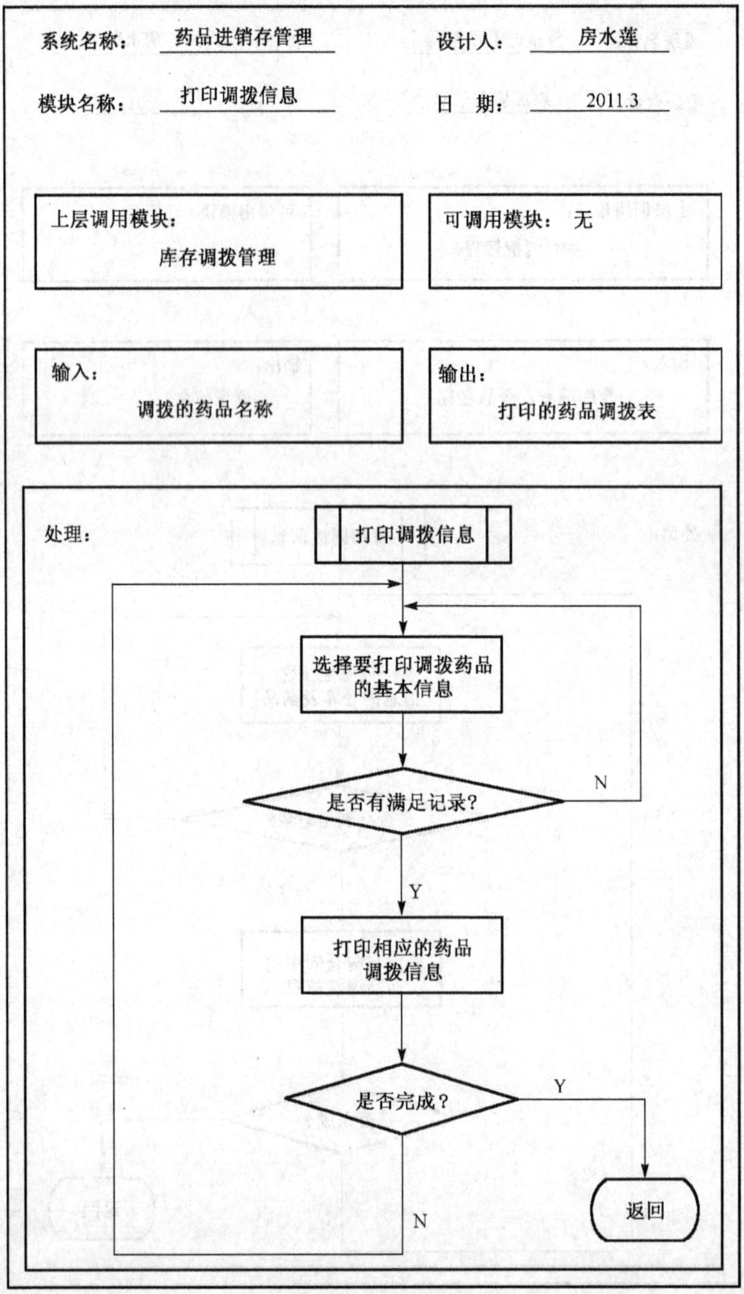

图 7.48 打印调拨信息 IPO 图

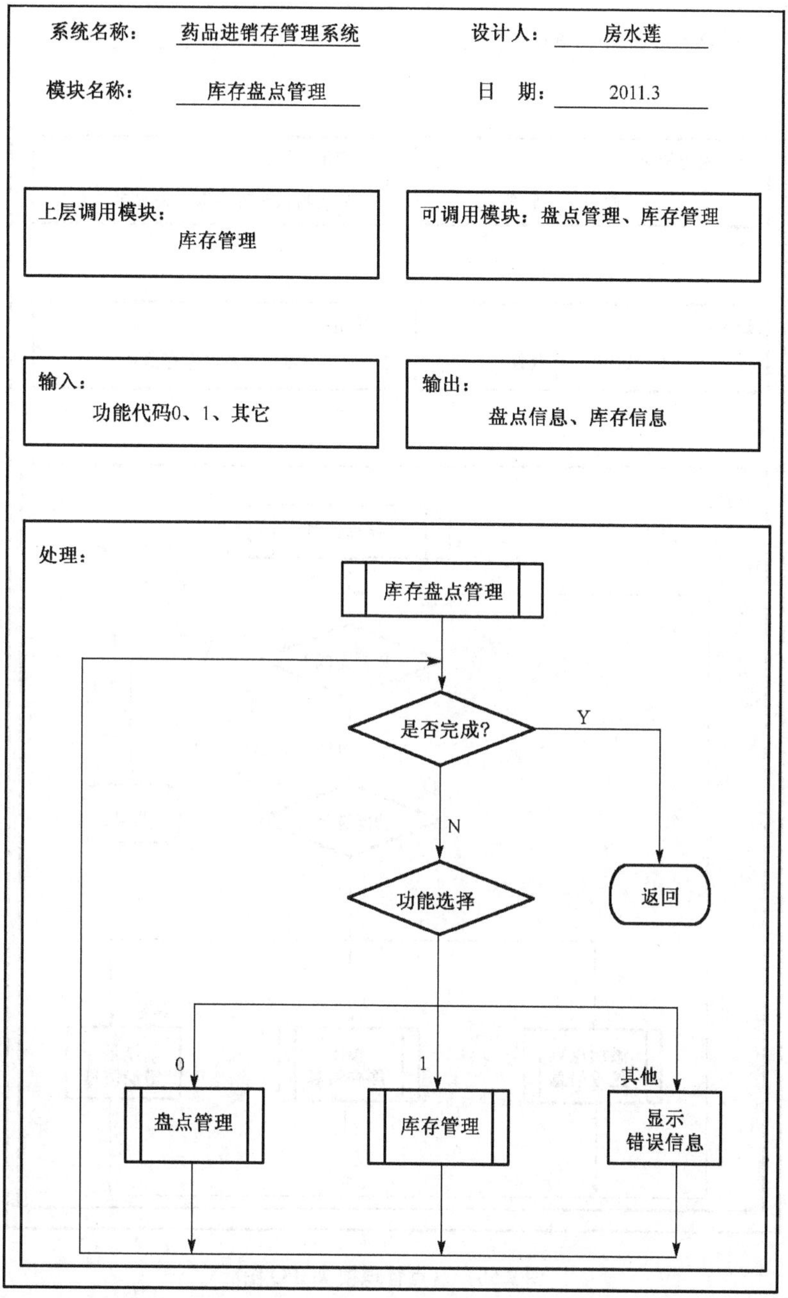

图 7.49 库存盘点管理模块 IPO 图

系统名称：药品进销存管理系统　　设计人：房水莲

模块名称：盘点管理　　日　期：2011.3

上层调用模块：库存盘点管理

可调用模块：添加盘点盈亏信息、修改库存信息

输入：功能代码0、1、其他

输出：盘点信息、库存信息

处理：

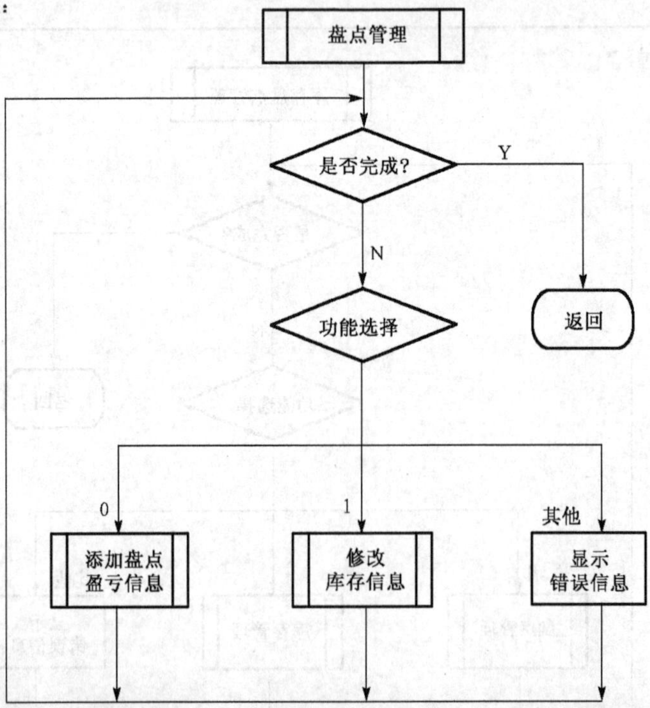

图 7.50　盘点管理模块 IPO 图

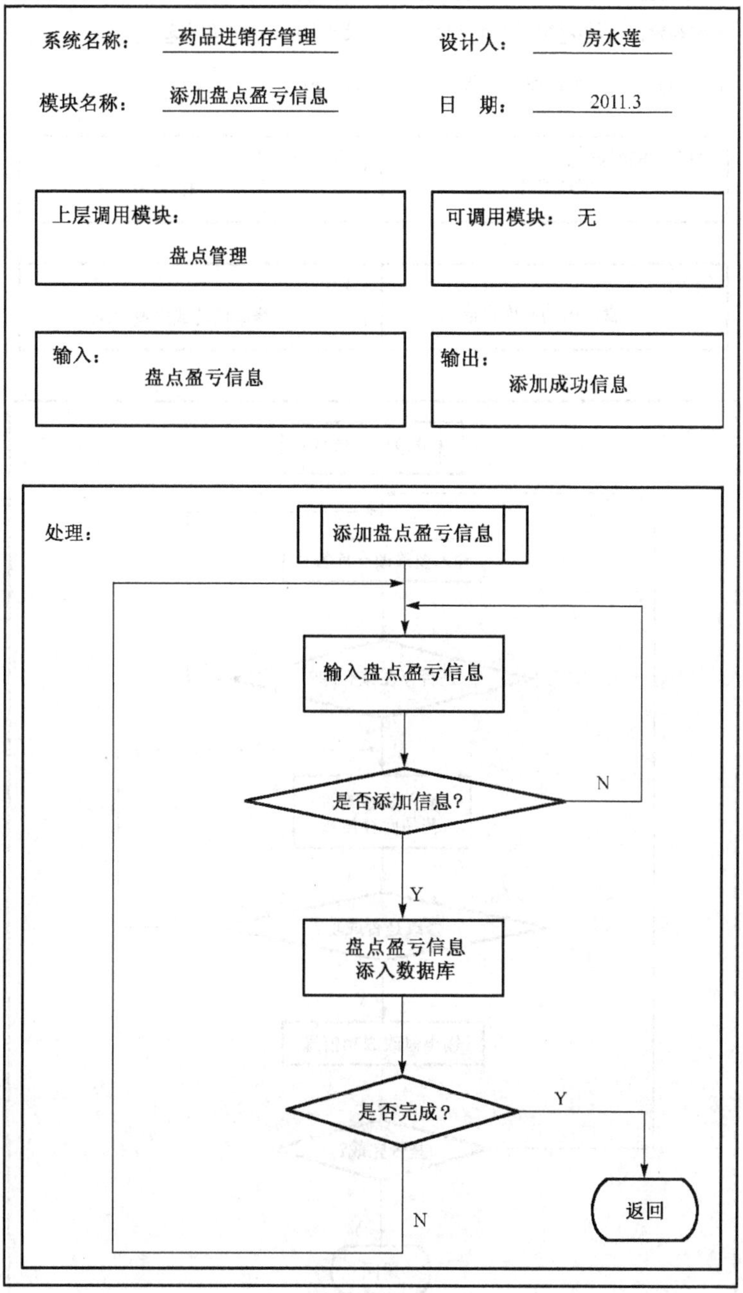

图 7.51 添加盘点盈亏信息

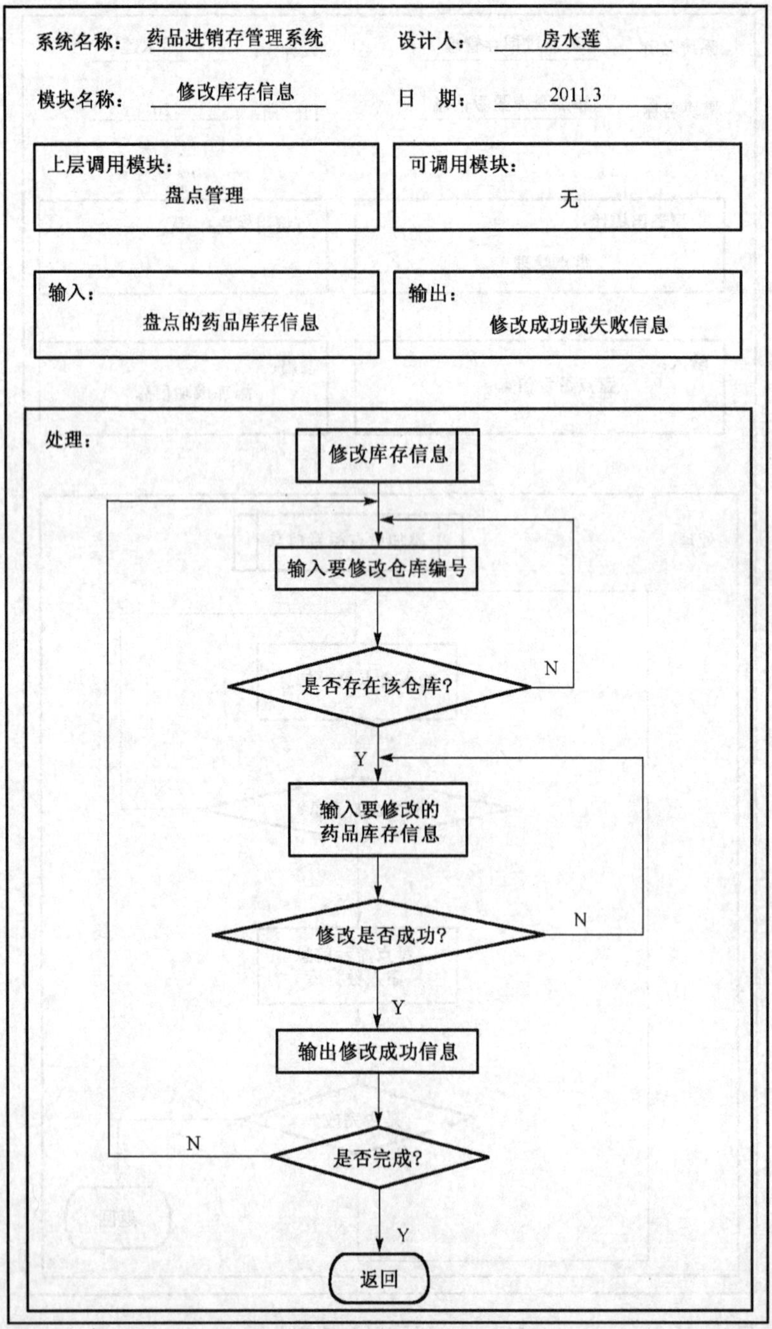

图 7.52 修改库存信息 IPO 图

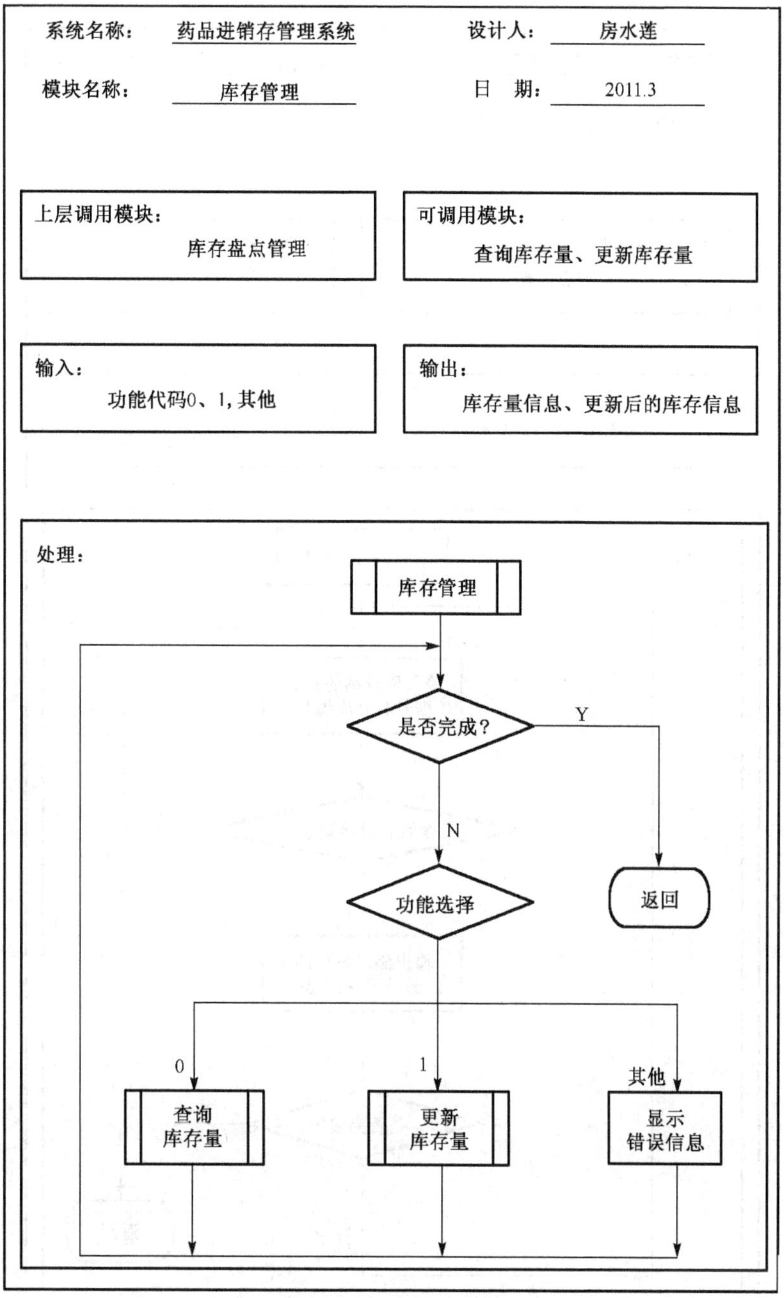

图 7.53 库存管理模块 IPO 图

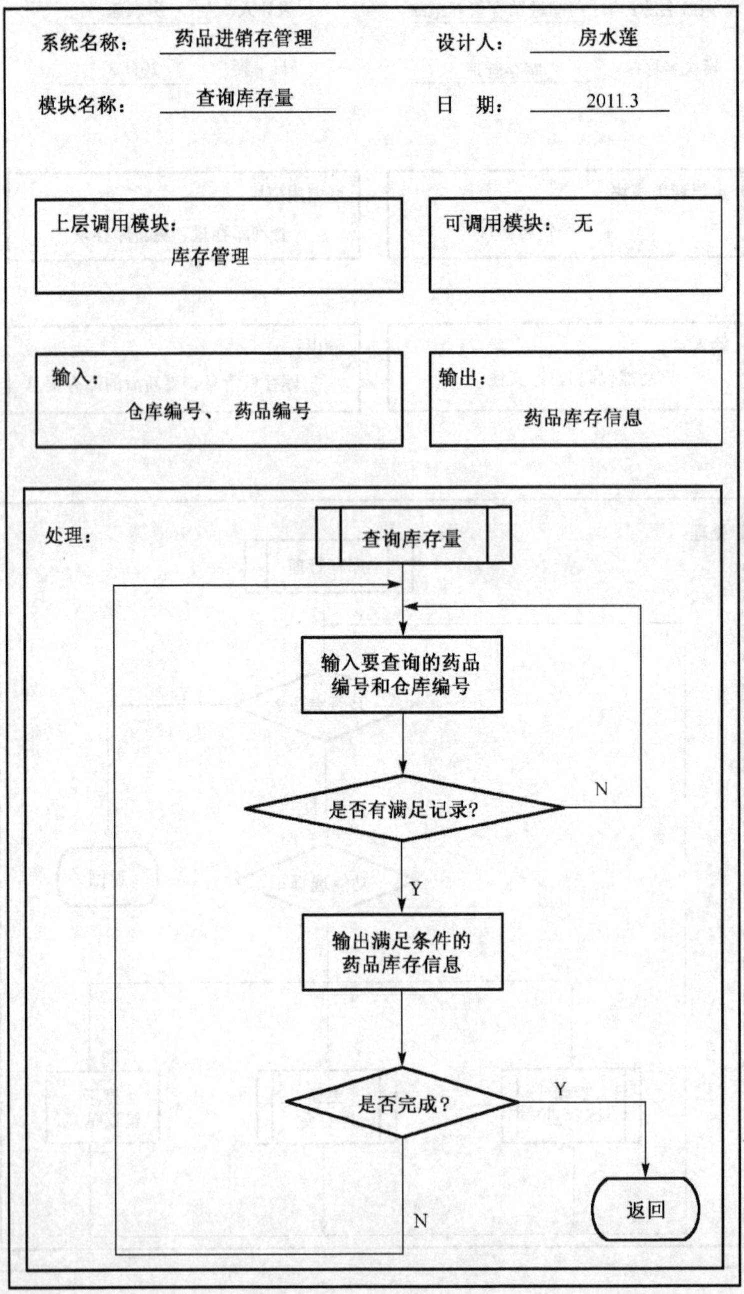

图 7.54 查询库存量 IPO 图

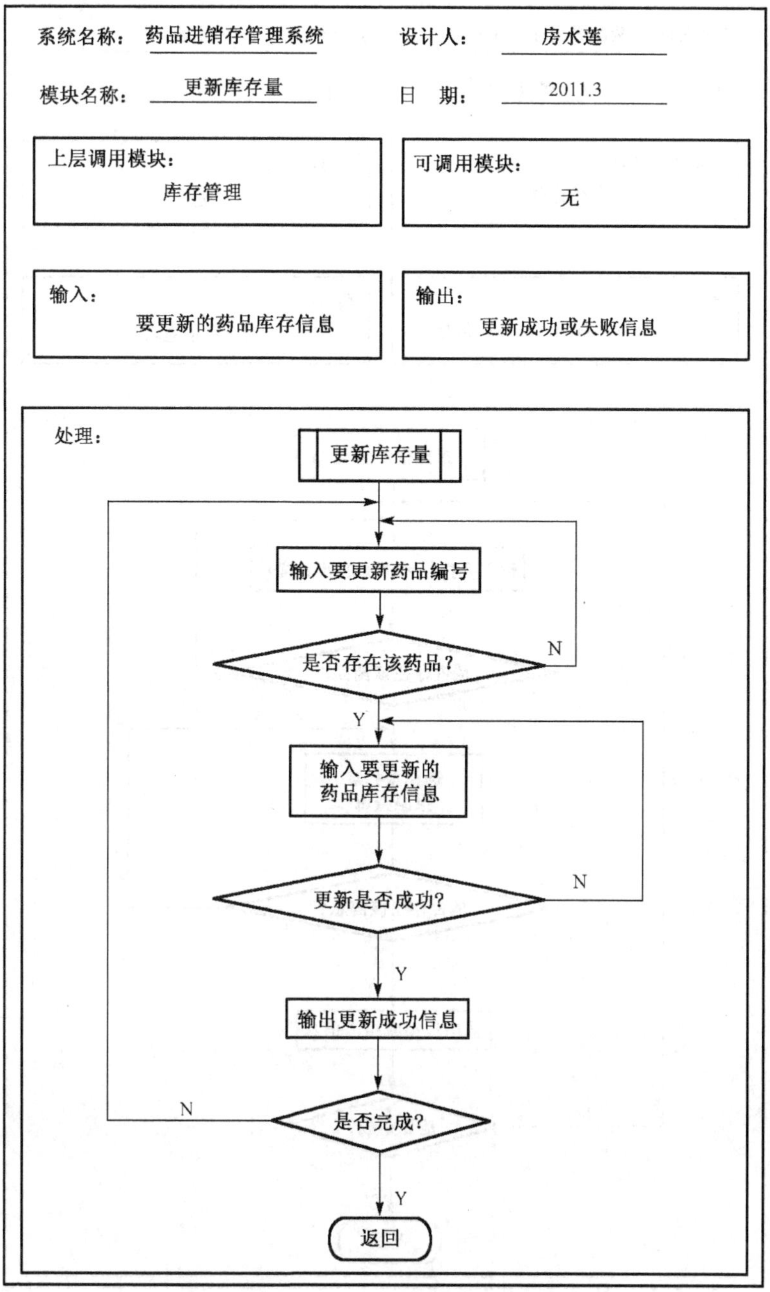

图 7.55 更新库存量 IPO 图

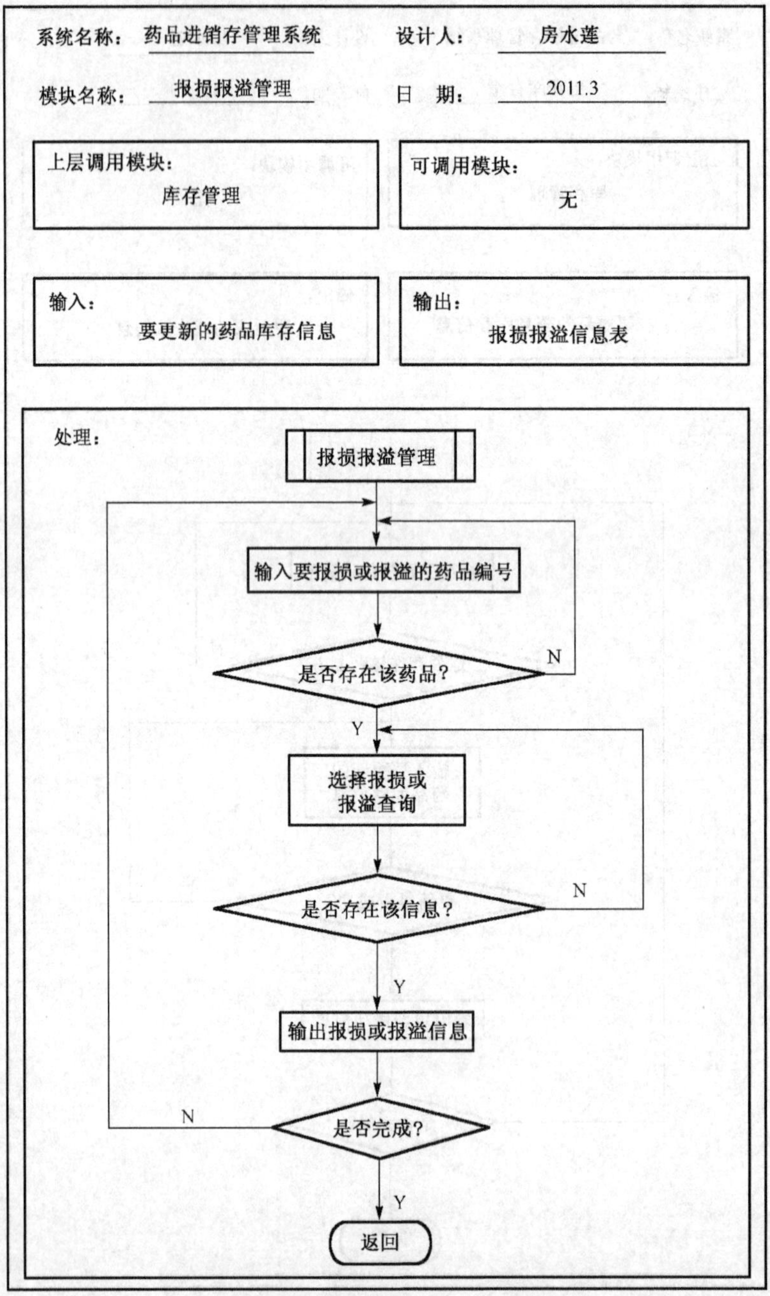

图 7.56 报损报溢管理模块 IPO 图

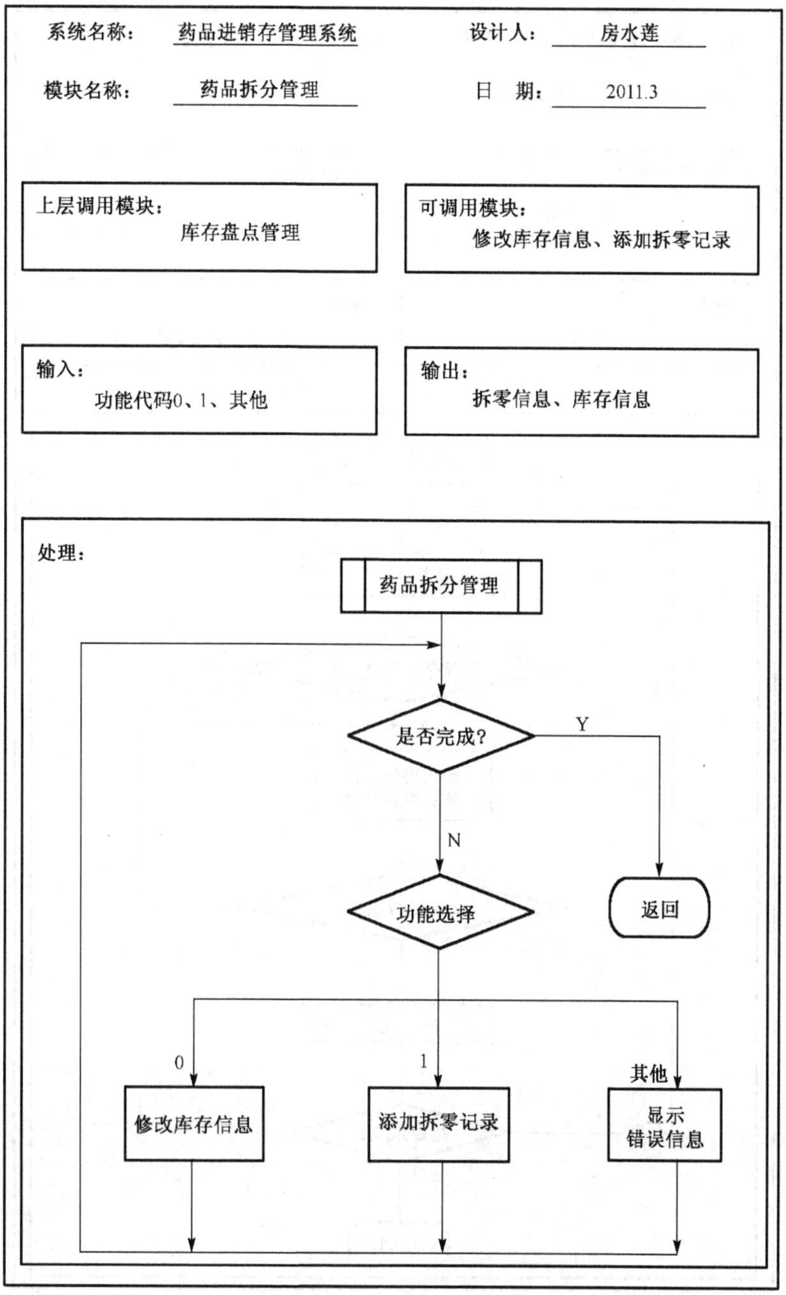

图 7.57 药品拆分管理模块 IPO 图

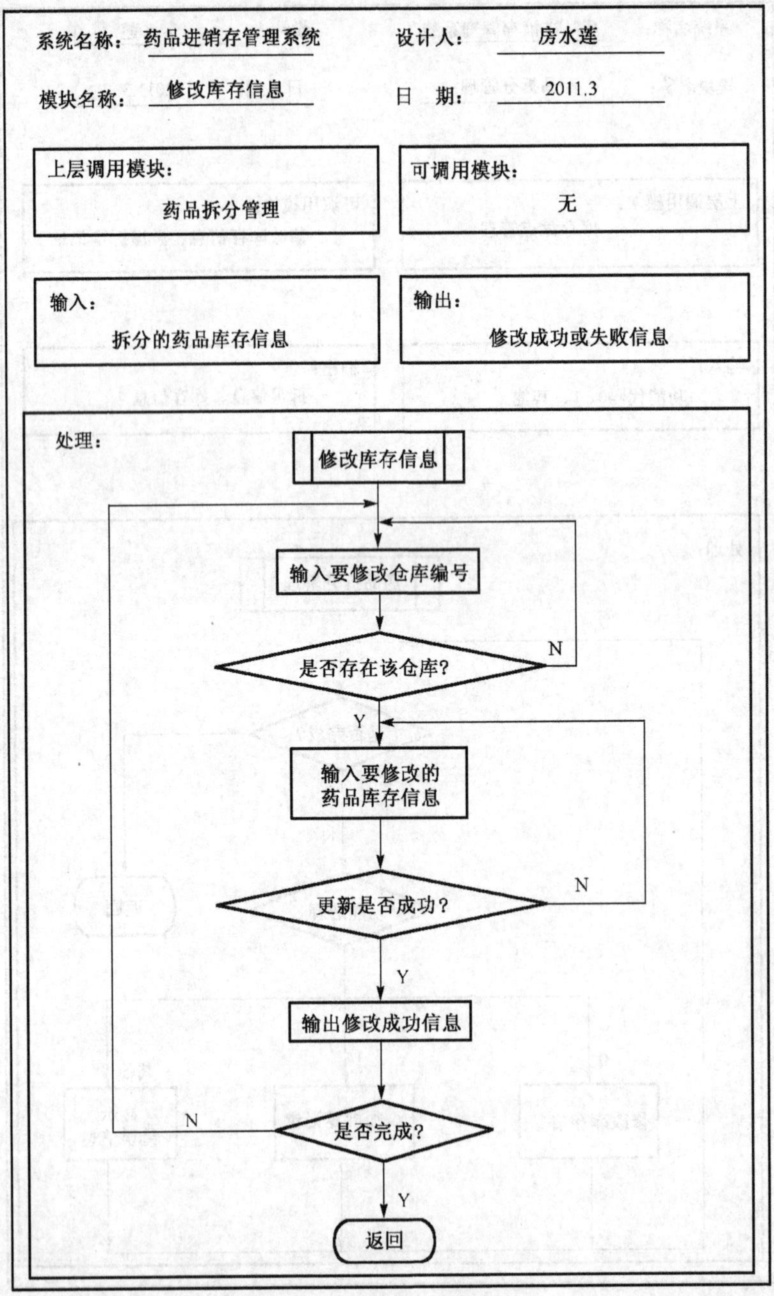

图 7.58 修改库存信息 IPO 图

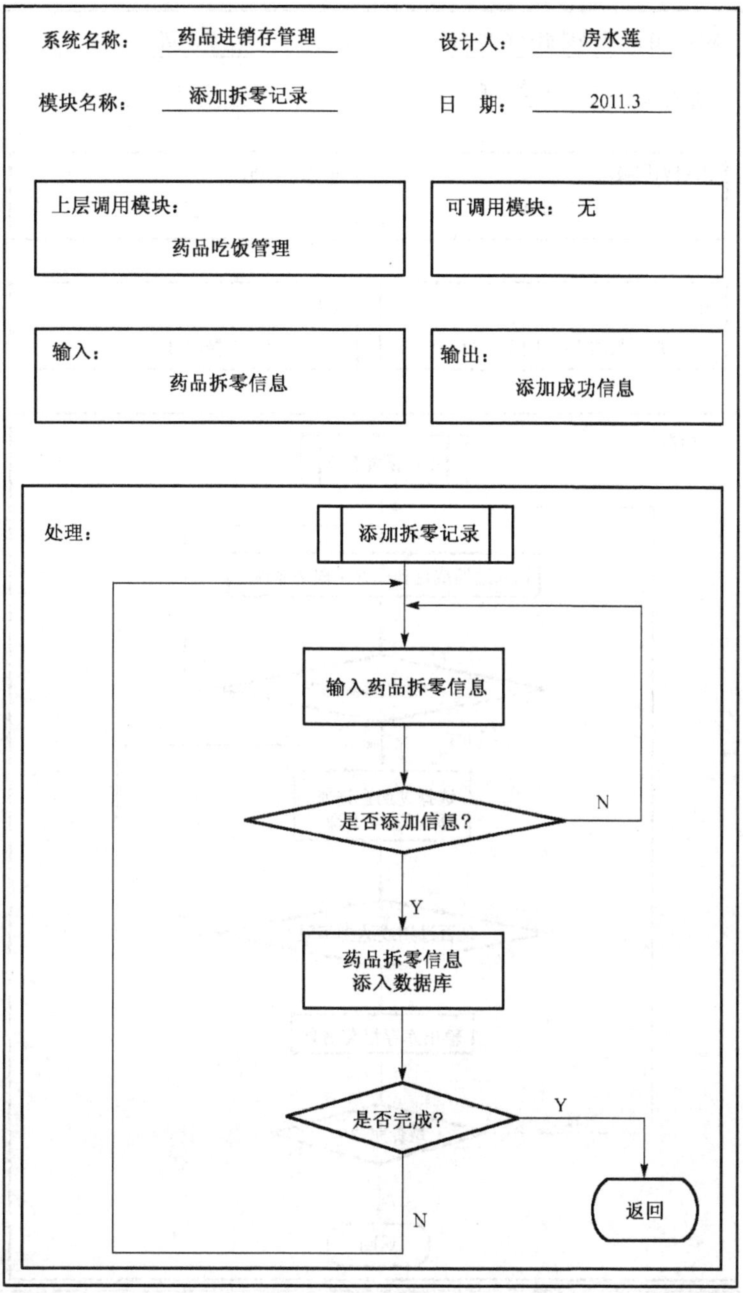

图 7.59 添加拆零记录 IPO 图

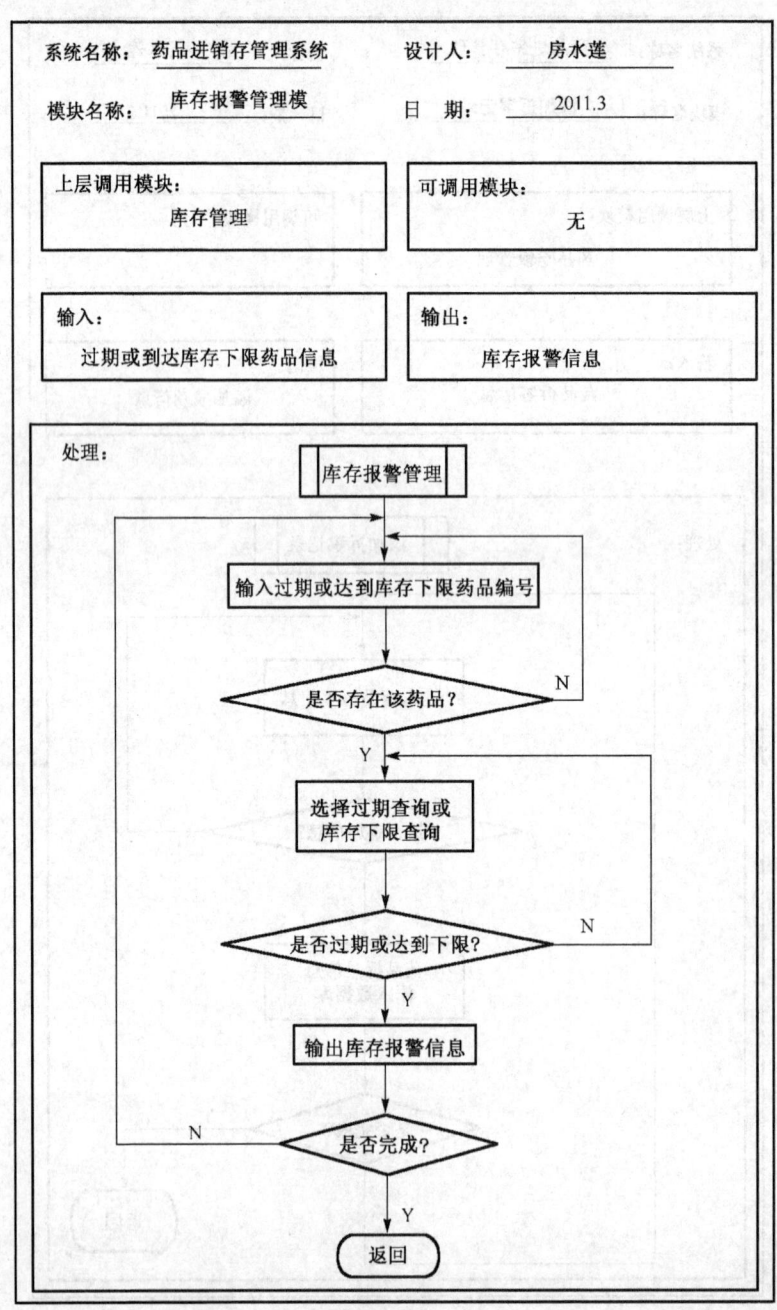

图 7.60 18.库存报警管理模块 IPO 图

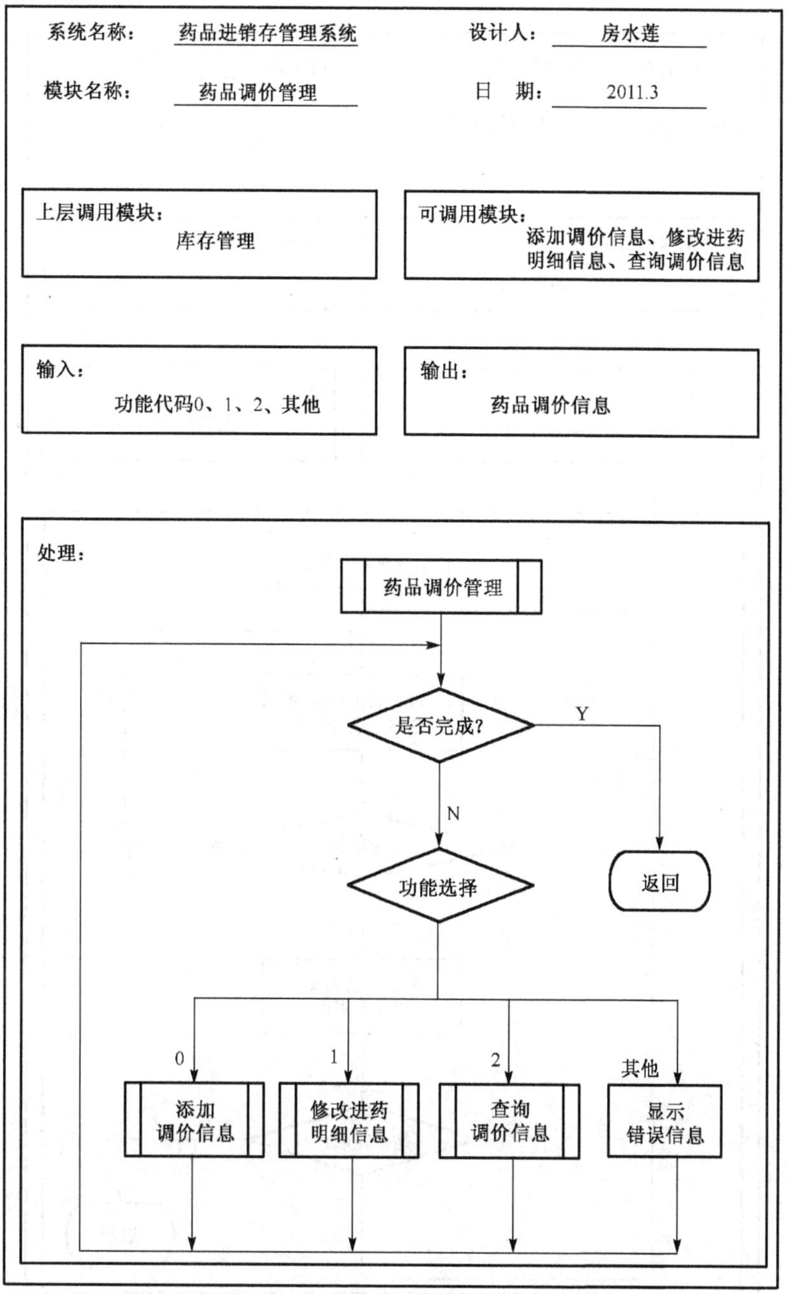

系统名称：	药品进销存管理系统	设计人：	房水莲
模块名称：	药品调价管理	日　期：	2011.3

上层调用模块：
库存管理

可调用模块：
添加调价信息、修改进药明细信息、查询调价信息

输入：
功能代码0、1、2、其他

输出：
药品调价信息

处理：

```
            药品调价管理
                │
    ┌──────────┘
    │
    ▼
  是否完成? ──Y──▶ 返回
    │N
    ▼
  功能选择
  ┌────┬────┬────┬────┐
  0    1    2   其他
  │    │    │    │
  ▼    ▼    ▼    ▼
 添加  修改进药 查询  显示
调价信息 明细信息 调价信息 错误信息
```

图 7.61　药品调价管理 IPO 图

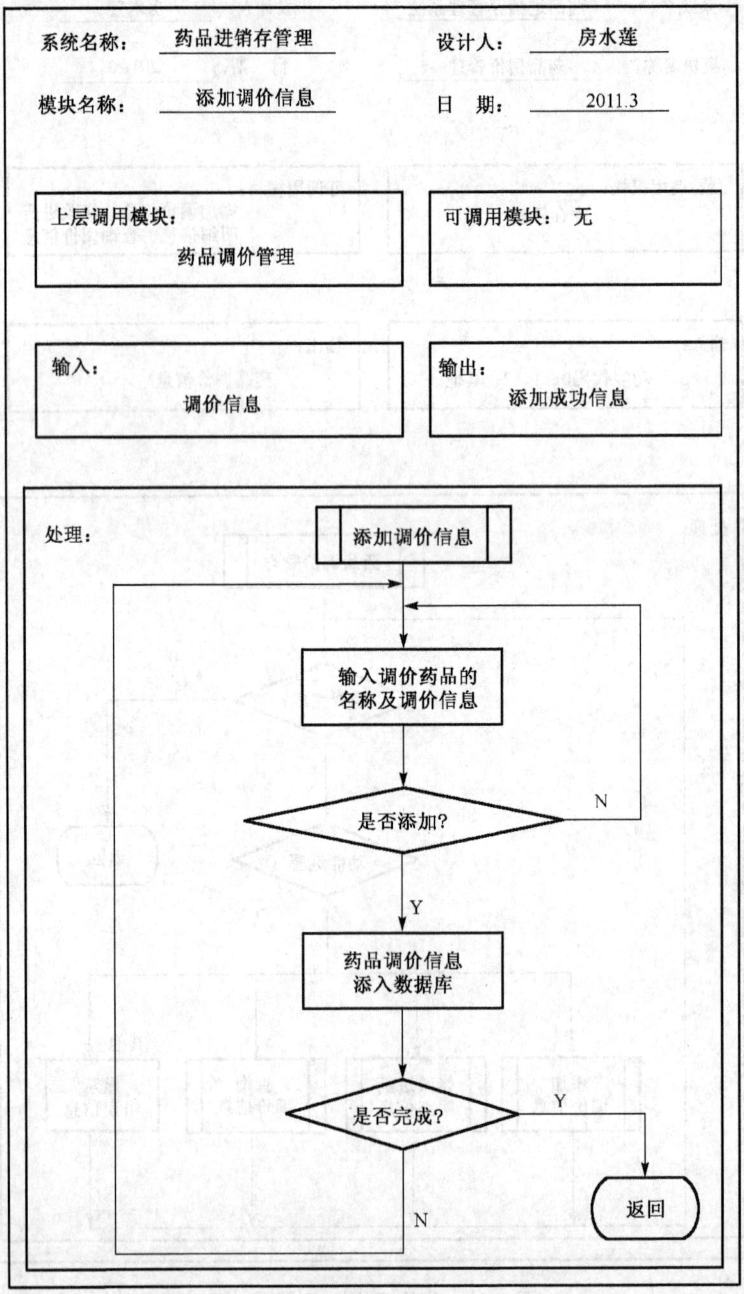

图 7.62 添加调价信息模块 IPO 图

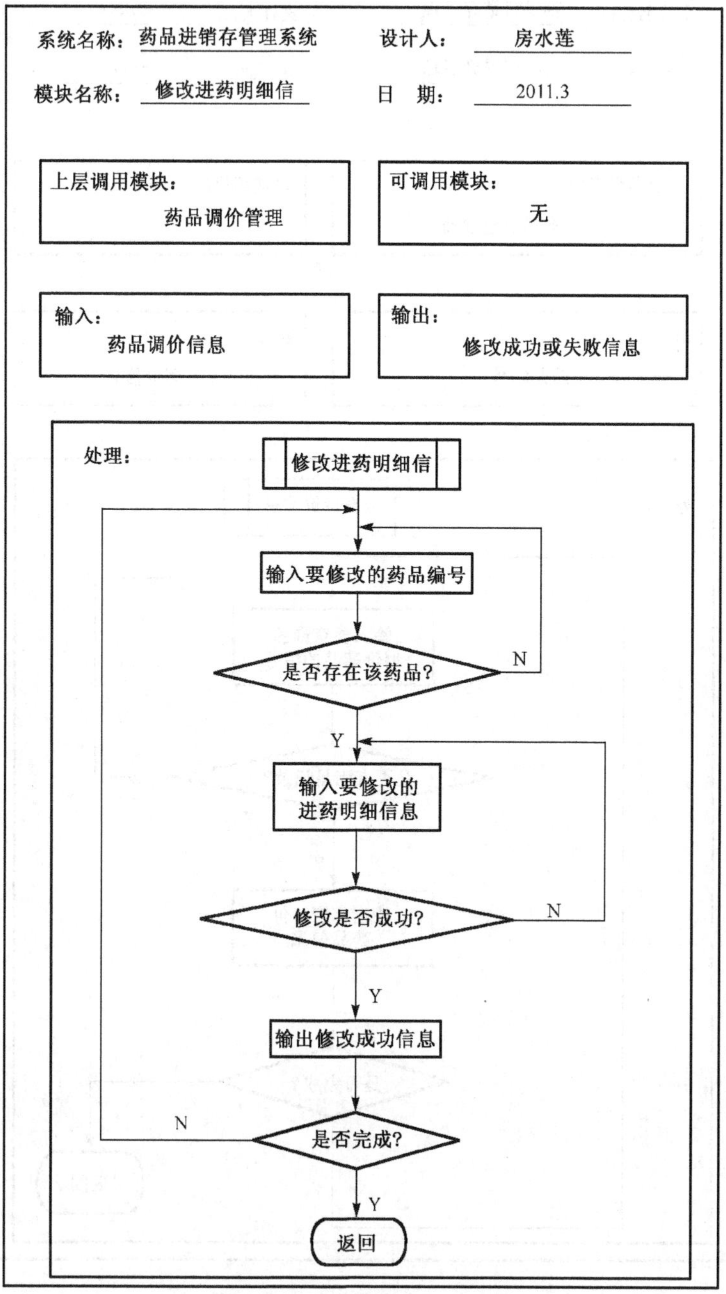

图 7.63 修改进药明细信息 IPO 图

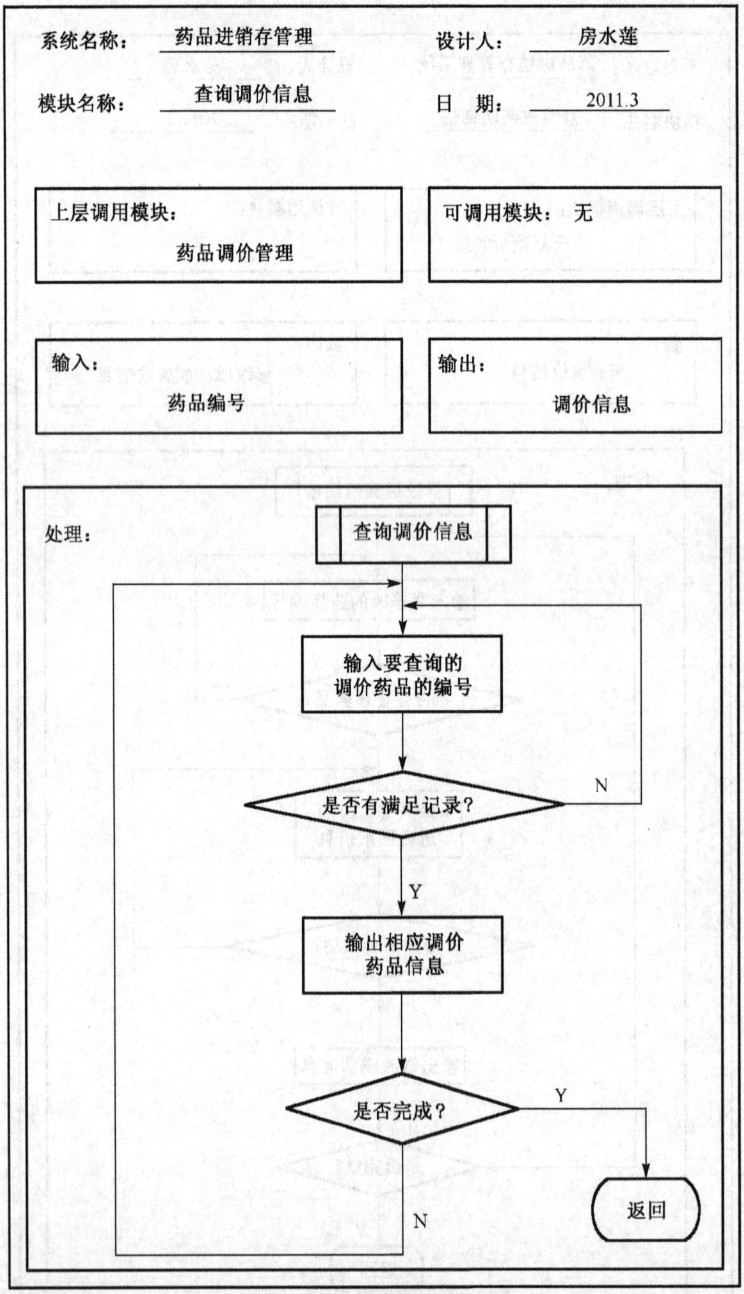

图 7.64　查询调价信息 IPO 图

7.9.4 代码设计方案

代码是代表事务名称、属性、状态等的符号，为了便于计算机处理，一般用数字、字母或它们的组合来表示。它为事务提供一个概要而不含糊的认定，便于数据的存储和检索，提高处理的效率和精度。

本系统中的重要代码有进药单编码、药品 ID 编码等，这些编码的编码方式都是层次码。

(1) 进药单编码(9 位)

进药单编码格式为：X XXXX XXXX

其中，第 1 位 X 为"1"代表是进药编码，2～5 位 XXXX 代表进药日子，6～9 位 XXXX 代表进药顺序编号。例如，1 1103 0001 表示 2011 年 3 月办理的 0001 号进药业务。

(2) 药品销售单(9 位)

药品销售单编码格式为：XXXXXX XXX

其中，1～6 位 XXXXXX 代表药品时间，7～9 位代表药品顺序编码。例如，201103006 表示 2011 年 5 月销售的第六张销售单。

(3) 客户编号(11 位)

客户编号格式为：XXXXXXXXXXX

其中，1～6 位 XXXXXX 代表客户注册日期，7 位代表客户类型，7 位 X 为 1 代表零售客户，7 位 X 为 2 表示批量客户，8～11 位代表客户序列号。例如，11031010001 表示：客户是 2011 年 3 月 10 日注册的第 1 位零售客户。

7.9.5 数据库设计

1. 系统 E-R 图

逻辑结构设计的任务就是把用户的需求抽象为信息世界结构再转化为计算机结构的过程。一般的描述概念结构的有力工具是 E-R 模型，即用图形的方法描述实体及实体间的关系。

经过以上的系统分析，我们确定了供药商，员工，客户和仓库(库管员)四个主要实体，以及主要关系：客户和员工间的"销售"关系、员工和仓库间的"提药"关系、仓库和客户间的"退药"关系以及供药商和仓库间的"采购退药"关系等。根据以上关系绘制系统 E-R 图，如图 7.65 所示。

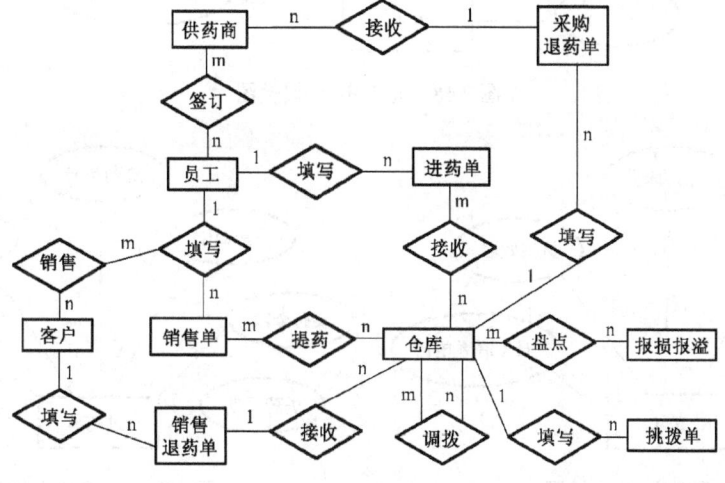

图 7.65　系统 E-R 图

2. 实体和实体的属性

实体和实体的属性分别如图 7.66～图 7.75 所示。

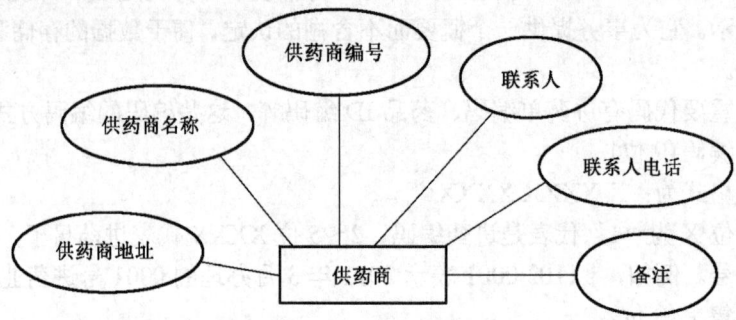

图 7.66 供药商实体-属性图

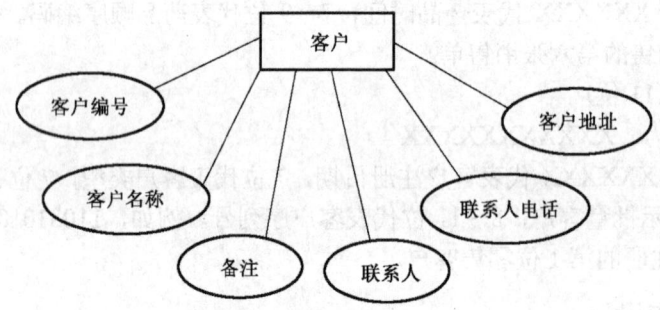

图 7.67 客户实体-属性图

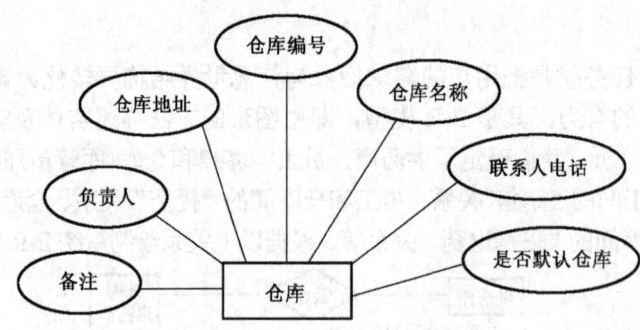

图 7.68 仓库实体-属性图

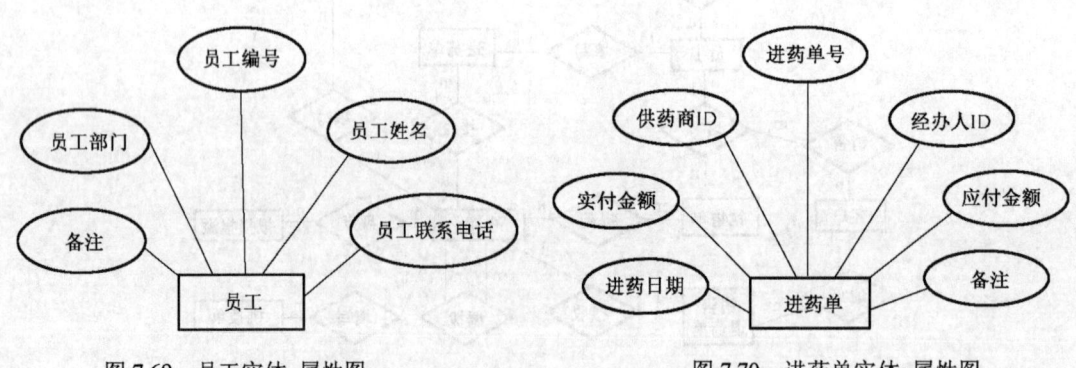

图 7.69 员工实体-属性图　　　　图 7.70 进药单实体-属性图

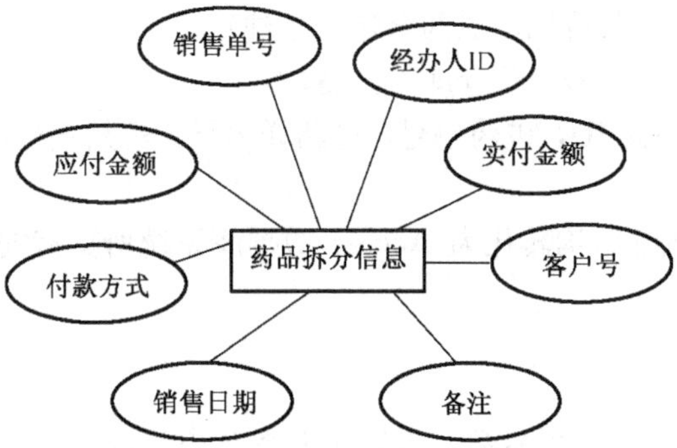

图 7.71 销售单实体-属性图

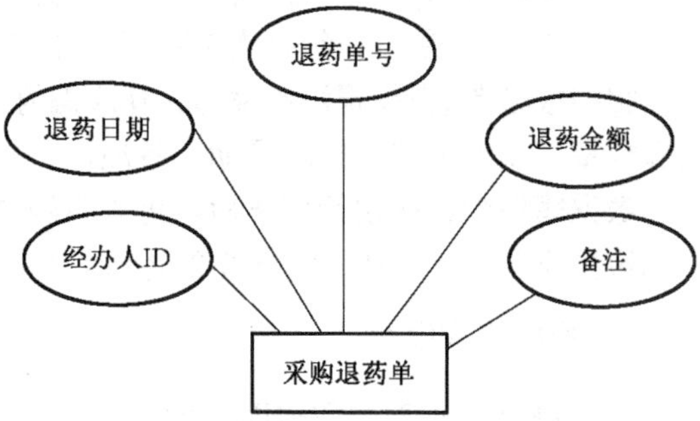

图 7.72 采购退药单实体-属性图

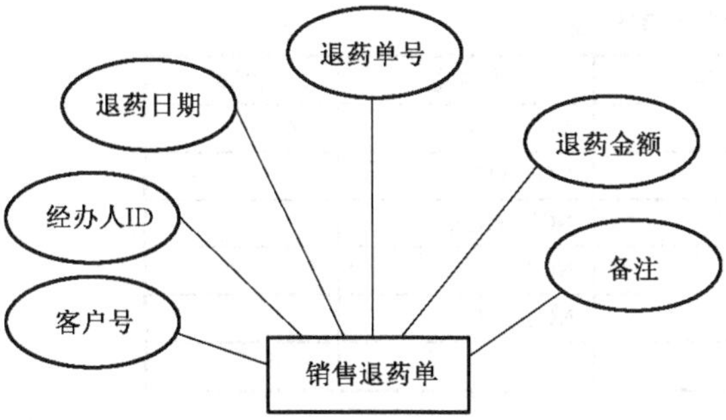

图 7.73 销售退药单实体-属性图

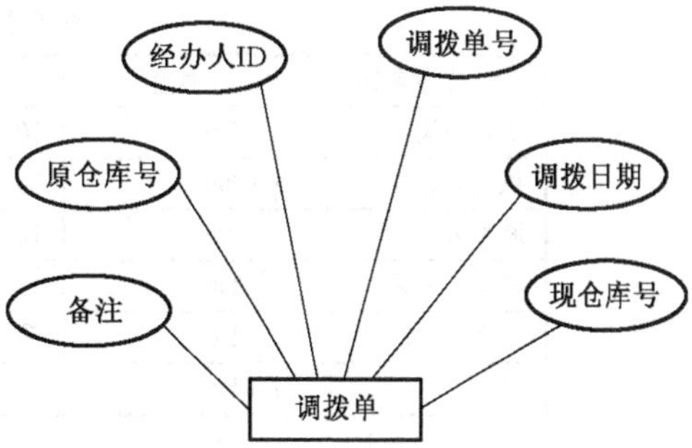

图 7.74 调拨单实体-属性图

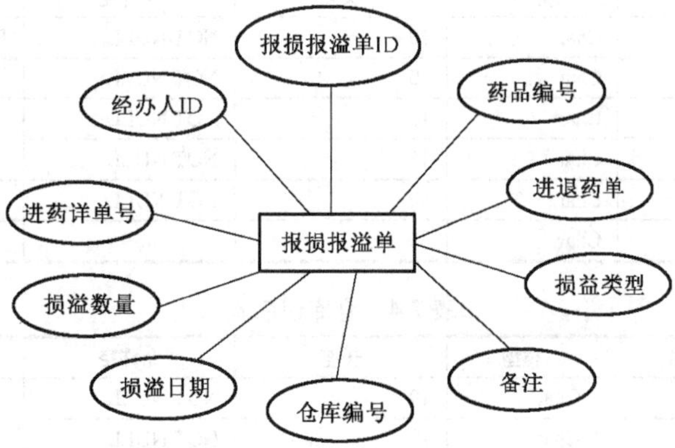

图 7.75 报损报溢单实体-属性图

3. 关系模式

供药商(供药商编号，供药商名称，联系人，联系人电话，供药商地址，备注)
客户(客户编号，客户名称，联系人，联系人电话，客户地址，备注)
仓库(仓库编号，仓库名称，负责人，仓库地址，联系人电话，是否默认仓库，备注)
员工(员工编号，员工姓名，员工部门，员工联系电话，备注)
进药单(订单编号，客户编号，图书编号，数量，订货日期，付款方式，送货方式，状态)
销售单(销售单号，经办人ID，应付金额，实付金额，付款方式，客户号，销售日期，备注)
采购退药单(退药单号，经办人ID，退药日期，退药金额，备注)

销售退药单(退药单号，客户号，经办人 ID，退药日期，退药金额，备注)

调拨单(调拨单号，经办人 ID，调拨日期，原仓库号，现仓库号，备注)

报损报溢单(报损报溢单编号，仓库编号，经办人 ID，进药单号，进药详单号，药品编号，损溢数量，损溢类型，损溢日期，备注)

数据库概念结构设计完毕后，可以将数据库概念结构转化为 Access 数据库系统所支持的实际数据模型，就构成了数据库的逻辑结构。

4. 物理结构设计

以下每个表格表示数据库中的一个具体的表，即一个关系，其具体内容及相关设定如表 7.2~表 7.11 所示。

表 7.2　供药商信息表

字段名称	类型	长度	允许空	主码
供药商编号	Char	10	NOT NULL	PRI
供药商名称	Char	20	NOT NULL	
联系人	Char	10	NOT NULL	
联系人电话	Char	15	NOT NULL	
供药商地址	Char	40	NOT NULL	
备注	Char	40		

表 7.3　客户信息表

字段名称	类型	长度	允许空	主码
客户编号	Char	10	NOT NULL	PRI
客户名称	Char	10	NOT NULL	
联系人	Char	10	NOT NULL	
联系人电话	Char	15	NOT NULL	
客户地址	Char	40	NOT NULL	
备注	Char	40		

表 7.4　仓库信息表

字段名称	类型	长度	允许空	主码
仓库编号	Char	10	NOT NULL	PRI
仓库名称	Char	10	NOT NULL	
负责人	Char	10	NOT NULL	
联系人电话	Char	15	NOT NULL	
仓库地址	Char	40	NOT NULL	
是否默认仓库	Char	6	NOT NULL	
备注	Char	40		

表 7.5　员工信息表

字段名称	类型	长度	允许空	主码
员工编号	Char	10	NOT NULL	PRI
员工姓名	Char	10	NOT NULL	
员工部门	Char	20	NOT NULL	
员工联系电话	Char	15	NOT NULL	
备注	Char	40		

表 7.6 进药单信息表

字段名称	类型	长度	允许空	主码
进药单号	Char	10	NOT NULL	PRI
供药商编号	Char	10	NOT NULL	
经办人编号	Char	10	NOT NULL	
应付金额	Double	20	NOT NULL	
实付金额	Double	20	NOT NULL	
进药日期	Date	10	NOT NULL	
备注	Char	40		

表 7.7 销售单信息表

字段名称	类型	长度	允许空	主码
销售单号	Char	10	NOT NULL	PRI
经办人编号	Char	10	NOT NULL	
应付金额	Double	20	NOT NULL	
实付金额	Double	20	NOT NULL	
客户号	Char	10	NOT NULL	
付款方式	Char	10	NOT NULL	
销售日期	Date	10	NOT NULL	
备注	Char	40		

表 7.8 采购退药单信息表

字段名称	类型	长度	允许空	主码
退药单号	Char	10	NOT NULL	PRI
经办人编号	Char	10	NOT NULL	
退药金额	Double	20	NOT NULL	
退药日期	Date	10	NOT NULL	
备注	Char	40		

表 7.9 销售退药单信息表

字段名称	类型	长度	允许空	主码
退药单号	Char	10	NOT NULL	PRI
客户号	Char	10	NOT NULL	
经办人编号	Char	10	NOT NULL	
退药金额	Double	20	NOT NULL	
退药日期	Date	10	NOT NULL	
备注	Char	40		

表 7.10 调拨单信息表

字段名称	类型	长度	允许空	主码
调拨单号	Char	10	NOT NULL	PRI
经办人编号	Char	10	NOT NULL	
原仓库号	Char	10	NOT NULL	
现仓库号	Char	10	NOT NULL	
调拨日期	Date	10	NOT NULL	
备注	Char	40		

表 7.11 报损报溢单信息表

字段名称	类型	长度	允许空	主码
报损报溢单编号	Char	10	NOT NULL	PRI
仓库编号	Char	10	NOT NULL	
经办人编号	Char	10	NOT NULL	
进药单号	Char	10	NOT NULL	
进药详单号	Char	10	NOT NULL	
药品编号	Char	10	NOT NULL	
损益数量	Char	10	NOT NULL	
损溢类型	Char	20	NOT NULL	
损溢日期	Date	10	NOT NULL	
备注	Char	40		

7.9.6 输入、输出及菜单设计

在系统的输入、输出设计上，遵循既满足用户需求又方便用户使用的原则。与用户反复沟通得到以下输入、输出与菜单界面。

1. 输入设计

输入界面的设计不仅考虑数据输入窗口的屏幕格式，而且考虑如何使输入数据的错误率尽可能小，因此尽可能减少输入项目，或用选择框的形式给出。

（1）管理员登录界面设计

创建管理员成功后，管理员请求进入系统时，系统需要管理员提供用户名和密码进行验证，这是系统安全性的要求。本模块设计一个表单让管理员输入用户名和密码。对于管理员输入的用户名和密码，如图 7.76 所示，系统在发现错误时，及时做出错误报告。若连续三次输入错误，则退出系统。

图 7.76 管理员登录界面设计图

（2）管理员修改密码界面设计（见图 7.77）
（3）添加新用户界面设计（见图 7.78）
添加新用户时可为新用户设置权限，添加成功后，新用户只能在规定权限范围内进行操作。

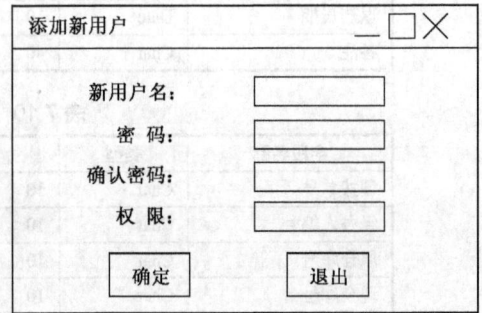

图 7.77 管理员修改密码界面设计图　　　图 7.78 添加新用户界面设计图

2. 输出设计

销售统计								_ □ ×
			销售业务统计					
		查询日期:	2011-03-25	至	2011-04-5	统计	打印	

销售单信息

销售单号	客户名称	应付金额	实付金额	付款方式	经办人	销售日期	备注
2011030001	南关区诊所	2210	3000	刷卡	admin	2011-03-25 16:55:31	大客户预先支付货款
2011030002	南关区诊所	870	1000	预付	admin	2011-04-03 10:30:19	批量进货
2011030003							

销售单详细信息

药品名称	单位	销售单价	销售数量	库存量	应付金额	实付金额	生产厂商
康泰克	板	12	50	0	600	0	湖南泰尔制药
康泰克	板	12	10	1	120	120	湖南泰尔制药
感康	盒	15	10	5	150	150	深圳太太药业

3. 菜单设计

系统管理	综合统计	采购管理	库存管理	销售管理
系统登录	药品分类统计	采购入库	库存调拨	药品销售
添加新用户	供药商分类统计	采购退药	库存盘点	销售账目
修改密码	添加新药统计	采购账目查询	报损报溢	
权限管理	药品拆分统计	进退药查询	药品拆分	
系统维护	药品调价统计		库存报警	
退出			药品调价	

本 章 总 结

系统设计是系统开发中的一个重要环节,并最终得到一个系统设计说明书,作为下一阶段系统实施的工作依据。本章主要包括系统设计概述、模块结构图、系统设计的原则、代码设计、计算机处理过程设计、数据库设计、用户界面设计和系统设计说明书。

系统设计概述从设计目的、概念、任务和原则四个方面对系统设计做了一个简要叙述。系统设计的目的是在保证实现系统逻辑模型的基础上,尽可能地提高系统的各项指标。系统设计包括两个阶段,即总体设计和详细设计。系统设计的任务是以系统分析报告为依据确定新系统在计算机内应该由哪些程序模块组成,各模块用什么方式连接在一起可以构成一个最好的系统机内结构,使用某些工具将设计的成果表达出来,并对各个细节进行设计。系统设计的原则为简单性、灵活性、适应性、一致性、完整性和可靠性。

模块结构图主要侧重于考虑模块设计,将一个管理信息系统设计成若干个模块,各模块之间相对独立。

系统设计的原则为"分而治之"、模块化思想和数据流程图导出模块结构图。"分而治之"思想是根据系统的基本规律将管理信息系统划分为若干个子系统。模块化要求模块内部高聚合，模块之间低耦合。数据流程图导出结构图主要采用以变换为中心的策略和以事务为中心的策略。

代码设计主要是对事物进行编码，是人和机器的共同语言，是系统进行信息分类、校对、统计和检索的依据。代码设计方法主要包括线分类方法和面分类方法。其种类包括顺序码、数字码、字符码和混合码。

计算机处理过程设计主要阐述 IPO 图、控制流程图和问题分析图以及过程设计语言。

数据库设计从用户需求分析、概念结构设计、逻辑结构设计到物理结构设计进行了简明扼要地阐述。

用户界面设计即 GUI 设计，对管理信息系统的用户交互界面进行输入和输出设计以及菜单设计。

系统设计说明书是系统设计阶段的成果，是对上述设计的综述，更是系统实施阶段的工作依据。

第 8 章　管理信息系统的系统实施

管理信息系统的实施是系统开发中非常重要的一个环节,其将系统设计阶段得到的系统设计说明书转化为真实的具体实践中去,形成一个可执行的管理信息系统软件。

本章主要介绍系统实施所需完成的工作,包括:系统软件/硬件的购买及安装调试,程序设计、调试与优化,人员培训,数据准备,系统的测试、调试、系统转换和维护等。让学生明确系统实施阶段是成功地实现新系统的阶段,是取得用户对系统信任的关键阶段。

8.1　系统软件/硬件的购置及安装调试

8.1.1　管理信息系统软/硬件设备的购置

管理信息系统的设备购置计划是由系统总体规划和系统分析阶段提出,在系统的设计方案中确定的。在系统实施阶段是按照设备型号、数量清单,并结合机房设置等需要,进行与管理信息系统有关设备的购置。选定设备机型应该准备几种方案,综合考虑性价比。

计算机系统设备不但包括计算机硬件系统设备及其相关的外围设备,而且要包括系统软件。

1. 硬件

硬件是管理信息系统中看得见摸得着的实际装置,是系统建立的基础。硬件的技术指标决定了管理信息系统的运行速度,可靠性,适用范围,可维护性等。

在选购系统计算机硬件设备时主要应考虑设备的技术指标,包括运行速度,主存储器容量,外存器容量,吞吐量和处理量,系统的对外通信能力,系统的开放性和兼容性。

(1) 运行速度是指计算机运行一条指令所花费的时间。通常用等效速度或平均速度来衡量。

(2) 主存储器容量是计算机硬件系统的主要部件之一。主存储器简称为主存,又称为内存,主存配置的容量越大,可运行的程序越大,运行的速度越快。一般机器的内存是可扩充的。

(3) 外存储器的容量大小直接影响到整个系统存取数据的能力和信息存储量。应该根据发展情况配置适当的外存储器(硬盘、光盘等)。外存储器也可以随需求扩充。

(4) 吞吐量和处理量是指单位时间内计算机的处理能力。例如单位时间内数据的输入/输出量。

(5) 系统的对外通信能力是指设备是否支持网络操作。例如,有支持局域网络操作的硬件配置和有支持 Internet 网络操作的硬件配置(MODEM、路由器等)。

(6) 系统的开放性和兼容性指系统在硬件的设计方面符合流行的或通用的工业标准。例如,兼容运行各种操作系统,标准化的总线设计,标准化的网络接口设计等。

2. 软件

软件是控制管理信息系统运行的神经中枢,主要包括操作系统、数据库管理系统和在这些系统基础上开发出来的管理信息系统软件包。操作系统,数据库管理系统以及许多应用软件都可以在市场上得到,但用于企业专门业务的软件,例如,预测、特殊计算、企业作业、控制模型等还应该在立足于企业自主开发的基础上不断获得完善。软件的质量好坏对系统顺利运行与否有很大的关系。性能好的软件能充分发挥硬件的功效。在选购计算机管理信息系统常用软件时主要应考虑的技术指标和相关因素包括兼容性，稳定性和可靠性，适用性，售后服务，齐全的用户文档资料。

（1）兼容性。需要了解所选择的软件是否能够在所运行的操作系统下使用。从软件的版本号，发表日期可以基本确定所购软件的功能是否最新。

（2）稳定性和可靠性。稳定性和可靠性是衡量软件质量的重要指标。软件的质量好坏只有通过运行才能体会到。可以通过询问已经使用过的用户，了解他们的反映，也可以通过软件品牌确定其质量，往往那些有一定知名度的软件质量能够令人满意。

（3）适用性。适用性是指所购买的软件能够满足用户的要求。不但满足用户当前的要求，还要考虑将来是否有升级版，并根据新的要求向软件开发商提出用户需求。

（4）售后服务。当软件出现问题时，能够得到软件开发商周到的售后服务是很有帮助的。

（5）齐全的用户文档资料。获得齐全的软件文档资料是购买软件的重要内容之一。有了软件文档可以保证正确的使用软件和对软件进行适当的维护。

8.1.2 安装调试

安装测试是软件质量的保证。安装测试的目的就是在软件投入运行之前，尽可能多地发现软件中的错误。

通常在编写出每个模块后就对该模块进行必要的测试(称为模块测试)，模块的编写者和测试者是同一个人，在这个阶段结束后，对软件系统还应进行各种综合测试，通常由专门的测试人员承担这项工作。

8.2 程 序 设 计

8.2.1 程序设计的任务及质量要求

程序的编制就是编制管理信息系统软件，按照系统设计阶段设计的控制结构图和模块结构图进行程序设计工作。软件组组长主持总体程序设计工作，其他人员担任模块程序设计工作。

程序设计是依据系统设计中对各个功能模块的功能(含输入/输出的格式，文件，数据库的格式以及模块的处理功能等)描述，程序员运用各种程序语言工具具体编制程序，实现各项功能的活动。程序设计一般采用结构化程序设计方法。

8.2.2 结构化程序设计

结构化程序设计(Structured Programming，SP)包括以下特征。

（1）采用自上而下的设计步骤

因为管理信息系统的功能是通过模块一个一个地来实现，所以程序设计通常根据模块之间的功能关系，自下而上一个模块一个模块地进行设计。一个模块只实现系统的一个具体的功能或一个处理过程，使整个系统的结构类似于积木结构，也称为模块化结构，这样一种结构便于将一个复杂的系统分解简化，便于程序的设计和调试工作的进行，同时也有利于系统功能扩展和系统维护工作。

(2) 程序逻辑组织模块化

程序逻辑组织模块化在系统中具体表现为程序功能模块化。将系统按其功能分成若干个功能模块，并以功能模块为单位，将整个系统组织成一个有层次的树型结构。

在这种结构中，主控模块只有一个，它的下层模块是它的例行程序。每一个模块中都只有一个入口，而出口可能有多个，表示模块在不同条件下的转移方向，各模块之间没有交叉。

(3) 限制消除无条件转移语句的使用

无条件转移语句的使用给程序设计工作提供了一个方便的手段。但是，在程序比较大时，它的出现使得程序难以阅读、理解与控制，使程序的运行和调试变得难以检查；它是造成程序复杂化，混乱不堪的祸根，应该逐步从所有的高级程序语言中清除掉。在没有清除以前，应尽量地不去使用它，若使用也应控制，其只向下运行，而不向上运行，以避免程序在模块之间的循环。

结构化程序设计的基本结构是利用结构化程序设计方法描述模块内部处理过程，主要采用三种基本的处理结构：顺序结构，选择结构，循环结构。

三种结构都有一个共同的特征，即每种结构都严格地只有一个入口和一个出口。采用结构化程序设计方法，使程序的编写趋向标准化。提高了程序编写的效率，缩短了程序的测试时间，改进了程序的清晰度，提高了程序的可读性、可修改性和可维护性。

结构化程序设计的主要缺点是使得系统的存储量加大以及运行时间增加。

8.3 人员组织与培训

培训安排包括操作员和系统维护人员的培训。培训安排包括每种培训的人员数量、培训内容、培训时间、地点、组织方式和教材，并规定教员和学员的素质要求以及培训后学员达到的水平。

8.3.1 人员组织与培训的目的

1. 管理信息系统运行的组织

有效地组织好管理信息系统运行对提高管理信息系统的运行效率是十分重要的。系统运行组织的建立是与管理信息系统在企业中的地位分不开的。目前国内企业组织中负责系统运行的大多是信息中心、计算中心等信息管理职能部门。随着人们的认识提高，管理信息系统在企业中的地位也逐步提高。由于目前计算机、网络、通信等各项技术的发展，客户/服务器体系结构的运用，管理信息系统在企业组织中的地位最好是将上述两种方式结合在一起，各尽其责。信息中心主任最好是由企业组织中的副总经理兼任，这样更有利于加强信息资源管理。

2. 人员配置

人员管理是管理信息系统运行成败的关键。由于管理信息系统本身所体现的运用先进的技术为管理工作服务的特点，其工作中必然要涉及多方面的、具有不同知识水平及技术背景的人员。这些人员在系统中各负其责、互相配合，共同实现系统的功能。这些人员能否发挥各自的作用，他们之间能否互相配合、协调一致，是系统成败的关键之一。系统主管人员的责任就在于对他们进行科学的组织与管理。如果系统主管人员不善于进行这样的组织及管理工作，就谈不上实现管理信息管理的现代化和科学化。在这种情况下，整个系统的运行就会出现混乱。人员管理好坏是系统发挥作用的关键，没有好的人员管理，分工协作不能有效管理，人机系统的整体优化将是一句空话。

8.3.2 培训方式与内容

人员培训包括对系统工作人员的培训和对用户的培训。培训方式包括课堂讲授、实际上机、模拟训练以及联机操作等内容。

1. 人员的管理

（1）明确地规定其任务及职权范围，尽可能确切地规定各类人员在各项业务活动中应负的责任，应做的事情，办事的方式，工作的次序。简单地说，要有明确的授权。

（2）对于每个岗位的工作要有定期的检查及评价，为此，对每种工作都要有一定的评价指标。这些指标应该尽可能有定量的尺度，以便检查与比较。这些指标应该有一定的客观的衡量办法，并且要真正按这些标准去衡量各类工作人员的工作，即必须有检查和评价。

（3）要在工作中对工作人员进行培训，以便使他们的工作能力不断提高，工作质量不断改善，从而提高整个系统的效率。

2. 系统主要人员的责任及其绩效评价原则

（1）系统主管人员的责任是组织各方面人员协调一致地完成系统所担负的信息处理任务，掌握系统的全局，保证系统结构的完整，确定系统改善或扩充的方向，并按此方向组织系统的修改及扩充工作。其工作的评价标准应是整个应用系统在管理中发挥的作用及其效益。

（2）数据收集人员的责任是及时、准确、完整地收集各类数据，并通过所要求的途径把它们送到专职工作人员手中。数据是否准确、完整、及时，则是评价他们工作的主要指标。

（3）数据校验人员（或称数据控制人员）的责任是保证送到录入人员手中的数据从逻辑上是正确的，即保证进入管理信息系统的数据正确地反映客观事实。在系统内部发现的不正确数据的数及比例是衡量校验人员业务水平的主要指标。

（4）数据录入人员的任务是把数据准确地送入计算机。录入的速度及差错率是他们工作的主要衡量标准。

（5）数据库管理员的任务是管理和维护数据库服务器，负责全面管理和控制数据库系统。数据库安装、数据库配置和管理、数据库权限设置和安全管理、监控和性能调节以及数据备份和恢复是评价他们工作的主要衡量标准。

（6）硬件和软件操作人员的任务是按照系统规定的工作规程进行日常的运行管理。系统是否安全正常地运行是对他们工作的最主要衡量指标。

（7）程序员的任务是在系统主管人员的组织之下，完成系统的修改和扩充，为满足使用者的临时要求编写所要的程序。编写程序的速度和质量是他们工作情况的衡量标准。

3. 企业管理信息系统主要人员的学习培训

基于计算机的管理信息系统是新生事物，几乎所有的人员都只有边干边学才能做好所担负的工作。因此，在系统管理中，对人员的培训工作是不可缺少的。从长远来看，这种工作将使系统具有不断发展、不断完善的巨大潜力。无论对管理人员还是对计算机技术人员来说，都必须把学习、培训和提高专业素质及业务能力作为自己工作不可缺少的部分。

管理信息系统的管理人员，应该鼓励并组织各类人员进行知识更新和技术学习。给予时间、创造条件使他们能够在完成日常工作的同时，在业务知识和工作能力上不断有所进步。

各类人员的知识更新或业务学习，无疑应该围绕工作的需要来进行。例如，了解所在系统的总目标、特点、业务处理方式、业务处理需要等情况,这对于管理信息系统工作人员尤为重要。在银行工作的计算机技术人员应该逐步了解银行的业务工作,在企业工作的管理信息系统工作人员则应该逐步了解所在企业的生产及管理情况。另一方面,对于管理部门的工作人员,则应该逐步了解管理信息系统的基本构造、原理及使用方法。此外,对于各类人员都需要在工作中进行基本思想方法及工作方法的训练及培养。

总之,在管理信息系统中,对各类人员的管理及培养是一个不可忽视的重要问题。

8.4 系统调试

8.4.1 系统调试的目的、作用与意义

在管理信息系统的开发过程中,面对错综复杂的各种问题,人的主观认识不可能完全符合客观现实,开发人员之间的思想交流也不可能十分完善。所以,在管理信息系统开发周期的各个阶段都不可避免地会出现差错。开发人员应力求在每个阶段结束之前进行认真、严格的技术审查,尽可能早地发现并纠正错误,否则等到系统投入运行后再回头来改正错误将在人力、物力、财力上造成很大的浪费,有时甚至导致整个系统的瘫痪。然而,经验表明,单凭审查并不能发现全部差错,加之在程序设计阶段也不可避免还会产生新的错误。所以,对系统进行调试是不可缺少的,是保证系统质量的关键步骤。统计资料表明,对于一些较大规模的系统来说,系统调试的工作量往往占程序编制总工作量的40%以上。

系统调试的目的是为了发现程序中的错误和不完善的地方,并及时加以修改和完善。在调试时应想方设法使程序的各个部分都投入运行,力图找出所有错误。即使这样,调试通过也不能证明系统绝对无误,只能说明各模块、各子系统的功能和运行情况正常,相互之间连接无误。系统交付用户使用以后,在系统的维护阶段仍有可能发现少量错误并进行纠正,这也是正常的。

8.4.2 系统调试的方法与步骤

1. 测试方法

测试包括设计"测试用例"、使用"测试用例"运行程序、分析运行结果三个方面。

设计"测试用例",执行被测程序和分析执行结果并发现错误。设计测试用例是开始程序测试的第一步,也是有效地完成测试工作的关键。按照在设计测试用例时是否涉及程序的内部结构,可以分为白盒测试和黑盒测试两种方法。

白盒测试时,测试者对被测试程序的内部结构是清楚的。他从程序的逻辑结构入手,按照一定的原则来设计测试用例,设定测试数据。由于被测程序的结构对测试者是透明的,因此有些著作又称这类测试为玻璃盒测试或结构测试。

黑盒测试的情况正好相反。此时,测试者把被测程序看成一个黑盒,完全用不着关心程序的内部结构。设计测试用例时,仅以程序的外部功能为根据。一方面检查程序能否完成一切应做的事情,另一方面要考察它能否拒绝一切不应该做的事情。由于黑盒测试着重于检查程序的功能,所以也称为功能测试。

1) 设计测试用例的基本目标

设计测试用例是测试阶段的关键技术问题。所谓测试用例就是以发现程序错误为目的而精

心设计的一组测试数据，包括预定要测试的功能，应该输入的测试数据和预期的结果。

设计测试用例最困难的问题是设计测试的输入数据。不同的测试数据发现程序错误的能力差别很大。为了提高测试效果、降低测试成本，应该选用高效的测试数据。因为不可能进行穷尽的测试，选用少量"最有效的"测试数据，做到尽可能完备的测试就很重要了。因此，设计测试用例的基本目标就是确定一组最可能发现多个错误或多类错误的测试数据。

2）设计测试数据的技术

已经研究出许多设计测试数据的技术，这些技术各有优缺点，没有哪一种是最好的，更没有一种可以代替其余所有技术；同一种技术在不同应用场合效果可能相差很大，因此，通常需要联合使用多种测试数据。设计测试数据技术主要有：适用于黑盒测试的等价划分、边界值分析及错误推测法等；适用于白盒测试的逻辑覆盖法等。

通常设计测试数据的做法是：用黑盒法设计基本的测试用例，再用白盒法补充一些方案。

3）黑盒测试技术

（1）等价划分

等价划分是黑盒测试的一种技术。穷尽的黑盒测试需要使用所有有效的和无效的输入数据来测试程序，通常这是不现实的。因此，只能选取少量有代表性的输入数据，以期用较小的代价暴露出较多的程序错误。

（2）边界值分析

经验表明，处理边界情况时程序最容易发生错误。例如，许多程序错误出现在下标、数据结构和循环等的边界附近。因此，设计使程序运行在边界情况附近的测试方案，暴露出错误的可能性更大一些。

使用边界值分析方法设计测试用例首先应该确定边界情况，这需要经验和创造性。通常输入等价类和输出等价类的边界，就是应该着重测试的程序边界情况。选取的测试数据应该刚好等于、刚刚小于和刚刚大于边界值。也就是说，按照边界值分析法，应该选取刚好等于、稍小于和稍大于等价类边界值的数据作为测试数据，而不是选取每个等价类内的典型值作为测试数据。

（3）错误推测

错误推测法在很大程度上靠直觉和经验进行。它的基本思想是列举出程序中可能有的错误和容易发生错误的特殊情况，并且根据它们选择测试用例。

（4）输入组合

等价划分法和边界值分析法都只孤立地考虑各个输入数据的测试功效，而没有考虑多个输入数据的组合效应，可能会遗漏输入数据易于出错的组合情况。选择输入组合的一个有效途径是利用判断表和判断树为工具，列出输入数据各种组合与程序应作的动作（及相应的输出结果）之间的对应关系，然后为判断表的每一列至少设计一个测试用例。选择输入组合的另一个有效途径是把计算机测试和人工检查代码结合起来。

4）白盒测试技术（逻辑覆盖）

有选择地执行程序中某些最有代表性的通路是对穷尽测试的唯一可行的替代方案。所谓逻辑覆盖是对一系列测试过程的总称，这组测试过程逐渐进行越来越完整的通路测试。

（1）语句覆盖

为了暴露程序中的错误，至少每个语句应该执行一次。语句覆盖的含义是选择足够多的测试数据，使被测试程序中的每个语句至少执行一次。

(2) 判定覆盖

判定覆盖的含义是不仅每个语句必须至少执行一次,而且每个判定的可能的结果都应该至少执行一次,也就是每个判定的每个分支都至少执行一次。

(3) 条件覆盖

条件覆盖的含义是不仅每个语句至少执行一次,而且是判定表达式中的每个条件都取到各种可能的结果。

(4) 判定/条件覆盖

既然判定覆盖不一定包含条件覆盖,条件覆盖也不一定包含判定覆盖,自然会提出一种能同时满足这两种覆盖标准的逻辑覆盖,这就是判定/条件覆盖。它的含义是选取足够多的测试数据,使得判定表达式中的每个条件都取到各种可能的值,而且每个判定表达式也都取到各种可能的结果。

2. 系统调试步骤

系统调试的顺序是程序调试、模块调试、子系统调试、系统调试(联调)。

1) 程序调试

(1) 程序测试的方法

理论法:利用数学方法证明程序的正确性。

实验法:通过运行,测试程序的正确性。

(2) 程序调试的内容

用正确数据测试程序的正确性;用错误数据测试程序的正确性;用异常数据测试程序的正确性;用非正常的操作测试程序的正确性。还包括运行时间调试、存储空间调试、使用简便性调试、程序的功能调试等。

2) 模块调试

调试模块内部功能实现情况;程序调用和返回情况。

3) 子系统调试

子系统内部模块之间调用情况;子系统之间模块调用情况;数据传递情况;共享数据冲突情况。

4) 总调(联调)

子系统之间的接口是否正确合理、数据共享及冲突等;系统功能是否达到目标要求;系统遭破坏后的恢复能力。

8.5 系统转换

系统转换是由现行系统的工作方式向所开发的管理信息系统工作方式的转换过程,也是系统的设备、数据、人员等的转换过程。

1. 系统转换的基本条件

(1) 系统设备

系统实施前购置、安装、调试完毕。

(2) 系统人员

系统转换前配齐并参与各管理岗位工作,并进行相关培训。

(3) 系统数据

系统转换所需各种数据按照要求形式输入到系统之中。

(4) 系统文件资料

用户手册、系统操作规程、系统结构与性能介绍手册。

2. 系统转换方式

(1) 直接转换

直接转换是在确定新的管理信息系统运行准确无误时,在某一时刻终止现行系统,启用新的管理信息系统。如图 8.1 所示。

优缺点:转换方式费用低,方法简单,但风险大。

适合于处理过程不太复杂的小型简单系统。

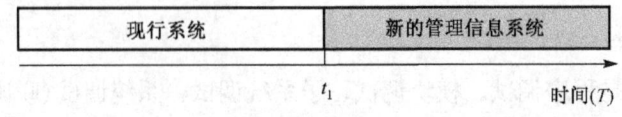

图 8.1　直接转换

(2) 并行转换

并行转换是新的管理信息系统和现行系统并行工作一段时间,当新的管理信息系统运行准确无误时,替代现行系统。如图 8.2 所示。

优缺点:有利于减轻管理人员心理压力、安全性较好,但费用高,两个系统的数据一般不具备可比性。

适合于处理过程复杂、数据重要的系统。

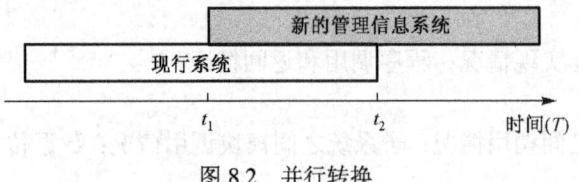

图 8.2　并行转换

(3) 分段转换

分段转换是直接转换和并行转换的结合,分阶段将新的管理信息系统的各个子系统替代现行系统。如图 8.3 所示。

优缺点:心理、安全性较好,但费用高。

适合于处理过程复杂、数据重要的大型复杂系统。一般多采用这种方式进行系统转换。

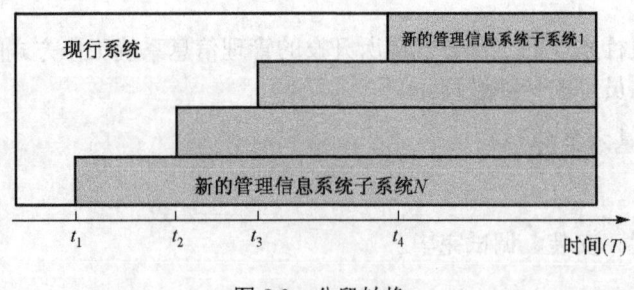

图 8.3　分段转换

8.6 系统维护与管理

8.6.1 系统维护内容

1. 硬件维护

（1）突发性故障维护
对于突发性的故障集中人力集中检修或更换。
（2）定期预防性维护
按照一定的设备维护理论，定期对系统设备进行检查和保养。

2. 软件维护

（1）正确性维护
改正在系统开发阶段已经发生而在系统测试过程尚未发现的错误。
（2）适应性维护
为适应用户外部环境、内部条件发生变化，对系统提出新的要求而进行的修改。
（3）完善性维护
为进一步扩充系统功能和改善性能进行的修改。
（4）预防性维护
为减少或避免以后需要进行的上述三类维护而进行的维护。
（5）系统运行软件环境维护或更新
操作系统等系统软件新的版本出现后，对其进行评估，决定是否更新。

3. 数据维护

（1）数据备份
经常或定期对数据进行备份，对于重要数据实时备份。
（2）存储空间整理
对系统运行过程中产生的各种临时文件等进行清理，减少存储空间的无谓占用，提高系统运行效率。

8.6.2 系统维护的组织与管理

1. 组织机构的设置

（1）机构设置
设置组织机构是保证系统正常运转的基本条件之一。一般设置硬件维护、软件维护、信息维护和行政管理等部门。
（2）人员配备
管理信息系统的运行管理是一项需要多方协调的系统性工作，需要多方面人员的密切配合，并牢固树立为用户服务的观点。
要合理配置运行管理人员。运行管理人员主要包括系统运行管理负责人、软件维护人员、硬件维护人员、操作人员、行政管理人员。

2. 运行管理规章制度

运行管理规章制度包括：系统安全制度；系统定期维护制度；系统运行操作规程；用户使用规程；系统信息的安全保密制度；系统修改规程；系统运行日志及填写规范等。

3. 行为管理

1）管理信息系统非道德行为特征

（1）广泛性

管理信息系统是一个综合系统，涉及到多个学科领域和社会生活的各个方面。如破坏管理信息系统的安全、发布谣言、色情、传播病毒等，会引起该系统所涵盖的所有机构和个人。特别是 Internet 的迅速发展，这种危害则更加广泛。

（2）快捷性

较之传统的传播媒介，管理信息系统不仅传播空间上更加广泛，时间上更加快捷，而且呈现出发散状态，后续传播者无需做更多的准备工作，只需单击鼠标等简单操作，即可完成传播过程。

（3）隐蔽性

从管理信息系统的技术因素看，在今后一段时间内，违反信息职业道德的从业人员一般具有较高的学历，对于计算机本身的安全性能等方面具有一定程度的了解，为逃避道德上的遣责，往往采取多种手段，如技术的手段、非技术的手段骗取他人的信任，从而达到其目的。追查这些违反道德的行为，将会更加困难，如近几年越演越烈的黑客攻击网站，窃取或有意识地破坏系统密码等，难度将越来越大。

（4）认识上的模糊性

管理信息系统的发展快于职业道德、伦理道德的建立，致使在此领域出现空白地带，相对于传统而言，管理信息系统从业人员还难以遵循某种公认的准则或规范。如知识产权的保护问题，在相当长一段时间内，还难以从根本上获得正确的认识。还有一些人出于好奇或无意识，做出一些非道德的事情，往往易于被社会所宽容等。

随着管理信息系统行业的法律体系逐步建立和完善，一些非道德的行为可能触及法律，依法加以解决，而不再是一般的道德谴责。

2）管理信息系统行业职业道德的内容

（1）隐私权问题

确定标准，建立安全保障等级，信息发布的等级，以确保隐私权得到尊重。

（2）正确性问题

明确发布信息的正确性、可信性、权威性及相应的责任者。

（3）产权性问题

明确各类信息资源的产权及公开交换的利益分配等。

（4）存取权问题

明确信息存取的特权资格和相应的安全保障措施。

3）管理信息系统行业职业道德的倡导

（1）归纳、总结

及时归纳、总结、分析提炼本企业的精神内涵，并使其升华，不断丰富本企业的价值观和企业文化。

(2) 树立职业道德意识

对新进员工进行岗前基本技能培训的同时，把职业道德作为一项重要内容进行培训，使新员工上岗前就初步具备一定的职业道德意识。

(3) 树立典型

在企业员工中树立能够体现本企业职业道德的典型人物，树立一个典型即是树立一面旗帜，就能促使其他员工看到这面旗帜，更加勤奋努力工作。

(4) 增强自豪感和信任感

开辟适当的空间，展示本企业的发展历史、物质的和精神的财富，使员工置身其中，有一种自豪感，使其他组织和人员对本企业产生一种信任感。

4) 管理信息系统人员的基本素质

(1) 甘于奉献的道德情操

甘于奉献具有巨大的影响力和感召力，是一种人格的力量，可以起到一般组织要求所起不到的作用。

(2) 团结协作的合作意识

管理信息系统的开发是一项系统工程，已经不是个人力所能及，必须是一个团队共同工作。团队中每个成员有其自身的工作任务，但又与其他成员的工作相互联系、相互制约，彼此之间至少从工作上要建立起亲密无间的关系，及时沟通情况，交流工作。在团队中树立起协作精神，对于成功开发管理信息系统至关重要。

(3) 严谨求实的工作作风

为确保系统的可靠性、正确性，在系统开发、运行和管理的各个环节中，各类人员必须具备严谨求实的工作作风，不懂就要不耻下问，虚心学习，切忌不懂装懂，否则，轻则浪费时间和精力，重则导致整个管理信息系统的失败，造成巨大的人力、物力和财力的浪费，造成管理工作的混乱，给用户的经济效益和社会效益造成重大损失和不良后果。

(4) 忠于职守的敬业精神

每个工作岗位都有其明确的职业道德规范和行为准则。从系统的观点看，本职工作职能未能履行，不仅仅只是影响局部工作，而是影响着整体和全局工作。因此，忠于职守的敬业精神既是职业道德的要求，又是行为规范的要求。

(5) 结构合理的知识体系

管理信息系统涉及多个学科领域，仅具备某一领域的知识是难以胜任工作要求的。无论对于开发人员，还是用户单位的管理人员、业务操作人员，均应有意识地建立起与管理信息系统相适应的知识结构体系，其中包括管理原理、计算机知识、系统论和信息论基本知识、管理信息系统开发、数理知识、通信技术、行为科学、法律法规等知识，以及管理信息系统解决问题的具体领域知识。

(6) 敏锐地获取新知识的能力

管理信息系统的发展依赖于技术的进步为其提供物质基础，依赖于相关学科的发展为其提供理论基础。而技术的进步和学科的发展日新月异，及时把握发展动态，掌握先进的技术和科学的理论，对于管理信息系统的开发、满足用户的需求具有重要的作用，不仅可以缩短开发周期、降低开发费用，而且将使管理信息系统的结构更加合理、功能更加完善、适应能力更强、技术更加先进。这一切有赖于各方面人员获取新知识的能力。管理信息系统领域的一个严酷事实是，不进则退，不进则会在一个不太长的时间内被淘汰。

(7) 开阔的思路和较强的综合能力

管理信息系统开发的一个基本原则是要使开发的目标系统基于现行系统，更重要的是要优于现行系统。这一方面要求管理信息系统人员具有开阔的思路，结合用户单位的实际，运用各种先进的、科学的管理思想、方法和手段；另一方面又要求他们具有较强的综合能力，才能更好地实现系统目标。

(8) 具备"五心"。管理信息系统中各类人员各有所长，也各有所短，在系统开发、运行和管理的各个环节中，应努力做到虚心、细心、耐心、热心和具有恒心。

本 章 总 结

本章主要包括系统软件/硬件的购置及安装调试、程序设计、人员组织与培训、系统调试、系统转换和系统维护与管理等内容。

系统软件/硬件的购置及安装调试根据系统设计说明书中的说明购置相关的硬件和软件，并进行安装调试，搭建系统运行环境。

程序设计根据设计阶段的控制结构图和模块结构图进行程序设计工作，可以采用结构化程序设计思想进行具体的代码编写。

人员组织与培训主要是为了提高管理信息系统的运行效率。因为管理信息系统也是一个人机系统，因此人员的组织与培训非常重要，从某种程度上说，这是管理信息系统运行成败的关键。

系统调试是在系统的开发周期中的各个阶段进行的，其目的是为了发现程序中的错误和不完善的地方，并及时加以修改和完善。程序测试主要包括"黑盒测试"和"白盒测试"。

系统转换是由现行系统的工作方式向所开发的管理信息系统工作方式的转换过程，也是系统的设备、数据、人员等的转换过程。

系统维护主要包括硬件维护、软件维护和数据维护。系统管理主要包括运行管理规章制度和行为管理。

第 9 章　管理信息系统的管理

管理信息系统的管理主要包括管理信息系统生命周期中的开发与运行两大阶段的管理，可见其在整个管理信息系统中的重要作用。本章从多个方面对管理信息系统所涉及的管理内容进行了阐述，以期能够加强对管理信息系统的开发与运行的管理的重要作用的认识。

本章主要介绍管理信息系统管理的主要内容，包括项目管理、文档管理、安全管理以及系统监理、审计和评价的主要内容及方法。让学生清楚地认识到"开发管理信息系统是三分技术，七分管理"。管理信息系统的开发是一项艰巨复杂的系统工程，除了依靠先进的科学技术，更要依靠强有力的组织管理措施。

9.1　管理信息系统管理的组织机构

9.1.1　管理机构

管理信息系统的开发是在用户和各类开发人员共同努力下完成的。如何正确处理各类人员之间的关系，使开发工作在经费许可的范围内按时、保质完成，是系统开发组织管理的重要内容。

系统开发涉及的人员较多，为确保领导与协调有力，分工与职责明确，需要建立相应的组织机构。通常的做法是成立两个小组，即系统开发领导小组和系统开发工作小组。

1. 系统开发领导小组

系统开发领导小组的任务是制定管理信息系统规划。在开发过程中，根据客观发展情况进行决策，协调各方面的关系，控制开发进度。小组成员应包括一名开发单位的主要领导（一般担任领导小组的组长），系统开发项目负责人，有经验的系统分析师，以及用户各主要部门的业务负责人。领导小组不负责开发的具体技术工作，其组成成员中有的可能并不具备计算机应用的知识和经验。领导小组的职责是：

① 提出建立新系统的目标、规划和总的开发策略；
② 保证满足企业不同部门对新系统的需求；
③ 对开发工作进行监督与控制，对开发项目的目标、预算、进度、工作质量进行监督与控制，审查和批准系统开发各阶段的工作报告，组织阶段验收，提出继续开发或暂停开发的建议；
④ 协调系统开发中有关的各项工作；
⑤ 向上级组织报告系统开发工作的进展情况；
⑥ 组织系统的验收；
⑦ 负责主要成员的任用和规定各成员的职责范围等。

2. 系统开发工作小组

系统开发工作小组由系统分析员、系统设计员，程序员等组成。其任务是根据系统目标和系统开发领导小组的指导开展具体工作。这些工作包括开发方法的选择，各类调查的设计和实施，调查结果的分析，撰写可行性报告，系统的逻辑设计，系统的物理设计，系统的具体编程和实施，制定新旧系统的转换方案，监控新系统的运行；如果需要，协助组织进行新的组织机构变革和新的管理规章制度的制定。这个小组的成员主要由负责开发的一方组成。小组中应该有一个通晓全局的管理业务人员，负责具体的联络和沟通。小组的生命周期应该是从系统的设想提出之日起直至系统正式交付运行。

9.1.2 管理人员

在系统开发的过程中，涉及各级各类的系统开发人员和企业的管理人员，良好的组织管理与合理的分工才能保证系统开发顺利进行。

(1) 信息主管

信息主管（Chief Information Officer，CIO），是企业高层领导人中负责信息管理的决策者。信息主管的任务是全面负责企业的信息管理工作，辅助企业的高层决策，实现企业全面的信息管理。

(2) 项目主管

项目主管是系统开发的领导者和组织者，在系统开发中起着举足轻重的作用。项目主管的主要任务是主持整个系统的开发工作，确定工作目标和实现目标的方案。

(3) 系统分析员

系统分析员是负责开发、实现和维护信息系统的技术人员。系统分析员研究组织中存在的问题，决定以计算机的方式利用什么方法、技术或者过程来解决问题。另外他们也作为用户和计算机人员沟通的桥梁，解释用户的需求，为系统开发编写用户需求。

(4) 系统设计员

系统设计员是信息系统项目团队中非常重要的角色，主要负责信息系统开发的总体设计和详细设计。系统设计员不仅要具备相关领域业务知识，理解具体的业务需求，而且要具备丰富的计算机硬件和软件知识，设计实现系统分析中提出的业务需求。

(5) 系统程序员

程序员的工作是编写和测试计算机运行的程序。程序员决定如何解决问题，然后画框图，使用某种程序设计语言来编写程序，建立输入/输出格式，测试程序，分配存储空间和编写文档。

(6) 数据库管理员

数据库管理员（Database Administrator，DBA）利用数据库管理系统软件进行工作，决定如何组织和存储数据，他们的工作包括建立数据库、测试数据库和统一协调修改数据库。与DBA一起共同管理和控制数据的另一类专家是数据管理员（Data Administrator，DA）。DA负责组织信息的全局管理、控制和归档，而DBA负责设计、实现和维护数据库及数据库管理系统。

(7) 管理信息系统运行维护人员

管理信息系统运行维护人员的职责包括：文件服务器管理，网络管理，网络集线器、线缆和转换器管理等。

(8) 文档管理员

在信息系统开发过程中，普遍存在着不愿意在开放阶段书写文档的不良现象。但实际情况表明，没有系统完整的文档会给未来系统维护带来巨大困难，也是信息系统项目管理的一种失败。配备专门的文档管理员来负责项目文档的书写和管理是一种比较好的选择。文档管理员应该具有比较强的写作能力，且具有无限耐心和细心，主要负责参照统一的文档书写规范，撰写及整理项目开发各阶段的文档；对文档进行分类，并编制文档目录；负责文档的日常管理。

(9) 企业管理人员

参加系统开发的企业管理人员代表用户，在系统开发的过程中起着非常重要的作用。企业管理人员负责向系统分析员准确、全面地表达企业的需求，对系统的功能进行客观的评价，与开发人员进行沟通，对系统的不足进行改进。参加系统开发的企业管理人员必须非常了解企业各方面工作，善于表述，善于与人沟通，有高度的责任心。

9.2 项目管理

9.2.1 项目管理的定义

项目构成了社会经济生活的基本单元，项目开发的成败决定着一个国家、一个地区或一个企业的发展速度和综合实力。随着项目规模的日趋扩大及技术工艺复杂性的提高，专业化分工愈加精细，投资者对项目在质量、工期、投资效益等方面的要求也越来越高。因此，项目管理已经成为项目生命力的关键。

所谓项目管理是指项目管理者为了实现其目标，按照客观规律的要求，运用系统工程的观点、理论和方法，对项目发展周期中的各阶段工作进行计划、组织、控制、沟通和激励，以取得良好效益的各项活动的总称。

项目管理概念的要点主要体现在以下几个方面：

(1) 项目管理的主体是项目经理

负责投资者或经营者(项目业主)对项目发展周期全过程的管理。

(2) 项目管理的客体是项目本身

即项目发展周期中的全部工作。

(3) 管理的目的是实现项目目标

管理的性质和功能决定了管理本身不是目的，而是实现一定目的的手段。项目管理的目标是在优先的资源条件下，保证项目的时间、质量、成本达到最优化。

(4) 管理的职能是计划、组织、控制、沟通和激励

离开计划、组织、控制、沟通和激励这些职能，项目的运转是不可能的，管理的目标亦无法实现。

(5) 管理的依据是项目的客观规律

管理是人的主观行为，而主观行为必然要受到客观规律的制约。要实现管理目标，达到预期效果，就必须尊重项目运行的客观规律。项目管理的操作流程如图 9.1 所示。

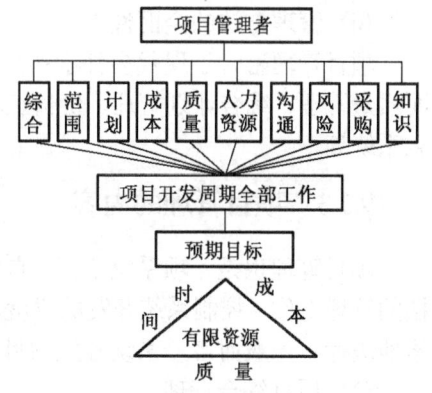

图 9.1 项目管理的操作流程图

9.2.2 项目管理的特点

项目管理作为一种新的管理模式，与传统的部门管理、营运管理存在许多不同点，要全面

了解项目管理的思想,并将其理念应用于管理实践中去,必须对项目管理的特点进行充分了解。项目管理的特点主要表现在以下几方面:

(1) 管理时间的界限性

具有明确的时间界限是项目管理的重要特征之一。项目是通过不完全确定的过程,在确定的期限内生产出不完全确定的产品(或服务);因此日程安排和进度控制对项目管理十分重要。确定项目的起始和结束时间是实施项目管理的前提。对于那些没有时间节点要求的工作是很难采用项目管理的方法来实施管理的。

(2) 管理对象的易变性

项目管理没有一个针对性非常强的对象,它可以是一项大型工程,也可以是一项具体的任务或作业。凡是符合项目特点的工作和任务,都可以采用项目管理的模式。这一特点,为项目管理的推行提供了广泛的适用性。

(3) 管理组织的适时性

项目管理没有一个固定的组织结构,而是将项目自身作为一个组织单元,围绕项目来组织资源,内部组织结构适时根据对象的需求进行设置,具有临时性的特点,一旦项目完成,该项目组织也就相应地解体了。

(4) 管理体制的团队性

只有合理的组建一支团队,才能够很好的进行项目管理,才能够进行策划、进度计划和维护组成项目活动的进展。项目管理体制的基础是项目经理负责制。由于项目特点决定了对其管理需要职权的相对集中,他要善于观察团队成员的状况并及时进行沟通,妥善处理,从而使整个团队凝聚在一起去完成既定的项目目标。因此,在项目管理中项目经理是一个关键的角色,其能力和素质对项目管理的成败起着关键作用。

(5) 管理体制的系统性

项目管理把项目作为一个完整的系统。依据系统理论"整体—分解—综合"的原理,将系统分解为许多责任单元,由责任者分别按要求完成目标,然后汇总、综合成最终的成果。项目管理中强调系统管理的思想,就是要把项目看成是一个具有完整生命周期的过程,强调部分工作对项目整体的重要性,促使管理者必须重视每个过程、每个环节以及每项工作。

(6) 管理方法的全面性

项目管理融合了现代多种学科知识的先进理念和方法。如系统论、控制论、目标管理、全面质量管理、综合计划管理、价值工程分析、网络计划技术、计量经济分析、计算机、管理信息系统等。

9.2.3 项目管理的内容

项目管理也是一项系统工程。它要负责协调各类开发人员和各级用户之间的关系,做好文档的管理工作,控制系统开发的进度、项目的经费开支和经费控制等,以保证开发过程有条不紊地进行。一般而言,系统开发项目管理的内容包括以下十个方面。

(1) 项目综合管理

项目综合管理工作是从全局的、整体的层面出发,协调项目各方面的因素,保证项目能满足干系人的需求和期望。项目综合管理应贯穿于项目的整个生命周期,主要由项目计划制定、计划实施、变更控制等过程组成,是进行项目各要素综合调整和控制的工作,是使项目管理各阶段、各过程、各种资源、各项目标得以有机整合的管理工作。

(2) 项目范围管理

项目范围管理也就是对项目应该包括什么和不应该包括什么进行相应的定义和控制。它包括用以保证项目能按要求的范围完成所涉及的所有过程,包括:确定项目的需求、定义规划项目的范围、范围管理的实施、范围的变更控制管理以及范围核实等。需要强调的是,范围管理应保证"只做该做的工作",多做工作会增加成本,造成工期的拖延;少做工作将不能完成任务,不能实现其目标。

有个管理信息系统开发的项目,整个项目已经进行了 5 年之后项目何时结束还处于不明确的状态,因为用户不断有新的需求出来,项目组也就要根据用户的新需求不断去开发新的功能或对已经开发出的功能不断地进行更改。这样没完没了地往下做,没完没了的更改,项目组成员已经对这个项目完全丧失了信心。

这个项目其实就是一开始没有很明确地界定整个项目的范围,在范围没有明确界定的情况下,又没有一套完善的变更控制管理流程,任由用户怎么说,就怎么做,也就是说一开始游戏规则没有定好,从而导致整个项目成了一个烂摊子。

(3) 项目计划管理

管理信息系统的开发是一种不确定因素较多、风险大的工程项目,必须进行项目计划管理。

传统的项目计划管理方法是借助甘特图(也称横线图)的计划图表工具将工程各工序的名称、所需时间及进度安排等画出来。还有一种先进的方法是计划评审技术(Program Evaluation and Review Technique,PERT),这种方法是一种网络图技术,它不仅简单明了,使用方便,而且较好地反映了工序之间的关系和影响计划进度的关键因素,能够在工序进度发生变化时,反映出对整个工程的影响,从而进行机动调整,实现动态计划管理。

(4) 项目成本管理

项目成本管理是指承包人为使项目成本控制在计划目标之内所作的预测、计划、控制、调整、核算、分析和考核等管理工作,为确保在批准的预算内完成项目,进行的资金分配,在项目进行过程中进行费用控制等内容。具体项目要依靠制定资源管理计划、成本估算、成本预算、成本控制四个过程来完成。项目成本管理是在整个项目的实施过程中,为确保项目在以批准的成本预算内尽可能好的完成而对所需的各个过程进行管理。

① 资源计划过程:决定完成项目各项活动需要哪些资源(人、设备、软件、硬件)以及每种资源的需要量。

② 成本估算过程:估计完成项目各活动所需每种资源成本的近似值。

③ 成本预算过程:把估计总成本分配到各具体工作。

④ 成本控制过程:控制项目预算的改变。

(5) 项目质量管理

管理信息系统的质量就是指管理信息系统能满足用户明确或隐含需求能力的有关特征和特性的总和。管理信息系统的质量不仅涉及产品的质量,还要有工程质量和工作质量。管理信息系统的工程质量是指管理信息系统开发过程中人(Man)、设备(Machine)、方法(Method)和环境(Environment),这四大因素配备的好与坏。管理信息系统的工作质量是企业为了保证管理信息系统的工程质量,对影响工程质量的四大因素所付出的技术工作、组织工作、服务工作、管理工作和思想工作等。

管理信息系统质量管理使用的是 PDCA 循环,即计划(Plan)、执行(Do)、检查(Check)和处理(Action),它反映了管理信息系统开发工作的全过程。

- 要有一个开发计划；
- 按管理信息系统步骤进行开发；
- 对管理信息系统进行审计和评价、检查系统的效果；
- 对成功的加以肯定，对错误的和不完善的加以改正，即维护阶段；
- 分析现状，找出目前存在的质量问题；
- 分析产生质量问题的各种原因或影响因素；
- 找出影响质量的主要因素；
- 针对质量主要因素，制定措施，提出行动计划，并预计效果；
- 执行措施或计划；
- 检查；
- 总结经验；
- 提出尚未解决的问题。

(6) 项目人力资源管理

人力资源管理是使参加项目的人员均能最有效地发挥作用。项目的组织机构多为临时设置，在项目的参与者中既有熟悉企业情况的管理人员，又有负责系统开发的技术人员，具有各种不同专业背景、工作习惯、工作方式的人聚集在一起工作，许多人又是身兼多职的，所以人力资源的管理在项目管理中也尤为重要。它包括角色和职责分配、人员配备管理计划和人员培训。

① 角色和职责分配：项目角色和职责在项目管理中必须明确，否则容易造成同一项工作没人负责，最终影响项目目标的实现。为了使每项工作能够顺利进行，就必须将每项工作分配到具体的个人(或小组)，明确不同的个人(或小组)在这项工作中的职责，而且每项工作只能有唯一的负责人(或小组)。

② 人员配备管理计划：它主要描述项目组什么时候需要什么样的人力资源。为了清晰地表明此部分内容，通常使用资源直方图的方式。

由于在项目工作中人员的需求可能不是很连续或者不是很平衡，容易造成人力资源的浪费和成本的提高。例如：某项目现有 15 人，设计阶段需要 10 人，设计完成后的审核阶段大约需要 1 周的时间，但不需要项目组成员参与；审核通过后的编码阶段是高峰期，需要 20 人，但在接下来的测试阶段只需要 8 人。如果专门为高峰期提供 20 人，可能还需要另外招聘 5 人，并且这些人在项目编码阶段结束之后，会出现没有工作安排的状况。为了避免这种情况的发生，通常会采用资源平衡的方法，将部分编码工作提前到和设计并行进行，在某部分的设计完成后立即进行评审，然后进行编码，而不需要等到所有设计工作完成后再执行编码工作。这样将工作的次序进行适当调整，削峰填谷，形成人员需求的平衡，会更利于降低项目的成本，同时可以降低人员的闲置时间，以防止成本的浪费。

③ 人员培训：包括旨在提高项目团队技能的所有活动。培训可以是正式的(如教室培训、利用计算机培训)或非正式的(如其他团队成员的反馈)。如果项目团队缺乏必要的管理技能或技术技能，那么这些技能必须作为项目的一部分被开发，或必须采取适当的措施为项目重新分配人员。

(7) 项目沟通管理

项目沟通管理就是为了确保项目信息合理收集和传输，以及最终处理所需实施的一系列过程。包括为了确保项目信息及时适当的产生、收集、传播、保存和最终配置所必须的过程。项目沟通管理为成功所必须的因素——人、想法和信息之间提供了一个关键连接。

项目沟通管理具有复杂和系统的特征。著名组织管理学家巴纳德认为"沟通是把一个组织中的成员联系在一起,以实现共同目标的手段"。没有沟通,就没有管理。沟通不良几乎是每个企业都存在的老毛病,企业的机构越是复杂,其沟通越是困难。往往基层的许多建设性意见未及时反馈至高层决策者,便已被层层扼杀,而高层决策的传达,常常也无法以原貌展现在所有人员面前。

由此可见项目进行过程中的信息沟通不可忽视,必须定期、不定期地在项目团队成员、直接上级主管、用户等各种与项目相关的人员之间进行沟通和协调。在项目管理中,专门将沟通管理作为一知识领域。PMBOK(Project Management Body Of Knowledge, 即项目管理知识体系)中也建议项目经理要花75%以上时间在沟通上,可见沟通在项目中的重要性。提高沟通管理的方法如下。

① 建立完善的项目沟通管理体系:构建项目组的沟通网络,决定项目各关系人的信息沟通需求,明确网络沟通中各关系人的职责和权限,建立沟通反馈机制。

② 正确处理项目各接口间的协调关系:开发小组要能正确理解来自企业的主管人员的设计意图和要求,在设计中定期汇报设计进展,交换意见,如果有好的建议,在不违反设计标准、规范、设计初衷的情况下,尽量满足主管人员的设计变更要求,以创造良好合作氛围。

③ 选好项目经理:项目经理必须有很强的沟通意识,同时要掌握提高沟通有效性的基本原则,做到尽早沟通和主动沟通。并且项目经理要熟悉专业技术,项目经理未必是样样精通的专才,但至少应该是样样都熟悉的通才,否则,很难将一个复杂的大型项目管好。

④ 采用正确的沟通形式:工程项目中的沟通形式是多种多样的,通常分为书面和口头两种形式。书面沟通大多用来进行通知、确认和明确要求等活动,语言文字运用得是否恰当直接影响沟通的效果。使用语言文字时要简洁、明确。口头沟通包括会议、评审、私人接触、自由讨论等。这一方式简单有效,更容易被大多数人接受,但是不像书面形式那样"白纸黑字"留下记录,因此不适用于类似确认这样的沟通。

(8) 项目风险管理

项目风险包括识别风险、进行风险分析(定量分析和定性分析)、制定相应的对策、进行风险控制,使项目的风险隐患得以避免,或最大限度地减少风险所带来的损失。

项目的风险管理可分为三个阶段:

① 风险的潜伏阶段:风险尚未显现,但其可能性存在于各种征兆之中,这个阶段的风险管理重在预防。首先要能识别潜在的风险,当识别出可能会有风险时规避和转移风险, 最后准备风险应对方案和危机处理预案,一旦风险和危机来临,有应对预案就可以有效地降低风险的损失和危机的灾难。

② 风险的发生阶段:风险将带来的损失已经不难预料,这个阶段的风险管理重在应对。首先选择和实施风险应对预案,然后采取权宜措施缓解风险,最后采取补救措施抵消损失。

③ 风险的后果阶段:风险造成的损失已经成为事实,形势危急,这个阶段的风险管理重在应急和善后。首先要实施灾难救助措施,再把资料存档总结教训,以防止或避免此类事件再次发生。

(9) 项目采购管理

它是指为了保证项目顺利执行所需要的物资、服务或信息的获取过程,通常包括制定采购计划、选择供应商及相应资源、进行合同管理等内容。在系统开发的项目中,主要包括软件、硬件及网络设备的采购。

(10) 项目知识管理

知识管理是新兴的管理模式,在项目管理中,知识的地位和作用显而易见,如果知识得以有效管理,知识能用来减少项目时间,提高质量和客户满意度。但是以前的项目管理往往忽视对知识的管理。项目知识管理包括项目知识需求分析、人员及组织的知识结构调查、知识获取、知识学习、知识传播和共享、知识应用、知识创造等知识管理活动。

9.2.4 开发的方式

1. 自行开发方式

自行开发方式是由用户依靠自己的力量独立完成系统开发的各项任务。这种开发方式适合于有较强的管理信息系统分析与设计队伍和程序设计人员、系统维护使用队伍的组织和单位,如大学、研究所、计算机公司、高科技公司等单位。

企业建设自己的管理信息系统的动力来源于自身的需求,自行开发方式使企业控制系统开发的全过程。优点是开发成功的系统能够充分、真实地反映企业的实际业务需求,能较迅速地满足企业主要业务的需要,且针对性强,使用效率高。有利于培养自己的系统开发人员。缺点是由于不是专业开发队伍,容易受业务工作的限制,系统整体优化不够,开发水平较低。同时开发人员一般都是临时从所属各单位抽调出来进行管理信息系统的开发工作,他们都有自己的工作,精力有限,这样就会造成系统开发时间长,如果开发过程中有成员退出,新加入的成员需要读懂原来的人做的代码,需要花费一定的时间。

采用自行开发方式时,应注意以下两点:
① 需要大力加强领导,实行"一把手"原则。
② 向专业开发人士或公司进行必要的技术咨询,或聘请他们作为开发顾问。

2. 委托开发方式

由使用单位(甲方)委托通常是具有丰富开发经验的机构或专业开发人员(乙方),按照用户的需求承担系统开发的任务。这种开发方式适合于使用单位(甲方)没有管理信息系统的系统分析、系统设计及软件开发人员或开发队伍力量较弱、但资金较为充足的单位。开发一个小型管理信息系统需要几万元,开发一个大型管理信息系统则需要几十万、几百万甚至上千万元。甲乙双方应签订管理信息系统开发项目协议,明确新系统的目标与功能、开发时间与费用、系统标准与验收方式、人员培训等内容。

委托开发方式的优点是省时、省事,开发的系统技术水平较高。缺点是费用高、系统维护与扩展需要开发单位的长期支持,不利于本单位的人才培养。

采用委托开发方式应注意以下两点:
① 使用单位(甲方)的业务骨干参与系统的论证工作。
② 开发过程中需要开发单位(乙方)和使用单位(甲方)双方及时沟通,进行协调和检查。

3. 合作开发方式

由使用单位(甲方)和具有丰富开发经验的机构或专业开发人员(乙方),共同完成开发任务,双方共享开发成果,实际上是一种半委托性质的开发工作。合作开发方式适合于使用单位(甲方)有一定的管理信息系统分析、设计及软件开发人员,但开发队伍力量较弱,希望通过管理信息系统的开发,建立完善和提高自己的技术队伍,便于系统维护工作的单位。合作开发方式的优点是相对于委托开发方式比较节约资金,可以培养、增强使用单位的技术力量,便于系统维护工作,系统的技术水平较高。缺点是双方在合作中沟通易出现问题。采用合作开发方式应注意双方及时达成共识,进行协调和检查。

4. 购买现成的商品化软件开发方式

随着软件产业的迅速发展，购买商品化软件成为一个常用的开发方式。采用购买商品化软件的方式对功能单一、简单的小型系统很适合，既节省时间又能保证软件的质量，成功率比较高。但对规模较大、功能复杂、需求不确定性程度比较高的系统，所购买的软件有时难以满足企业的特殊要求，存在二次开发的问题。如果企业自己不具备二次开发的能力，就不宜采用购买商品化软件的方式。

总之，不同的开发方式有不同的优点和缺点，需要根据使用单位的实际情况进行选择，也可以综合使用各种开发方式。表 9.1 对上述四种开发方式做了简单的比较。

表 9.1 开发方式的比较

开发方式 项目	自行开发	委托开发	合作开发	购买现成的软件
分析与设计能力要求	较高	一般	逐渐培养	较低
编程能力的要求	较高	不需要	需要	较低
系统维护的难易度	容易	较困难	较容易	较困难
开发费用	少	多	较少	较少

9.3 管理信息系统的文档管理

文档是记录人们思维活动及其结果的书面形式文字资料。管理信息系统的文档即是描述系统从无到有整个发展与演变过程及各个状态的文字资料。管理信息系统实际上由系统实体及与此对应的文档两大部分组成，系统的开发要以文档的描述为依据，系统实体的运行与维护更需要文档来支持。

系统文档不是事先一次性形成的，它是在系统开发、运行与维护过程中不断地按阶段依次推进、编写、修改、完善与积累而形成的。可以说，如果没有系统文档或没有规范的系统文档，管理信息系统的开发、运行与维护会处于一种混乱状态，这将严重影响系统的质量，甚至导致系统开发或运行的失败。当系统开发人员发生变动时，问题尤为突出。因此有些专家认为：系统文档是信息系统的生命线，没有文档就没有管理信息系统。

一般来讲，文档数量的多少、规模的大小、结构的复杂程度都是与所开发的软件项目的规模大小和复杂程度成正比的。在项目中，有一大部分开发成本都发生在这些文档的准备、编制过程中。因而，项目管理者一定要对与项目有关的文档有足够的重视。

项目开发过程中要产生大量文档，因此，管理好这么多的文档是一项重要的工作，设置专门的文档管理是必须的。

9.3.1 管理信息系统文档的类型

系统文档主要有以下几种。
① 系统开发立项报告
② 系统可行性研究报告
③ 系统开发计划报告
④ 系统分析报告
⑤ 系统设计报告

⑥ 系统程序设计报告
⑦ 系统测试报告
⑧ 系统使用与维护手册
⑨ 系统评价报告
⑩ 系统开发总结报告

9.3.2 管理信息系统文档的管理

系统文档是相对稳定的，随着系统的运行及情况的变化，它们会有局部的修改与补充，当变化较大时，系统文档将以新的版本提出。系统文档的管理工作主要有：文档标准与规范的制定；编写的指导与规范的制定；文档的收存、保管与借用手续的办理等。

文档的标准与规范要以国家规定并结合具体系统的特点在系统开发前或至少在所产生的阶段前制定，用于指导与督促系统开发人员及系统使用人员及时编写有关的文档资料。为保持文档的一致性与可追踪性，所有文档都要收集全，集中统一保管。

文档的管理虽不是日常性的工作，但因为对系统的质量至关重要而必须由专人负责，并形成制度化。尽管文档是管理信息系统建设中的惟一可见物，其决定管理信息系统的质量，但是并不是所有的开发人员都能充分理解并做好文档的建设与管理工作，究其原因主要有以下几点：

(1) 管理信息系统建设过程实际上是软件生成过程，就软件的两大部分——程序和文档而言，程序相对来说是"硬件"，是必须最终完成的；文档是"软件"，有一些是必须完成的，而有些则无严格要求，并且也可以事后补充。为了追求开发进度，一些文档资料则被忽略。

(2) 文档的形成过程实际上反映出对开发方法运用的过程。不同的开发方法对文档有着不同的要求，相应的开发结果也有差异。而作为开发者往往只注重结果，认为只要最终程序正确，能够满足系统需求就达到了系统要求，不能真正理解方法与结果的统一性，因此也不愿意将时间花在文档的书写过程中。

(3) 程序和文档在管理信息系统建设中实际上是"静态"和"动态"的关系。程序一旦完成，投入运行后在一个时间段内是"静止"的，文档资料反映的是系统建设的"轨迹"，是"动态"的。而开发者往往只看到程序的"静态"方面，认为开发出的程序一经完成就可以"一劳永逸"地使用，开发过程的"轨迹"不必被保留。事实上，在管理信息系统运行过程中由于社会的不断发展、客观环境的不断变化、用户需求的变化及计算机硬件价格的下降等多种原因都将导致大量的系统维护工作，而文档对系统维护是绝对必要的。

(4) 文档经常是给别人看的，文档的作用很多是在事后才能体现出来，并且受小规模程序开发的影响，使得系统开发人员缺乏书写文档的动力和自觉性。

9.4 管理信息系统的安全管理

随着计算机网络技术的迅速发展与日益普及，基于网络的管理信息系统已渗透到社会和经济的各个方面，方便了人们的学习、工作和生活。但与此同时，管理信息系统安全问题也日益突出，尤其是基于网络的管理信息系统的安全问题。

9.4.1 管理信息系统安全的定义

所谓管理信息系统的安全是指组成管理信息系统的硬件、软件和数据资源的安全。管理信息系统安全保护的基本内容是：保障计算机及其相关的和配套的设备、设施(含网络)的安全，运行环境的安全，保障信息的安全，保障计算机功能的正常发挥，以维护管理信息系统的安全运行。避免管理信息系统受到自然和人为的因素破坏、更改或泄漏系统中的信息资源，从而保证管理信息系统能够连续正常运行。

管理信息系统的安全概念涉及以下主要内容。

(1) 完整性(Integrity)

信息在存储和传输过程中，不能被非法地篡改、破坏，也不能被偶然、无意地修改，保证信息的完整性是管理信息系统安全的基本要求。

(2) 保密性(Confidentiality)

信息必须按照拥有者的要求保持一定的保密性，防止信息在非授权的情况下被访问，或一旦泄漏也能保证在一定期限内不被解密。

(3) 可用性(Availability)

在任何情况下，经过授权的用户能存取所需的信息，并且能够享受到系统提供的服务，这是计算机能够完成可靠性操作的重要前提。

(4) 真实性((Authenticity)

防止系统内的信息感染病毒，保证信息的真实可靠。

保障管理信息系统安全的实质就是保护信息的完整性、保密性、可用性和真实性，防止来自各方面的因素对信息资源的破坏。

9.4.2　影响管理信息系统安全的因素

(1) 环境与灾害

如果系统受到诸如电力故障、电磁辐射、灰尘、火灾等不良环境因素和灾害的影响时，将导致系统硬件、软件甚至整个系统受到损害。

(2) 人员非正常操作

威胁系统安全的人员非正常操作的种类有：

① 误操作：由于人员操作中出现失误，未能严格按照系统有关规程进行操作而造成对系统硬件、软件或数据的损害。

② 蓄意破坏：操作人员刻意破坏系统或盗窃数据而进行非法操作。

(3) 病毒侵扰

网络上经常会有病毒程序对系统进行侵扰，它们可以破坏系统的软件、数据，甚至破坏系统的硬件，导致系统最终瘫痪。

(4) 系统外人员的侵入和破坏

网络黑客是对管理信息系统的安全构成威胁的系统外人员之一。网络黑客一般都掌握一定的计算机与网络技术，他们热衷寻找各种系统和软件上的漏洞，进而对系统进行攻击。高智商犯罪也是管理信息系统安全的一个潜在威胁，这些罪犯利用网络修改或窃取管理信息系统中的数据，来实现他们的目的，进而也对组织的系统产生了破坏。

9.4.3　管理信息系统安全策略和措施

(1) 依照国家法规及企业的具体情况，制定严密的管理信息系统安全与保密制度，做深入的宣传与教育，提高每一位涉及管理信息系统人员的安全与保密意识。

(2) 制定管理信息系统损害恢复规程，明确在管理信息系统遇到自然或人为的破坏而遭受损害时应采取的各种恢复方案与具体步骤。

(3) 保持良好的系统环境，尽量做到保持机房无尘、无辐射、温度和湿度适宜的要求。

(4) 配备齐全的安全设备，如断电保护装置、稳压器和空调等。

(5) 设置切实可靠的系统访问控制机制，包括系统功能的选用与数据读写的权限、用户身份的确认等。

(6) 完整的制作系统软件和应用软件的备份，并结合系统的日常运行管理与系统维护，做好数据的备份及备份的保管。

(7) 敏感数据尽可能以隔离的方式存放，并由专人保管。

(8) 建立有效的网络防火墙，安装并及时升级杀毒软件。

(9) 通过鉴别、认证技术、数字签名与访问控制技术来杜绝非法用户对系统资源的使用与侵害。

要做好管理信息系统安全管理需要企业的最高管理层的直接参与，要加强对信息安全工作的领导，建立健全信息安全管理责任制，建立一套符合企业需要的信息安全体系。

9.4.4 管理信息系统安全的设计

随着管理信息系统功能的发展，信息在网络开放环境下的共享日益广泛和深入，与此同时信息遭受非法窃听、截取、篡改或者毁坏的可能性也大大增加。这些威胁一旦造成影响必将造成不可估量的损失。对于信息的威胁分为有意和无意的两种，总结起来主要的威胁一般来自以下几个方面。

① 自然灾害，意外损害；
② 计算机犯罪，如网络欺诈、盗用密码、窃取保密信息等；
③ 人为失误导致，如操作不当等；
④ "黑客"入侵，包括非法访问、计算机病毒、非法链接等；
⑤ 内部数据泄密；
⑥ 访问协议漏洞；
⑦ 信息间谍。

针对这些管理信息系统所面临的威胁，我们提出系统的安全性概念。系统的安全性是指系统对于自然灾害、人为破坏、操作失误或者系统故障的承受能力。系统的安全性设计就是针对上述不安全因素所作的预防措施、保护措施和恢复措施，是保障系统用户权益的重要手段。系统的安全性设计主要基于系统运行环境的安全性设计、系统自身的安全性设计、系统数据的安全性设计三个方面。

1. 系统运行环境的安全性设计

系统的运行环境是系统运行效率的重要决定因素，它的安全稳定性直接影响系统的安全可靠性。建立良好的系统运行环境可以从以下几方面着手：

(1) 选择成熟稳定的操作系统

操作系统的高效安全是系统安全的根本因素。当今在互联网上肆虐的计算机病毒大多以操作系统的文件系统为突破口，而操作系统的安全漏洞更成为恶意破坏者热衷攻破的对象，因此基于网络的管理信息系统更应该选择成熟安全的操作系统作为正常运行的基本条件。

(2) 选择合理的硬件拓扑结构和配置

例如考虑系统的双工系统或者双服务器系统，以及双硬盘镜像存储等，为系统提高遭受恶意破坏后的恢复能力，或者在自然灾害下的承受能力。

(3) 选择安全的联网方式

根据需要确定安全性高的联网方式和可以及时升级维护的病毒防护软件。

(4) 加强系统运行的人文环境的建设

对系统操作人员进行必要的培训，避免因不熟悉系统而产生众多的误操作；明确系统管理员与操作员的分工；制定系统保密管理条例，操作规程，机房守则等规章制度，从制度上保证系统的安全性。

2. 系统自身的安全性设计

系统运行环境的可靠是系统安全性的前提，系统自身的安全性才是问题的关键。如何建立安全可靠的系统是系统安全性设计的主要内容之一。系统自身的安全性可以从以下几点实现：

(1) 加强系统用户的管理，建立用户权限管理机制

用户标识和鉴定是系统提供的最外层的安全保护措施。其方法是用户在使用系统前必须获得合法的身份，只有在身份鉴定成功后才被允许进入系统进行操作。用户标识和鉴定一般包括以下内容：

① 用户代号——这是用户进入系统的合法身份，一般由系统管理人员分配。

② 用户密码——具有合法身份的用户只有凭借正确的密码才能进入系统进行操作，防止身份被人盗用的情况发生。

除此之外，还可根据实际的需要对不同的用户分配不同功能模块的访问权限，以及同一模块的不同执行权限，系统管理员可以追加或者收回用户的权限，建立完善的用户权限管理机制。

(2) 加强系统的容错能力

通过实时的人机对话尽量减少误操作的发生，通过陈列某个数据项的所有可能值供选择，或者在删除操作前的确认提示等手段极力避免因输入数据错误或者误删除，修改等造成的损害。

(3) 建立操作日志

操作日志可以跟踪系统用户的所有操作过程，对用户的行为有一定的监督作用，也方便系统管理人员在损害造成后的恢复工作。

3. 系统数据的安全性设计

通常指保护数据库不受恶意访问，为数据的安全性，则用数据的完整性来避免意外地破坏数据的一致性。在实践中，安全性和完整性之间的分界并不很清晰。当两个概念间的区别不那么明显时，可以用安全性来代替这两方面的内容。系统数据的安全性一直是系统安全性设计中的核心问题，也是评价系统优劣的重要标准。严格说来系统数据的破坏行为分为有意（恶意）的和意外的两种。

完全杜绝对数据库的恶意滥用是不可能的，但是我们可以采取措施最大限度地阻止这样的行为。这些措施包括：

(1) 用户授权

授权是数据库系统用来防止未授权访问和恶意访问的一种手段。在数据库的不同部分，用户可以被授予不同形式的存取权限，比如说 Read 授权允许用户读取数据，但不允许修改数据；Insert 授权允许插入新数据，但是不允许修改已经存在的数据等。

获得了某种形式授权的用户可能被允许将此授权传递给其他用户，所以我们在授权的时候必须很小心，以保证用户授权只在合理的范围内有效，并保证能被及时收回。

(2) 数据加密

对高度敏感的数据而言，数据库系统的各种授权规则还不能提供充分的保护，可以对数据进行加密。加密就是将信息原文（又称为明文），通过某种算法转换成密文的过程。加密数据是不可能被直接读出的，除非读数据的人知道如何对加密数据进行解密。加密数据的技术数不胜数，过于简单的加密技术也许不能够提供足够的安全性，因此我们提倡好的加密技术。一个好的加密技术应该具有如下性能：

① 对授权用户来说，加密数据和解密数据相对简单；

② 加密模式不应依赖于算法的保密，而是依赖于被称作密钥的算法参数；

③ 对恶意入侵者来说，确定密钥是极其困难的。

加密系统中有一种应用叫数字签名。在现今安全性要求较高的管理信息系统比如电子政务中被广泛采用。数字签名扮演的是物理签名的电子化角色，用于验证数据的真实性。用私钥来加密数据，加密后的数据可以公开。

数据加密技术的发展为管理信息系统的安全又增设了一道难以逾越的屏障。

(3) 审计

审计追踪使用的是一个专用文件或数据库，系统自动将用户对数据库所有操作记录在上面，利用审计追踪的信息，就能重现导致数据库现有状况的一系列事件，以找到非法存取数据的人。

(4) 数据库日志监视

为数据库建立专门的日志，以监视数据库的活动，在日志中详细记载所有数据操作的时间日期，程序名，操作数据项名称，类型等信息。这个日志由专人管理，遇到可疑存取即可采取行动实施调查。

(5) 运用并发事务控制保证数据的一致性

在管理信息系统中，多用户同时操作同一数据的情况时有发生，并发事务控制子系统负责协调这类事务的处理，确保数据的完整性不受破坏，同时避免用户得到不正确的数据。

(6) 数据的备份与清理

对于系统数据定期备份，防止意外破坏造成永久损失。某些实时系统的明细数据量太大，影响数据库的运行效率，对于这些数据可以采用定期统计，定期删除的措施减少系统负担。

9.5 管理信息系统的监理、审计与评价

9.5.1 管理信息系统的监理

管理信息系统的监理是指防止系统出现差错的一系列措施。监理工作大致分为外部监理、管理监理、操作监理、说明性文件监理和安全性监理等五类。

(1) 外部监理

外部监理是指组织的上级主管部门、专门的监理机构对系统进行独立的检查。

(2) 管理监理

管理监理是指管理信息系统本身对管理工作提出的监理要求，包括制定战略计划，严格人员管理制度，建立统一的系统标准。

(3) 操作监理

操作监理主要是指对系统运行操作方面的监理，包括输入/输出监理，软、硬件监理，计算机操作的监理等。

(4) 说明性文件监理

说明性文件监理包括系统开发过程中各种文档，如开发报告、系统流程图、程序框图及一般操作说明等各种文件的监理。

(5) 安全性监理

安全性监理包括系统运行的安全保密制度，各种存储介质的保存、归档、销毁制度，系统运行设施的安全措施等。

系统监理的措施越全面和复杂，系统的安全性、准确性、完整性越好，但费用也越高。因此，监理措施的选择应使监理效率最佳，既要达到目的，又要降低成本。

9.5.2 管理信息系统的审计

系统审计是发现、纠正错误或失窃的措施。管理信息系统的审计不能局限于一些业务报表的审查，而应该诊断整个系统的薄弱环节。通过审计，保证建立和使用合理的监理系统，检查资源使用是否合理，审查管理信息系统及其产生各项报表的完整性、可靠性、准确性和有效性。

审计过程如图 9.2 所示。

审计的基本方法有以下几种。

(1) 调查表法

审计过程中要进行大量调查。调查表由审计机构根据系统特点制定。

(2) 间接审计

间接审计是把系统作为一个黑盒子，通过调查系统的输入、输出来达到审计目的。审计员选些数据输入，测试其相应输出，如果结果吻合，精度有效，就认为工作情况合理。这种方法如图 9.3(a)所示。

(3) 直接审计

直接审计强调测试系统本身，而不完全是输出结果。审计员既要测试计算机操作和程序的监理是否合理，又要测试计算机内部处理是否准确。这种方法的特点是能"通过"计算机进行，如图 9.3(b)所示。

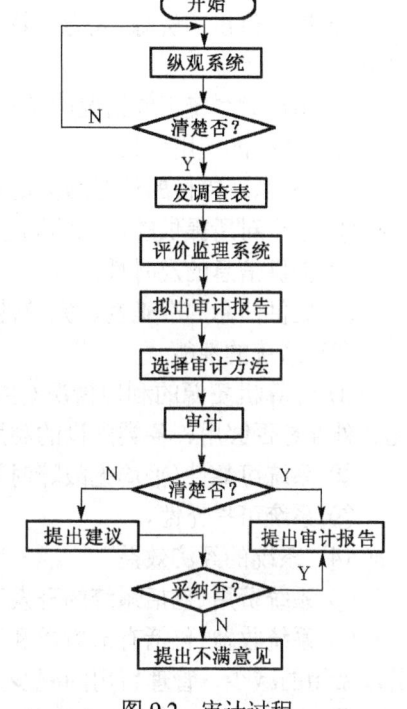

图 9.2　审计过程

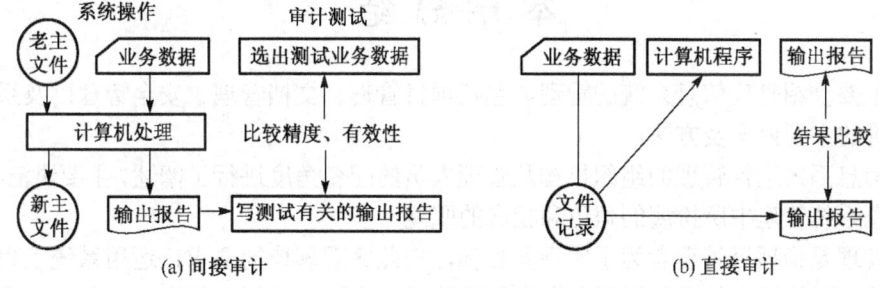

图 9.3　审计的基本方法

(4) 应用程序的审计审查

为了对程序逻辑进一步了解，发现问题，应审查程序。审计员要熟悉编程和各种报告的标准，要查阅程序说明书和源程序。

9.5.3 管理信息系统的评价

管理信息系统投入使用一段时间以后，需要对系统进行全面的评价。根据使用者的反映和运行情况的记录，评价系统是否达到了设计要求，指出系统改进和扩充的方向。系统评价的结果应写成系统评价报告。

系统评价的范围应根据系统的具体目标和环境而定，一般包括以下几个方面内容。

(1) 系统运行的一般情况

这是从系统目标及用户接口方面考查系统，包括：

① 系统功能是否达到设计要求；

② 用户付出的资源（人力、物力、时间）是否控制在预定界限内，资源的利用率是否达到要求；

③ 用户对系统工作情况的满意程度，包括响应时间、操作方便性、灵活性等。

(2) 系统的使用效果

这是从系统提供的信息服务的有效性方面考查系统，主要从以下方面考查：

① 用户对所提供的信息的满意程度（哪些有用，哪些无用，引用率）；

② 提供信息的及时性；

③ 提供信息的准确性、完整性。

(3) 系统的性能

① 计算机资源的利用情况（主机运行时间占有效部分的比例、数据传输与处理速度的匹配、外存是否够用、各类外设的利用率）；

② 系统可靠性（平均无故障时间、抵御误操作的能力、故障恢复时间）；

③ 系统可扩充性。

(4) 系统的经济效益

① 系统费用（包括系统的开发费用和各种运行维护费用）；

② 系统收益（包括有形效益和无形效益，如库存资金的减少，成本的下降，生产率的提高，劳动费用的减少，管理费用的减少，对正确决策影响的估计等）；

③ 投资效益分析。建立系统应有一定的投资，有的系统功能不多，但投资却很大。投资应作为一个指标，倾向"少花钱多办事"，也就是说投资尽可能小，效益尽可能好。

本 章 总 结

本章主要介绍管理信息系统的管理，包括项目管理、文档管理、安全管理以及系统监理、审计和评价的主要内容及方法。

管理信息系统运行管理的组织机构从管理人员的配备角度进行了阐述，主要讲清各种管理人员在信息系统管理中所扮演的角色和相应的职能。

项目管理是指项目管理者为了实现其目标，按照客观规律的要求，运用系统工程的观点、理论和方法，对执行中的项目发展周期中的各阶段工作进行计划、组织、控制、沟通和激励，以取得良好效益的各项活动的总称。其突出的特点：管理时间的界限性；管理对象的易变性；管理组织的适时性；管理体制的团队性；管理体制的系统性和管理方法的全面性。管理内容包括：综合管理、范围管理、计划管理、成本管理、质量管理、人力资源管理、沟通管理、风险管理、采购管理和知识管理。

管理信息系统的文档管理是对管理信息系统开发全过程各个阶段形成的文档进行管理。文档的管理力求服务于系统的运行与维护。

管理信息系统的安全管理是指对管理信息系统的硬件、软件和数据资源的安全管理。安全管理主要对各种安全威胁的防范和避免，可以从运行环境、系统自身和系统数据的安全设计来防范与避免安全威胁。管理信息系统安全是一个永恒的话题，贯彻整个生命周期的始终。

管理信息系统的监理是指防止系统出现差错的一系列措施；管理信息系统的审计是发现、纠正错误或失窃的措施；管理信息系统的评价是对系统的运行情况、使用效果、性能以及经济效益等方面在使用一段时间之后做出的评价。

第 10 章 决策支持系统

决策支持系统(Decision Support System，简称 DSS)是管理信息系统应用概念的深化，是在管理信息系统基础上发展起来的系统。决策支持系统绝非管理信息系统的替代品，而是作为管理信息系统内部的一个重要的组成部分而存在。因此，本章的学习在了解决策支持系统的基础之上，弄清其与管理信息系统的关系，并将其架构在自己的管理信息系统的知识结构中。

本章从决策支持系统概念、决策支持系统的组成、智能决策支持系统和群体 DSS 等四个方面叙述决策支持系统的基本知识。通过本节内容的学习，让学生了解 DSS 的基本概念、DSS 的基本特征、解决的基本问题，DSS 与 MIS 之间的联系与区别，DSS 各子系统的基本功能，了解 DSS 的三个技术层次和 DSS 的结构形式以及 DSS 的开发技术。

管理信息系统主要是解决结构化决策问题，但现实生活中的问题大都是半结构化和非结构化的决策问题，必须由决策支持系统解决。

10.1 决策问题概述

所谓决策，就是指人为了实现某一特定的系统目标，在占有信息和经验的基础上，根据客观的条件，提出各种备选的行动方案，借助科学的理论和方法，进行必要的计算、分析和判断，从中选择一个最满意的方案以及对这个方案的执行和检查，作为目前和今后的行动指南。简言之，决策就是针对预期目标，在一定条件的约束下，从诸多方案中选择一个并付诸实施。决策是管理活动中最重要的活动。决策是一个过程，从广义上看，决策贯穿于整个管理活动。

10.1.1 决策过程

决策过程包括信息收集、方案设计、方案选择和实施四个阶段，如图 10.1 所示。

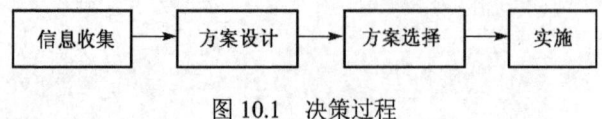

图 10.1 决策过程

(1) 信息收集阶段

探索决策状态的环境、识别问题、发现机遇。

(2) 方案设计阶段

根据决策目标和收集的信息，经过综合分析，提出可能的行动方案、路线并加以分析、完善；评估每一种方案的可行性及其执行的后果。

(3) 方案选择阶段

决策者按最优化原则或按自己的满意度准则从多个方案中选择出最优的(或满意的)方案、路线。

(4) 实施阶段

按选择的方案付诸实施。在实施过程中还要收集有关实施情况的资料,并根据资料进一步作出继续实施、停止实施和修改后继续实施的决定。

10.1.2 决策问题的分类

(1) 按处理问题的内容分类

决策问题分成政治、经济、军事、科技决策。

(2) 按决策涉及的范围分类

决策问题分成宏观、微观、战略、战术、国际、国内、部门、地区决策。

(3) 按决策者所处的地位分类

决策问题分成上层、中层、基层决策。

(4) 按目标多少分类

决策问题分成单目标决策和多目标决策。

(5) 按掌握信息分类

决策问题分成确定性决策和非确定性决策。

10.1.3 影响决策的因素

影响决策的因素主要有以下几个:

(1) 多目标决策

组织的目标不是单一的,影响目标实现的因素是复杂的。

(2) 增加的选择对象

决策时可供选择的对象增加。例如:财务主管筹措资金时的选择,股票、债券、借款等多种方案。

(3) 日益激烈的竞争

竞争涉及到两个或多个组织,面对相同的顾客群体,通过竞争达到相同的目标。

(4) 创造性的需求

创造力和想象力是企业竞争力的源泉。

(5) 社会和政治约束的变化

政策、法令、标准的变化。

(6) 经济、政治的国际化、全球化的因素

企业的经营和市场面对的是全球化竞争,技术的高速发展,时间、空间的凝缩。当今货币和新闻可在几秒或几十秒之内传遍全球。

10.2 决策支持系统概述

10.2.1 决策支持系统的产生与发展

Keen 和 Scott Morton 于 20 世纪 70 年代中期首次提出了"决策支持系统"(Decision Support System,DSS)一词,标志着利用计算机与信息支持决策的研究与应用进入了一个新的阶段,并形成了决策支持系统新学科。

1. 20世纪70年代

DSS通常由模型库、数据库及人机交互子系统等三个部件组成。

人机交互子系统是DSS中介于用户和计算机之间,在操作者、模型库、数据库之间起着传送(包括转换)命令和数据重要作用的接口。

数据库子系统是存储、管理、提供与维护用于决策支持数据的DSS基本部件,是支撑模型库子系统的基础。由数据库、数据析取模块、数据字典、数据库管理系统及数据查询模块等部件组成。

模型库子系统是构建和管理模型的计算机软件系统。由模型库和模型库管理系统两部分组成。

该阶段研究开发出了许多较有代表性的DSS,如支持投资者对顾客证券管理日常决策的Profolio Management;用于产品推销、定价和广告决策的Brandaid;用以支持企业短期规划的Projector;适用于大型卡车生产企业生产计划决策的Capacity Information System。

2. 20世纪80年代

DSS增加了方法库与知识库,构成了三库系统或四库系统。

方法库子系统是以程序方式管理和维护各种决策常用的方法和算法的计算机软件系统。由方法库和方法库管理系统两部分组成。

知识库子系统是有关规则、因果关系及经验等知识的获取、解释、表示、推理及管理与维护的计算机软件系统。知识库系统知识的获取是一大难题,但几乎与DSS同时发展起来的专家系统在此方面有所进展。

3. 20世纪80年代后期

人工神经元网络及机器学习等技术的研究与应用为知识的学习与获取开辟了新的途径。专家系统与DSS相结合,充分利用专家系统定性分析与DSS定量分析的优点,形成了智能决策支持系统IDSS,提高了DSS支持非结构化决策问题的能力。

4. 近期

DSS与计算机网络技术结合构成了新型的能供异地决策者共同参与进行决策的群体决策支持系统(Group Decision Support System,简称GDSS)。

GDSS利用便捷的网络通信技术在多位决策者之间沟通信息,提供良好的协商与综合决策环境,以支持需要集体做出决定的重要决策。

在GDSS的基础上,为了支持范围更广的群体,包括个人与组织共同参与大规模复杂决策,人们又将分布式的数据库、模型库与知识库等决策资源有机地集成,构建分布式决策支持系统(Distributed Decision Support System,简称DDSS)。

5. 我国DSS研究现状

DSS的概念是20世纪80年代末引入我国的,但在此之前有关辅助决策的研究早有所开展。

目前我国在DSS领域的研究已有不少成果,但总体上发展较缓慢,在应用与期望上有较大的差距,这主要反映在软件制作周期长,生产率低,质量难以保证,开发与应用联系不紧密等方面。

10.2.2 决策支持系统定义

1. DSS 定义

决策支持系统是以管理科学、运筹学、控制论和行为科学为基础，以计算机技术、模拟技术和信息技术为手段，用于半结构化、非结构化决策问题，辅助支持决策活动的有智能作用的人机系统。

DSS 充分运用了管理学、运筹学、数据库、人工智能和计算机等学科的最新成果，是 MIS 的进一步发展。

DSS 是指用于支持决策的人力、过程、数据库和设备的一个有组织的集合。它主要用于非结构化、半结构化决策，仅仅是对决策进行支持，而不是代替人进行决策。

[举例] 某制造企业为决定它的生产规模和合适的库存量，建立一个决策支持系统。

模型库由生产计划、库存模拟模型(如预测、库存控制模型)等组成。

数据库中存有历年销售量、资金流动情况、成本等原始数据。

决策者通过计算机终端屏幕，根据 DSS 提供最佳订货量和重新订货时间，以及相应的生产成本、库存成本等信息，进行"如果……将会怎样?"的询问，系统对所提方案进行灵敏度分析，或者以新的参数进行模拟而得到一个新的方案。

2. DSS 基本特征

DSS 的基本特征如下：
① 基于高层管理人员经常面临的结构化程度不高、说明不够充分的问题；
② 把模型或分析技术与传统的数据存取技术及检索技术结合起来；
③ 易于为非计算机专业人员以交互会话的方式使用；
④ 强调对环境及用户决策方法改变的灵活性及适应性；
⑤ 支持但不是代替高层决策者制定决策。

3. DSS 功能

DSS 具有以下几个功能：
① 管理并随时提供与决策问题有关的组织内、外部信息；
② 收集、管理并提供各项决策方案执行情况的反馈信息；
③ 能以一定的方式存储和管理与决策问题有关的各种数学模型、计算方法，且上述数据、模型与方法能容易地修改和添加；
④ 能灵活地运用模型与方法对数据进行加工、汇总、分析、预测，得出所需的综合信息与预测信息；
⑤ 具有方便的人机对话和图像输出功能，能满足随机的数据查询要求，回答"如果……则……"之类的问题；
⑥ 提供良好的数据通信功能，以保证及时收集所需数据并将加工结果传送给使用者；
⑦ 具有使用者能忍受的加工速度与响应时间，不影响使用者的情绪。

4. DSS 概念模式

它反映 DSS 的形式及其与"真实系统"、人和外部环境的关系。

DSS 概念模式的建立是开发中最初阶段的工作,它通过对决策问题与决策过程的系统分析来描述,如图 10.2 所示。

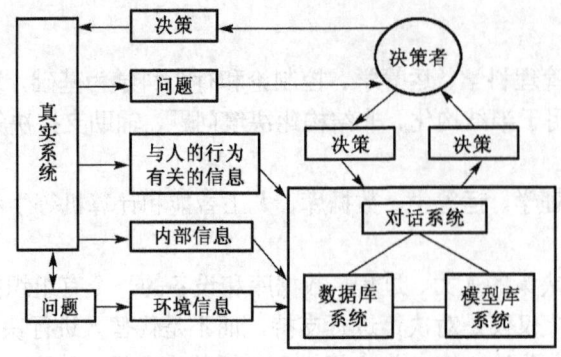

图 10.2　DSS 概念模式

决策者在决策过程中处于中心地位,因此在基本模式中同样地占据着核心位置。由于 DSS 使用者面临的决策规则与步骤不完全确定,决策过程难以明晰表达,决策者的素质、解决问题的风格、所采用的方法都有较大差异,使得 DSS 的模式在专用与通用、自动化程度的高与低这两对矛盾中进行折中。一般情况下,我们应倾向于采用在求解过程、用户环境、适应性等方面具有较高柔性的更多地强调决策者主观能动性的通用模式。

由此可见,决策者运用自己的知识,把它和 DSS 的响应输出结合起来对他所管理的"真实系统"进行决策。对"真实系统"而言,提出的问题和操作的数据是输出信息流,而人们的决策则是输入信息流;图 10.2 中表示了与 DSS 有关的基础数据,它包括来自"真实系统"并经过处理的内部信息、环境信息、与人的行为有关的信息等;图的右边是最基本的 DSS,由模型库系统、数据库系统和对话系统等组成。

10.2.3　决策支持系统与管理信息系统比较

决策支持系统与管理信息系统的比较如表 10.1 所示。

表 10.1　决策支持系统与管理信息系统的比较

因素	MIS	DSS
问题类型	处理结构化的问题	处理半结构化及非结构化的问题
用户	主要支持组织	支持个人、小群体
支持	有时自动决策,代替决策者	支持决策的各阶段,并不代替决策者
重点	强调信息	强调及时决策及决策风格
途径	通常使用规则报表、报告间接支持系统	提供交互式的报告、结果直接支持系统
开发速度	开发时间比较长、用户介入较少	用户介入多、开发灵活、开发时间较短
输出	较多使用打印机输出报告和文件	多是屏幕输出
用途	更侧重用于管理,适用于中下层管理者	更侧重于决策,适用于高层管理者

10.2.4　决策支持系统的系统结构

1. 基本结构

数据库、模型库等子系统与对话子系统是最基本的结构(见图 10.3(a)),其核心是人机界面。

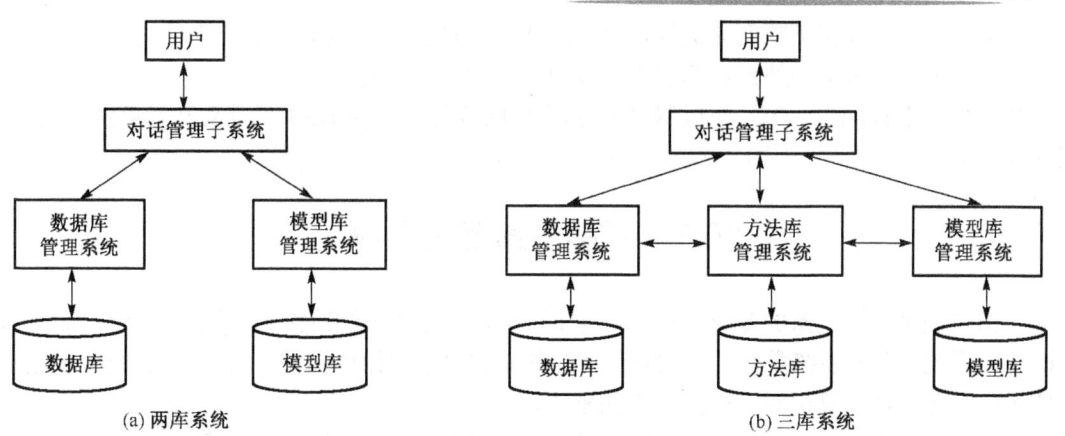

图 10.3 决策支持系统的系统结构

企业决策模型库常用的模型有以下几种：

(1) 财务模型。提供现金流量、内部回报率以及投资分析。

(2) 统计分析模型。提供统计、趋势分析、假设检验等。

(3) 图表模型。帮助决策者设计、开发和使用信息图表的软件包。

(4) 项目管理模型。用来处理、协调一些较大的项目；帮助决策者发现可能会延迟或危机到整个项目的重大活动及问题。

(5) 方法库存储通用算法、标准函数等方法。常用的方法程序有排序算法、分类算法、最小生成树算法、最短路径算法、计划评审技术、线性规划、整数规划、动态规划、各种统计算法、各种组合算法等。

2. 决策支持系统的运行过程

用户通过人机交互子系统把关于决策问题的描述和要求输入决策支持系统。人机交互子系统对接收到的决策问题进行分析、识别，判定该决策问题的性质和求解过程。通过模型库子系统集成构造解决问题需要的规则模型，对该模型进行分析鉴定。在方法库子系统中识别进行模型求解问题需要的具体算法，并从数据库子系统中读取数据，运行模型库中的模型，运行结果通过人机交互子系统传送给用户或暂存数据库中待用。用户可以根据需要与决策支持系统进行多次交互求解，直到结果满意为止。

10.2.5 决策支持系统的技术层次

DSS 的技术层次与实例分析如表 10.2 所示。

表 10.2 DSS 技术层次与实例分析

技术层次	定 义	实 例
专用 DSS	是面向用户的能够提供决策支持功能的基于计算机的信息系统	人才招聘选拔决策支持系统
DSS 生成器	一种能用来迅速和方便地研制构造专用 DSS 的计算机硬件和软件系统	Execucom 公司的 IFPS(交互式财务计划系统)，专门用于生成财务计划决策支持系统。 Boeing 计算机服务公司的 EIS(Executive Information System)； Tymshare 公司的 Express 等
DSS 工具	用来构造专用 DSS 和 DSS 生成器的基础技术与基本硬件和软件单元	净现值计算程序； 彩色图像工具； 线性规划软件包； 数据库查询软件； 风险分析功能等

决策过程常常处在不断变化的经济环境之中,这就要求决策支持系统能对决策过程模型、参数、约束条件、内部和外部影响因素等及时予以改变或扩充。

从这一点来看,利用 DSS 生成器开发专用的 DSS 比直接由 DSS 工具来开发更能灵活地适应各种变化。

10.3 智能决策支持系统

专家系统是利用大量的专家知识,运用知识推理的方法来解决特定领域中的实际问题的计算机程序系统。专家系统需要大量的知识,这些知识属于规律性知识,它可以用来解决千变万化的实际问题,使计算机应用得到更大的推广。

专家系统与决策支持系统相结合形成了智能决策支持系统(IDSS),它可以充分利用专家系统定性分析与决策支持系统定量分析的优点,提高决策支持系统支持非结构化决策问题的能力。

10.3.1 智能决策支持系统的基本结构

IDSS 的基本结构如图 10.4 所示。

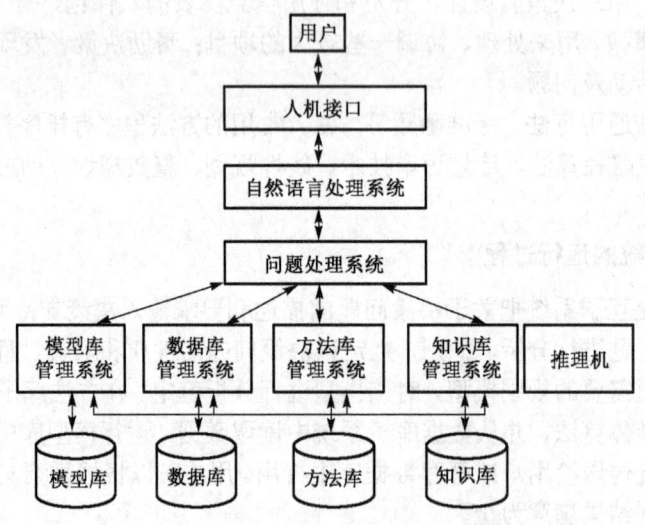

图 10.4 IDSS 的基本结构

从图可见,IDSS 在结构上增设了知识库、推理机与问题处理系统,人机交互部分还加入了自然语言处理功能。

智能人机接口可以接受用自然语言或接近自然语言的方式表达的决策问题及决策目标,较大程度地改变了人机界面的性能。运行后,系统则以决策者能清晰理解的或指定的方式输出求解结果。

问题处理系统处于智能决策支持系统的中心位置,是联系人与机器及所存储的求解资源的桥梁。任务是识别、分析与求解问题,根据决策问题的结构化程度采用相应的求解方法,选择或构造模型或利用推理机制进行求解。

10.3.2 IDSS 求解问题的一般过程

用户把关于问题的描述和要求输入智能决策支持系统,问题处理系统对此进行识别和解释,通过知识系统中的知识库或数据库系统收集与该问题有关的各种数据、信息和知识,对该问题进行识别，判定问题的性质和求解过程；再通过模型库系统集成构造解题需要的规则模型或数学模型，对该模型进行分析鉴定；在方法库中识别进行模型求解需要的具体算法并进行模型的分析求解，对得到的结果进行分析评价，最后通过智能人机接口对求解结果进行解释，转变为具有实际含义、用户可直接理解使用的形式，输出结果，这样就完成了一次求解过程。用户可以根据需要进行多次求解，直到得到满意的结果为止。

10.3.3 专家系统与 IDSS 的区别

（1）一般专家系统的知识结构比较专一，主要是由规则或因果关系等形式表示的某方面的专业知识；而 IDSS 的知识面较为广泛、复杂，知识的获取和表达更为困难一些。

（2）专家系统最大的困难是知识的获取。一般专家并没有很系统地整理过自己的经验也不懂计算机。专家系统辅助决策的方式是属于定性分析，决策支持系统辅助决策的方式一般是定量分析，两者结合起来，辅助决策的效果将会大大改善，即达到定性与定量相结合。

10.4 群体决策支持系统

随着跨区域与跨国家经济发展，各种组织的布局逐步走向全球化，人们寻求在更广泛的空间内与不固定的时刻进行群体决策，从而形成了群体决策支持系统(Group Decision Support System，GDSS)。

GDSS 是一种在 DSS 基础上利用计算机网络与通信技术，供多个决策者为了一个共同的目标，通过某种规程相互协作地探询半结构化或非结构化决策问题解决方案的信息系统。

10.4.1 群体智能决策支持系统的基本结构

GDSS 由 DSS 的大部分构成元素，加上支持群体决策的 GDSS 软件组成的系统，用来支持多个决策者的群体决策活动。GDSS 的基本结构如图 10.5 所示。

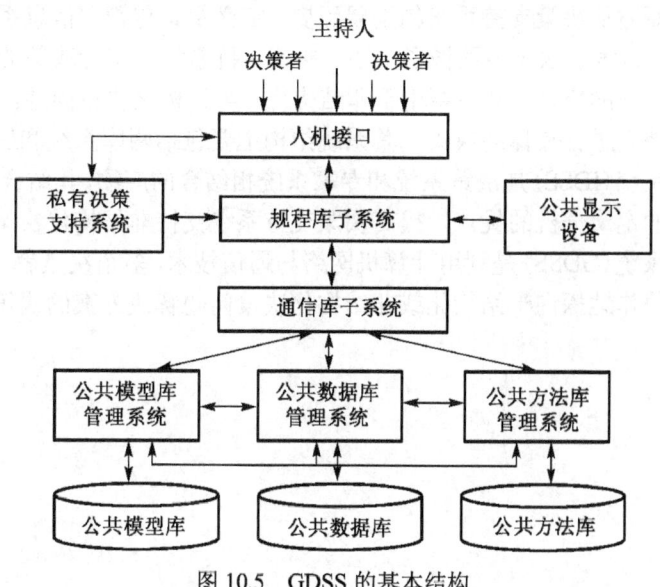

图 10.5 GDSS 的基本结构

10.4.2 群体智能决策支持系统的特点

(1) 专门设计
创造型思维、有效的交流。
(2) 使用方便
易于学习和使用。
(3) 灵活性
允许每个决策者使用自己的风格和偏好决策。
(4) 支持多种决策方法
允许每个决策者使用不同的决策方法进行决策。
(5) 匿名输入
允许匿名输入，使群体能做出更好的决策。
(6) 减少群体的消极行为
消除对有效决策有害或不利的群体行为，GDSS 将包含有效安排和管理群体会议的过程。
(7) 自动保存记录
自动保存一个会议的详细记录，具有自动投票、排序的功能。
(8) 成本高、控制复杂
要求很多计算机系统、复杂的 GDSS 软件、通信网络、人员，对系统的控制非常复杂。

本 章 总 结

本章从决策支持系统概念、决策支持系统的组成、智能决策支持系统和群体决策支持系统等四个方面叙述了决策支持系统的基本知识，并简要介绍了 DSS 与 MIS 之间的联系与区别。

决策问题概述主要阐述了决策的基本概念、基本过程、简单分类以及影响决策的因素。决策是针对预期目标，在一定条件的约束下，从诸多方案中选择一个并付诸实施。

决策支持系统概述从决策支持系统的发展历史、定义及其与管理信息系统的比较、决策支持系统的系统结构、技术层次等方面做了阐述。决策支持系统是支持决策的人力、过程、数据库和设备的一个有组织的集合，其主要用于非结构化、半结构化决策问题。确切地说，它仅提供决策支持，不代替人进行具体的决策。其系统结构主要包括两库系统和三库系统体系结构。

智能决策支持系统(IDSS)是决策系统和专家系统相结合的产物，其结合专家系统的定性分析与决策支持系统的定量分析的优点，提高决策支持系统支持非结构化决策问题的能力。

群体决策支持系统(GDSS)是利用计算机网络与通信技术，多个决策者对同一个共同目标，通过某种规程相互协作地探询半结构化或非结构化决策问题解决方案的决策支持系统。

第11章 基于面向对象的系统开发

面向对象作为一种新颖、具有独特优越性的方法引起了国内外学者的强烈关注,被誉为"研究高技术的好方法",面向对象被认为是解决"软件危机"的突破口。

面向对象(Object-Oriented,OO)至今还没有统一的定义。最初,"面向对象"是专指在程序设计中采用封装、继承、抽象等设计方法。但是随着时间的推移,面向对象这个概念已经涉及到软件开发的各个方面,它的应用已超越了程序设计和软件开发的范畴而扩展到很宽的范围。在面向对象中,有五个最基本的概念,对象、类、继承、多态性和消息驱动机制,可以说,这五个内容是面向对象最本质的东西。

11.1 面向对象的基本概念

11.1.1 面向对象的由来

1. 传统开发方法存在问题

传统的面向过程开发方法在前20年极为盛行,为软件界立下了汗马功劳。之所以称为面向过程,是因为开发的焦点集中于过程。在基于面向过程的指导思想下,程序的开发者在分析问题的时候,首先将问题按照其功能进行模块化处理,然后注重于以实现各个功能模块的函数为核心的过程。

经过实践的不断检验,人们发现面向过程的开发方法有以下缺陷:

(1) 软件的重用性差

重用性是软件工程追求的目标之一,它是指同一个软件不经修改或稍加修改就可多次重复使用的性质。

(2) 软件可维护性差

软件工程强调软件的可维护性,强调文档资料的重要性。在软件开发过程中,软件的可读性、可修改性和可测试性是软件的重要质量指标。而使用面向过程开发出的软件,可修改性差,维护困难,导致可维护性差,最终使维护费用和成本居高不下。

(3) 对需求变化的适应能力差

由于基于面向过程所开发的软件都是先将问题按照其功能进行模块化的处理,然后注重于以实现各个功能模块的函数。我们都知道用户需求的变化大部分是针对功能的,因此,这种变化对于基于过程的设计来说是灾难性的。需求变化是在软件的开发过程中经常发生的事情,正如一位软件界的大师所说"没有不变的需求,世上的软件都改动过3次以上,唯一一个只改动过两次的软件的拥有者已经死了,他被撞死在去修改需求的路上。"

需求的变化是一定的,那么需求变化中有没有稳定的东西呢?有,这就是对象。

2. 面向对象的由来

其实对象这个词,在1922年出版的由伟大的哲学家维特根斯坦撰写的《逻辑哲学论》这一著作中就被这样提到"世界是由简单的基本的对象构成的",这句话反映了面向对象的精髓。

面向对象是一种认识方法学,它提供了从一般到特殊的演绎手段(例如继承),又提供了从特殊到一般的归纳形式(例如类)。在这里我们按照一种哲学化的观点，把"面向对象"定义为按人们认识客观世界的系统思维方式，采用基于对象(实体)的概念建立模型，模拟客观世界分析、设计、实现软件的方法。通过面向对象的理念使计算机软件系统能与现实世界中的系统一一对应。也就是说，面向对象已经成为一种思想而存在了，现在已经有人提出了"万物皆对象"的口号，利用面向对象这一思想，对我们在程序设计和开发中起到指导的作用。

面向对象也是一种程序设计方法学，它基于信息隐藏和抽象数据模型等概念，把系统中所有的资源都视为"对象"，每个对象封装数据和方法，而方法实施对数据的处理。由于面向对象的技术的目标是使程序设计人员在计算机上解决问题的方式更加类似于人类的活动，也就是使我们分析、设计和实现系统的方法学同我们认识客观世界的过程尽可能一致。也就是说，面向对象是对现实世界的一种抽象，在现实世界中，事物是由它的性质和功能来表示的。例如，超市里的购物车是铝合金制作的，它可以前进、后退、装载货物，铝合金就是购物车的性质，前进、后退和装载货物就是购物车的功能。这些都是捕获(抽象)现实世界中存在物(事物、物质)的信息。对这些信息编码就成为了数据，数据是计算机能识别的信息。因而，简单的说面向对象就是面向世界，世界上的任何事物都是对象，因此面向对象是很自然的思想，是符合我们的思维习惯的。

11.1.2 面向对象的概念

面向对象包括以下五个基本概念：

(1) 对象

对象是人们要进行研究的事物，从最简单的整数到复杂的航天飞机等均可看作对象，它不仅能表示具体的事物，还能表示抽象的规则、计划或事件。对象由数据(描述事物的属性)和作用于数据的操作(体现事物的行为)构成一独立实体。从程序设计者来看，对象是一个程序模块，从用户来看，对象为他们提供所希望的行为。对象具有唯一性，每个对象都有自身唯一的标识，通过这种标识，可找到相应的对象。在对象的整个生命期中，它的标识都不改变，不同的对象不能有相同的标识。对象还具有操作性，用于改变对象的状态，对象及其操作就是对象的行为。

(2) 类

类是一种将数据和操作合并为单一结构的类型定义。类是对象的模板，具有相同或相似性质对象的抽象就是类。类是对象的抽象，类被实例化就是对象，也可以说类的实例是对象。类具有封装性、可继承性和多态性。面向对象的设计就是对类的设计，它是面向对象中最基本的概念。

(3) 继承

继承是对象类间的一种相互关系，它既是一个对象类获取另一个对象类的过程，也是一个以分层分级的组织、构造和重用的工具，是类实例化成为对象的手段。

(4) 多态性

多态性是指相同的操作或函数、过程调用为不同的对象接收时，可导致不同的行为。不同的对象，收到同一消息可以产生不同的结果，这种现象称为多态性。多态性允许每个对象以适合自身的方式去响应共同的消息。多态性增强了软件的灵活性和可重用性。

(5) 消息驱动机制

消息是对象之间进行通信的一种规格说明。在对对象的操作过程中，当一个消息发送给某个对象时，消息包含接收对象去执行某种操作的信息，一条消息至少要包括接收消息的对象、消息名和变量名。接收消息的对象是指消息的接收者；消息名就是对象名、方法名；变量名是认识该消息的对象所知道的变量名，或者是所有对象都知道的全局变量名。

下面将对对象、类、继承、多态性和消息驱动机制这五个面向对象的基本概念进行详细的叙述。

11.1.3 对象

对象(Object),"万物皆对象",是现实世界中各种各样的实体,它是人们要进行研究的任何事物,它可以指具体的事物也可以指抽象的事物。例如:整数1、2、3,狮子,航天飞机,法律、法规、表单等。每个对象皆有自己的内部状态和运动规律,如狮子,具有颜色、体重等内部状态,具有吃、跑、跳、睡等运动规律。在面向对象概念中我们把对象的内部状态称为属性,运动规律称为操作或方法。

属性和操作(方法)是对象的两大要素。

属性是对象静态特征的描述,它包含了对象内部所有的各种信息,也就是变量。例如,大多数物理对象具有形状、质量、颜色和材料类型等特性;人具有生日、父母、名字和眼睛颜色等特性。每个对象个体都具有自己专有的内部变量,这些变量的值标明了对象的状态。当对象经过某种操作和行为而发生状态改变时,具体地就体现为属性变量的内容改变。通过检查对象属性变量的内容,就可以了解这个对象当前所处于的状态。这些状态在计算机中都可以用变量来表示。

操作又称为对象的方法,它是对象动态特征的描述。它主要描述了对象的动态属性,操作的作用是设置或改变对象的状态。对象的操作一般都基于对象内部的变量,并试图改变这些变量(即改变对象的状态)。

对象的操作一方面把对象的内部变量封装、保护起来,使得只有对象自己的操作才能操作这些内部变量;另一方面,对象的操作还是对象与外部环境和其他对象交互、通信的接口,当对象接收到消息,它就开始进行某种操作。

图 11.1 所示为狮子这个对象的属性及其操作。

在图 11.1 中,对象的名称是狮子辛巴,对象具有唯一性,每个对象都有自身唯一的标识,在一个系统中能通过这种标识,找到相应的对象。在对象的整个生命周期中,

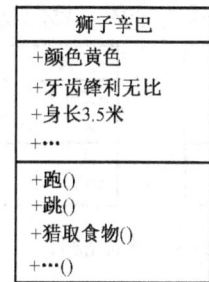

图 11.1 狮子对象的属性及其操作

它的标识都不改变,不同的对象不能有相同的标识。辛巴(这个对象),直至它生命的结束,它的名字会一直不变。

狮子的属性包括它的颜色,牙齿、身长等静态特征的描述。

跑、跳、猎取食物是狮子能够进行的操作(运动),在面向对象的概念中被称之为方法或者事件。而对象进行的操作往往是在收到消息后进行的动作,例如一只狮子在听到了同伴的吼声(接收到了消息),马上向斑马发起了进攻(操作)。

对象是对类的实例化,实例化的意思就是对类中定义的属性、操作等进行赋值。如图11.2 所示。

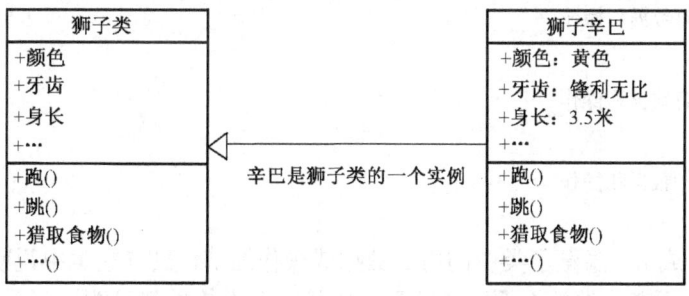

图 11.2 类的实例化

狮子辛巴这个对象是狮子类的一个实例，我们给狮子类定义的属性如颜色、牙齿的状态、身长等赋予了具体的值，在实例化的过程中，还实例化了类所定义的跑、跳以及猎取食物等操作。

11.1.4 类

1. 类（Class）的基本概念

类是对一组对象的抽象归纳概括，也就是说，类是具有相同属性和操作（方法）的一组对象的集合，是对一组具有相同数据成员和相同操作成员对象的定义，每个对象都是某个类的一个具体实例。

类的概念等同于人们认识自然、认识社会的过程，我们在认识自然的过程主要使用两种方法：

（1）由特殊到一般的归纳法。在归纳的过程中，我们从一个个具体的事物中把共同的特征抽取出来，形成一个一般的概念，这就是"归类"。

（2）由一般到特殊的演绎法。在演绎的过程中，我们又把同类的事物，根据不同的特征分成不同的小类，这就是"分类"；如动物→犬科动物→狗→大黑狗等。对于一个具体的类，它有许多具体的个体，我们就称这些个体为"对象"。

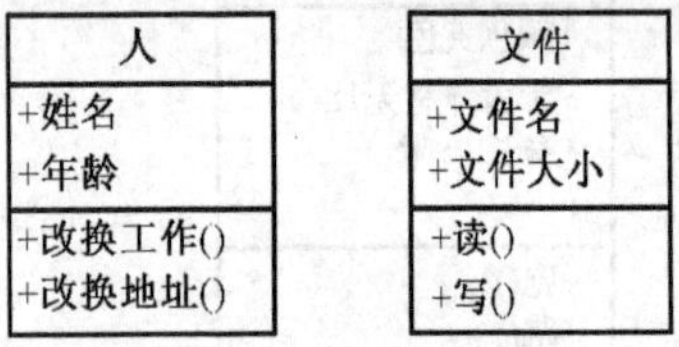

面向对象的系统开发是通过对类、子类和对象等的设计来体现的，类的设计是系统开发的重点，而不是对象的设计，类是面向对象系统开发技术的核心。

图 11.3 所示为一个类的结构。

在图 11.3 中，类——人，有属性姓名和年龄，有操作如改换工作和改换地址；类——文件，有属性文件名和文件大小，操作中有读操作和写操作。

图 11.3 类的结构

2. 类的特性

（1）封装性：封装就是信息隐藏，几乎所有面向对象的程序设计语言都提供 public、protected 和 private 这三个关键字，用来声明哪些数据和函数是公有的、受保护的或者是私有的。这样可以达到信息隐藏的目的，即让类仅公开必须要让外界知道的内容，而隐藏其他一切内容。

例如　class 类名
　　　　　private:
　　　　　　　私有数据和操作
　　　　　public:
　　　　　　　共有数据和操作
　　　　　protected:
　　　　　　　保护数据和操作
　　　　　}；

私有（Private）成员，隐藏了类中的内部数据或操作细节，只有在类中说明的操作才能访问该类的私有成员，而在该类外不可以访问私有成员；在类的外部只能访问公有（Public）成员定义的数据和操作，它是该类与外界的接口；保护(Protected)成员，这种成员只有该类的派生类可以访问，其余的在这个类外不能访问。

类的封装性避免了某个模块的行为干扰同一系统中的其他模块，在设计模块时就要注意信息隐藏。应该让模块仅公开必须让外界知道的内容，而隐藏其他一切内容。需要注意的是，类的封装不能滥用，不要把它当成个筐，什么东西都往里面装。

(2) 可继承性：任何类都可从其他已有的类中继承成为一个新的类，新类保持了父类中的操作和属性，但增加了新的功能，类的可继承性是软件得以复用的关键。

在我们生活中的例子不胜枚举。如：中学生类、大学生类继承自学生类，不仅继承了学生类的属性还继承了学生类的操作，如图11.4所示。

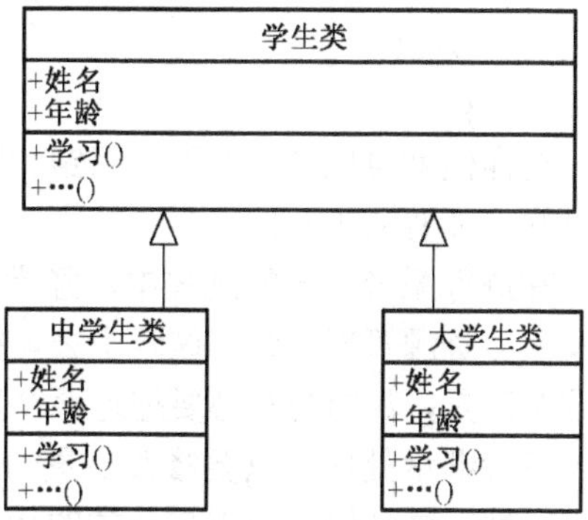

(3) 抽象性：类的定义中明确指出类是一组具有内部状态和运动规律对象的抽象，抽象是一种从一般的观点看待事物的方法，它要求我们集中于事物的本质特征(内部状态和运动规律)，而非具体细节或具体实现。面向对象鼓励我们用抽象的观点来看待现实世界，也就是说，现实世界是一组抽象的对象——类组成的。

另外，类还具有多态和重载的特性，将在后面予以论述。

图 11.4 类的继承

总之，类是面向对象中最为重要的概念，在面向对象的系统开发过程中，对类的设计是核心，它是实现软件复用、可靠的维护、应对用户需求变化的关键，可以说类设计的好坏决定着一个软件产品的成败。

11.1.5 继承

继承(Inheritance)，是类不同抽象级别之间的关系。类的定义主要有归纳和演绎两种办法：由一些特殊类归纳出来的一般类称为这些特殊类的父类，特殊类称为一般类的子类，同样父类可演绎出子类；父类是子类更高级别的抽象。子类可以继承父类所有内部状态和运动规律。在系统开发中采用继承性，提供了类的规范的等级结构；通过类的继承关系，使公共的特性能够共享，提高了软件的重用性。

继承是面向对象系统开发不同于其他开发方法最重要的特点，是其他开发方法所没有的。继承可以说是一种机制，它既是一个类获取另一个类特征的过程，也是一个以分层分级结构组织、构造和重用类的工具。

[举例] 大学生类是对学生类的继承，则属于大学生类的对象便具有学生类的一切性质(属性)和操作。我们称学生类是大学生类的父类或称为基类(基类是没有父类的类)，大学生类是学生类的子类或称为学生类的派生类。因此，要描述或构造一个新的大学生类，只须去继承一个与其有共同特征的父类就可以了，继承完成后，再构造出有自己特性的东西。过去常听到这样一句话"继承先辈的光荣传统"，这里继承的意思是继承好的有益的东西，在我们进行面向对象的系统开发的时候，继承就是先把父类的东西继承过来(可以是全部继承，也可以是部分继承)，然后再对其进行增加或修改的操作，形成有自己特点的东西。进行了这样的操作，在系统开发的时候，可以节省大量的时间和精力。

例如，有一个类 A，它定义了跑和跳两个动作，而类 B 不仅要有跑和跳，还要有投掷的动作，通过继承可以这样做：

    class A {

        跑()；

        跳()；

        ...

    }

    class B 继承 class A，然后，在 class B 中加入：

    {

        投掷()；

    }

这样做就可以了，不用再写跑和跳的代码。通过继承机制，避免了我们每次进行系统开发的时候，都要从头开始。

在进行系统开发的过程中，经常会遇到需求大致相同的项目，例如 A 公司和 B 公司都要开发人力资源管理系统，这两个公司的需求大致相同，可各个公司又都有各自的特点，有了继承这个工具，我们没有必要把这两个系统的代码重写一遍，只要写好一个后，另一个对已经写好的进行继承处理，只要修改少量的代码就可以了。类的继承性使所建立的系统具有开放性、可扩充性，这是信息组织与分类的行之有效的方法，它简化了对象、类的创建工作量，增加了代码的可重性。

继承有着以下优点：

① 容易进行新的实现，因为其大多数可继承而来，大大增加了系统的重用性；

② 易于修改或扩展那些被复用的实现；

③ 通过继承可以自动传播代码；

④ 通过增强一致性，大大增强系统的可维护性；

⑤ 通过继承可以体现相似类间的层次结构关系。

类的继承方式一般有两种，一种是单重继承，另一种是多重继承。在类层次中，子类只继承一个父类的数据结构和方法，则称为单重继承。在类层次中，子类继承了多个父类的数据结构和方法，则称为多重继承。单重继承中，每个子类只能有一个父类(基类)，而多重继承，每个子类则可以有多个父类，如图 11.5 所示。

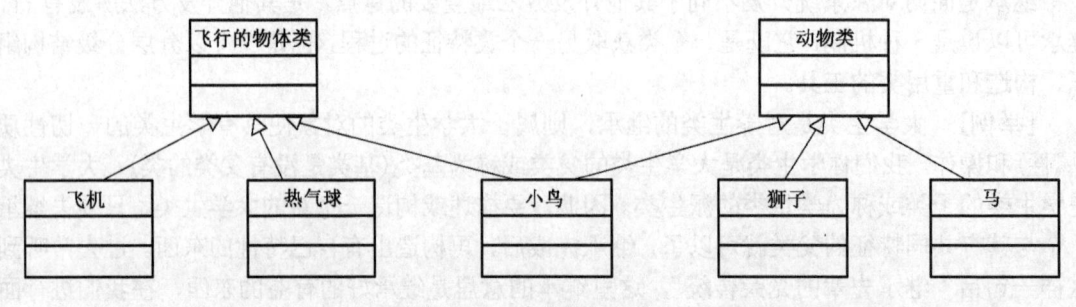

图 11.5　类的继承方式

飞机、热气球和狮子、马分别继承自一个父类，飞行的物体类和动物类，是单重继承，而小鸟有两个父类：一个是飞行的物体类，另一个是动物类，它是通过多重继承而来的。

11.1.6 重载和多态性

1. 重载

重载是指类的同名操作(方法)在给其传递不同的参数时,可以有不同的操作。在对象间相互作用时,即使接收消息对象采用相同的接收办法,但消息内容中的参数不同,接收消息对象内部的操作也可能不同。

在面向过程的程序中,如果进行简单的相加操作我们得设定以下三个函数:

整数相加函数 Iplus()、实数相加函数 Fplus()和字符串相加函数 Cplus(),尽管这三个函数执行几乎相同的操作,按照面向过程的规定,必须用三个不同的函数名字来表示,而在面向对象的程序设计中,使用一个 plus()函数即可,在使用时只要按以下的方法使用:

    plus(1,2)、plus(1.1,2.1)、plus("a","b")

虽然进行相加的内容不同,但它们使用了相同的函数名字,它会根据函数中参数的不同进行相应的操作。

重载把更大的灵活性和扩展性带到了面向对象的程序设计语言中,这给编程人员极大的灵活性。

2. 多态性

多态是指相同的操作或函数、过程可作用于多种类型的对象上并获得不同的结果。不同的对象,收到同一消息可以产生不同的结果,这种现象称为多态性。多态性允许每个对象以适合自身的方式去响应共同的消息,这样就增强了操作的透明性,可理解性和可维护性。

多态是面向对象理论中的重要概念之一,从而也成为面向对象程序设计语言的一个主要特性,从应用角度来说,多态是构建高灵活性、低耦合度的现代应用程序架构所不可或缺的能力。从概念的角度来说,多态使得程序员可以不必关心某个对象的具体类型,就可以使用这个对象的"某一部分"功能。这个"某一部分"功能可以用基类来呈现,也可以用接口来呈现。后者显得更为重要——接口是使程序具有可扩展性的重要特性,而接口的实现依赖于语言对多态的实现,或者干脆就象征着语言对多态的实现。下面举一个简单的多态性例子(见图 11.6)。

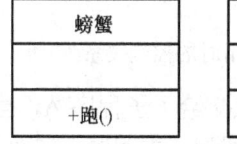 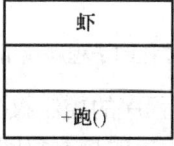 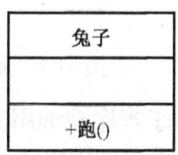

图 11.6 多态性

螃蟹、虾、兔子是三个不同类型的对象,尽管它们都可以进行跑的操作,可是我们都知道,这三个对象跑起来的方向却完全不同,螃蟹横着跑、虾倒着跑,只有兔子跑的方向是朝前的。试想一下,当这三种动物一起站在起跑线上,当收到跑这个消息的时候,会出现什么情况呢。

从这个例子可以看出相同操作的消息发送给不同的对象,每个对象将根据自己所属类中所定义的操作去执行,而产生不同的结果。一个操作的多态性从外界看来具有相同的操作名称,因此外界看到的只是一种操作,而具体执行哪种形态则由对象自己根据所接收到消息的相关参数决定。再如:在父类"几何图形"中,定义了一个操作"绘图",它的子类"椭圆"和"矩形"都继承了几何图形的绘图操作。同是"绘图"操作，分别作用在"椭圆"和"矩形"上，却画出不同的图形。

11.1.7 消息

消息(Message)在面向对象中又叫做消息驱动机制，它是对象间相互联系和相互作用的方式。一个消息主要由五部分组成：发送消息的对象、接收消息的对象、消息传递办法、消息内容(参数)、反馈。

举个简单的例子，记得上体育课的时候，体育老师会说"按照大小个的顺序站成一列纵队"，这其实就是一个发送消息的过程。发送消息的对象：体育老师；接收消息的对象：学生们；消息内容(参数)：按照大小个的顺序站成一列纵队；反馈：学生们按照老师的要求开始进行着个头的比较，站成了一列纵队。

在消息传递过程中，由发送消息的对象的使动操作产生输出结果，做为消息传送至接收消息的对象，引发接收消息的对象一系列的操作。所传送的消息实质上是接收对象所具有的操作(方法)名称，有时还包括相应参数。消息使对象之间互相联系、协同工作，实现系统的各种服务。

通常一个对象向另一个对象发送信息请求某项服务，接收对象响应该消息，激发所要求的服务操作，并将操作结果返回给请求服务的对象，这种通信机制叫做消息传递。发送消息的对象不需要知道接收消息的对象如何对请求予以响应。

面向对象的消息驱动机制不同于以往面向过程的子程序的调用，这是因为在进行子程序调用时，子程序的调用者与被调用者有控制与被控制的关系。图 11.7 所示为面向过程的子程序调用时的控制关系：

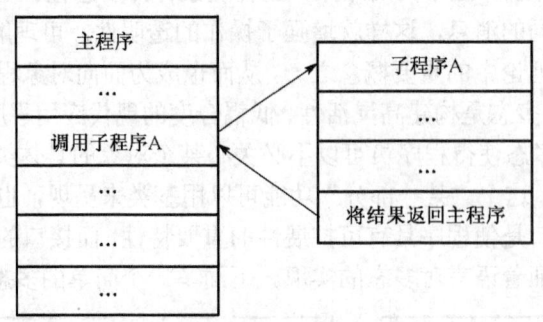

图 11.7　面向过程的子程序调用时的控制关系

图 11.7 所示为在子程序被调用时，程序的控制权交给了子程序 A，当子程序 A 处理完毕后，把得到的结果返回到主程序，这时程序的控制权回到了主程序。在面向过程中要求凡是调用必须进行返回，也就是把程序的控制权交回。

而消息驱动机制则是当一个对象想使用另一个对象提供的某个功能或者叫做服务时，它把它的要求以消息的形式传递给提供某种功能的对象，至于提供某种功能的对象是如何进行操作的均与发送消息的对象无关，接收消息对象的操作即不受发送消息对象的控制，也不一定非得有返回，而且接收消息的对象也不一定要知道消息来自于那个对象，收到消息后它能处理就处理，不能处理的话就什么也不做或者将控制权回送。这种将相关对象放在同一地位的处理方式，有助于协调多个对象的工作，而不再是调用、被调用、返回的关系了。

11.2 面向对象的系统开发

11.2.1 面向对象的系统开发方法原理

面向对象的系统开发方法的基本思想是尽可能地运用人类的自然思维方式来构造软件系统。面向对象的系统开发方法的基本观点包括：

（1）客观世界是由对象组成的。任何客观的事物或实体都是对象，复杂的对象可以由简单的对象组成。

（2）具有相同的数据和相同的操作的对象可以归并为一个类，对象是类的一个实例。从一个类可以产生许多对象。

（3）类可以派生出子类，子类继承父类的全部特性（数据和操作），又可以有自己的新特性。子类与父类形成类的层次结构。

（4）对象之间通过消息传递相互联系。类具有封装性，它的数据与操作等对于外界是不可见的，外界只能通过消息请求进行某些操作，提供所需要的服务。

用面向对象的方法进行面向对象系统开发，要经历以下四个过程：

① 面向对象分析（Object-Oriented Analysis，OOA），其目的是对客观世界的系统进行建模；

② 面向对象设计（Object-Oriented Design，OOD），定义那些能最终用面向对象程序设计语言实现的逻辑软件对象；

③ 面向对象编程（Object-OrientedProgram，OOP），用面向对象的编程语言实现分析与设计；

④ 面向对象测试（Object-Oriented Test，OOT），用于对系统进行详尽的测试，包括对系统底层类的测试。

11.2.2 传统系统的开发方法与面向对象系统的开发方法比较

尽管传统的生命周期法曾经给软件产业带来了巨大的进步，部分地缓解了软件危机。但是，这种方法仍存在明显的缺点。传统的开发方法往往是出于解决面向过程语言系统的设计问题的目的。主要是那些基于功能分解或数据分析基础上的结构化方法，但在越来越复杂的非数值型系统开发中，用传统的开发方法进行开发往往暴露出了严重不适应性。例如，功能与数据分离的软件设计结构与人类的现实世界很不一样，和人的自然思维也就不一致了；系统是围绕着如何实现一定的功能来进行的，当功能发生改变而需要对系统进行修改时候，修改起来非常的困难；在系统中模块之间的控制作用有重要影响时，造成信息传递路径过长，效率低，易受干扰，甚至出错；用这种方法开发出来的系统因为所有的函数都必须知道数据结构，不宜于维护；自顶向下功能分解的分析方法不利于软件复用。

而面向对象系统开发方法与传统的系统开发方法相比有以下的优点：

① 强调从现实世界中客观存在的对象出发来认识问题和构造系统，使系统开发者大大减少了对问题的理解难度，从而使系统能更准确地反映问题；

② 运用人类日常的思维方法和原则进行系统开发，有益于发挥人类的思维能力，并有效地控制了系统复杂性；

③ 对象的概念贯穿于开发过程始终，提高了软件的可维护性；

④ 对象概念的一致性，有效地改善了人员之间的交流和协作；

⑤ 因为对象是相对稳定的，增强了系统对需求变化的应变能力；
⑥ 类之间的继承，为软件的重用提供了有利的支持。

11.2.3 面向对象系统的分析

面向对象分析的目的是对客观世界的系统进行建模。对于复杂的软件项目，分解是处理复杂性的主要策略——将问题分解成易于管理控制的单元。在面向对象的方法出现之前，最流行的问题分解方法是用结构化系统开发方法对问题的进行分解，分解的界限往往是依据功能或过程，处理问题的结果是将一个复杂过程分解成一系列的子过程或各个功能模块。

而面向对象的方法强调以对象为单位而不是以功能为单位来分解问题，每个对象都有自己的运行空间和时间，有自己的属性和方法，可以实现继承和扩展。用面向对象的方法来分析问题更接近现实世界的抽象，同时也更方便软件的重用，是当今系统开发的主流方法。

面向对象的分析过程是需求和设计之间的桥梁，通过对问题的分析可以把系统必须提供的服务转换为对要处理问题的正确理解，只有理解了必须要处理的对象，才能正确地给出解决方案。

面向对象分析过程的最终结果是建立刻画问题的模型，让系统的开发人员和提出需求的用户可以坐在一起，对这个模型进行讨论，对提出的问题达到共识，然后找到问题的解决方案，当然具体的实施是由开发人员来完成的，如图11.8所示。

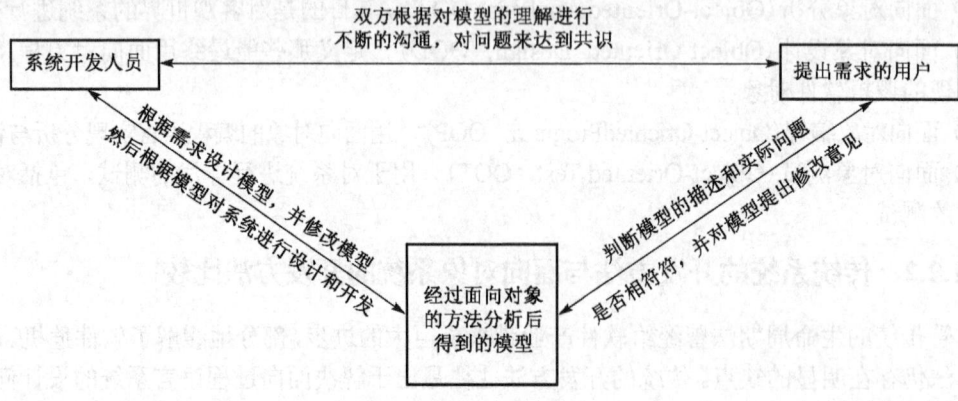

图11.8 面向对象分析过程

这个过程是一个反复的过程，直至双方对问题的理解达成一致，然后才进行系统设计和系统实施。所以说面向对象的分析过程就是建立模型的过程，模型有动态模型和静态模型之分，通过动静模型可以达到描述问题的目的。即面向对象的分析过程其实就是建立静态模型和动态模型的过程。

1. 静态模型的建立

(1) 确定类

构造静态模型的第一步是标出来自问题域的相关对象类，对象包括物理实体和概念。所有类在应用中都必须有意义。在问题陈述中，并非所有类都是明显给出的，有些是隐含在问题中，这需要开发人员与用户双方在相互沟通的过程中来发现。

当类确定后，根据需要去掉不必要的类和不正确的类，比如：如果两个类描述了同一个内容，则保留最富有描述能力的类，去掉与问题没有关系或根本无关的类。类的确定必须是非常明确的，去掉那些边界定义模糊或范围太广的类。

(2) 标识类的关系

一旦类得以确立，就可以标识出类与类之间的关系，类与类有继承、关联、聚合和复合四种关系，关系的标识是考验系统分析人员功力的地方，因为关系的选择是很困难的，要凭分析人员的直觉、经验来确定的。

(3) 绘制类图和对象图

类图用来描述系统中有哪些类存在，以及各个类之间的关系，而对象图可以展示从一个或多个类的实例化。

(4) 标识属性

属性是组成类的一个重要要素，它描述了类的静态组成。例如，前面讲到的狮子类的属性就包括颜色、体重、身长等属性。

2. 动态模型的建立

(1) 准备脚本

动态模型的建立从寻找事件开始，然后确定各对象的可能事件顺序。在分析阶段不考虑算法的执行，算法是实现的一部分。

(2) 确定事件

确定所有外部事件。事件包括所有来自或发往用户的信息、外部设备的信号、输入、转换和动作，可以发现正常事件，但不能遗漏条件和异常事件。

(3) 准备事件跟踪表

把脚本表示成一个事件跟踪表，即不同对象之间的事件排序表，对象为表中的列，给每个对象分配一个独立的列。

(4) 构造状态图

对各个类建立状态图，反映对象接收和发送的事件，每个事件跟踪都对应于状态图中一条路径。

需要注意的是，当一个系统的模型建立以后，在与提出需求的用户进行沟通的时候，只需展示类图和属性，然后他们自己找出错误，因为提出需求的用户对类的理解比开发人员理解的更为透彻。类图对用户来说是非常容易理解的。在与用户进行沟通的时候，不要给用户展示对象是如何操作的。

当一个描述问题的模型得到提出需求的用户认可，开发人员就可以根据模型来进行下一步的工作了。

11.2.4　面向对象系统的设计过程

在结构化系统开发的生命周期里，把软件的开发过程分解为总体规划、可行性研究、系统分析、系统设计、系统实施等几个阶段，而且假定前一阶段的结果是正确的，后一阶段继承这一结果。但随着计算机领域的不断扩大，管理信息系统越来越复杂，在系统的分析阶段就能够准确的定义出准确的问题已经是不可能的事情了。面对这种情况，面向对象的方法诞生了。在面向对象的方法里不强调分析与设计之间严格的阶段划分。面向对象的软件周期遵循的是喷泉模型，喷泉模型就像喷泉里的水一样喷上去又可以落下来，可以落在中间，也可以落在最底部。可以看出，面向对象的软件开发过程不是一种机械的传递过程，而是一种迭代的、渐进的开发过程。

面向对象的设计过程，在抽象的层次上与面向对象的分析过程相比要低，因为它包含了与具体实现的有关细节，但是建模的原则和方法是相同的。面向对象的分析过程主要考虑系统做什么，而不关心系统如何实现的问题。在面向对象的设计中为了实现系统，需要以分析阶段得到的模型为基础，重新定义或补充一些新的类，或在原有类中补充或修改一些属性及操作。所以说，面向对象设计的目标是产生一个满足用户需求，可实现的设计模型。面向对象设计的模型由问题域部分、人机交互部分、任务管理部分、数据管理部分四个部分构成。

1. 系统设计

系统设计是问题求解及建立解答的高级策略。系统设计包括将系统划分成子系统决策，子系统的软硬件分配和细节的形成，设计框架的主要概念和策略性决策。系统设计是选择解决问题的基本方法的第一个步骤。在这个阶段，确定整个系统的结构和风格。

（1）将系统分解成子系统

这是我们解决问题的定式，将一个复杂的问题进行分解，将一个系统分解成几个子系统，每个子系统对应一个包，包括类、关联、操作等。

（2）识别问题中的共性

把具有共性的对象有关系地、有层次地、可区分的归结成类，面向对象的设计通过对象的认定和对象层次结构的组织，确定解空间中应存在的对象和对象层次结构，并确定外部接口和主要的数据结构。

（3）将子系统分配给处理器

对硬件资源的需求进行估计，将每一个并发的子系统分配给一个硬件单元，并把任务分配给处理器。

（4）数据存储管理

系统中的内部和外部数据存储给出子系统之间一个清晰的分界点，并具有良好的接口；对数据存储管理的设计提供了在系统中存储和检索对象的基本结构，数据管理部分旨在隔离数据管理方式的影响，不管该方案是普通文件、关系、面向对象或其他方式。

设计数据管理部分既包括数据存放方法的设计，也包括相应服务的设计。为每一个带有要存储的对象的类及对象增加一个属性和服务，使其知道如何存储自己。"存储我自己"的属性和服务成为问题域和数据管理之间的桥梁。

（5）选择在软件中的控制实现

在面向对象的分析过程中，所有交互说明都是对象间的事件。硬件控制必须与分析得到的模型密切的配合，在设计过程中必须在几种软件实现的控制方法中做出选择。

（6）人机交互接口的设计

人机交互接口突出人如何命令系统以及系统如何向用户提交信息。在进行设计时，应遵守以下几个原则：

① 保持一致性，采用一致的术语、一致步骤和一致活动；

② 减少操作步骤，使敲键或鼠标点击数减到最少，甚至要减少做某些事所需的下级菜单的距离；

③ 当用户要等待系统完成一个活动时，要及时地给出一些反馈信息，减轻人脑的记忆负担，提高学习效率，使操作更具趣味性与吸引力等。

2. 对象设计

在对象设计这个阶段决定在实现过程中使用的类和关联的全部定义，以及用于实现操作的各种算法和接口。对象的设计为实现而加入内部对象，并且优化数据结构和算法。在这个阶段，应该完成的任务：组合三个模型来获取类中的操作；设计实现该操作的算法；优化数据的存储过程；实现外部交互控制；调整类结构以此来提高其继承性；设计关联；确定对象的表示；把类和关联封装成模块。在面向对象的系统中，模块、数据结构及接口等都集中地体现在对象和对象层次结构中，系统开发的全过程都与对象层次结构直接相关，是面向对象系统的基础和核心。

3. 对设计进行优化

前面已经讲过，面向对象的开发方法是一个迭代的过程，因而对设计进行优化，主要是为了提高效率的技术和建立良好继承结构的方法。提高效率的技术包括增加冗余关联以提高访问效率，调整查询次序，优化算法等技术。建立良好的继承关系是优化设计的重要内容，通过对继承关系的调整实现。

在进行面向对象的设计时应遵循以下几个准则：

（1）模块化

面向对象开发方法很自然地支持了把系统分解成模块的设计原则：对象就是模块。它是把数据结构和操作这些数据的方法紧密地结合在一起所构成的模块。

（2）抽象

面向对象方法不仅支持过程抽象，而且支持数据抽象。

（3）信息隐藏

在面向对象方法中，信息隐藏通过对象的封装性来实现。

（4）低耦合

在面向对象方法中，对象是最基本的模块。因此，耦合主要指不同对象之间相互关联的紧密程度。低耦合是设计的一个重要标准，因为这有助于使得系统中某一部分的变化对其他部分的影响降到最低程度。

（5）高内聚

高内聚包括操作内聚、类内聚以及从一般到具体的内聚。

11.2.5 面向对象系统的实施

面向对象系统的实施就是用一种面向对象的编程语言将设计模型中的各个部分编写成程序，从而达到从分析、设计到实施的无缝连接和平滑过渡，提高了开发工作的效率和质量。面向对象的实施过程是在设计基础上的编码、测试、集成的迭代过程，在这一阶段主要的操作包括：选择程序设计语言编程、调试、试运行等。前面两阶段得到的对象及其关系最终都必须由程序语言、数据库等技术实现，但由于在设计阶段对此有所侧重考虑，故系统实现不会受具体语言的制约，因而本阶段占整个开发周期的比重较小。

作为面向对象的实施必须在具备了一定的条件才可得以实施，所以我们先强调一下作为面向对象系统的实施应具备的条件。

1. 面向对象的实施应具备的条件

（1）当问题已被明确的定义后，请注意这里说的是明确的定义，而并非是全部被明确的定义，因为我们不可能把问题中的每一个细节都分析设计完毕后才开始进行编码，如果这样做的话代价就太大了，因为某些改变会摧毁你分析好的一切。

（2）最基本的问题关键也就是问题的主要方面已经把握。

（3）这些最基本的问题关键的解决途径已经找到，就是说问题有解，我们实施的系统能够实现。其实，当具备了这几个条件后，系统的实施蓝图已经被勾勒出来了。

2. 面向对象系统的实施过程

面向对象实施过程的目标是把面向对象设计结果翻译成用某种程序语言书写的面向对象程序；测试并调试面向对象的程序。

（1）编程语言的选择

建议应尽可能采用面向对象程序设计语言，我们都知道采用面向对象方法开发软件的基本目的和主要优点是通过重用提高软件的生产率。因此，应该优先选用能够最完善、最准确地表达问题域语义的面向对象语言。现如今面向对象语言像雨后春笋一样大量涌现，这些语言根据其发展方向被人们分为两种：一种是纯面向对象语言，如Smalltalk、EIFFEL等；另一种是混合型面向对象语言，即在过程式语言及其他语言中加入类、继承等成分，如C++、Objective-C等。究竟选用何种语言来实现面向对象的设计结果，在选择程序语言的时候，应该从该语言对类与对象概念的支持机制、对对象的多态性的支持、实现整体与部分以及一般与特殊结构的机制如何、属性和服务的机制、该语言对类检查如何处理以及该语言的效率等几个方面进行考察。

选择一个好的编程语言能够更容易、安全和有效地利用面向对象机制，更好地实现面向对象设计阶段所选的模型，因此，应该优先选用能够最完善、最准确地表达问题域语义的面向对象语言。

（2）类的实现

在面向对象的实施过程中，类的实现是核心问题。类的实现步骤如下：

① 实现类的结构；

② 对类的操作进行实现，也就是对类中的函数进行实现；

③ 实现类与类之间的关联定义；

④ 对实现的类进行测试。

对于在设计阶段得到的类采用以下几种方法对其进行处理：完全继承的重用；有选择继承的重用；重新开发一个类；错误处理，一个类应是自主的，有责任定位和报告错误。

3. 应用系统的实现

应用系统的实现是在所有的类都被实现之后的事。由各种类组装成各个子系统，然后再将各个子系统组装成应用系统。因而，用面向对象的方法实现一个应用系统是一个比用过程性方法更简单、更简短的过程。有些实例将在其他类的初始化过程中使用。而其余的则必须用某种主过程显式地加以说明，或者当作系统最高层类表示的一部分。

4. 面向对象测试

软件测试的目的在于发现程序错误，由于面向对象技术开发的软件代码重用率高，需要进行严格的测试，避免错误的繁衍。面向对象软件的测试分为应用系统测试和类测试两种情况。

（1）应用系统测试

应用系统测试的目的是验证所设计实现的系统是否符合软件需求的要求，因为面向对象的方法使应用系统的实现过程编程对各个子系统的组装过程,所以要在组装过程的同时进行测试,来评测各个子系统以及各个子系统之间的相互作用。对于应用系统的测试也采用黑盒测试和白盒测试两种方法。

(2) 类测试

类测试用来测试封装在同一个类中的所有方法和属性之间的相互作用,以及测试一组协同工作的类之间的相互作用。由于代码重用是面向对象的主要特色,因而这就会涉及到一个错误繁衍的问题,例如对一个基类的设计有错误,会导致继承它的子类一样有错误,因而,对于类的测试一定要非常严格。与应用系统一样,对于类的测试也采用黑盒测试和白盒测试。

11.3　UML 统一建模语言

UML(Unified Modeling Language,统一建模语言)是第三代用来为面向对象开发系统的产品进行说明、可视化和编制文档的方法。它是由世界著名的面向对象技术专家 Grady Booch,Jim Rumbaugh 和 Ivar Jacobson 发起, 1997 年 11 月 17 日 UML 正式被 OMG 组织(Object Management Group) 采纳作为业界标准,取代目前软件业众多的分析和设计方法,成为软件界第一个统一的建模语言。

11.3.1　UML 的内容

UML 是一种定义良好、可视化的普遍适用的建模语言,UML 由基本构造块、建模规则、通用机制以及视图四个要素构成。

1. UML 的基本构造块

UML 的基本构造块就是组成 UML 的成分,它由事物、关系和图组成。

1) 事物(thing)

事物是 UML 模型中最具代表性成分的抽象。UML 的事物又被分为结构事物、行为事物、分组事物和注释事物四种。

(1) 结构事物(Structural things)

结构事物是 UML 模型中的静态部分,用以呈现概念或实体的表现元素,是软件建模中最常见的元素,共有以下七种:

① 类(Class):类是指一组具有相同属性、方法、关系和语义对象的集合。

② 接口(Interface):接口是指类或组件所提供的服务(操作),接口描述了类或组件可供外部成员使用的操作。

③ 协作(Collaboration):协作用来描述完成某个动作或任务的一组元素的集合。

④ 用例(Use Case):用例是系统、子系统与外部参与者(Actor)交互的动作序列的说明。用例有两个意思,一个是"有用",另一个是"可用"。"有用"是指可以提供某种服务;"可用"是指可以被其他的元素使用,用例在 UML 中是非常重要的概念。

⑤ 活动类(Active Class):活动类的对象有一个或多个进程或线程。活动类和类很相象,只是它的对象代表的元素的行为和其他的元素是同时存在的。

⑥ 构件(Component):构件是提供某些功能的元素集合,包含接口的集合。

⑦ 结点(Node):结点描述了系统在实际运行环境中的物理元素。

(2) 行为事物(Behavioral things)

行为事物指的是 UML 模型中的动态部分,描述模型中的元素在系统运行时不断变化的情况,代表软件系统在空间和时间上的行为,行为事物包括交互和状态机。它是模型的动词。

① 交互(Ineraction):交互是指系统中一系列的对象之间互相交换消息的行为,以及这些对象完成某一项任务采取的一系列行动。

② 状态机(State machine):状态机由一个对象的状态以及对象状态的转换组成。

(3) 分组事物(Grouping things)

可以把系统中具有关系的元素包含在一起,目前只有一种分组事物,即包(Package)。结构事物、动作事物甚至分组事物都有可能放在一个包中。这有点像 Windows 中的文件夹,在文件夹中可以把一组有关的文件放在一起。

(4) 注释事物(Annotational things)

注释事物是 UML 模型的解释部分,注释事物的元素只有一个,就是用于描述施加于一个或多个模型元素的限制,或对模型元素的语义加以说明的标注。

2) 关系(Relationship)

在 UML 中的关系是用来表示结构事物之间的联系,包括关联关系(Association)、泛化关系(Generalization)、实现关系(Realization)和依赖关系(Dependency)四种。

(1) 关联关系:代表两个结构事物双方的联系,这两个结构事物的地位是等同的。

(2) 泛化关系:就是我们在面向对象的概念中提到的继承关系,但在 UML 中对继承的概念作出了扩展。

(3) 实现关系:类之间的语义关系,其中的一个类指定了由另一个类保证执行的契约。

(4) 依赖关系:代表一个结构事物的语义依赖于另一个结构事物的语义,当一个事物发生变化时会使另一个事物也发生变化。

图 11.9 所示是在 UML 中表示关系的图示。

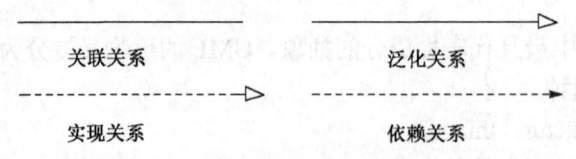

图 11.9　UML 中表示关系

3) 图(Diagram)

在 UML 中共有九个图示,包括用例图、类图、对象图、顺序图、合作图、状态图、活动图、构件图和部署图,这些图示是 UML 最为重要的内容,通过图示,我们可以构建一个系统的模型。因为重要,我们将在后面把图示作为一个单独的问题进行叙述。

2. UML 的建模规则

在 UML 中不能简单地把 UML 的构造块按随机的方式堆砌在一起,UML 像任何语言一样定义了一套规则,用来告诉我们如何按照 UML 的建模规则使用 UML 的构造块搭建出一个结构良好的模型,因为一个结构良好的模型应该在语义上是前后一致的,并且与所有的相关模型协调一致。UML 语义规则如下:

① 命名:任何一个 UML 成员都必须包含一个名字,就是说 UML 中任何的事物、关系和图都必须起名;

② 范围：UML 成员所定义的内容起作用环境的范围；
③ 可见性：能够被 UML 其他的成员所引用；
④ 完整性：UML 成员之间应该正确、一致地相互联系；
⑤ 执行：运行或模拟动态模型中 UML 成员在运行时的特性。

3. UML 的通用机制

UML 的通用机制是指 UML 中指定了一些标准的符号，在这些符号的基础上，把某些细节上的东西表现出来应该采用的表示方式，UML 提供了以下四种方法：

（1）规格说明（Specification）：对 UML 的元素用文本加以描述。我们都知道当对一个事物进行描述的时候，图只能把事物的大致轮廓表现出来，但不能对事物中非常细节的地方进行描述，所以这个时候应该对图示加以文字性的描述，就可以把细节表述的非常清楚了。在 UML 中使用规范说明对事物的细节进行描述。

（2）修饰：UML 表示法中的每一个元素都有一个基本符号，可以把各种修饰细节加到这个符号上。例如，在对类图的描述中，使用"+"号来表示公有的，使用"-"表示私有的；

（3）通用划分：在 UML 中有两种划分方法。一种是对类和对象的划分，对象是类的实例，在 UML 中提供了两种图示分别表示类和对象；另一种是接口和实现的划分，如图 11.10 所示。

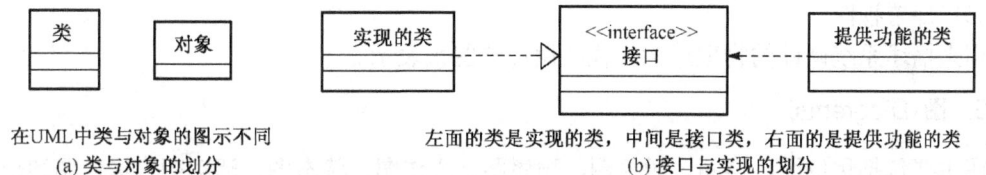

图 11.10　类和对象的划分以及接口和实现的划分

（4）扩展机制：虽然 UML 提供的标记符号能够满足大部分系统建模的要求，但是对于非常复杂的系统来讲还是不能够完全的描述出来，因而 UML 提供扩展机制，在现有的基础上进行扩充，而且通过扩展机制扩充的标记符号，不仅能够用来描述复杂的系统，还能让其他的分析、设计人员看得懂。扩展机制包括的内容：

① 版型：根据已有的 UML 元素扩展新的元素；
② 标记值：就是给 UML 的符号添加标签或标记，充当注释。它扩展了 UML 元素的特性，允许创建描述元素的新信息；
③ 约束：用语言文字描述的语义限制，它扩展了 UML 元素的语义，它允许增加新的规则或修改现有的规则。

4. 视图（View）

UML 的视图用来表示被建模系统的各个方面（从不同的目的出发为系统建立多个模型，这些模型都反映同一个系统，且具有一致性）。视图由多个图（Diagrams）构成，它不是一个图片（Graph），而是在某一个抽象层上，对系统的抽象表示。如果要为系统建立一个完整的模型图，只需定义一定数量的视图，每个视图表示系统的一个特殊方面就可以了。另外，视图还把建模语言和系统开发时选择的方法或过程连接起来。UML 中的视图包括：用例视图（Use-case view）、设计视图（Design View）、进程视图（Process View）、实现视图（Implementation View）、部署视图（Deployment View），这五个视图构成了 UML 的体系结构，如图 11.11 所示。

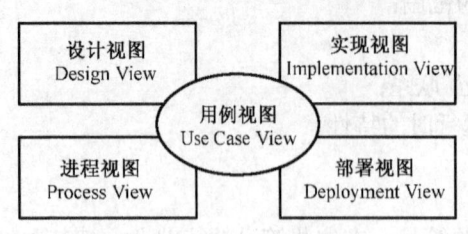

图 11.11　UML 的视图

(1) 用例视图

用来描述系统的功能性需求，由图 11.11 可以看到用例视图所处的地位是与其他视图是不一样的，它是 UML 中的基础和核心，当用 UML 建模的时候，往往被称为采用用例驱动的方式，正如前面所讲的用例的概念，用例就是需求，它代表着"有用"和"能用"。对于使用者来讲，用例是能够使用的。有用是对用例而言的，是指用例能够提供某些被使用的服务(功能)。用例代表了需求，所以建模都是以用例(也就是需求)为基础的，需求贯穿着建模过程的始终。

(2) 设计视图

用来描述系统的概念设计，包括结构事物和行为事物。前者描述系统的静态结构，用类图、对象图来表示；后者描述系统的动态行为，往往用交互图、状态图、活动图来表示。

(3) 进程视图

用来描述系统中并发和同步执行的情况，往往用类图描述过程结构，用交互图描述过程行为。

(4) 实现视图

用来描述系统构件的组成结构以及物理实现，往往用构件图表示。

(5) 部署视图

用来描述系统硬件的物理结构，往往用部置图来表示。

5. 图(Diagrams)

图主要包括用例图、类图、对象图、顺序图、合作图、状态图、活动图、构件图和部署图等九类。

1) 用例图(Use Case Diagrams)

(1) 用例图的用途

用例图(Use-case)定义的是系统的功能需求，用于显示若干角色(Actor)以及这些角色与系统提供的用例之间的连接关系。用例是系统提供功能的描述。通常一个实际用例采用普通的文字描述，作为用例符号的文档性质。实际的用例图也可以用活动图描述。用例图仅仅从角色使用系统的角度描述系统中的信息，也就是站在系统外部察看系统功能，它并不描述系统内部对该功能的具体操作方式。

(2) 相关部件

角色(Actor)：系统外部的操作者，它并不是单指人，而是指代表一种特定功能的角色。它可以是人、外部的硬件设备以及其他的系统，经常以一个人形的图形表示。

用例(Use Case)：系统提供的功能，以一个椭圆形的图形进行表示。

关系：使用前面提到的 UML 的关系。

(3) 用例图的图示

图 11.12 所示为角色使用登录系统，其中单箭头的实现表示谁启动了用例。

2) 类图(Class Diagrams)

(1) 类图的用途

类图显示了一组类、接口和协作以及它们之间的关系。利用类图阐明系统的静态设计。包含活动类(Active classes)的类图，通常用来说明看到的系统静态过程。类图是 UML 中极为重要的图,可以这样说在 UML 的九个图中类图是唯一不可不学的图示,它的地位是第一重要的。

(2) 相关部件

类图在 UML 中用一个分成三个部分的矩形来表示,这三个部分分别是类的名称、属性和方法,类图中的属性和方法按照面向对象的理论有公有(用+号表示)、私有(用-号表示)和保护(用#号表示)。图 11.13 所示是一个类图的图示,人是一个类,有名字(公有的,字符型)、出生日期(私有的,日期型)和身高(保护的,整型)。

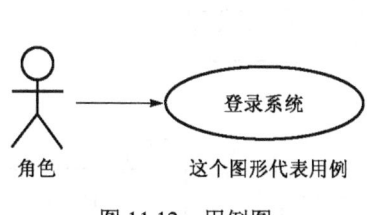

图 11.12 用例图

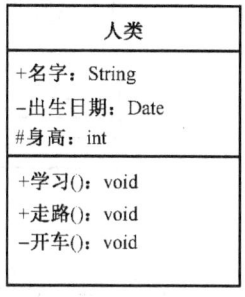

图 11.13 类图

包(Pagkage):相关的对象或类的集合,在包的里面可以画类以及类的泛化关系、实例关系等。

抽象类:抽象类的名称用斜体字表示,在 UML 中抽象类的操作被定义为是未指定实现方法的操作。

接口类:用圆型来表示,也可以用方形,加上<<interface>>的形式来表示。

使用的关系:在类图中经常使用的 UML 关系有:泛化和关联关系中的两种关系聚合与组合关系。

聚合关系:用来描述整体和部分之间的关系是松散的。

组合关系:用来描述整体和部分之间的关系是严格的,并且一旦二者被确定为组合关系就不能再变化了。

图 11.14 所示是聚合关系和组合关系的图示。

图 11.14 聚合关系和组合关系

关系的多重性:

0..1 :表示没有对应,或最多有一个对应关系
0..* :表示没有对应,或多个对应关系
1   :表示仅存在一个对应关系
1..* :表示至少存在一个对应,或多个对应关系
m..n :表示至少有 m 个,或最多有 n 个对应关系

(3) 类图的图示

图 11.15 所示的大学生类是从学生类继承而来的。图 11.16 所示的聚合关系,公交车和乘客之间可以有对应关系,也可以没有。

图 11.17 所示的组合关系,公交车只能有一个司机,而公交车司机可以开多个公交车。

类图中的相关部件图示如图 11.18 所示。

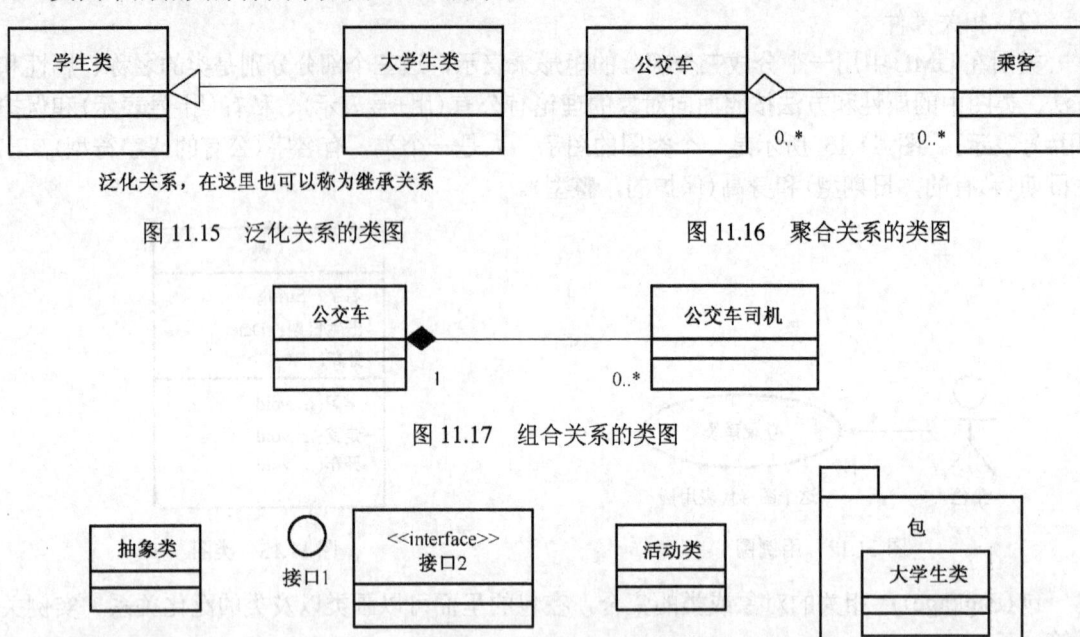

图 11.15　泛化关系的类图　　　　图 11.16　聚合关系的类图

图 11.17　组合关系的类图

图 11.18　类图中的相关部件

3) 对象图（Object Diagram）

（1）对象图的用途

对象图显示了一组对象和他们之间的关系。使用对象图来说明数据结构，类图中的类或组件等实例的静态快照。对象图和类图一样反映系统的静态过程，但它是从实际的或原型化的情景来表达的。

（2）相关部件

对象：类的一个实例，在 UML 中使用与类图相似的图形进行表示。

（3）对象图的图示

对象图的图示如图 11.19 所示。

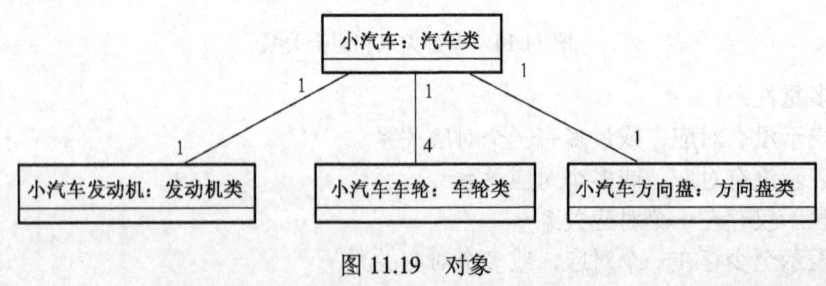

图 11.19　对象

一般情况下一个小汽车有一个发动机、一个方向盘和四个车轮，所以这张对象图展现了构成小汽车这个对象的基本组成。

4) 顺序图（Sequence Diagram）

（1）顺序图的用途

顺序图展示一组对象之间按照时间顺序进行交互的情况。顺序图的重点是完成某个行为的对象类和这些类之间所传递消息的时间序列。顺序图是一个二维图形。在顺序图中水平方向排列参与交互的对象类角色；竖向为时间维，沿垂直向下按时间顺序列出对象类角色所发出和接收到的消息。在顺序图上可以直观地表示出对象的生存期。

（2）相关部件

活动者或对象：在 UML 的顺序图中往往最左边的是主要活动者，他发送消息；接收者放在最右边，排列顺序按照接收消息的先后顺序排放。

生命线：用来表示对象的生命长度（对象存在的时间），在 UML 中用虚线表示对象的生命长度。

对象生命线：代表对象在一段时期内的存在。

活动期：对象实际上的活动区间有多长又称为控制焦点，，也称为对象的激活期。就是说某个对象在某个时间被操作，或者说某个对象在某个时间获得了执行某个动作的权利，对象执行某个动作的时期。

传输时间：对消息可以说明几个时间（时刻），例如发送时间或接收时间。

消息和激发：激发是两个对象之间传送信息的一个通信，带有对动作的期望。消息是对激发的详细说明。在 UML 中消息就是一条具有方向性传递消息的表示线。

UML 有三种传递消息的方式：同步传递、非同步传递以及返回消息。同步传递方式（调用）：消息的发送者把消息发送以后，等待一直到消息的接收者返回控制，也就是说消息的发送者直接调用定义在消息接收者上的操作；非同步传递（异步消息）：消息的发送者发送完消息以后，继续做自己的操作，不必等待消息接收者的返回消息，这种消息的传递方式常用于并发返回消息（传回值）；返回消息，在 UML 中用一个带箭头的虚线表示。

消息的格式： [序号][条件][表达式][返回值：=]消息名([参数列表])

（3）顺序图的图示

顺序图的图示如图 11.20 所示。

消费者首先给登录系统发一条登录的消息,消息中包含着消费者的用户名和密码；登录系统验证后，把登录成功与否的消息发送给消费者。通过这张图可以明确的知道消息的发送者是消费者，接收者是登录系统，它们之间采用的是同步消息传递的方式，消费者必须等待登录系统的回应，才能进行下一步的动作。

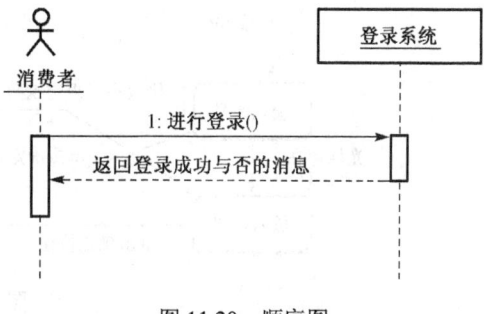

图 11.20 顺序图

5）合作图（Collaboration Diagram）

（1）合作图的用途

合作图表示一个合作，其中包含在一个特定的上下文中由对象扮演的一组角色，以及它们所需要的关系。该图也可以表示交互，它定义了一组消息，这些消息说明了在协作中扮演角色的对象之间为达到所要求的结果而进行的交互。合作图也属于互动图的一种，用来描述对象之间在运行的时候所扮演的角色与关系，就是在某一时间点上对象之间彼此之间跟角色到底有什么样的不同。合作图与顺序图的差异在于，顺序图是以时间为基础来描述系统中对象之间是如何互动的，而合作图强调的是对象之间已经存在的合作关系。看系统中各个对象是如何合作的就要看合作图了。合作图与顺序图相同的地方在于都是描述系统中各个对象之间传递的消息及其相互的关联。与顺序图相比，合作图是站在较高的角度来看整个系统中对象之间的联系。

(2) 相关部件

合作：用来说明对象或者类之间彼此合作的案例事项，用虚线的椭圆来表示合作的案例。

合作关系：用虚线来表示有哪些类或对象与合作案例之间有关系。

消息传递：对象或者类之间彼此消息的传递，具有方向性。

(3) 合作图的图示

合作图的图示如图 11.21 所示。

图 11.21 所示是图 11.20 所示顺序图的合作图，在合作图中对发送和接收的消息进行了编号。

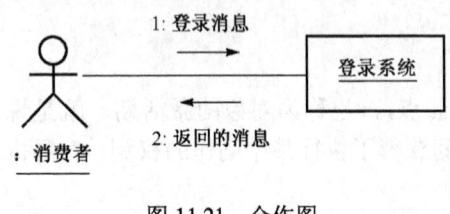

图 11.21 合作图

6) 状态图（Statechart Diagram）

(1) 状态图的用途

状态图是将系统中的各种情景、状态与规则忠实地表现出来，让我们能随时掌握与了解整个系统的运作方式。所要呈现的就是程序当中要有哪些状态，以及有哪些事件会造成程序状态的改变。

(2) 相关部件

开始状态：表示状态的起点，如用户登录起始状态。

结束状态：表示状态的结束，如用户登录成功。

状态：表示对象或类的当前状态，如输入账号。

事件：使对象或类的状态发生改变的动力因素，如进入登录界面发生了什么事件等。

(3) 状态图的图示

状态图的图示如图 11.22 所示。

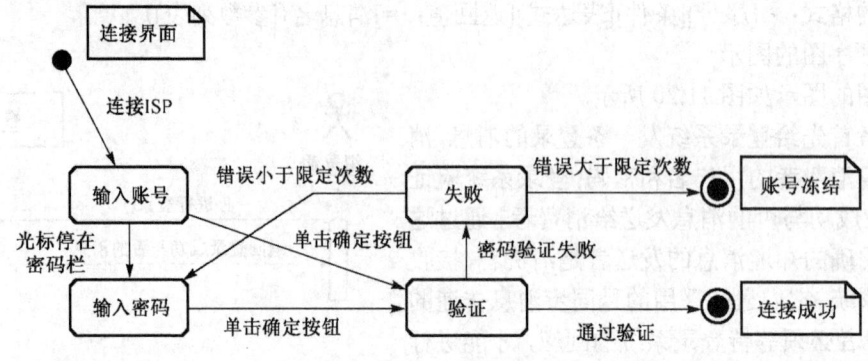

图 11.22 状态图

图 11.22 所示的状态图是通常我们在家中利用 ADSL 连接网络的状态图，首先开启连接界面输入 ISP（Internet 提供商）提供给你的账号和密码连接 ISP，在这期间可能有两个事件，一是输入了账号但没有输入密码就点击了确定按钮，当这个事件发生时会返回连接界面，并且光标会停在密码栏中；二是输入了账号和密码，但没有通过验证，这可能是账号或者密码出现了输入错误而引起的，还会返回到连接界面。当出现错误的次数超过了错误的限定次数事件发生时，你的账号将被冻结（可能是几分钟或者一个小时）；另外一个事件是通过了验证，当这个事件发生后，你的 ISP 就接通了 Internet 连接。

7) 活动图（Activity Diagram）

(1) 活动图的用途

活动图是用于展现参与行为类的活动或者动作。活动图依据对象状态的变化来捕获动作

(将要执行的工作或活动)与动作的结果。活动图中一个活动结束后，将立即进入下一个活动。活动图用于对系统的行为(或者对系统动态方面)建模。相对于状态图来说是，活动图是一种更为详细的流程图。一般来讲状态图着重描述单一的对象、类或者是子系统的内部处理流程，而活动图则着重于整体的任务流程以及类与类之间的相互作用。活动图是站在较高角度来看待整个系统的架构。

(2) 相关部件

活动图的相关部件非常多，这里只选几个主要的部件来进行说明。

活动开始：表示某项活动的起点。

活动结束：表示某项活动的终点。

泳道：表示一个或多个对象对于整个活动中的动作所负的责任，即泳道将活动状态分成组，将不同的活动分别部署在各自的区域中，用来区分不同的机制彼此在各自区域当中的分界点，就像游泳比赛的泳道，各泳道里的人就像一个活动，彼此分开，但同时向前游泳(并发的活动)，彼此之间没有什么相关性，各自处理自己的事情(每个泳道中的运动员自己进行自己的动作)。

动作状态：用来说明活动的状态信息，代表实体的原子性的或不可中断的动作，或者执行算法时的步骤。在 UML 中用椭圆形说明动作状态的信息。

判断：是一个判断条件，由它决定转换到哪个状态，在 UML 中用菱形来表示判断。

箭头路径：用来表示连接活动状态或判断的方向以及连接这个活动的流程方向和目的。

合并点：多个信息进来，一个信息出去(多个路径进入，最后从一个路径出去)，在 UML 中用实心矩形表示。

分叉点：其作用与合并点相对，一个信息进来多个信息出去，也用实心矩形表示。

(3) 活动图的图示

活动图的图示如图 11.23 所示。

图 11.23 所示的活动图描述了用户登录并浏览有权限限制网站的一次活动。图中用三条直线划分了两条泳道，两个活动者分别是用户和网站。请注意这里活动开始与结束的图示与状态图中所用的相同。

8) 构件图

(1) 构件图的用途

构件图用于描述软件实现构件的组织及其相互之间的依赖关系。构件是系统中一个符合一定标准、可部署、可替换，封装了实现而显露一组接口的部件。构件图包括构件，构件代表分布的物理单元，包括程序、可执行文件、链接文件、媒体资源以及说明的文件等构成。通常将这些封装成对象部署在构件图中，使我们能够清楚地看到，开发的系统中到底由哪些构件构成。构件之间存在依赖关系，利用这种依赖关系可以很容易地分析出一个构件变化给其他构件带来的影响。

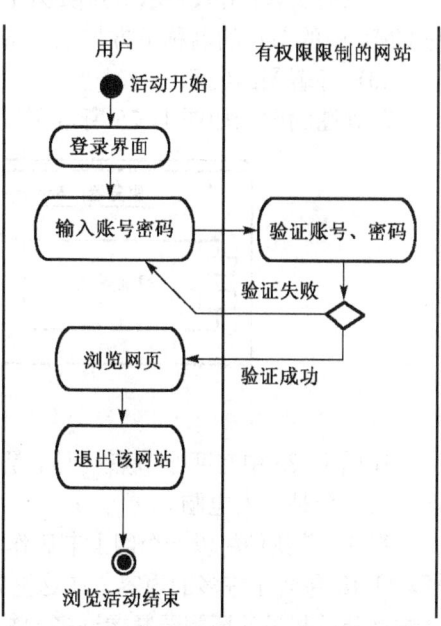

图 11.23　活动图

(2) 相关部件

构件：系统开发的组成元素，用大的矩形表示。

界面的接口：实际开发的界面之间的关系。
构件间的关系：构件之间存在的依赖关系。
(3) 构件图的图示
构件图的图示如图 11.24 所示。

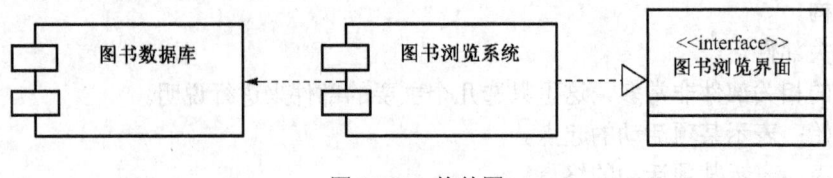

图 11.24　构件图

图书浏览系统依赖于图书数据库，它与图书浏览界面是实现关系。
9) 部署图
(1) 部署图的用途
部署图用来描述系统硬件的物理拓扑结构以及在此结构上执行的软件。部署图可以显示计算结点的拓扑结构和通信路径、结点上运行的软件构件、软件构件包含的逻辑单元(对象、类)等。构成部署图的主要元素是节点。节点是一个表示处理资源的物理对象，一般至少有一个存储器，通常还具有处理能力。它可以是计算设备，也可以是人或者机械处理资源。
(2) 相关部件
节点：表示系统的物理构成元素，也就是该系统是由哪些程序构件所组成的。在 UML 中用一个立体的矩形来表示。
节点的实体：用来表示节点实例化后的真实产品。可能是一个服务器或者是一个个人电脑，在 UML 中的节点的名称下方加上一条横线。
(3) 部署图的图示
部署图的图示如图 11.25 所示。

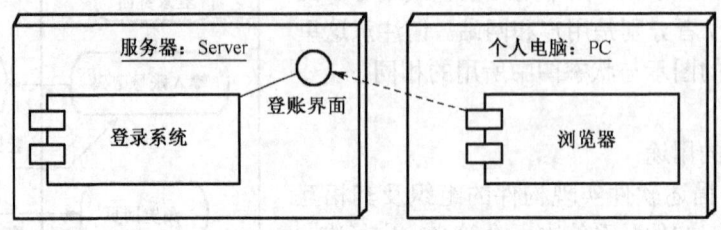

图 11.25　部署图

在图 11.25 中有两个节点：一个是 Server，另一个是 PC；节点的实体有两个，一个是服务器，另一个是个人电脑。

11.3.2 节我们将以一个网上书店作为例子，来绘制这九张图，使我们对 UML 有进一步的了解。UML 包含了许多的内容，在这里只是对它进行了轮廓上的介绍，如果真正使用 UML 对系统进行分析和设计还需要掌握许多的知识，而且 UML 的内容中不包含软件的开发过程，使用 UML 就是建模，UML 通过视图(View)来构件软件体系结构，而软件的开发方法又是基于这个软件的体系结构，现在比较著名的开发方法有 RUP(统一软件开发过程)、XP(极限)方法。

UML 是面向对象世界的建模语言标准，承载的是"万物皆对象"的观察世界方法，因而学习 UML 不仅可以使我们学会开发软件的方法，而且可以培养我们分析问题、解决问题的能力。

11.3.2 应用 UML 开发电子商务系统案例

我们利用 11.3.1 节学到的 UML 知识，对一个网上书店系统进行分析和设计，只涉及到需求分析、建立静态结构模型和建立动态行为模型这三个方面。

需求分析的任务是采集和评价系统的需求，其重点是充分考虑系统的实用性。需求分析的结果可以用一个 Use Case 模型表达，模型中的参与者代表外部与系统交互的单元（人或外部系统），Use Case 代表交互的事物序列，它为参与者提供可度量的结果值。在这一阶段主要是通过分析用户的需求，建立系统的用例模型。

建立静态结构模型。该部分进一步分析需求，发现类以及类之间的关系，确定它们的静态结构和动态行为，是 UML 的基本任务。系统的静态结构模型主要用类图和对象图描述。

建立动态行为模型。系统的动态行为模型由顺序图、状态图和活动图表达。在系统的分析和设计中应当对主要的 Use Case 和对象类绘制这些图形，以便分析系统的行为，印证和修改系统的静态结构，满足用户的需求，达到系统的目标。

1. 需求分析

网上书店就是一个基于 Web 的网上图书销售系统，消费者可以坐在家里，通过 Internet 就可以买到自己喜爱的图书。该系统建立的目的就是方便消费者购买图书。因此网上书店应该实现所有方便用户购买图书所必须的服务。同时，任何一个系统都要进行管理，除了为消费者提供的服务外，对于管理员的功能也应该考虑。

1) 为消费者提供的服务

(1) 浏览图书

图书的目录应该以列表的方式给出，因为列表的方式可以显示大量的图书信息。同时应提供方便消费者浏览的功能，如特价图书、热销图书、分类浏览等。

(2) 图书的详情显示

消费者对某个图书感兴趣的时候，应该提供对该图书的详细信息进行显示的功能，如图书简介、作者、出版日期、各章节的目录以及对于会员是否优惠、当前图书库存情况等。

(3) 购物车

购物车是现今网上销售系统必备的基本功能。它用来存储消费者的购物活动的状态，当消费者找到自己要购买的图书时，先把其放入购物车内，如果不想购买，可以从购物车内拿出来。

(4) 图书订单

当用户决定开始购买选中的图书后，可以下订单。

(5) 网上结账

当用户下完订单后，可以用信用卡通过网络银行进行结账，这需要用户的信用卡号和密码在网络银行进行验证。

(6) 用户注册

只有注册的用户才能进行图书的购买活动。应该为用户提供注册、登录、找回丢失密码、修改个人信息等功能。

(7) 图书信息查询

应为消费者提供图书信息的查询服务功能，可以按照图书名称、作者、内容等关键字进行查询。

2）系统管理员的功能
（1）图书信息管理
管理员对保存图书信息的数据库进行管理，包括对图书中的关键信息的提取。
（2）对订单进行处理
当一笔订单到来后，管理员应及时通知物流部门的人员组织送货。
（3）对用户的信息进行管理
管理员管理用户的注册信息，如删除无效的帐号，验证新用户的注册等。
3）需求分析的结果
通过对上述需求的分析，我们得到消费者相关的用例图，系统管理相关的用例图，二者通过网上书店这个用例联系在一起的用例图，如图 11.26～图 11.28 所示。

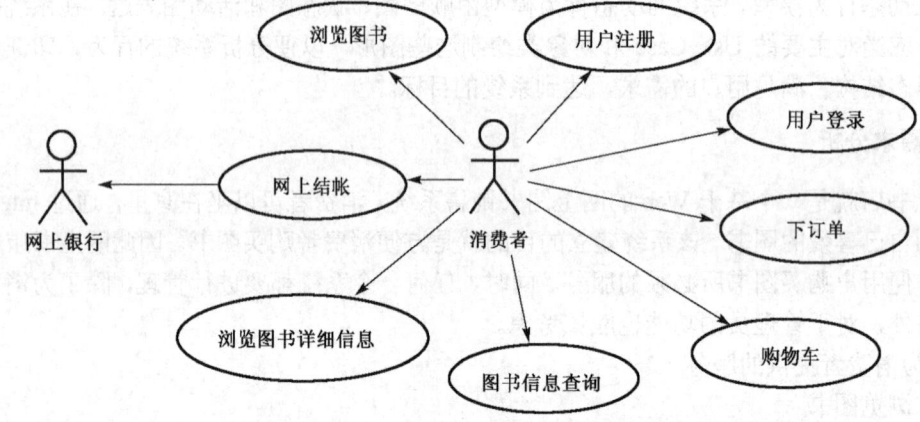

图 11.26　消费者相关的用例图

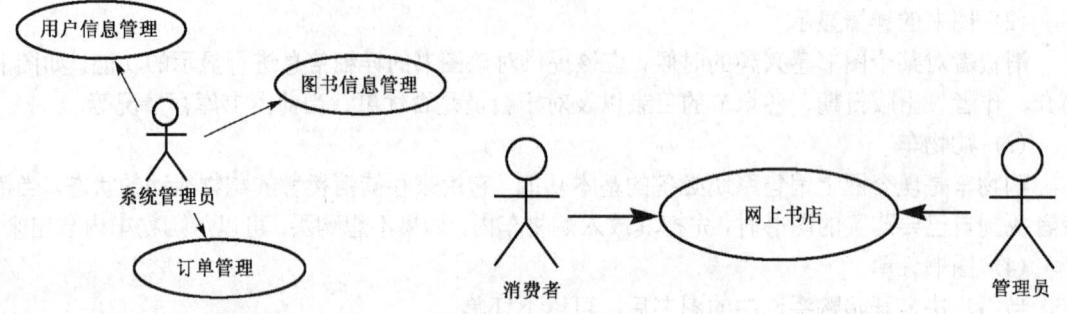

图 11.27　系统管理相关的用例图　　图 11.28　二者通过网上书店这个用例联系在一起的用例图

2. 建立静态结构模型

对于静态结构模型的描述主要是类图，类图和类与类之间的关系体现了系统的静态行为，图 11.29 和图 11.30 所示为网上书店系统的操作者类图及类之间的关系。

对网上书店系统的操作者有两个类。一个类是消费者类，因为只有注册的用户才能使用网上书店系统，所以消费者有注册日期和口令这两个属性，它的操作有查询图书、维护自己的购物车和信用卡结算。另一个类是管理员类，就是系统的维护人员，这类人员首先应当具有与一般用户不同的权限，当一种新书到来时，他们得向图书数据库内添加记录，维护图书信息的操作，当一个用户很长时间没有登录这个系统时，作为管理员应该按照一定的规定，将注册的用户从这个系统的用户信息库中删除，维护用户信息的操作。

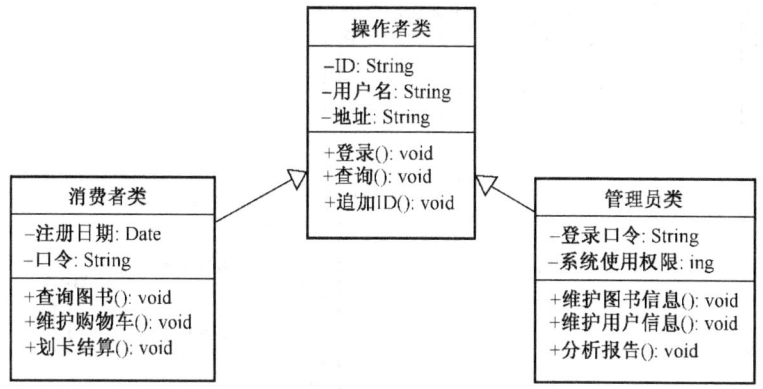

图 11.29　网上书店的操作者类图

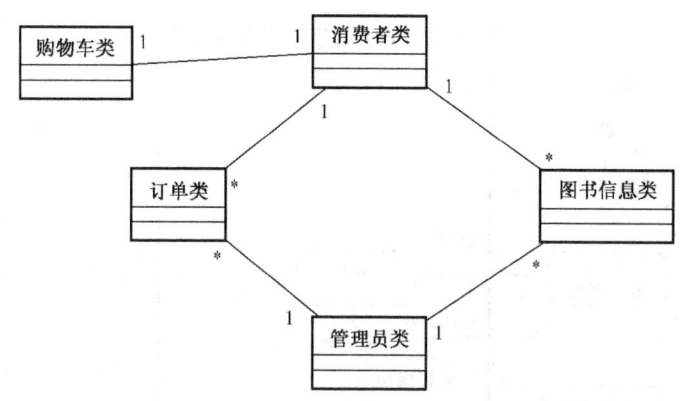

图 11.30　网上书店系统各个类之间的关系

一个消费者只能维护一个购物车和多笔订单，一个管理员可以管理多个订单。

3. 建立动态行为模型

（1）顺序图的建立

消费者首先浏览在线书店的图书目录，进行选书，选好后放入购物车，放入后会看一下是否放入成功。这期间，还可以继续选书，不断地放入购物车中。接下来检验一下购物车里的书准备进行结账，然后将结账这个消息传递给结账这个对象，然后结账对象收到结账的消息后进行结账处理，处理完成后将处理结果反馈给购买者。顺序图如图 11.31 所示。

（2）活动图

网上购书的活动元素有三个：一个是浏览器消费者的活动；另一个是网上书店，网站；再有是网上银行用来确认消费者的信用卡资料。

浏览器中进行的活动是登录、选书、放入购物车、输入信用卡资料、等待网上书店的确认后结束购书活动。在网上书店中进行的活动是登录验证、检查购物车、收到信用卡资料发送给网上银行、等待网上银行的确认、修改库存记录、物流送货、给浏览器发货已出库的消息；网络银行进行的活动是收到信用卡资料进行确认，并把确认的消息发送给网上书店。

在这里省略了下订单的过程。活动图如图 11.32 所示。

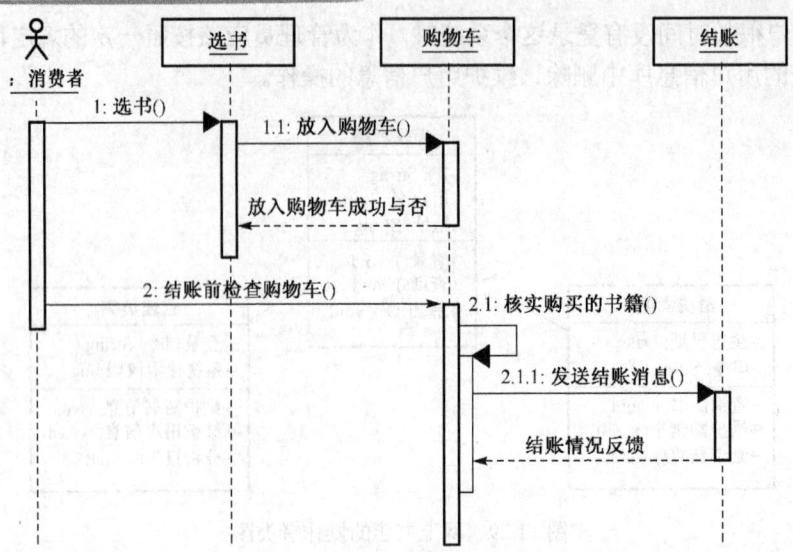

图 11.31 网上书店系统顺序图

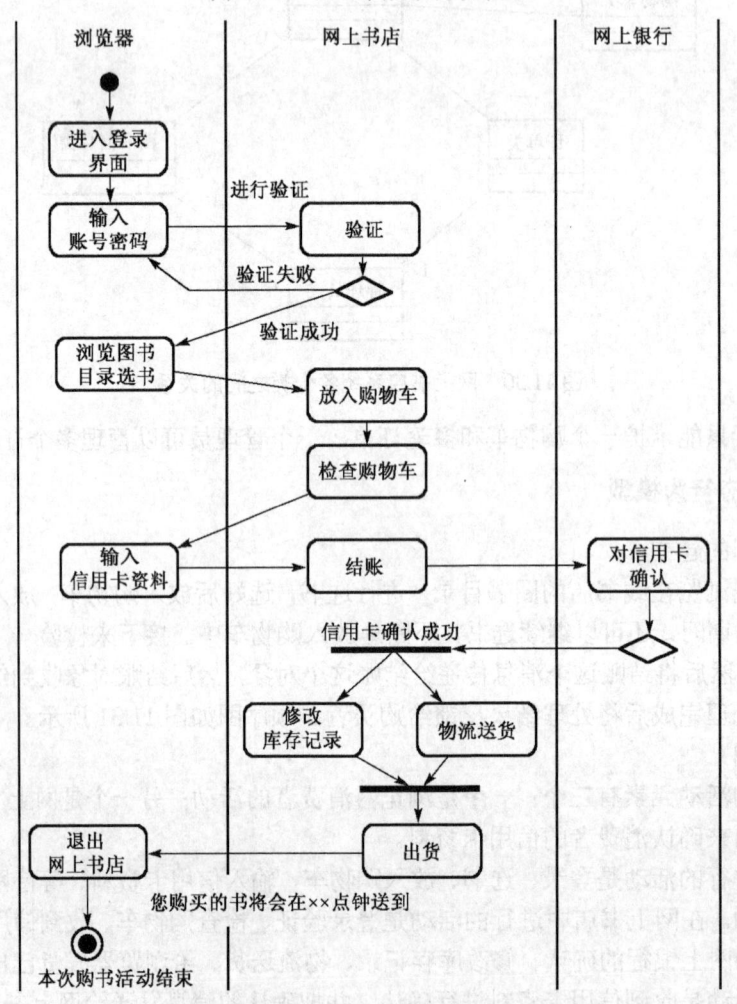

图 11.32 网上书店系统活动图

4. 网上书店的构件及其部署情况

（1）网上书店的构件图

构件图展示了网上书店系统中各子系统之间的依赖关系。消费者通过结账界面和购书界面来使用这个系统。结账系统要依赖购物车的内容来进行结账处理，并且当一笔交易发生后，要相应地减少图书的库存。所以结账系统与图书库存系统具有依赖的关系。而当消费者进行图书浏览的时候，浏览要依据现在的库存情况进行显示。因而图书浏览系统与图书库存系统之间具有相应的依赖关系。网上书店的构件图如图 11.33 所示。

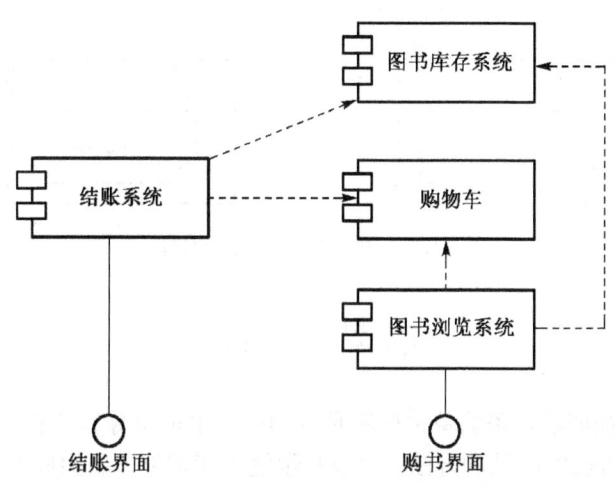

图 11.33　网上书店的构件图

（2）网上书店系统的部署图

图 11.34 所示为消费者在个人电脑上使用浏览器，通过结帐界面和购书界面来使用该系统，将结帐系统等几个系统构件部署在一台服务器这个真正的物理节点上。

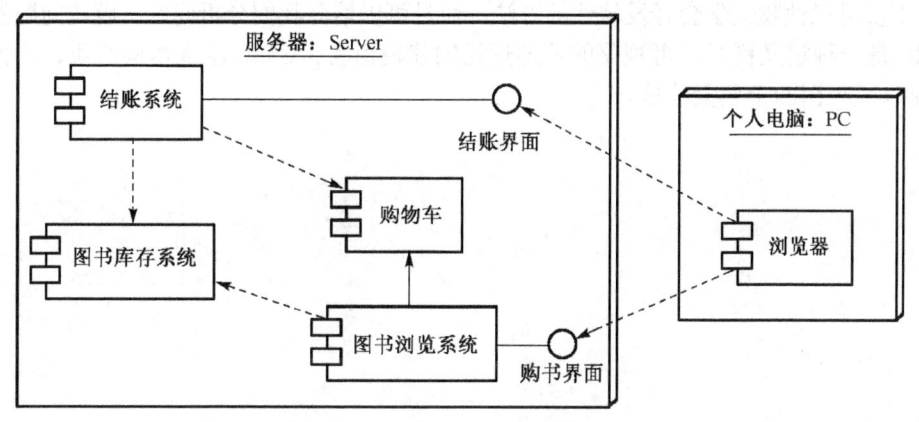

图 11.34　网上书店系统的部署图

图 11.35 所示是网上书店系统的另一种部署形式，可以将图书库存系统单独的部署在一个服务器上，它与网上书店系统的其他部分通过局域网相连，而消费者通过 Internet 与其相连。

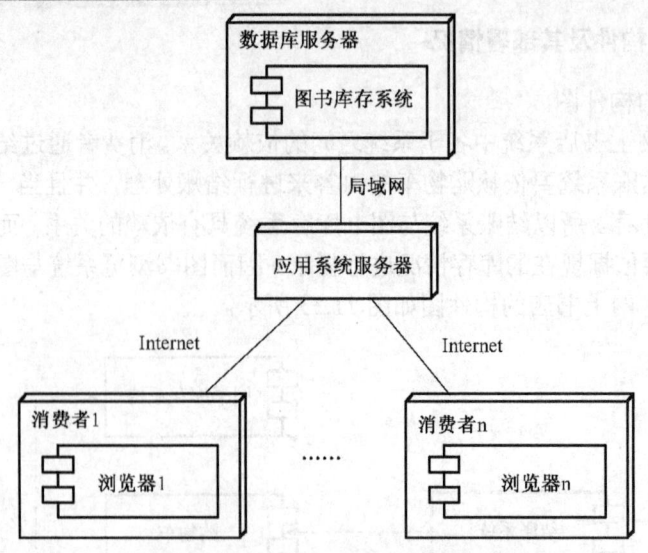

图 11.35　网上书店系统的部署图

本 章 总 结

　　面向对象的方法强调以对象为单位而不是以功能为单位来分解问题，每个对象都有自己的运行空间和时间，有自己的属性和方法，可以实现继承和扩展。用面向对象的方法来分析问题更接近现实世界的抽象，同时也更方便软件的重用，是当今系统开发的主流方法。

　　面向对象中有对象、类、继承、多态性和消息驱动机制五个最基本的概念。

　　用面向对象的方法进行面向对象系统开发，要经历面向对象分析、面向对象设计、面向对象编程和面向对象测试四个过程。

　　UML 是面向对象世界的建模语言标准，承载的是"万物皆对象"的观察世界方法，因而学习 UML 不仅可以使我们学会开发软件的方法，而且可以培养我们分析问题、解决问题的能力。

　　UML 是一种定义良好、可视化的普遍适用的建模语言，UML 由基本构造块、建模规则、通用机制以及视图四个要素构成。

第 12 章　管理信息系统的发展和影响

　　当前经济一体化、全球化使得企业面临前所未有的机遇和挑战。随着知识经济的形成、发展和电子商务的兴起，更需要有与之相适应的信息管理模式、理论和实践。如果说社会、政治、经济等方面的变迁是信息管理深入发展的必要性之集中体现的话，那么相关学科及技术的发展则为其提供了可能性的支持。复杂科学的兴起和运用正使人们从过去无人知晓的角度、深度认识这个自发组织的动力世界，这一认识和应用并将继续对经济、商业行为甚至政治行为发生潜在的更深刻的影响。人工智能、知识发现技术将人类的信息分析、信息处理水平提高到一个新的高度。总之，一方面来自激烈变化的管理环境的外在驱动，另一方面也是信息管理自身深入发展的要求，在今天总结分析信息管理的发展趋势对于其理论与实践的发展都具有十分重大的意义。

　　通过本章内容的学习，让学生了解管理信息系统对企业内部结构的影响，了解管理信息系统对社会的影响，能够及时把握管理信息系统发展动态，及时调整策略。掌握 ERP 及 SCM 相关概念；了解 ERP 和 SCM 的管理思想，明确两者之间的关系；了解 ERP 的发展历史及明确各阶段的区别与联系；ERP 系统的一般构成；了解供应链管理的作用、原则、供应链涉及的内容、职能和竞争优势。

12.1　信息管理之未来

12.1.1　传统信息管理的不足

　　信息管理思想、技术渗透于企业的管理信息系统(MIS)中，通过对传统信息系统的分析，我们不难总结出当前信息管理的现状。传统信息系统的不足主要有以下几点。

　　(1) 信息内容和形式过于单一

　　由于管理信息系统是按单项业务系统开发的，并且不同系统的开发方式以及对于开发规范的遵从程度都有所不同，使得系统间存在很强的封闭性，一个系统仅涉及本业务的信息，且不易与其他系统交换信息，管理信息系统的作用始终没有突破事务处理的范围。系统大多以单纯的字符和数字形式表示信息，格式单调。一方面使用者要通过多个界面不同的管理信息系统，才能获得相对完整的信息；另一方面，使用者不得不严格依照既定格式获取信息。这与互联网流行的界面单一、操作方便、形式多样而内容丰富的信息获取技术是格格不入的。

　　(2) 信息的流向基本是由下向上单项流动

　　下层只为上层提供信息，而很少能够得到来自上层的信息以及综合信息。一方面限制了企业上层通过管理信息系统发布信息、履行管理或指挥职能的活动，另一方面挫伤了下层使用管理信息系统的积极性，这对管理信息系统的长期发展是极为不利的。

　　(3) 管理信息系统仍多为模拟手工系统的数据处理流程

　　在管理信息系统建立过程中，无论怎样强调合理改造传统手工系统，实际上所有的管理信息系统都在不同程度上模拟手工系统的数据处理流程。从管理信息系统的低级流动关系上就可以看出这一点。信息应用的目的就是要彻底改革传统信息的处理和传递方式，从而改组企业的管理组织结构，而传统管理信息系统很难做到这一点。

(4) 管理信息系统应用缺乏弹性

管理信息系统只能按开发时确定的思路和流程处理信息，缺乏弹性，严重限制了信息资源开发的深度和利用的广度，也使使用者深感不便。随着信息化程度的增加，很多企业将一些规律的日常办公流程电子化到管理信息系统中，这些流程一般采取"最佳实践"的形式。但用静态的计算机系统描述动态商务环境的流程往往使业务处理不太灵活。随着商务环境非连续、跳跃式变化，此时管理信息系统往往成为组织进化的障碍。我们必须考虑设计能适应商务环境动态变化的管理信息系统。例如动态定价系统、比较购物代理就考虑了市场数据的动态发展和变化；但这样的系统仍需要按结构化方式具体表示市场数据。不论是外购还是自行开发，都要有效协调现有技术和新技术，跟上商务环境的快速变化和发展。专家(麦肯锡)的观点是：企业管理信息系统必须从支持事务处理、集成商务逻辑和工作流向支持员工通信和在线学习的系统转移。

12.1.2 信息管理若干新方法

由传统信息系统的不足中可窥得信息管理未来发展的源动力。事实上，信息管理的新趋势在很多方面已出现端倪。

(1) 知识管理

由于经济发展的需要和管理实践的发展，知识管理开始从信息管理孵化出来，甚至正在逐步形成为一个新的管理领域。知识管理有三项基本内容：一是对知识客体的管理；二是对知识主体即知识的生产者和持有者——人的管理；三是对知识环境即知识的交流和使用场所——企业组织的管理。知识管理将信息与信息、信息与活动、信息与人、信息与组织连结起来，实现知识(包括显性的知识和隐性的知识)共享，运用集体的智慧和创新能力，以赢得竞争优势。从信息管理到知识管理的转化，是管理理论与实践中"以人为本"的管理主线的进一步体现。并且知识管理把存在于企业中的人力资源的不同方面和信息技术、市场分析乃至企业的经营战略等协调统一起来，共同为企业的发展服务。

(2) 企业流程重组到企业转型

企业转型涉及到组织结构的调整、业务流程、企业文化建设等很多方面。它在范围上由内部的工作流程再设计，到跨部门的工作流程再设计，再到打破组织界限的外部业务网络建立的发展过程；由简单的工作关系重建到企业组织制度、规则的重新思考，再到企业文化、企业能力、思维方式的重新塑造。企业转型显示了未来企业革命的方向。如果说企业流程重组可以以信息为中心，也可以有别的目标的话，那么企业转型则非常明确就是指企业从有形方面到无形方面的信息化。企业转型同企业流程重组比较起来，首先是对企业内部流程的关注，转向对企业本身价值的重新审视，不再是现有积木的排列组合，而要进行脱胎换骨的改造；其次它专注于减少成本，转向了开辟新边疆(信息产业)，创造新价值(信息价值)。

(3) MRP-MRPⅡ-EPR-SCM-CRM 到价值链管理

MRP(Material Requirements Planning)阶段，即物料需求计划阶段。

MRPⅡ(Manufactory Resources Planning)阶段，即制造资源计划阶段。为了区别在 MRP 的后面加上了Ⅱ，意为 MRP 第二代。

ERP(Enterprise Resources Planning)阶段，即企业资源计划阶段。

SCM(Supply Chain Management) 阶段，即供应链管理阶段。

CRM(Customer Relationship Management) 阶段，即客户关系管理阶段。

从 MRP、MRPII，到 ERP、SCM、CRM，就可以看出企业关注重心的转移——从物流到信息流再到价值流，这种对企业价值关注的转移是企业越来越抓住自身发展之精髓的表现。因此价值链管理将成为企业信息管理的核心内容，它将集上述管理内容于大成。按照价值链与企业的关系可以将其分为外部价值链和内部价值链。价值链管理对企业发展具有极大的战略指导意义，并具有极强的可操作性。企业对价值链进行分析的基础上，可以产生一个内外部业务框架。利用这个框架，可以进一步了解信息使用和需求在企业战略决策中的应用，了解信息的来源和用户。

(4) 决策支持系统到面向虚拟组织的人机智能化决策系统

多年来，DSS 已在理论探讨、系统开发和实际应用诸方面取得了令人瞩目的进步，从关于 DSS 的基本定义、基本观点和基本结构(两库和三库结构)出发，演化产生了一系列新的概念、观点和结构，包括智能决策支持系统 (IDSS)、分布决策支持系统(DDSS)、群体决策支持系统(GDSS)等，并进行了大量应用实践，标志着 DSS 的发展日新月异。同时，DSS 作为计算机信息系统，必然会接受着信息技术(例如多媒体数据库和可视听、可视化技术、面向对象方法技术)发展的冲击。DSS 发展的趋势乃是在决策环境变化的驱动下形成的。同时虚拟组织正成为未来企业的组织、管理方式，决策环境更加复杂。而解决复杂性的根本途径是更高水平的人类智能并将这种智能部分地计算机化，从而构成人机合作系统。我们把这样的系统称为面向虚拟组织的人机智能化决策系统(Oriented Virtual Organization—Machine+Man Intelligent Decision System，简称 VO-M2IDS)，它是 DSS 智能化发展的高级阶段，是对作为初级阶段的 IDSS 的深化和延续，并且包容概括了 DSS 的其他发展趋向。我们认为：面向虚拟组织的人机智能化决策系统的提出既是对 DSS 发展的分析概括和实质把握，又是对 DSS 中人机关系的深刻体验和准确表述。综上所述，我们可得到如下结论：①DSS 日新月异，正呈现出多元化的发展态势；②从传统 DSS 到 IDSS 等再到面向虚拟组织的人机智能化决策系统是 DSS 发展的主线；③面向虚拟组织的人机智能化决策系统是适应新的复杂决策环境的产物，是对 DSS 中人机关系的日益准确的把握，它在 DSS 发展各分支的基础上，包括了 DSS 的众多子发展趋向，是 DSS 智能化发展的高级阶段。它的发展必然为新环境下的企业信息管理提供强有力的支持。

12.1.3 信息管理发展趋势

前面给出的状况描绘虽是粗线条的，但却是全方位的总体概括。显然，当一个事物呈现出多元化的发展态势时，必定存在某些本质趋向，其余则是派生出来的，而准确地把握事物发展的内在实质和主流方向就显得至关重要。对于信息管理发展的分析也不例外。信息管理的发展趋势主要体现在以下几个方面。

(1) 网络化趋势

网络技术尤其是 Internet 的发展，不仅为信息管理带来外在的技术形式的变化，更触发管理模式、思想上的根本变革。信息管理的网络化具有极为丰富的内涵，涉及到管理过程、管理方法、管理范围、组织结构等方方面面，具体说来包括：①组织结构由等级式的金字塔结构走向扁平化的网络结构；②信息管理的对象范围由封闭走向开放；③企业活动(包括管理过程)由完全的序列活动走向合理的并行活动。

(2) 智能化趋势

自信息管理得到普遍认可以来，智能化一直是其发展的目标。智能化最初涉及物质流控制的传统体力劳动自动化，到对信息流控制的简单脑力劳动的代替，再到对信息、知识流控制的复杂脑力劳动的支持。随着信息管理的深入发展，智能化的内涵逐渐深化，重心也不断改变，这种进化不断深入地将经验决策、管理转化为由智能化信息管理支持的科学决策、管理，无限提高信息利用的深度。21世纪，智能信息管理的发展将以主动性、自适应性、自组织性、柔性为特征，建立更强有力、更多样化的企业信息管理的模型、智能决策支持系统的理论基础和框架。某种意义上来说，出现端倪的敏捷制造、虚拟组织也是这一思想的体现，可以断言信息管理智能化的实现必将在更高的水平上支持它们的运作。

(3) 价值化趋势

价值化是信息管理的又一大趋势。它是对物流、信息流与价值流关系深刻认识，进一步认可和关注价值流的必然结果。通过在最高层次上对价值流进行管理，保证了信息流和物流的运作更加符合企业的战略规划。这一发展趋势带来了企业价值观的变化：从谋求获利的增长——利润的最大化，到谋求投资价值的增长—财富最大化，即更好的在近期利益和长期利益之间取得最佳平衡。价值化的信息管理有力避免了以往企业信息管理可能走入的误区。它使得企业的价值观结构日趋合理——即包含宏观水平的信息观，还包含微观水平的信息观。这种信息观突出了业务需要获取并影响的关键信息流。这就提供了一个基础，在这一基础上信息和企业需求能够更详细地评估和定义。在价值的指导下，企业最终可获得整体的、协同的、可持续的发展动力。这正是企业一直以来苦苦追求的目标。

(4) 人本化趋势

随着信息管理的深入发展，人们逐渐在信息技术不等于信息管理本身这一点上取得共识，因此信息管理的人本化趋势成为越来越显明的趋势。信息管理的人本化将其从极易陷入的狭隘误区——"给昨日的信息技术披上了今日更加时髦的令人炫耀的外衣"中引导回来。这种必然的回归反过来为企业信息管理带来很多变革，主要体现在：①对信息的关注从显性知识转为隐形知识；②管理重点从评估及管理现有信息到强调信息增值、知识创造(考虑需求方)，但不否认以往信息编码化和分享的重要性(考虑供应方)，是新的均衡的观点；③组织学习开始纳入信息管理范围，并获得前所未有的重视。这样企业不再是简单、机械的科学管理和信息处理工具和平台(这种观点深深地植入西方的从泰勒到西蒙斯时代的管理世界)，而作为有活力的有机体，从而能以自我组织、自我适应的形式进行持续知识创新。

(5) 集成化趋势

集成是未来信息管理的最显著特征。集成包括总体优化和总体优化前提下的局部优化问题。集成不同于简单的集合。集合只是各子部分的简单线性叠加，而集成必须解决集成过程中引起的各种冲突，各子部分非线性地构成了一个新的整合系统，且最关键的一个衡量准则就是1+1大于2。因此未来信息管理的集成化趋势还有一个极为显著的特点：集成的内容无比丰富，并极为错综复杂、难分彼此的交融在一起。我们可将其大致划分为若干个层次：各应用子系统过程和功能上的集成、人、技术与管理的集成，甚至包括企业间的有关集成。

企业的管理信息系统中集中体现了当前主流的信息管理思想、技术，总结传统信息管理的现状过程中，不难分析出传统信息系统的不足。同时观察到目前信息管理理论与应用方面已出现端倪的若干新方法：知识管理、企业转型、价值链管理、面向虚拟组织的人机智能化决策系统；从而可在粗线条地描绘信息管理发展状况的基础上，最终把握信息管理发展的内在实质和主流方向——网络化、智能化、价值化、人本化和集成化。

12.2 信息系统对未来组织和社会的影响

12.2.1 管理信息系统对企业组织内部结构的影响

（1）企业组织结构向菱形结构发展

信息资源的开发与利用成为企业的一项战略任务。

越来越多的企业设立了信息管理机构，而且规模不断扩大，地位逐步提高。

信息管理成为企业中不可缺少的职业，信息管理职业不仅集中在信息管理机构，其他管理与技术部门也都开始设立信息管理与应用的职位或工作。

不少发达国家的大企业还设置了作为企业核心人物之一的首席信息经理（Chief Information Office，CIO）的职位。

（2）信息与决策支持功能的开发与利用，使企业组织结构向扁平化方向发展

今天的管理信息系统已能向企业各类管理人员提供越来越多的企业内外部信息和各种经营分析与管理决策功能，丰富全面的决策信息与方便灵活的决策功能将使企业的管理决策工作不再局限于少数专门人员或高层人员。

外部环境的要求，信息系统提供的可能，已使企业中许多不同职能不同技能的各类管理与技术人员参与决策工作。

决策工作必将成为企业每一位管理与技术人员的工作内容之一，相应地许多决策问题也不必再由上层或专人解决。这种趋势导致了企业决策权力向下层转移并逐步分散化，企业组织结构由原来立式的集权结构向卧式的扁平化分权结构发展。

（3）基于信息网络的信息交流与共享，提高了企业组织结构的灵活性与有效性

（4）信息系统对企业变革的使能器作用，增加了企业过程重组及组织结构优化的成功率

管理信息系统促进了 BPR 的发展与成功。

管理信息系统与 BPR 的目标是一致的。管理信息系统是 BPR 的技术基础，也是 BPR 成功的保证，管理信息系统的建设与 BPR 同步或交错开展可明显地提高 BPR 的成功率。管理信息系统的使能器作用同时也促使企业组织结构朝适合全新运作方式和管理过程的方向发展。

12.2.2 信息系统对社会的影响

1. 对经济发展的影响

信息技术的发展促进了信息资源的开发与利用，形成了信息产业，信息产业构成了信息经济的基础。例如：在美国，信息产业产生的价值已超过国民生产总值的 50%。我国的信息技术总体相对落后，但信息系统的开发与应用日益普及，信息产业也已初步形成，发展也很迅速。随着信息经济范围的扩大与总量的增大，整个社会必然会有相应的变化，这就是社会信息化或信息社会的形成。

管理信息系统使信息技术得以真正地成为社会经济发展新的增长点，这主要是由新生产部门的出现和发展来体现的。管理信息系统在服务业、工业和农业等部门中的应用显著地提高了

工作效率，降低了成本，对传统经济的新增长也有重要的作用。信息技术的发展与应用打破了地域的限制，使市场范围日益扩大，市场交易效率明显提高，而这也是通过网络化的管理信息系统来实现的。

2. 对生活与工作方式的影响

(1) 有利影响

通过国家的或国际的通信系统，人与人之间的信息交流不再受时间与地域的阻碍，电子化的书信往来更紧密地将人们联系在一起。

文娱与新闻的获取由被动接受变为主动搜选，个性化得以增强。

电子货币与自动购销系统大大方便了人们的生活消费，改变了人们的生活习惯。

信息系统的应用使团体工作不必坐在一起，人们可在家里参加单位的工作，并保持与同事的联系与协调，使人们突出了以家庭为中心的观念。

(2) 不利影响

全球文化交流范围的扩大、内容的丰富与方式的便捷会使民族文化受到冲击，人们直接交流变为间接交流将淡薄感情色彩等。

3. 对科研与教育的影响

几乎每一个科研单位都建立了支持科学研究的大小不一、用途各异的信息系统，其中许多系统还接入了 Internet 或各种科研网。

通过电子检索系统和浏览器从有关的文献资料数据库中便捷全面地搜索查阅即唾手可得。

全国或全球范围内的信息网络系统使科研工作者之间的距离与信息传递时间几乎缩小到零，大家都可以坐在一间虚拟的工作室里共同开展科研活动。这种全新的科研方式可显著地提高科研的工作效率与水平。

利用远程教学系统，位于各地的师生可同时地进行模拟教室的听讲，问答式的教学，这对偏远地区的学生和成年人的教育或老年人的学习有特殊的意义。

各种预置的自学教学系统可供学生灵活地选择学习科目并随时给出学习的评价，应用多媒体技术的教学系统生动形象，可明显地提高教学效果。

4. 对法规与政策的影响

管理信息系统的发展导致了新的法规与政策的产生，如加拿大的"信息查询法"、英国的"数据保护法"、美国的"信息自由法令"、经济合作与发展组织的"过境数据流的宣言"。

为了保护计算机信息系统的安全，促进计算机的应用和发展，我国在 1994 年 2 月 18 日制定了"中华人民共和国计算机信息系统安全保护条例"。为了加强计算机信息系统国际联网的保密管理，确保国家秘密的安全，我国于 2000 年 1 月 1 日起施行"计算机信息系统国际联网保密管理规定"，为了加强对互联网电子公告服务的管理，规范电子公告信息发布行为，维护国家安全和社会稳定，我国在 2000 年 10 月 8 日通过"互联网电子公告服务管理规定"。

12.3　企业资源计划

近年来，随着各大媒体的广泛报道、各种研讨会的大量召开，ERP 像飓风一样席卷神州大地，各行各业似乎都觉得自己与 ERP 有关。与此同时，原来的 MRP Ⅱ 软件改头换面变成了 ERP，原来没有相关产品的厂商也推出了自己的 ERP 软件，似乎只有冠以 ERP 的软件才上档次、够水平。ERP 不仅在工业企业中应用得如火如荼，不少商业企业也开始大谈特谈 ERP。而用户却眼花缭乱，刚刚用上了财务软件，可能才知道了 MRP、MRP Ⅱ，又来了 ERP，还有所谓的 SCM（供应链管理），那它们到底是什么呢？

案例1 R/3 系统在 Kapp 公司的应用

Kapp 公司位于德国的汉堡，成立于 1953 年，是一个家族运作企业，主要制造和经营齿轮切削，钻探和研磨设备。目前，该公司在德国有两个分厂，同时在美国、日本和巴西也有分厂。随着企业的发展，管理者意识到原有的软件系统已经不能适应企业发展的需要，决定引进 R/3 系统。(R/3 系统是德国 SAP 公司所提供的 MRP Ⅱ 产品。R/3 系统是一种高级数据处理软件包，它为各种领域提供广泛商业应用解决方案。R/3 系统是一个建立在三维客户机/服务器上的开放的新标准软件)。实践证实，效益远远超过当初的预想。该公司利用 R/3 可以综合地管理生产、销售、财务等各个部门。安装了生产计划模块后，研磨设备生产时间大大缩短，同源的货物的运送时间也缩短了。

案例2 Alcon 超市连锁店 PeopleSoft

Alcon 超市联合公司位于美国的加利福尼亚，成立于 1976 年，是一家成功的商业零售公司和知名的代理商。该公司希望引进一种新的财务系统，帮助企业改进票据的处理流程，同时使员工能够更快捷获取所需要的信息。该公司选择了 PeopleSoft 系统。

在以前，财务人员必须手工收集所有票据信息，然后录入到电子表格中，最后形成账目。引进 PeopleSoft 系统以后，以上工作能够自动完成。查询时，也可以快捷地调出并显示。管理者决策时，节省了大量的时间和精力。当公司的组织结构发生变化时，PeopleSoft 系统提供图形界面的公司组织结构，管理者可以方便地在上面修改，修改结果可以自动更新系统。利用 PeopleSoft 系统提供的在线获取信息渠道，Alcon 可以为管理者提供更多的信息，帮助决策。

12.3.1 企业资源计划的发展历程

ERP 是在管理思想不断变更的基础上逐步发展起来的，它的发展大致经历了以下三个阶段：

(1) MRP (Material Requirements Planning) 阶段，即物料需求计划阶段。

(2) MRP Ⅱ (Manufactory Resources Planning) 阶段，即制造资源计划阶段。为了区别在 MRP 的后面加上了 Ⅱ，意为 MRP 第二代。

(3) ERP (Enterprise Resources Planning) 阶段，即企业资源计划阶段。

12.3.2 物料需求计划

(1) MRP 的形成

针对订货点法的不足，20 世纪 60 年代，美国 IBM 公司的约瑟·奥列基博士(JosePh A. Orlicky)提出了分层式产品结构以及物料的独立需求(Independent Demand)和相关需求(Dependent Demand)的概念。这里所谓的独立需求是指需求量和需求时间由企业外部的需求(市场)来决定，例如，客户订购的产品、科研试制需要的样品、售后维修需要的备件等。相关需求是指根据物料之间的结构，由独立需求的物料所产生的需求，例如半成品、零部件、原材料等的需求。然后再根据独立需求的物料，计算出相关需求的物料，并按时间顺序排列。这就是 MRP 方法形成的最初雏形。

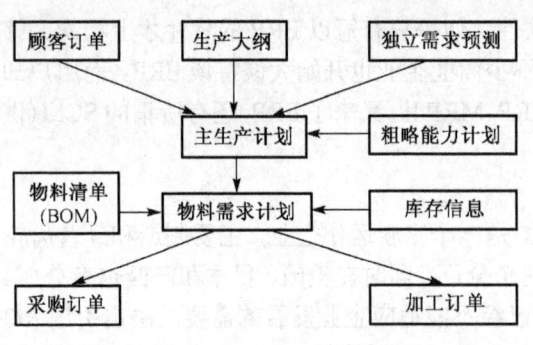

图 12.1 基本 MRP 系统原理图

(2) 当时 MRP 的思想

根据所要生产的产品在正确的时间、地点、按照正确的数量得到所需的物料,以避免造成库存积压。基本的 MRP 系统原理图如图 12.1 所示。

(3) MRP 的不足

MRP 方法的出现,在当时对提高库存管理和生产计划的准确性确实起到了很大的作用,但随着 MRP 应用不断扩展,MRP 方法也逐渐显现出它的一些不足。MRP 仅给出了物料的需求计划,并没有考虑实际的生产能力是否可以完成这些计划,当生产能力不足时,这些物料需求计划仅仅是纸上的计划,无法真正实施完成,从而失去了 MRP 的意义。

12.3.3 制造资源计划

1. MRP II 的形成

针对 MRP 的这种不足,许多的管理专家认识到,物料计划必须与工厂的生产能力相结合,与生产能力相平衡,这样的计划才是可行的。20 世纪 70 年代初期,能力管理(Capacity Management)的概念被提了出来。首先,人们将执行计划的机器及人力定义为"工作中心"引入到物料的范畴,作为广义的物料参与计划的运行,其次,给每一个工作中心制定一个能力的标准。这个标准即是某一个工作中心每天可以工作的小时数,然后用这个标准再去衡量 MRP 制定的计划是否与现有的工作中心能力相匹配,若不能匹配则再调整计划以使其达到平衡,从而保证作出的计划是可执行的。

生产计划仅考虑生产能力因素还不够,因为在企业的管理中,生产管理只是一个方面,它所涉及的不仅仅是实物关系,而与一个企业密切相关的还有资金关系。于是 20 世纪 70 年代末,又有人将会计中的资金概念引入到 MRP 中,要求 MRP 在处理实物流动的同时也同步地处理财务工作,这样就可以用资金来反映 MRP 的计划过程及执行结果。也就是说,可以使 MRP 同时计算销售收入、采购支出、产品成本、存货的资金占用情况等。

1977 年 9 月,美国著名的生产管理专家奥列佛·怀特(Oliver W.Wight)倡议给这种新的 MRP 系统一个新的名称——制造资源计划(Manufactory Resources Planning)。由于制造资源计划的缩写与 MRP 相同,为了区别在其末尾加上 II,以表示它是第二代 MRP。MRP II 系统原理图如图 12.2 所示。

2. MRP II 的局限性

随着市场竞争日趋激烈、企业管理模式不断创新和新科学技术的不断进步,MRP II 也逐渐表现出其局限性:

(1) 现代企业的竞争是综合实力的竞争,要求企业有更强的资金实力,更快的市场响应速度。因此,企业管理信息系统仅停留在对制

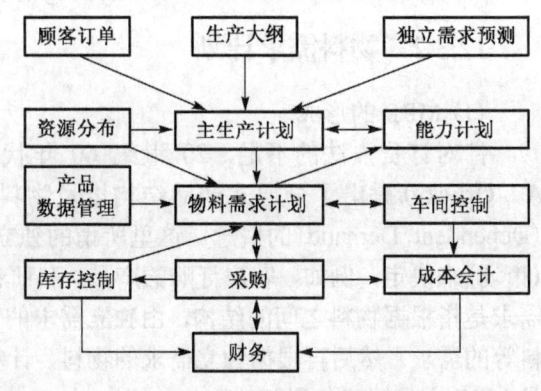

图 12.2 MRP II 系统原理图

造部分的信息集成与理论研究上是远远不够的。与竞争有关的物流、资金及信息要从制造部分扩展到全面质量管理、企业的所有资源(包括分销资源、人力资源和服务资源等)以及市场信息和客户资源。这些要求，MRPII 是无法满足的。

(2) 全球范围内的企业兼并和联合潮流方兴未艾，大型企业集团和跨国集团不断涌现，企业规模越来越大，这要求集团之间、集团内多工厂之间统一计划、协调生产步骤，汇总信息，调配集团内部资源。这些既要独立，又要统一的资源共享管理是 MRPII 无法解决的。

(3) 信息全球化趋势的发展要求企业之间加强合作交流和信息共享。企业之间既是竞争对手，又是合作伙伴。信息管理要求扩大到整个供应链的管理，这些也是 MRPII 所不能解决的。

12.3.4 企业资源计划

1. ERP 的结构

ERP 中的企业资源(Enterprise Resource)包括企业的"三流"资源，即物流、资金流和信息流资源。ERP 实质上就是对这"三流"资源进行全面集成管理的管理信息系统。

ERP 理论与系统是从 MRP II 发展而来的，它继承了 MRP II 的基本思想(制造、供销和财务)，并扩展了管理的范围。ERP 主要包括以下模块：生产预测、销售计划、经营计划、物料需求计划、能力需求计划、车间作业计划、采购管理、库存管理、质量管理、财务管理、客户关系管理、供应链管理等。

2. ERP 与 MRP II 的主要区别

(1) 资源管理方面

MRP 侧重于企业内部人、财、物等资源的管理。ERP 在此基础上进行了扩展，将客户需求、企业内部活动以及供应商的资源整合在一起，形成企业一个完整的供应链，并对供应链上的所有环节(订单、采购、库存、计划、生产制造、质量控制、运输、分销、服务与维护、财务管理、人事管理、项目管理)进行有效的管理。

(2) 事务处理方面

MRP II 通过计划的及时滚动来控制整个生产过程，实时性较差。而 ERP 支持在线分析处理 OLAP(Online Analytical Processing)、售后服务及质量反馈，强调企业的事前控制能力，为企业提供质量、客户满意度、绩效等关键问题的实时分析。

(3) 信息处理技术方面

网络通信技术的应用使 ERP 能够实现对整个供应链信息进行集成管理，它支持 Internet/Intranet、电子商务(E-business、E-commerce)、电子数据交换(EDI)应用技术。此外，还能实现不同平台上的互动操作。

MRP、MRP II 和 ERP 的关系如图 12.3 所示。

3. ERP 的发展具有的特点

它是一个供应链管理的完善过程。不论是最初的库存管理，还是后来的采购、生产、销售的管理，再后来的财务、工程技术的管理，企业外部资源的管理等，都是针对企业供需链的管理而不断完善的一个过程。

它与计算机技术的发展密切相关。这些企业管理思想的整个发展过程与计算机的发展息息相关，而且越来越紧密。计算机技术成了实现它们的必要工具，计算机软件是它们的主要载体。

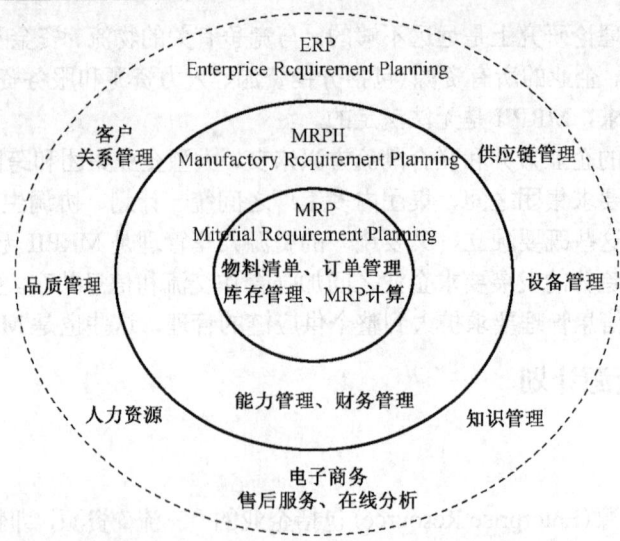

图 12.3 MRP、MRPⅡ、ERP 的关系

4. ERP 的核心理念

(1) 供应链管理

ERP 从供给链的概念出发改变企业的经营战略思想，着眼于供给链上物料的增值过程，保持信息、物料和资金的快速流动，处理好各个环节的供需矛盾，以企业有限的资源去迎接无限的市场机遇。要求以最少的消耗、最低的成本、最短的生产周期产生出最大的市场价值和利润。管理信息集成就是要集成供给链上所有流程中各个环节的信息，实现信息共享，为各级管理人员提供可靠的决策依据。管理信息系统不仅限于企业内部，还应集成与企业有关的外部信息，包括供应商和客户的信息；这也是精益生产和敏捷生产的主要精神。供给链处于一个动态的环境，企业为了对瞬息万变的信息及时作出响应，必须建立信息集成系统。

(2) 信息集成

ERP 体现管理信息的高度集成，这是 ERP 同手工管理的主要区别。管理信息集成的效果，决不是简单的数量叠加，而是管理水平和人员素质在质量上的飞跃。信息集成和规范化管理是相辅相成的，规范化管理是 ERP 运行的结果，也是运行的条件。

管理信息集成的标志，可以从以下几方面说明：

① 信息必须规范化，有统一的名称、明确的定义、标准的格式和字段要求；信息之间的关系也必须明确定义。

② 信息的处理程序必须规范化，处理信息要遵守一定的规程，不因人而异。

③ 信息的采集、处理和报告有专人负责，责任明确，没有冗余的信息采集和处理工作。保证信息的及时性、准确性和完整性。

④ 在范围上，集成了供给链所有环节的各类信息。

⑤ 在时间上，集成了历史的、当前的和未来预期的信息。

⑥ 各种管理信息来自统一的数据库，既能为企业各有关部门的管理人员所共享，又有使用权限和安全保密措施。

⑦ 企业各部门按照统一数据库所提供的信息和管理事务处理的准则进行管理决策，实现企业的总体经营目标。

5. MRP、MRP Ⅱ、ERP 的区别与联系

MRP、MRP Ⅱ 和 ERP 代表了企业管理理念在不同时期的发展程度和发展阶段。

（1）MRP

最早采用相关管理方式的是制造业，当时主要考虑的是企业的库存物料管理，于是产生了 MRP（物料需求计划）系统，同时企业的其他业务部门也都各自建立了管理信息系统，诸如会计部门的计算机帐务处理系统、人事部门的人事档案管理系统等，而这些系统早期都是相互独立，彼此之间缺少关联，形成信息孤岛，不但没有发挥 IT 手段的作用，反而造成了企业管理的重复和不协调。此外，MRP 解决了企业物料供需信息集成，但是还没有说明企业的经营效益。

（2）MRPⅡ

围绕着"在正确的时间制造和销售正确的产品"这样一个中心，将企业的"人"、"财"、"物"进行集中管理。同时运用管理会计的概念，用货币形式说明了执行企业"物料计划"带来的效益，实现物料信息同资金信息集成

（3）ERP

ERP 可以说是 MRPⅡ 的一个扩展，第一，它将系统的管理核心从"在正确的时间制造和销售正确的产品"转移到了"在最佳的时间和地点，获得企业的最大增值"；第二，基于管理核心的转移，其管理范围和领域也从制造业扩展到了其他行业和企业；第三，在功能和业务集成性方面，它都有了很大加强，特别是商务智能的引入使得以往简单的事物处理系统变成了真正智能化的管理控制系统。传统的 MRPⅡ 系统主要包括的制造、供销和财务三大部分依然是 ERP 系统不可跨越的重要组成。它是一个高度集成的信息系统，必然体现物流信息同资金流、信息流的集成。

6. ERP 系统的一般构成

ERP 系统的一般构成如图 12.4 所示。

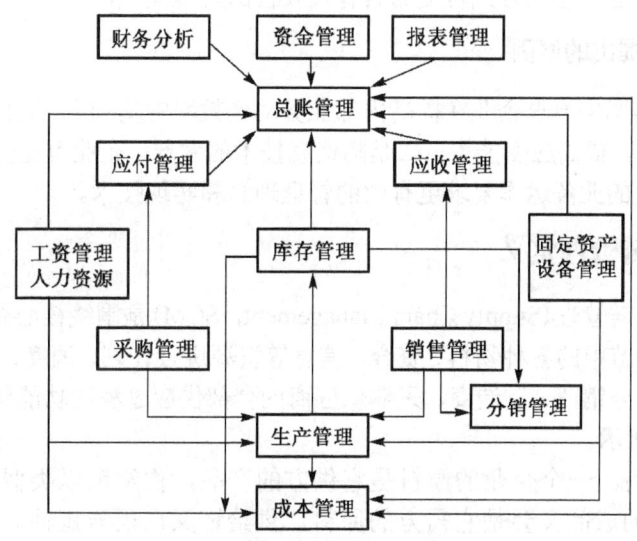

图 12.4 ERP 系统的一般构成

12.4 供应链管理

12.4.1 供应链管理产生的背景

管理模式由"纵向一体化"向"横向一体化"的转变。

1. "纵向一体化"

企业为了更好地实施内部管理与控制,一直采取"纵向一体化"的管理模式。即企业除了建立具有竞争优势的核心企业外,还对为其提供原材料、半成品或零部件的其他企业采取投资自建、投资控股或兼并的方式。

企业推行"纵向一体化"的目的是为加强核心企业对原材料供应、产品制造、分销和销售全过程的控制,使企业能够实现产、供、销的自给自足,减少外来因素的影响,在市场竞争中掌握主动。在市场环境相对稳定的条件下,"纵向一体化"的管理模式发挥了一定的作用。

"纵向一体化"暴露出三个严重问题:
① 对于复杂多变的市场需求,庞大的企业组织无法敏捷的做出响应;
② 有限的资源消耗在众多的经营领域中,企业难以形成突出的核心优势;
③ 无论是自建、控股还是兼并,企业都必须付出巨大的投资,而日益频繁的经济波动使企业难以承受过重的投资和过长的建设周期带来的风险。

"纵向一体化"的管理模式已经很难在当今市场竞争环境下获得所期望的利润。

2. "横向一体化"思维方式的核心思想

"横向一体化"思维方式的核心思想是企业核心竞争力,即企业只需注重自己的核心业务,充分发挥核心竞争优势,将非核心业务交由其他企业完成,实施业务外包,最大限度地取得竞争优势。

供应链管理正是这一思维方式转变的具有代表性的管理模式。

3. 供应链管理提出的原因

一是激烈的市场竞争要求企业在提高内部业务动作效率的基础上,加强上下游企业的紧密合作,从而降低成本,提高应变能力;二是随信息技术的发展,企业可在全球范围内获取资源和销售产品,全球化的业务运作要求更有效的管理理念和实现技术。

12.4.2 供应链管理定义

概括来说,供应链管理(Supply Chain Management,SCM)是围绕核心企业,主要通过信息手段,对供应各个环节中的各种物料、资金、信息等资源进行计划、调度、调配、控制与利用,形成用户、零售商、分销商、制造商、采购供应商的全部供应过程的功能整体。供应链的网络结构模型如图 12.5 所示。

以制造企业为例,一个企业的原料是它供方的产品,供给链以类似的形式从企业向供方延伸;这个企业的成品又会是它需方的原料,供给链又向需方延伸。整个社会生产就是一条首尾相连、交叉错纵的供需长链;它说明企业内部的物流同供需双方的物流是息息相关的。企业的经营生产活动必须同它的需方和供方密切相连,并把它们纳入自己的计划与控制系统。

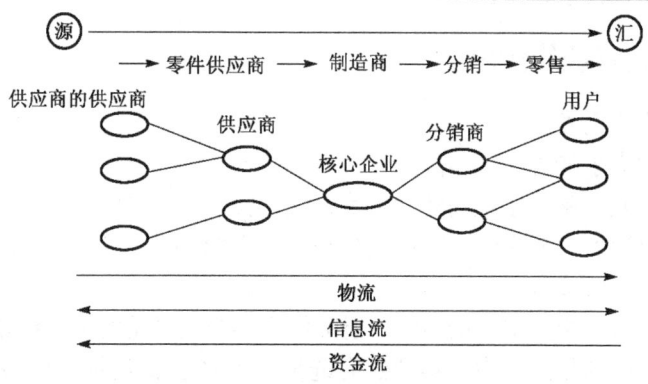

图 12.5 供应链的网络结构模型

供应链管理是从最终顾客直到原始供应商的关键业务流程的集成,它为客户和其他有关者提供价值增值的产品、服务和信息。

国内研究认为,供应链是由原材料和零部件的供应商、产品或服务的提供商、分销商和零售商及最终用户组成的一个网络,以实现由顾客需求提出到符合顾客所需的产品或服务的提供,顾客需求最终满足的一个过程。供应链管理是对整个供应链中各参与组织、部门之间的物流、信息流与资金流进行计划、协调与控制。

供应链管理的目标是要将顾客所需的正确的产品(Right Product)能够在正确的时间(Right Time)、按照正确的数量(Right Quantity)、正确的质量(Right Quality)和正确的状态(Right Status)送到的正确的客户(Right Consumer)的正确的地点(Consumer Place)——即"7R",并使总成本最小。

供应链是由自主或半自主的实体企业组成的网络,这些实体企业共同负责与一类或多类产品相关的各项活动。实体企业主要有供应商、制造商、仓库、配送中心和零售商等组成,处于核心地位的企业称作供应链核心企业。供应链管理的活动包括原材料的供应和采购、产品的设计、生产计划、材料处理、订购过程、库存处理、运输、仓储以及客户服务等。例如,HP(惠普)打印机的供应链系统如图 12.6 所示。

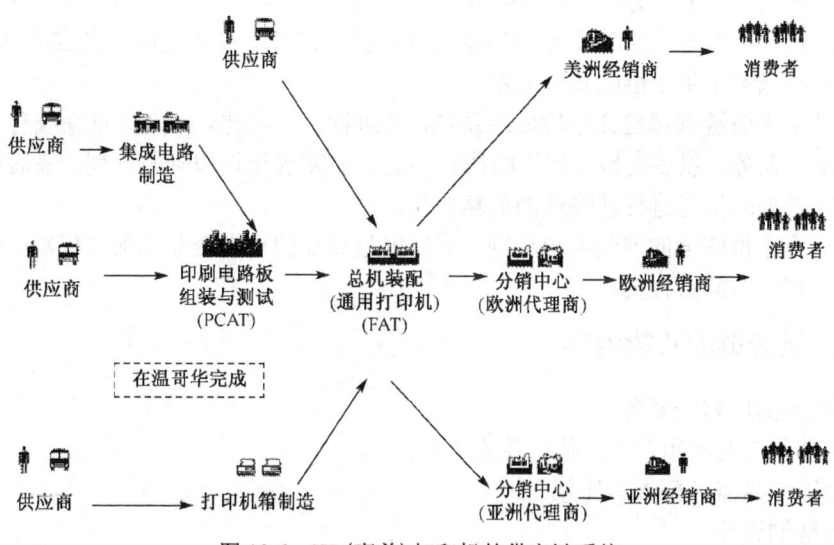

图 12.6 HP(惠普)打印机的供应链系统

12.4.3 供应链管理的作用

供应链管理的作用主要有：

(1) 提升企业的竞争能力

供应链管理的出发点是为了提高客户的满意度，要求供应链中的各环节的信息流、物流和资金流能更好地配合运作，最大限度减少无效作业，消除浪费，为客户创造最大价值。

(2) 削减库存，降低成本

降低库存水平是多数企业追求的目标，但降低库存的困难是既要不经常库存现货，又要在货品短缺具有快速补充物品的能力。实现供应链管理是削减库存的有效途径。

(3) 提高客户服务水平

企业提供的客户服务水平的高低与供应链管理紧密联系，如方便客户订购、按时交货、为客户订制产品等都要求企业通过有效的供应链管理来实现。

(4) 加强企业之间的合作与实现"双赢"

供应链管理要求把供应链上的所有企业的利益作为一个整体来看待，只有供应链企业成本整体下降，才能保证最终用户得到物美价廉的产品，从而提高整体的竞争力。因此，有效的供应链管理必然加强企业之间的合作，实现"双赢"。

12.4.4 供应链管理的原则

(1) 根据不同客户服务需求划分客户群。强调根据客户的状况和需求，决定服务方式和水平。

(2) 根据客户的需求和企业可获利情况，设计企业的后勤网络。

(3) 最合适的人做最应做的事。工作只做一次，并且应该由最合适的人去做，不管他是不是直接受益人。

(4) 时间延迟。在销售过程中，根据顾客的不同要求，现场做。这样顾客拿到的就是非常满意的。

(5) 与供应商建立双赢的合作策略，致力于供应链整体成本的最优化。许多传统企业为了自身利润的最大化，往往迫使供应商相互压价，供应商为了维持利润水平，只好在产品的质量、供货时间上打折扣，反过来影响企业的利益。所以供应链管理强调企业与供应链的互惠互利，以相互协作来降低整个供应链的整体成本。

(6) 在整个供应链领域建立管理信息系统，并进行不断优化。管理信息系统首先应该处理日常事务和电子商务；然后支持多层次的决策信息，如需求计划和资源规划；最后应该根据大部分来自企业之外的信息进行前瞻性的策略分析。

(7) 建立整个供应链的绩效考核准则。不仅仅是局部的个别企业的孤立标准，供应链的最终验收标准是客户的满意程度。

12.4.5 供应链涉及的内容

供应链涉及的内容主要有：
① 战略性供应商和用户合作伙伴关系管理；
② 供应链产品需求预测与计划；
③ 供应链的设计；

④ 企业内部与企业之间物料供应与需求管理；
⑤ 基于此的产品设计与制造管理生产集成话计划、跟踪与控制；
⑥ 用户服务与物流管理；
⑦ 企业间资金流管理；
⑧ 供应链交互信息管理。

12.4.6 供应链的竞争优势

供应链的竞争优势在于通过对整个供应链的管理，使之更加快捷稳定地贯穿企业的价值链。然而，企业内部最关键的价值链环节——生产与整个供应链之间形成了一个重大冲突，这种冲突主要表现在物流的驱动力上。

1. 供应链管理的职能

基于时间的物流管理方法，综合了从贸易伙伴到服务提供商的供应链成员的经验和才能，可以产生持续的、具有特色的物流解决方案。通过这种创新机制，企业可以有效地实现供应链的集成，能够以最佳的方式实现竞争优势。供应链管理主要具有如下四种职能：

（1）客户关系管理

企业通过客户服务、销售支持以及电子商务系统的信息，筛选从客户运营中采集到的信息，从而进行预先控制，更好地了解市场和客户需求。同时，可以集成财务管理功能，与供应商和客户一起管理整个供应链的资金流。

（2）集成物流职能

在供应链体系中，物流成为重要的组成部分，因此，供应链管理承担着对静态供应链结构和动态物流的管理职能，管理供应链上下游之间的物流，包括物流体系中的静态库存和动态运输等职能。

（3）价值增值过程管理

供应链管理承担的生产管理职能，不仅包括对供应链成员企业内部的生产管理，更重要的是对整个供应链体系中价值增值过程的综合管理。监控和管理整个供应链体系中的采购、生产和销售过程，有效地降低供应链成员企业的综合成本。

（4）供应链成员协调管理

供应链管理的一项重要职能就是对供应链成员的协调管理，但是由于供应链组成结构的复杂性，给关系管理带来了困难。

2. 供应链的竞争优势

（1）反应回报

在需求信息瞬息万变的市场环境中，供应链的反应能力至关重要。反应回报主要用于反映供应链反应客户需求的能力，供应链产能与市场需求波动的吻合程度。如果供应链能够及时、准确地反应客户需求、把握市场脉搏，就能够获得竞争优势，夺得先机。

（2）关系回报

关系动荡的供应链难以承受来自市场的巨大冲击，一个具有竞争优势的供应链需要稳定的合作关系。关系回报突出了供应商和客户关系管理的有效性，供应链成员之间关系的稳定性。在供应链成员之间建立双赢的战略伙伴关系，充分共享信息资源，实现供应链效益最大化。

(3) 重组回报

供应链的效率涉及到整个体系业务流程的优化程度，不仅影响供应链反应市场的能力，而且会增加供应链成本、影响供应链收益。重组回报突出表现了供应链业务流程之间衔接的"零距离"。通过供应链业务流程重组技术的应用，来优化供应链成员内部和之间现有的业务流程，实现各类资源的无缝衔接。

本 章 总 结

管理信息系统对企业内部结构的影响，企业组织结构从金字塔结构向菱形结构、扁平化方向发展，提高了企业组织结构的灵活性与有效性。管理信息系统对社会的影响，能够及时把握管理信息系统发展动态，及时调整策略。ERP是在管理思想不断变更的基础上逐步发展起来的，它的发展MRP、MRPⅡ和ERP三个阶段。ERP是一个供应链管理的完善过程。SCM是围绕核心企业，主要通过信息手段，对供应各个环节中的各种物料、资金、信息等资源进行计划、调度、调配、控制与利用，形成用户、零售商、分销商、制造商、采购供应商的全部供应过程的功能整体。SCM的目标是"7R"，并使总成本最小。SCM作用是提升企业的竞争能力、削减库存，降低成本、提高客户服务水平、加强企业之间的合作与系统的构成